中国社会科学权威报告系列丛书

国家能源局软科学项目

U0793996

中国能源集团500强发展报告 2011~2012

Development Report of China Top 500 Energy Groups

中国能源集团500强研究课题组 编

经济管理出版社
ECONOMY & MANAGEMENT PUBLISHING HOUSE

图书在版编目（CIP）数据

中国能源集团500强发展报告. 2011~2012/中国能源集团500强研究课题组编. —北京. 经济管理出版社，2013.5

ISBN 978-7-5096-2451-7

Ⅰ. ①中…　Ⅱ. ①中…　Ⅲ. ①能源工业—企业集团—经济发展—研究报告—中国—2011~2012
Ⅳ. ①F426.2

中国版本图书馆CIP数据核字（2013）第101577号

组稿编辑：璐　栖
责任编辑：张瑞军
责任印制：杨国强
责任校对：张　清

出版发行：经济管理出版社
（北京市海淀区北蜂窝8号中雅大厦A座11层　100038）
网　　址：www. E-mp. com. cn
电　　话：(010) 51915602
印　　刷：北京银祥印刷厂
经　　销：新华书店
开　　本：880mm×1230mm/16
印　　张：16.5
字　　数：380千字
版　　次：2013年6月第1版　2013年6月第1次印刷
书　　号：ISBN 978-7-5096-2451-7
定　　价：88.00元

中国能源集团500强发展报告（2011~2012）
编辑委员会

前 言

能源行业承担着保障能源供应与安全、推动国民经济健康发展的重要使命。过去的30多年，能源行业为我国经济的持续高速发展做出了卓越贡献。“中国能源集团500强”作为我国能源行业的主力军，代表着我国能源行业最先进的生产力，对于引领整个能源行业的科学发展、繁荣社会经济至关重要。因此，深入分析研究中国能源集团500强对于厘清我国能源产业格局、明确能源集团市场地位、树立能源集团发展标杆、提高能源集团品牌知名度和认可度具有重要意义。

中国能源集团500强研究作为国家能源局软科学研究类课题，是中国能源经济研究院在国内首次开展的针对国内大型能源企业进行的研究评价项目。“首届中国能源集团500强”评价结果和分析报告一经发布和出版，在社会各界引起了广泛关注，并被国家能源局列为“2011年度国家能源局能源软科学研究类课题”。

本报告是基于“第二届中国能源集团500强”研究评价结果，是对中国能源集团最新发展情况的一次梳理、一次检验，更是一次深度剖析。报告在延续第一届研究方法的基础上，增加了动态分析，对中国能源集团500强整体变化格局、区域分布变化特征、行业分布变化特征，以及中国能源集团500强上市公司经营能力进行了动态比较分析；对民营企业和新能源企业在新一届榜单中的变化进行了剖析和论证。

《中国能源集团500强分析报告（2011~2012）》作为“中国能源集团500强”研究评价项目系列报告之一，是中国能源经济研究院“中国能源集团500强”研究团队对中国能源企业集团长期研究、跟踪，在“中国能源集团500强”研究评价结果基础上形成的总结报告。本报告由主编解树江进行框架设计和统筹协调。第一章由潘仁飞、郑文文撰写；第二章由潘仁飞、陈琳、郑超撰写；第三章由刘海生、王芳、黄静、孙伟伟、刘洋、胡晓燕、王晓婷撰写；第四章由郑超、潘仁飞撰写；第五章由王晓婷、潘仁飞撰写；第六章由许萱、刘浩、红炜、李伟、陈柳钦、付拥民、张琪、刘文颖、贝多华、赵建、吕悦静、王文、李瑞湘、李洁、刘天瑞等撰写。

本报告在撰写过程中得到了中国能源集团500强企业的鼎力支持，本报告的出版得到了经济管理出版社的大力支持和帮助，在此一并表示感谢。由于受到研究团队学术水平的约束，报告中难免存在诸多缺陷与不足，恳请广大读者批评、指正！

中国能源集团500强课题组

2013年3月

目　录

第一章　中国能源集团 500 强（2011）发展综述

第一节　引　言

自有人类文明以来，人类的一切社会活动便与能源息息相关。能源是人类生存的物质基础，特别是工业文明的崛起，使能源与人类的关系更加密切；它不仅是社会发展和进步的主要动力、世界各国开展国际合作的重要纽带，更是国家在非传统安全领域的严峻挑战；各个国家和地区间对能源的争夺常常成为引发战争和冲突的导火索。进入 21 世纪，能源危机愈演愈烈，确保能源的可持续发展也成为能源安全领域的一项重要议题。

能源行业承担着保障能源供应与安全、推动国民经济健康发展的重要使命，过去的 30 多年，能源行业为我国经济的持续高速发展做出了卓越贡献。中国能源集团 500 强作为我国能源行业的主力军，代表着我国能源行业最先进的生产力，对于引领整个能源行业的科学发展、繁荣社会经济至关重要。因此，深入分析研究中国能源集团 500 强，对于厘清我国能源产业格局、明确能源集团市场地位、树立能源集团标杆、提高能源集团品牌知名度和认可度具有重要意义。

首届（2010）中国能源集团 500 强评价结果和分析报告一经发布和出版，便受到社会各界的广泛关注，并被国家能源局列为“2011 年度国家能源局能源软科学研究类课题”，进一步凸显了该评价项目的权威性、公信力。

第二届（2011）中国能源集团 500 强在评价范围上首次将中国香港的能源企业也纳入评价范围，扩大了评价的范畴；在评价标准上，继续采用国际通行评价方式，以能源集团上一年度营业收入为标准进行评价；在评价对象上，继续以石油、煤炭、电力、天然气、新能源和可再生能源、能源装备和综合能源类企业为研究评价对象，使得评价对象在横向和纵向上更具可比性，更好地反映出了企业集团过去一年发展的动态变化。因此可以说，第二届（2011）中国能源集团 500 强分析报告是对中国能源集团的又一次梳理，是对能源集团过去一年发展的又一次检验，更是对能源行业发展的一次深度剖析。通过对第二届 500 强评价结果的统计分析，我们发现，第二届中国能源集团 500 强中，行业规模有了进一步的提升，大型企业数量也在不断增多，特别是央企和国有企业的主导地位、传统能源行业规模优势、传统能源大省和经济强省区域格局优势依然明显，无法撼动。但也发现了一些新的特点，比如新能源企业正在快速崛起，民营企业正在不断壮大和成长已经成为事实，并成为中国能源集团500强中的新生力量和中坚力量，这些都是我们这版分析报告要重点分析和解读的。

第二节　规模实力

首先，从营业收入总规模来看，2011年中国能源集团500强营业总收入达12.45万亿元，较2010年的9.67万亿增长2.78万亿元，增长率达28.7%；营业收入规模占2010年全国GDP比重为31%，这一数字较上年的28.4%增长了2.6%，进一步凸显了中国能源集团500强在国民经济发展中的重要地位。

其次，从入围企业规模来看，500强中营业收入超过千亿元的特大型企业有21家，较2010年的14家增加了7家；营业收入超过百亿元的大型企业有129家，较2010年的123家增加了6家。这一趋势反映出，中国能源集团500强中大型、特大型企业数量在不断增多，行业整体规模和竞争力在进一步增强，如图1–1所示。

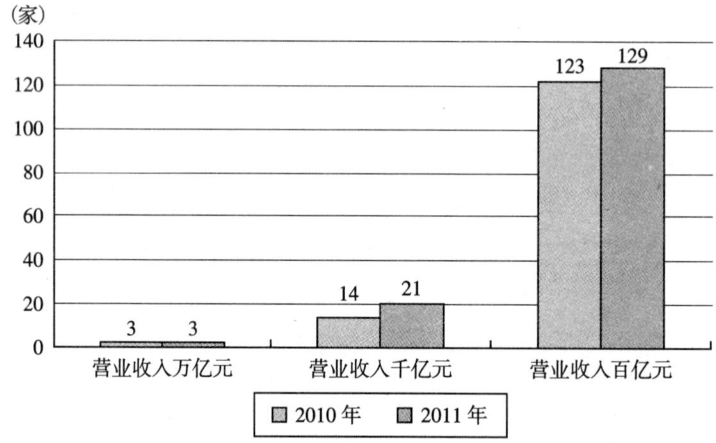

图1–1　2010年与2011年中国能源集团500强企业规模变化对比

最后，从入围央企规模来看，第二届500强中共有30家央企入围，营业总收入规模8.19万亿元，占到500强总收入的65.8%。此外，2011年中国能源集团500强中位列前十位的企业依然全部为中央大型能源企业集团，10家企业营业总收入规模达到7.06万亿元，占到500强总营业收入的56.7%，较2010年的54.3%提升了2.4个百分点。

第三节　行业分布

首先，从企业入围数量来看，煤炭、石油、电力等传统能源类入围企业数量达到373家，远高于新能源类企业的85家。其中，煤炭煤化工企业162家，位列所有行业之首；电力电网企业紧随其后，共有157家；石油石化企业54家。

其次，从企业营业收入规模来看，煤炭、电力、石油等传统能源企业营业总收入达到11.6万亿元，占500强营业总收入的93.2%，反映了传统能源集团在500强中的绝对主导地位。此外，入围的特大型能源企业集团（营业收入百亿元以上）也主要集中在煤炭、电力、石油等传统能源领域，入围企业数量达到106家。其中，超过万亿元的超大型企业3家，千亿元级规模的特大型企业18家。对比新能源类企业，85家入围企业营业收入总规模只有3627亿元，只占500强总营业收入的2.91%。其中，营业收入超过千亿元的特大型企业没有，营业收入超过百亿元的大型企业也只有9家。具体来看，电力电网企业营业收入超过百亿元的有46家，煤炭煤化工企业有40家，石油石化企业有20家，新能源类企业有9家，综合能源集团有11家，气体能源企业有2家，节能环保企业有1家。其中，电力电网类超过万亿元的企业有1家，千亿元级规模企业有7家；煤炭煤化工类超过千亿元级规模的企业有7家；石油石化类超过万亿元的企业有2家，千亿元级规模的企业有4家，如图1-2、图1-3、图1-4所示。

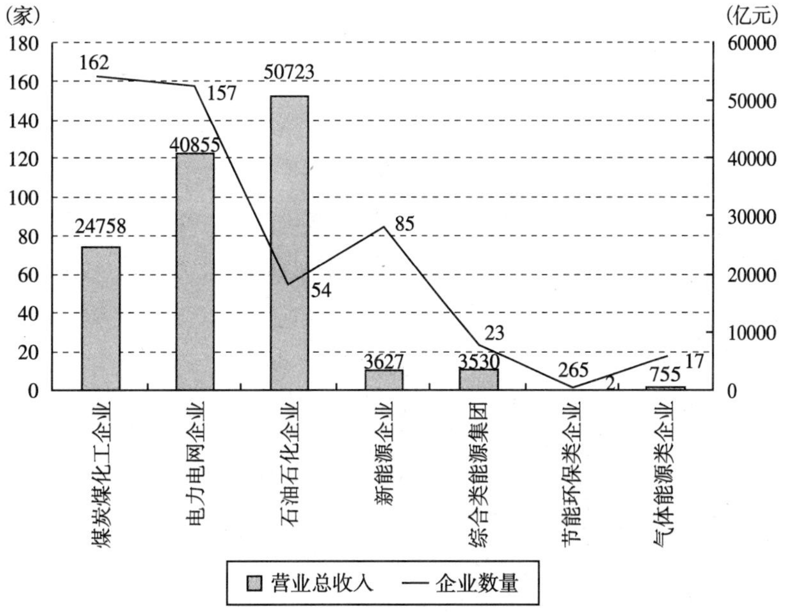

图1-2　2011年中国能源集团500强入围企业分布及营业收入变化对比情况

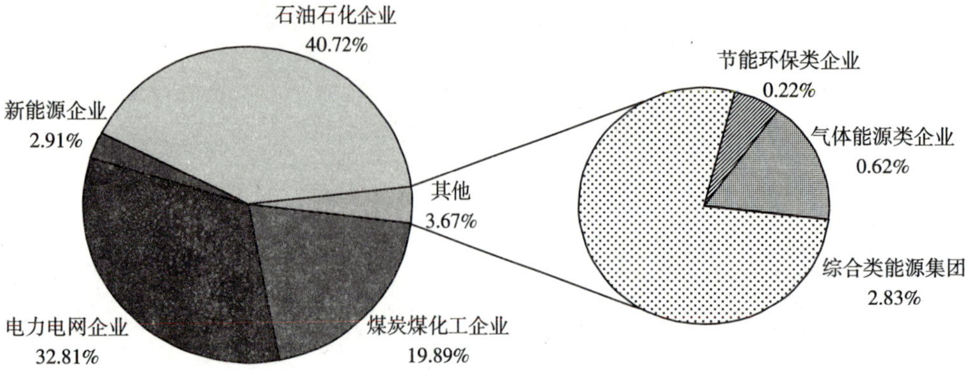

图 1-3　2011 年中国能源集团 500 强企业营业收入分布情况

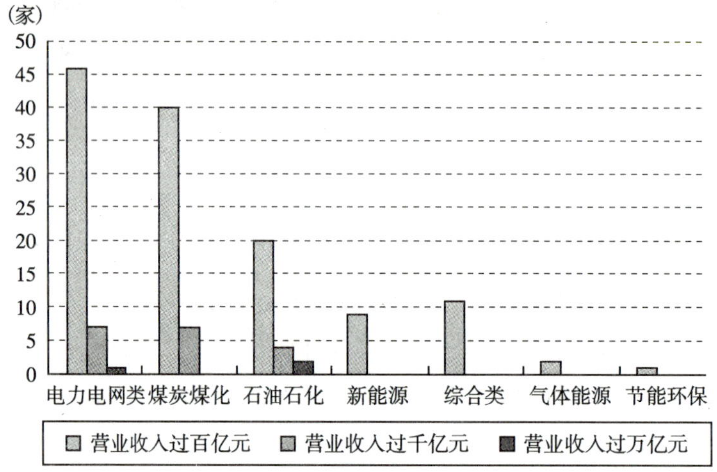

图 1-4　2011 年中国能源集团 500 强特大型企业分布情况

最后，具体到各细分行业企业营业收入，煤炭煤化工类企业总营业收入 24712 亿元，较 2010 年的 17581 亿元增长了 7131 亿元，约占 2011 年中国能源集团 500 强总营业收入的 19.89%，同比增长 1.7%；石油石化类企业总营业收入规模达到 50723 亿元，约占 500 强总营业收入的 40.72%，同比增长了 3.25%；包括风电设备制造、风电运营、太阳能电池制造等在内的新能源类企业总营业收入 3629 亿元，约占 500 强总营业收入的 2.91%，同比降低 0.12%；综合类能源集团总营业收入 3530 亿元，约占 500 强总营业收入的 2.83%，同比降低 0.18%；节能环保类企业总营业收入 266 亿元，约占 500 强总营业收入的 0.22%，同比降低 0.09%；气体能源类企业总营业收入 775 亿元，约占 500 强总营业收入的 0.62%，同比降低 0.28%，如图 1-5 所示。

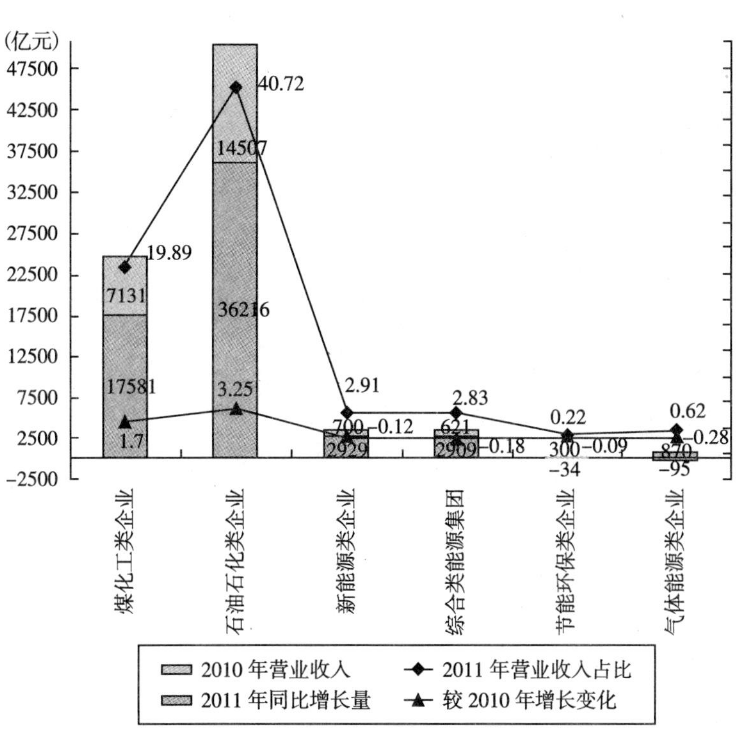

图 1-5　2011 年中国能源集团 500 强各细分行业营业收入及同比增长情况

第四节　区域分布

2011 年中国能源集团 500 强入围企业在区域分布上依然呈现高度集中态势，华东地区和华北地区的区域优势依然明显，分别有 170 家和 127 家企业入围，较 2010 年分别增加 4 家和 3 家；华南地区共有 49 家企业入围，较 2010 年减少 5 家；华中地区共有 39 家企业入围，较 2010 年减少 3 家；西南地区共有 37 家企业入围，较 2010 年增加 1 家；东北地区共有 35 家企业入围，较 2010 年减少 10 家；西北地区共有 29 家企业入围，较 2010 年减少 4 家，如图 1-6 所示。

按集团总部所在地分布来看，2011 年中国能源集团 500 强中，山东入围企业数量依然最多，共有 55 家企业入围。山西入围企业数量虽然较 2010 年的 46 家减少 6 家，但依靠传统煤炭资源和煤炭企业数量以及规模上的优势，在各省中继续位列第二位。江苏作为华东地区经济强省，是此次 500 强入围企业数量增加最多的省份，入围企业数量较 2010 年增加了 10 家，总数达到 37 家，首次超过浙江成为入围企业数量第三多省份。广东、浙江紧随其后，各有 36 家企业入围，在所有省市中并列第四。能源集团总部所在地的分布情况充分体现了经济强省在 500 强竞争中的优势，特别是在以制造业为主的新能源领域优势开始显现，如图 1-7 所示。

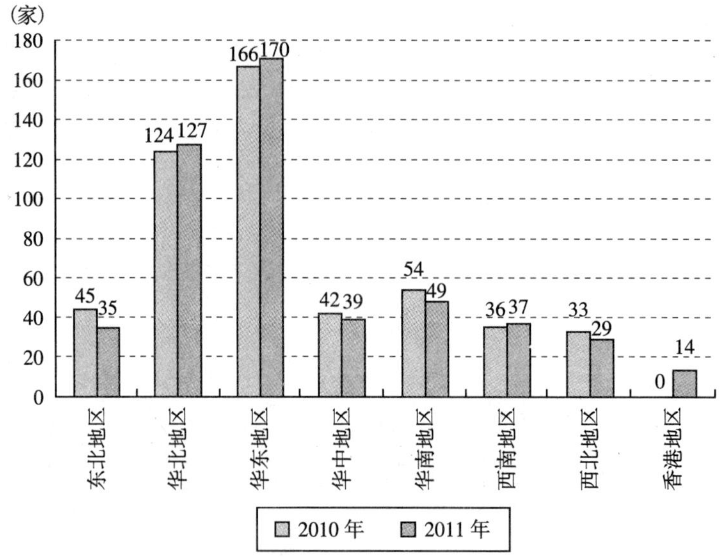

图 1–6　2010 年、2011 年中国能源集团 500 强企业区域分布变化对比情况

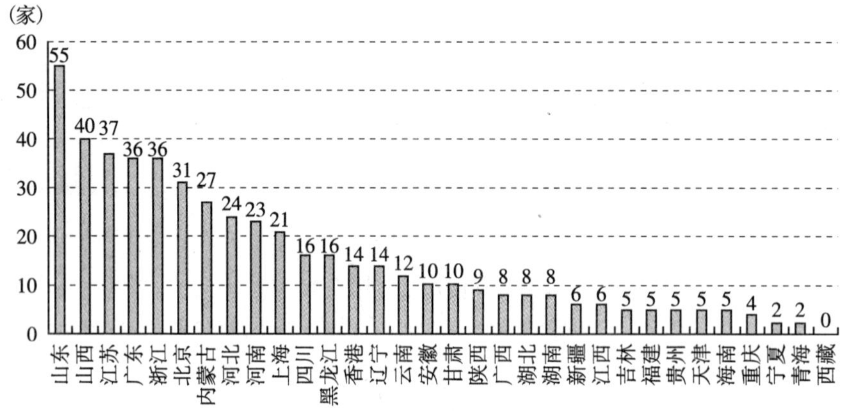

图 1–7　2011 年中国能源集团 500 强企业省市分布情况

此外，在第二届 500 强研究中，首次将香港的能源企业纳入评价范围，这也成为第二届中国能源集团 500 强的一个亮点。此次 500 强中香港共有 14 家企业入围，但多为在港注册并在内地经营的企业，也有像电能实业有限公司、香港中华煤气有限公司这样为数不多的香港本土能源企业。如果不考虑香港，江苏和内蒙古入围企业数量增加最多，均较上年增加 10 家；相反，辽宁、山西和浙江则是此次 500 强入围企业数量减少最多的 3 个省份，其中，辽宁减少 10 家，山西和浙江各减少 6 家，如图 1–8 所示。

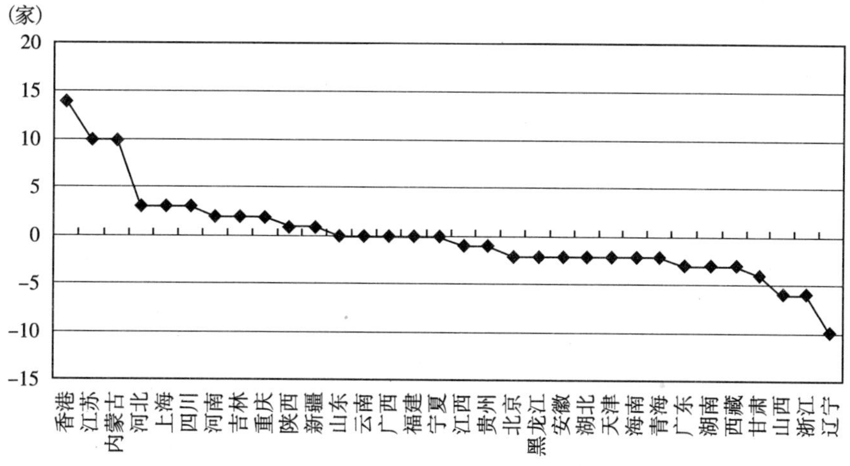

图1-8 2011年中国能源集团500强各省市入围企业数量变化对比情况

第五节 资本性质

从2011年中国能源集团500强入围企业资本性质来看，第二届500强国有企业共有222家企业入围，民营企业入围数量则达到278家，首次超过国有企业数量，这一数字较2010年的137家翻了一倍还要多，如图1-9所示。此外，入围民营能源企业中营业收入超过百亿元的企业也达到了38家，虽然这一数字与国有企业的91家相比还存在相当大的差距，但也反映出在以国有企业为绝对主导地位的能源行业，我国民营能源企业正在快速崛起，成为中国能源集团500强中的新生力量。

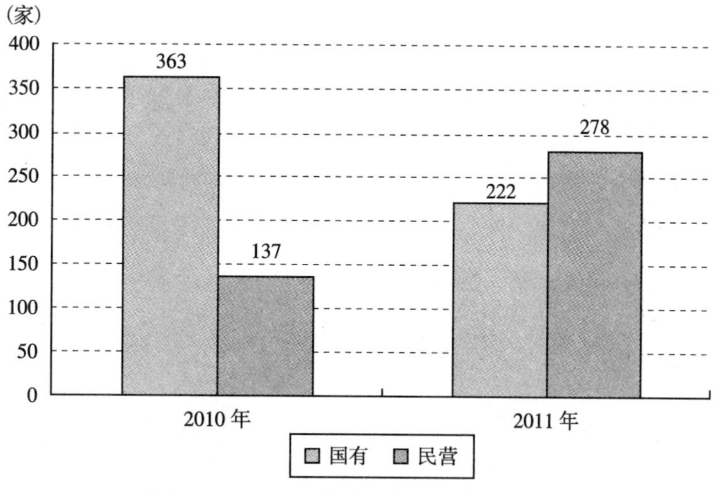

图1-9 2010年与2011年500强中国有企业和民营企业数量变化对比

说明：国有企业包括国有独资企业、国有控股企业、国有联营企业等；民营企业包括民营独资企业、民营控股企业等。

第六节 成长性

总的来看，2011年中国能源集团500强企业表现出了稳步发展的良好态势，但仍有个别企业的表现不容乐观，发展前景令人担忧。统计显示，有194家500强能源企业在新的500强排名中名次有了不同程度上升，这一数量占到了总体的38.8%。其中，名次上升幅度超过100位的企业有7家，超过90位的有10家，超过50位的有33家；相对于这部分企业，也有部分企业名次出现了下滑，多集中在电力类企业，这主要是由于电力企业受煤炭等上游原材料价格上涨影响，在一定程度上挤压了企业的发展空间。总体来说，我国能源企业在2010年基本处于健康发展态势。此外，2011年中国能源集团500强中名次保持不变的企业有15家。该类企业主要以国有大型央企居多，主要经营与传统能源相关的业务，在500强中属于稳定发展型企业。

此外，与2010年相比，2011年中国能源集团500强中新能源企业在数量和规模上都有了显著提升。数量上，此次入围的新能源企业达到了85家，较2010年增加14家；规模上，百亿规模的企业有9家，比2010年增加了2家。同时，有25家新能源企业名次较2010年有了不同程度的上升，其中4家企业上升名次位列排名前10最具成长性企业之列，新能源企业整体呈现出较强的成长性。

第七节 上市公司经营能力

首先，盈利能力上，2011年中国能源集团500强中155家能源类上市公司的平均销售净利率为6.05%，比2010年下降2.52个百分点。其中排名第469的三安光电股份有限公司所拥有的三安光电（股票代码600703）销售净利率最高，为60.67%；155家能源类上市公司的平均净资产收益率为5.57%，平均每股收益为0.35元。其中郑州煤矿机械集团股份有限公司所控股的郑煤机以51.59%的净资产收益率高居榜首；155家上市公司的平均总资产报酬率为19.93%，较2010年下降2.9%。资产报酬率最高的企业是中国石油化工集团公司所控股的仪化，股票代码600871，高达87.25%。

其次，偿债能力上，155家能源类上市企业的平均资产负债率为56.43%，与2010年基本持平，变化幅度不大，差别不明显。其中，资产负债率最低的是泰山石油，为5.56%，其次是广聚能源、南洋股份和平庄能源，资产负债率分别为8.87%、10.56%和16.14%。最高的是华银电力，高达91.69%，其次是*ST漳泽和长源电力，资产负债率分别为91.60%和87.95%。总体上看，155家能源类上市公司的资产负债率平均值总体低于主板市场上市公司，而且水平比较稳定；155家能源类上市公司产权比率平均值为180.81%，即总负债大于净资产总额，比2010年的上市公司降低了3.14%。其中，产权比例最低的企业为泰山石油，为4.98%；155家上市公司资产负债率水平分布为5.56%~91.69%，已获得的利息保障倍数最低的为-463.68，最高的达178.34；速动比率为0.076~6.16。

再次，营运能力上，155家能源上市公司的平均总资产周转率为0.775，较2010年的0.769有小幅度上升。从总资产周转率的分布来看，总资产周转率在2以上的企业有9家，比2010年增加了3家；处于1~2的企业有22家，比2010年增加了2家；处于0.8~1的企业有12家，比2010年减少了17家；处于0.5~0.8的企业有58家，比2010年增加了14家；在0.5以下有51家，比2010年减少了2家；155家能源类上市公司固定资产周转率大于10的有11家，大于5的企业有32家，其余均在5以下，占总体比率的79.3%。其中，正泰电器、山煤国际、德赛电池分别以22.55、19.71、15.99的固定资产周转率位列前三；存货周转率在20以上的有17家企业，占总体比例的11%左右。恒源煤电与有研硅股份分别以86.37和52.05的存货周转率占据排名的前两位，且遥遥领先于其他企业。从第三位开始变化较为平缓，比如处于第三位的是隆基股份，为38.98，而大唐发电以37.94位居第四，与第三名的隆基股份只相差1次；500强企业能源类上市公司的应收账款周转率为19.13，稍高于A股平均值。其中，有3家企业的应收账款周转率大于100，有13家企业的该指标值大于50。

最后，发展能力上，剔除53个数据不全的样本，2011年中国能源集团500强中131家能源类上市公司的平均主营业务收入增长率为16.63%，较2010年的31.79%下降了15.16个百分点。其中，主营业务收入增长率大于1的企业有2家，分别为沈阳金山能源（126.91%）和三安光电（102.56%）；主营业务收入增长率超过50%的有8家，较2010年的28家有较大幅度下降；负增长的企业有18家，较2010年增加了3家。从净利润增长率的分布来看，净利润增长率在100%以上的有7家；增长率在50%~100%的企业有5家，较2010年的22家减少了近八成；增长率在30%~50%的有7家，较2010年的14家减少一半；处于30%以下的企业有82家，其中负增长的有50家，是2010年的近1.5倍；剔除数据不全的46家样本后，500强上市企业平均总资产增长率为25%，较2010年的28.55%略有下降。从总资产增长率分布来看，2011年企业总资产同比增长率超过一倍的仅有4家，较2010年的11家减少了近2/3；增长率在50%~100%的企业有7家，较2010年的12家减少5家；分布在30%~50%的企业有15家，与2010年基本持平；分布在10%~30%的企业有41家，在总体分布中占比最多；分布在0~10%的企业有21家；负增长的企业有21家，较2010年的24家减少了3家。

第二章　中国能源集团 500 强动态变化分析

第一节　动态变化格局

一、整体变动情况

与 2010 年榜单相比，2011 年中国能源集团 500 强入围企业发生了较大变动，榜单中新增企业有 186 家，占 500 强总数的 37.2%；持续上榜的企业有 314 家，其中 194 家企业名次较 2010 年出现了上升，占 500 强总数的 38.8%；103 家企业名次出现了下降，占 500 强总数的 20.6%；17 家企业名次维持不变，占 500 强总数的 3.4%，如图 2-1 所示。

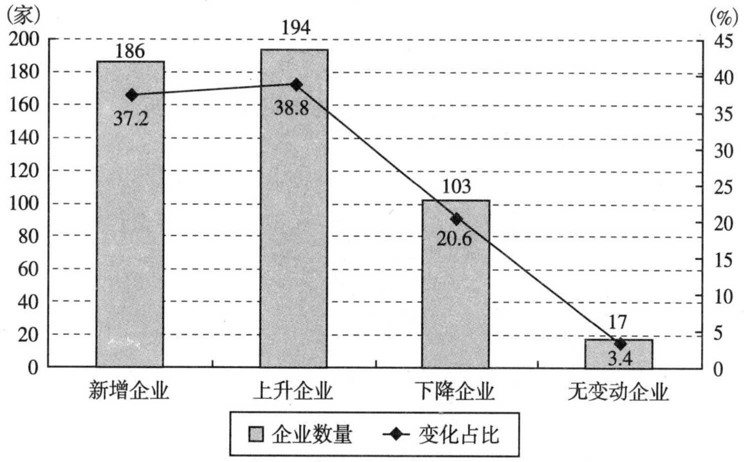

图 2-1　2011 年中国能源集团 500 强入榜企业动态变化情况

（一）新增企业

与 2010 年榜单相比，2011 年中国能源集团 500 强入榜企业中新增企业共有 186 家（见表 2-1），占 500 强总数的 37.2%。

表2-1　2011年中国能源集团500强中的新增企业

企业排名	企业名称	行业属性
18	山东能源集团有限公司	煤炭
36	中电控股有限公司	电力
42	华润电力控股有限公司	电力
53	上海绿地能源（集团）有限公司	综合能源
81	伊川电力集团总公司	电力
84	内蒙古鄂尔多斯投资控股集团有限责任公司	综合能源
88	香港中华煤气有限公司	燃气
93	浙江物产燃料集团有限公司	综合能源
96	许继集团有限公司	电力
110	北京市燃气集团有限责任公司	燃气
112	山东汇丰石化集团有限公司	石油
114	山东海科化工集团有限公司	石油
116	广州发展集团有限公司	综合能源
123	山东华星石油化工集团有限公司	石油
130	阿特斯阳光电力科技有限公司	新能源
135	内蒙古源通煤化集团有限责任公司	煤炭
137	电能实业有限公司	电力
138	浙江富春江通信集团有限公司	电力
139	中国燃气控股有限公司	燃气
150	山东神驰化工有限公司	石油
159	中国高速传动设备集团有限公司	新能源
161	华润燃气控股有限公司	燃气
165	江苏综艺集团	新能源
176	山西国际能源集团有限公司	电力
178	中粮生物化学（安徽）股份有限公司	新能源
181	内蒙古太西煤集团股份有限公司	煤炭
184	山东润峰集团有限公司	综合能源
189	弘业国际投资集团股份有限公司	煤炭
191	山东墨龙石油机械股份有限公司	石油
194	辽宁宝来石油化工集团有限公司	石油
195	上海亚龙投资（集团）有限公司	电力
199	内蒙古德晟实业集团有限公司	煤炭
201	山东潍焦集团有限公司	煤炭
202	金澳科技（湖北）化工有限公司	石油
209	山西安泰集团股份有限公司	煤炭
212	恒鼎实业（中国）集团有限公司	煤炭
213	迁安市九江煤炭储运有限公司	煤炭
215	陕西彬县煤炭有限责任公司	煤炭
218	山西阳光焦化集团股份有限公司	煤炭
219	中国电子科技集团公司第48研究所	新能源
226	山东铁雄冶金科技有限公司	煤炭
227	中国长江航运集团南京油运股份有限公司	石油
229	河南豫能控股股份有限公司	电力
235	桂林国际电线电缆集团有限责任公司	电力
236	无锡市佳诚太阳能科技有限公司	新能源
239	通威集团有限公司	新能源

续表

企业排名	企业名称	行业属性
240	中亚石油有限公司	石油
241	上海久隆电力（集团）有限公司	电力
243	佛山佛塑科技集团股份有限公司	新能源
244	河北华丰煤化电力有限公司	煤炭
245	内蒙古黄河工贸集团有限责任公司	煤炭
247	山东中海化工集团有限公司	石油
248	济源市金马焦化有限公司	煤炭
249	常州亿晶光电科技有限公司	新能源
251	江苏顺大半导体发展有限公司	新能源
252	佛山市公用事业控股有限公司	综合能源
255	江苏圣安电缆有限公司	电力
257	辽宁德营石油化工集团有限公司	石油
259	海润光伏科技股份有限公司	新能源
266	太原化工股份有限公司	煤炭
269	广州恒运企业集团股份有限公司	电力
270	临沂恒昌煤业有限公司	煤炭
270	太原重型机械集团煤机有限公司	煤炭
272	内蒙古铁鑫煤化集团有限公司	煤炭
273	泰豪科技股份有限公司	电力
274	铂阳太阳能技术控股有限公司	新能源
275	潮州华丰集团股份有限公司	燃气
276	青岛安邦炼化有限公司	石油
278	三一重型装备有限公司	煤炭
280	四川省威远建业集团有限公司	煤炭
281	内蒙古君正能源化工股份有限公司	煤炭
282	东营光伏太阳能有限公司	新能源
283	永泰能源股份有限公司	综合能源
286	山西蒲县宏源煤业集团有限公司	煤炭
287	中粮生化能源（肇东）有限公司	新能源
288	陆海集团有限公司	煤炭
290	山东长星风电科技有限公司	新能源
291	中材科技股份有限公司	新能源
292	青岛捷能汽轮机集团股份有限公司	电力
295	陕西省天然气股份有限公司	燃气
299	准格尔旗弓家塔宝平湾煤炭有限责任公司	煤炭
300	内蒙古蒙发能源投资集团有限责任公司	煤炭
304	中船重工（重庆）海装风电设备有限公司	新能源
307	龙威石油投资控股有限公司	石油
311	内蒙古星光煤炭集团有限责任公司	煤炭
312	广州市虎头电池集团有限公司	新能源
314	长春天然气有限责任公司	燃气
316	安徽国华投资集团有限公司	煤炭
320	山西普大集团	煤炭
324	江西赣能股份有限公司	电力
325	河南省顺成集团煤焦有限公司	煤炭
326	嘉峪关宏晟电热有限责任公司	电力

续表

企业排名	企业名称	行业属性
327	江苏艾德太阳能科技有限公司	新能源
329	江苏吉鑫风能科技股份有限公司	新能源
330	国际煤机集团	煤炭
331	山西怀仁联顺玺达能源有限公司	煤炭
334	上海爱使股份有限公司	综合能源
337	新疆天富热电股份有限公司	电力
341	阳光能源控股有限公司	新能源
342	鄂尔多斯市瑞德投资集团有限公司	煤炭
343	MI能源控股公司	石油
351	牡丹江首控石油化工有限公司	石油
359	欧贝黎新能源科技股份有限公司	新能源
361	西安隆基硅材料股份有限公司	新能源
362	安徽江淮电缆集团有限公司	电力
366	云南滇东雨汪能源有限公司	综合能源
371	山西华顿实业有限公司	新能源
374	上海置信电气股份有限公司	电力
376	山东滕州辰龙能源集团有限公司	煤炭
376	杭州市燃气（集团）有限公司	燃气
376	三一电气有限责任公司	新能源
376	河南环宇集团有限公司	新能源
380	青岛中能集团有限公司	电力
381	昆明电缆集团股份公司	电力
382	浙江海越股份有限公司	综合能源
383	上海航天汽车机电股份有限公司	新能源
388	贵州黔源电力股份有限公司	电力
390	顺特电气有限公司	电力
396	大庆联谊石化股份有限公司	石油
397	海隆石油工业集团有限公司	石油
399	北京四方继保自动化股份有限公司	电力
401	石家庄东方热电股份有限公司	电力
404	深圳市德赛电池科技股份有限公司	新能源
405	淄博鑫能能源集团有限公司	煤炭
406	广西百色电力有限责任公司	电力
408	大连星源船舶燃料有限公司	石油
410	江苏爱康太阳能科技股份有限公司	新能源
411	云南富源德鑫集团有限公司	煤炭
412	蒙东能源控股有限责任公司	煤炭
413	青岛华光电缆有限公司	电力
414	云南罗平锌电股份有限公司	电力
416	迁安市宏奥工贸有限公司	煤炭
418	云南煤业能源股份有限公司	煤炭
419	佳木斯东兴煤化工有限公司	煤炭
420	四川明星电缆股份有限公司	电力
422	北京京运通科技股份有限公司	新能源
423	百力达太阳能股份有限公司	新能源
424	武汉港迪电气集团有限公司	电力
425	四川圣达实业股份有限公司	煤炭

续表

企业排名	企业名称	行业属性
427	苏州盛隆光电科技有限公司	新能源
428	成都市鑫牛线缆有限公司	电力
430	中国风电集团有限公司	新能源
431	山东省微山湖矿业集团有限公司	煤炭
432	武汉双利电线电缆有限责任公司	电力
433	山东高唐热电集团有限公司	电力
435	山西玉和泰煤业有限公司	煤炭
438	内蒙古源源能源集团有限责任公司	煤炭
440	巨力新能源股份有限公司	新能源
444	安阳市凤凰光伏科技有限公司	新能源
446	云南省保山电力股份有限公司	电力
447	北海银河高科技产业股份有限公司	电力
448	浙江尖山光电股份有限公司	新能源
449	达力普石油专用管有限公司	石油
452	武汉祥龙电业股份有限公司	电力
453	深圳市科陆电子科技股份有限公司	电力
454	内蒙古宇生能源有限责任公司	煤炭
455	浙江富春江水电设备股份有限公司	电力
456	山东中凯风电设备制造有限公司	新能源
458	镇海石化海达发展有限责任公司	石油
462	宏威科技有限公司	新能源
463	山东新方集团股份有限公司	煤炭
464	常州华盛恒能光电有限公司	新能源
468	金山能源集团有限公司	煤炭
471	上海交大泰阳绿色能源有限公司	新能源
472	林州重机集团股份有限公司	煤炭
474	太原东山煤矿有限责任公司	煤炭
476	中国瑞风银河新能源控股有限公司	新能源
477	哈尔滨哈投投资股份有限公司	电力
478	欣旺达电子股份有限公司	新能源
480	四川广安爱众股份有限公司	电力
481	新疆国际实业股份有限公司	煤炭
482	重庆三峡水利电力（集团）股份有限公司	电力
483	山西华美奥能源集团有限公司	煤炭
485	淄博宝塔焦化股份有限公司	煤炭
486	中国清洁能源股份有限公司	煤炭
488	豪鹏国际公司	新能源
489	齐鲁电缆有限公司	电力
491	朔州紫晨能源实业有限公司	煤炭
492	有研半导体材料股份有限公司	新能源
494	厦门科华恒盛股份有限公司	电力
495	江苏金智科技股份有限公司	电力
496	广东梅雁水电股份有限公司	电力
497	中强能源科技有限公司	新能源
498	河北邢台电缆有限责任公司	电力
499	顺风光电国际有限公司	新能源
500	山西观音堂煤炭运销有限公司	煤炭

从 186 家新增企业的行业分布来看，煤炭类新增企业最多，新增数量达到 55 家，占全部新增企业数量的 29.6%；其次是电力类企业，新增 47 家，占全部新增企业数量的 25.3%；新能源类新增企业 46 家，占全部新增企业数量的 24.7%；其他分别为石油类新增企业 20 家，综合能源类新增企业 10 家，燃气类新增企业 8 家，如图 2–2 所示。

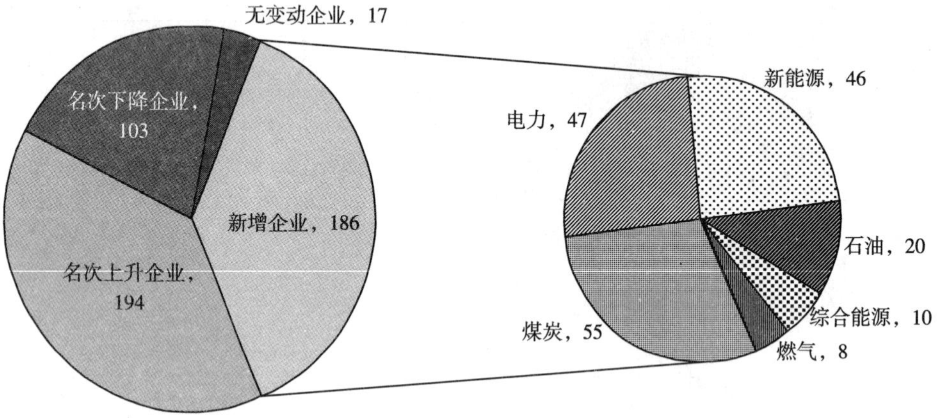

图 2–2　2011 年中国能源集团 500 强新增企业行业分布情况（家）

（二）名次上升企业

与第一届 500 强榜单相比，2011 年中国能源集团 500 强入围企业中，194 家企业名次出现了上升，占 500 强总数的 38.8%。

首先，从企业的行业分布来看，煤炭类企业上升数量最多，达到 75 家，占 194 家名次上升企业的 38.66%；电力类企业共有 58 家企业名次出现了上升，占比上升企业数量的 29.90%；石油类有 26 家企业名次出现了上升，占比 13.40%；新能源类有 25 家企业名次出现了上升，占比 12.89%；其他分别为综合能源类有 5 家企业名次出现了上升，燃气类有 4 家企业名次出现了上升，节能环保类有 1 家企业名次出现了上升，如图 2–3 所示。

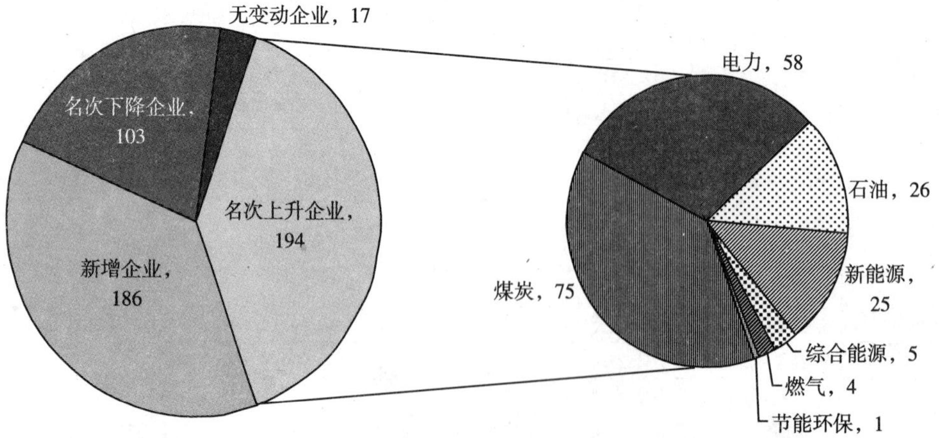

图 2–3　2011 年中国能源集团 500 强名次上升企业行业分布情况（家）

其次，从企业名次上升幅度来看，这 194 家企业中，许多企业的名次实现了“跨越式”的上升。其中，晶科能源有限公司上升幅度最大，由第一届的 297 名上升到第二届的 148 名，上升位次达149位；鄂尔多斯乌兰煤炭集团有限责任公司，第一届排名282位，在第二届榜单中则迅速蹿升到152位，大幅度上升130位。此外，194家企业中，有7家企业的名次上升幅度达到了100位以上，3家企业名次上升幅度在90位以上，而名次上升达50位以上的企业有33家，占全部上升企业数量的17%。表2-2列出了名次上升幅度在50位以上企业具体名单。

表2-2　2011年名次上升50位以上企业

序号	企业名称	2011年排名	2010年排名	上升位次	行业属性
1	晶科能源有限公司	148	297	149	新能源
2	鄂尔多斯乌兰煤炭集团有限责任公司	152	282	130	煤炭
3	东方日升新能源股份有限公司	297	425	128	新能源
4	保利协鑫能源控股有限公司	91	217	126	新能源
5	四川省鑫福矿业股份有限公司	242	368	126	煤炭
6	湖北能源集团股份有限公司	117	221	104	综合
7	重庆市涪陵水利电力投资集团有限责任公司	192	296	104	电力
8	浙江向日葵光能科技股份有限公司	303	400	97	新能源
9	沁和能源集团有限公司	304	399	95	煤炭
10	河北五兴能源集团有限公司	233	327	94	煤炭
11	广东蓝粤能源发展有限公司	168	255	87	煤炭
12	上海超日太阳能科技股份有限公司	285	363	78	新能源
13	山西沁新能源集团股份有限公司	179	256	77	煤炭
14	韩华新能源有限公司	156	230	74	新能源
15	山东万通石油化工集团有限公司	155	226	71	石油
16	陕西榆林市榆神煤炭有限责任公司	265	335	70	煤炭
17	深圳市燃气集团股份有限公司	170	240	70	燃气
18	江西赛维LDK太阳能高科技有限公司	87	155	68	新能源
19	天合光能有限公司	107	174	67	新能源
20	中国秦发集团有限公司	171	238	67	煤炭
21	晶龙实业集团有限公司	52	118	66	新能源
22	中盛光电集团	172	237	65	新能源
23	内蒙古特弘煤电集团有限责任公司	228	291	63	煤炭
24	江苏新海石化有限公司	180	243	63	石油
25	乐山电力股份有限公司	347	409	62	电力
26	山西义棠煤业有限责任公司	367	428	61	煤炭
27	中油广西田东石油化工总厂有限公司	298	359	61	石油
28	美锦能源集团有限公司	140	197	57	煤炭
29	山西襄矿能源投资管理集团有限公司	207	263	56	煤炭
30	广州大优煤炭销售有限公司	203	259	56	煤炭
31	景德镇市焦化工业集团有限责任公司	164	218	54	煤炭
32	内蒙古满世煤炭集团有限责任公司	143	193	50	煤炭
33	中利科技集团股份有限公司	182	232	50	电力

（三）名次下降企业

与2010年榜单相比，2011年中国能源集团500强入榜企业中，103家企业名次出现了下降，占500强总数的20.6%。

首先，从名次下降企业的行业分布来看，在这 103 家名次下降企业中，电力类企业下降得最多，共有 46 家企业名次出现了下降，占比达 44.66%；煤炭类企业，共有 27 家企业名次出现了下降，占比为 26.21%；其他分别为新能源类有 13 家企业名次出现下降，石油类有 7 家企业名次出现下降，燃气类和综合能源类各有 5 家企业名次出现下降，如图 2-4 所示。

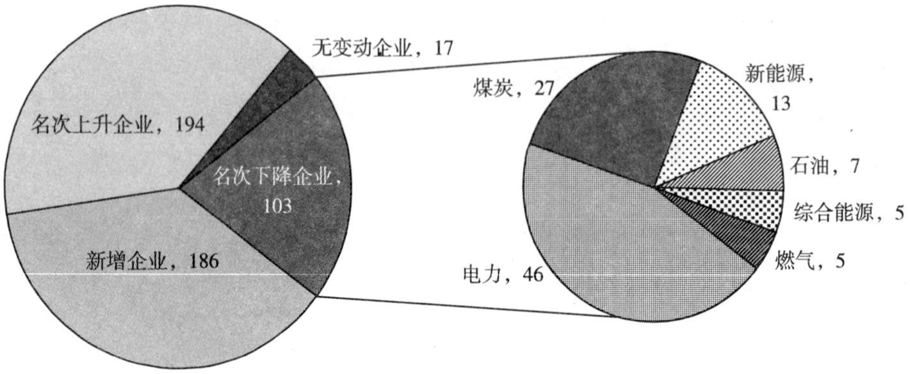

图 2-4　2011 年中国能源集团 500 强名次下降企业行业分布

其次，从企业名次下降幅度来看，103 家企业的名次都有不同程度的下降，但总体下降幅度并不大。名次下降达 50 位以上的仅有 10 家，仅占 103 家名次下降企业的 9.7%，名次下降达 30 位以上的共计 27 家，其余 76 家企业名次下降位次均在 30 位以下。表 2-3 是名次下降达 30 位以上的企业名单。

表 2-3　2011 年名次下降达 30 位以上的企业

序号	公司名称	2011 年排名	2010 年排名	名次升降	行业属性
1	四川川投能源股份有限公司 *	426	134	-292	电力
2	比亚迪股份有限公司	216	35	-181	新能源
3	中国南玻集团股份有限公司	309	190	-119	新能源
4	中航惠腾风电设备股份有限公司	434	295	-139	新能源
5	沈阳金山能源股份有限公司	393	305	-88	电力
6	三变科技股份有限公司	467	393	-74	电力
7	深圳市比克电池有限公司	391	322	-69	新能源
8	曲靖市盛凯集团有限责任公司	417	353	-64	煤炭
9	宁波热电股份有限公司	470	408	-62	电力
10	深圳南山热电股份有限公司	364	309	-55	电力
11	江苏华朋集团有限公司	234	187	-47	电力
12	云南通变电器有限公司	429	384	-45	电力
13	海南金盘电气有限公司	445	401	-44	电力
14	湖南安石企业集团有限公司	348	308	-40	煤炭
15	七台河市隆鹏煤炭发展有限责任公司	385	345	-40	煤炭
16	大连热电股份有限公司	493	453	-40	电力
17	云南省小龙潭矿务局	353	315	-38	煤炭
18	WSP 控股有限公司	264	227	-37	石油
19	四川明星电力股份有限公司	473	436	-37	电力
20	浙江运达风电股份有限公司	415	379	-36	新能源

续表

序号	公司名称	2011 年排名	2010 年排名	名次升降	行业属性
21	楚雄德胜煤化工有限公司	365	330	-35	煤炭
22	亿达信煤焦化能源有限公司	384	350	-34	煤炭
23	江苏双登集团有限公司	231	199	-32	新能源
24	思源电气股份有限公司	338	306	-32	电力
25	河南利源煤焦集团有限公司	352	320	-32	煤炭
26	天津滨海能源发展股份有限公司	490	458	-32	电力
27	浙江长广（集团）有限责任公司	441	411	-30	煤炭

注：* 号标示的四川川投能源股份有限公司之所以在第二届榜单中出现了如此大幅度的下降，经课题研究评价小组研究核实，主要是由于课题评价小组在第一届研究评价中人为过失将该企业营业收入 90178.6 万元录成了 901786 万元，致使该公司在第一届榜单中的排名出现了“虚高”，在此对因我们的过失导致企业在第二届 500 强榜单中名次“被”大幅下降表示歉意。

二、变化原因分析

引起榜单变动的原因是多方面的，总的来说主要有以下七点：

（一）企业（被）重组或兼并，致使部分新组建企业入围或老企业退出

近年来，能源行业（特别是煤炭行业）进行了大规模整合重组，方式无非两种：一种是一些中小型企业被大型企业集团兼并；另一种则是一些企业集团间的联合重组，组建新的更大型的能源集团。在此过程中，一些原中国能源集团 500 强企业由于被兼并或重组，退出了 500 强榜单，相应的，一些新重组的企业集团则进入了新的 500 强榜单。表 2-4 是 2010 年中国能源集团 500 强中的 11 家由于被兼并或重组而退出了中国能源集团 500 强榜单的企业名单。

表 2-4　中国能源集团 500 强中部分（被）兼并或重组退出（入围）500 强的企业名单

2010 年排名	退出企业	新增企业
39	山东新汶矿业集团有限责任公司	
48	枣庄矿业（集团）有限责任公司	
88	淄博矿业集团有限责任公司	
141	山东临沂矿业集团有限责任公司	
164	山东龙口矿业集团有限责任公司	
167	山东肥城矿业集团有限责任公司	山东能源集团
97	山西省焦炭集团有限责任公司	
182	甘肃华亭煤业集团有限责任公司	
210	内蒙古平庄煤业（集团）有限责任公司	
376	郑州燃气股份有限公司	
429	云南变压器电气股份有限公司	

在鼓励大型煤炭企业跨地域、跨行业、跨所有制联合重组，加快淘汰落后产能和经济结构调整的背景下，一些煤炭企业纷纷以资源、资产为纽带，通过联合重组或兼并，发展一体化经营的大型煤炭企业集团。如山东能源集团新入围榜单，主要原因是在山东省国资委的主

导下，2010年初对原中国能源集团500强企业中的新汶矿业、枣庄矿业、临沂矿业、淄博矿业、肥城矿业、龙口矿业六家煤矿企业实施了重组，组建了新的大型煤炭企业集团——山东能源集团。因此，组建后的山东能源集团不仅理所当然地进入了第二届中国能源集团500强榜单，而且上升幅度较大，位列第二届500强榜单第18位。同时，新汶矿业、枣庄矿业、临沂矿业、淄博矿业、肥城矿业、龙口矿业等六原中国能源集团500强企业也相应退出了榜单。又如，山西省焦炭集团有限责任公司是2010年中国能源集团500强企业，2010年被同为2010年中国能源集团500强企业的山西煤炭运销集团有限公司整合，成为山西煤炭运销集团的全资子公司，因此在第二届500强榜单中没有出现山西省焦炭集团有限责任公司。

另外，在前些年煤炭价格高、电力企业成本不断上升造成煤电矛盾加剧的情势下，一些大型电力企业为突破困境，加快调整产业结构，兼并重组煤炭企业，实行多元化发展，这些被兼并的煤炭企业也因此退出了中国能源集团500强榜单。例如，内蒙古平庄煤业（集团）有限责任公司和甘肃华亭煤业集团有限责任公司，分别被中国国电集团公司和中国华能集团公司兼并重组，并成为后者的子公司。因此，在第二届中国能源集团500强中，这两家煤炭企业自然地退出了榜单。

最后，为促进地方国企发展，优化资源配置、一些地方国有企业与中央企业进行战略合作（战略重组），成为中央企业的成员单位，并因此退出了中国能源集团500强榜单。例如，郑州燃气股份有限公司与华润燃气控股有限公司战略合作，成为后者的成员企业；昆明市国资委将其拥有的部分云南变压器电气股份有限公司股权无偿划转给保定天威集团有限公司，云南变压器电气股份有限公司也因此成为电力企业天威集团的下属企业。这样，郑州燃气股份有限公司和云南变压器电气股份有限公司也自然地退出了第二届中国能源集团500强榜单。

（二）部分中小型企业抢抓机遇，快速发展，企业实力得到提升

一些新入榜的中国能源集团500强的企业，特别是排名相对靠后的一些中小型企业集团，之所以能够加入到500强榜单中，靠的就是自身的发展、实力的提升，最终成功跻身新一届中国能源集团500强榜单。

如新能源企业顺风光电国际有限公司，在2010年抓住光伏产业的发展机遇，通过加大科技投入，延伸产业链，提高了产品的综合竞争力和附加值，企业发展迈上一个新台阶，当年实现营业收入62292万元，同比增长64.4%。凭借这一成绩，顺风光电国际有限公司成功入围2011年中国能源集团500强。又如，锂离子电池生产商中强能源科技有限公司2010年实现营业总收入66243万元，同比增长52.8%，经营业绩的大幅提升使得中强能源进入了第二届中国能源集团500强榜单。

（三）新能源行业迎来了重要发展机遇，为企业发展创造了良好环境

2010年，全球经济开始复苏，逐步摆脱了2008年国际金融危机导致的经济低迷状态，全球光伏产业迈入了新一轮增长期；欧洲各国逐步调低了光伏上网电价的补贴，引发了光伏电站投资商的“抢装潮”，全年国际光伏市场满产满销。随着欧洲等主要光伏市场的迅速膨胀和中国国内光伏市场的逐步启动，中国光伏企业的产销规模大幅提升，产销两旺。另外，2010年，中国新增风力发电装机量1600万千瓦，使国内累计装机容量达到4182.7万千瓦，

首次超过美国，成为世界最大的风电装机国。新能源行业发展环境的改善，为企业创造了难得的发展机遇，一些光伏、风电新能源企业呈现出了蓬勃发展态势，营业收入大幅增加，在第二届中国能源集团500强榜单中的名次也有了不同程度的提升。

（四）能源价格快速上升带动企业营业收入大幅增加

与第一届500强相比，第二届中国能源集团500强中，无论是煤炭企业还是石油企业，都新增了不少企业，同时也有不少企业的名次出现了不同程度的上升，这与2010年煤炭价格和成品油价格的快速上升有着直接联系。

2009年12月15日，国家发改委发布了《关于完善煤炭产运需衔接工作的指导意见》，2010年以后煤炭和电力企业将自主进行煤炭价格谈判。由于煤炭企业占据优势地位，掌握着煤电谈判的主动权，各煤电企业签订的2010年煤炭合同价都不同程度出现了上涨。同时，随着2010年国内外经济形势进一步好转，煤炭市场需求增加，煤炭供应相对不足，煤炭市场出现供不应求的局面，直接导致煤炭价格的大幅上涨。煤炭销售价格的大幅上涨，带来了企业营业收入的大幅增长，表现在2011年中国能源集团500强榜单中，是企业名次的上升，以及部分企业新入围榜单。

2010年，随着全球经济的复苏，国际油价震荡上扬，全年上涨15%，伦敦市场北海布伦特油价收于每桶94.75美元，全年上涨22%。在国际油价上涨的背景下和新的成品油定价机制（成品油零售基准价由国家发改委以布伦特、迪拜和米纳斯三地原油价格为基准平均值再加上炼油成本和适当的利润空间以及国内关税、成品油流通费而形成）下，国家发改委在2010年先后三次上调了汽油、柴油价格，导致汽油、柴油价格全年分别上涨了630元/吨和620元/吨。而随着成品油价格的上升，石油企业的营业收入也随之有了不同程度的增加。

（五）第二届榜单入围门槛大幅提高，部分实力较弱企业被挤出

随着一些新企业的加入，部分企业经营业绩的快速上升，2011年中国能源集团500强的入围门槛有了大幅提升，由第一届的14103万元提高到62110万元。而随着入围门槛的提高，原先一些实力较弱、排名靠后的企业由于自身“进步力度不够”，达不到新榜单入围门槛而被挤出了榜单。例如，第一届排名479位的四川岷江水利电力股份有限公司，营业总收入由2009年的38136万元增长到2010年的53898万元，但仍未达到62110万元的入围门槛，因而未能进入第二届中国能源集团500强榜单。又如，第一届排名463位的上海泰胜风能装备股份有限公司，2010年营业总收入为56796万元，虽然较2009年的50369万元有所增长，因未达入围门槛而未能进入第二届中国能源集团500强榜单。

（六）课题评价小组对评价主体进行了重新界定

中国能源集团500强研究评价项目是一项开创性工作，在开展第一届研究评价时，在能源企业的界定和数据采集上难免存在一些片面和疏漏。为此，在第二届时，研究评价小组对500强评价主体进行了重新界定，进一步明确了能源企业的范围和企业营业收入范围。随着评价主体的合理调整和确定，入围2011年中国能源集团500强榜单的企业名单和名次出现了相应变化。主要包括：

（1）对于从事多元业务的综合性企业集团，且该集团的能源产业有相应的运营主体时，不再以该集团作为评价主体，而是改为以该集团下属某个或某几个主业为能源产业的企业作为评价主体。比如，上届榜单中的上海绿地（集团）有限公司，是从事房地产业、能源、金融、工程建设等多元业务的综合性企业集团，能源产业作为第二支柱产业，已形成涵盖煤炭生产、加工、储运、分销及石油仓储、运输、销售等在内的完整产业链，并由集团全资子公司上海绿地能源（集团）有限公司负责运营。因此，在第二届中国能源集团500强评价中，采用了上海绿地能源（集团）有限公司来代替上海绿地（集团）有限公司。

同样的情况还有三一集团有限公司，该集团是2010年中国能源集团500强企业，集团主业是以“工程”为主题的机械装备制造业，产品包括混凝土机械、筑路机械、起重机械、煤炭机械、风电设备等，能源装备是该集团的业务板块之一。其中，煤炭机械设备由集团子公司三一重型装备有限公司负责研发生产，风电设备由集团子公司三一电气有限责任公司负责研发生产。在第二届中国能源集团500强榜单中，新增了三一重型装备有限公司和三一电气有限责任公司，而三一集团有限公司则不再出现。

（2）如果某一能源企业是隶属于另一能源企业集团的子公司，则以能源集团母公司作为评价主体。根据这一标准，在第二届中国能源集团500强研究评价中，对相关企业进行了调整。例如，原中国能源集团500强企业佳木斯煤矿机械有限公司，是隶属于国际煤机集团的子公司，而国际煤机集团是国内行业领先的煤机制造企业集团，其旗下拥有佳木斯煤矿机械有限公司、鸡西煤矿机械有限公司、青岛天迅电气有限公司、淮南长壁煤矿机械有限责任公司、无锡盛达机械制造有限公司等数家子公司。因此，在第二届中国能源集团500强榜单中，新增了国际煤机集团，而佳木斯煤矿机械有限公司则相应退出了榜单。又如，第一届榜单中的内蒙古蒙发煤炭有限责任公司，是隶属于内蒙古蒙发能源投资集团有限责任公司的子公司，而内蒙古蒙发能源投资集团有限责任公司除拥有内蒙古蒙发煤炭有限责任公司外，还拥有山西蒙发煤炭运销有限责任公司、西藏明森矿业有限责任公司、内蒙古伊丰矿业有限责任公司、内蒙古乌审旗蒙发煤化有限责任公司等公司，是一家以煤炭产运销和深加工为主的综合性能源企业集团。在第二届500强榜单中，新增了内蒙古蒙发能源投资集团有限责任公司，内蒙古蒙发煤炭有限责任公司则相应退出了榜单。

（3）企业虽从事能源产业，但能源产业并非第一主业，且没有单独的运营主体来运营能源产业，则在保持该企业评价主体的同时，相应调整营业收入，不再采用该集团的营业总收入数据，而是改为采用该集团相关能源产业部分的营业收入。比如，中国能源集团500强企业比亚迪股份有限公司，是一家拥有IT、汽车和新能源三大产业群的高新技术企业，第一届榜单中采用的是整个公司的收入，而汽车及手机部件收入占到公司营业收入的80%多，因此第二届采用公司新能源锂电池收入数据。随着营业收入范围的调整，比亚迪股份有限公司在500强榜单中的名次也发生了相应变化，由第一届榜单中的35名降到了第二届的216名。同样的情况如中国南玻集团股份有限公司，玻璃生产是公司第一主业，第二届采用公司光伏新能源产品收入数据，因而其名次也有了相应的下滑，由第一届的190名降到了第二届的309名。

（4）对于2010年中国能源集团500强榜单中出现的一些仅仅涉足能源产业，但能源产业并未形成规模的“非能源”企业，在第二届500强中不再予以评价。例如，山东鲁北企业集团总公司，以化肥、氯碱、盐化工为主营业务；滨化集团股份有限公司，以环氧丙烷、三氯乙烯、油田助剂和烧碱为四大主营业务；浙江宏磊控股集团有限公司，以漆包线及高精度铜管材生产为主业。

（5）2010年中国能源集团500强榜单中存在母子公司同时入榜的现象，在2011年中国能源集团500强中只将母公司作为评价主体，其子公司自然退出了榜单。这部分企业包括：安源实业股份有限公司，江西省煤炭集团公司绝对控股；内蒙古霍林河露天煤业股份有限公司，中电投蒙东能源集团控股子公司；贵州黔桂发电有限责任公司，广西投资集团有限公司绝对控股；北京昊华能源股份有限公司，京煤集团子公司；山西三元煤业股份有限公司，山西煤炭运销集团子公司；等等。

（七）企业申报的积极性提高，评价资料更加全面，榜单进一步完善

由于中国能源集团500强研究评价项目是一项开创性工作，在开展第一届评价时，企业自主申报的积极性不高，加上获取的数据资料有限，一些企业被“遗漏”在中国能源集团500强之外。在第二届中国能源集团500强研究评价过程中，企业申报的积极性很高，课题组获得的企业营业收入等资料也更加全面，因而在第二届中国能源集团500强榜单中增补了这些被“遗漏”的企业，如中电控股有限公司、华润电力控股有限公司、伊川电力集团总公司、香港中华煤气有限公司、浙江物产燃料集团有限公司等。同时，随着这些企业的加入，中国能源集团500强榜单变得更加完善。

第二节　动态变化特征

一、能源集团在国民经济发展中的重要性更加凸显

能源是保障国民经济发展和社会稳定的重要战略资源，其重要性不言而喻。改革开放以来，中国能源工业迅速发展，能源生产总量和消费总量均增长了数倍，为保障国民经济持续快速发展做出了重要贡献。特别是作为能源工业主体的能源集团，在保障能源供给、优化消费结构、提高能源行业科技水平等方面成绩斐然，中国能源集团500强在推动我国国民经济的快速发展上更是功不可没。

据统计，2011年中国能源集团500强营业总收入规模达到12.45万亿元，较2010年增长2.78万亿元，增长率达28.7%；营业收入占当年全国GDP比重为31%，这一比率较2010年的28.4%增加了2.6个百分点，如图2-5所示，进一步凸显了中国能源集团500强在国民经济发展中的重要地位。

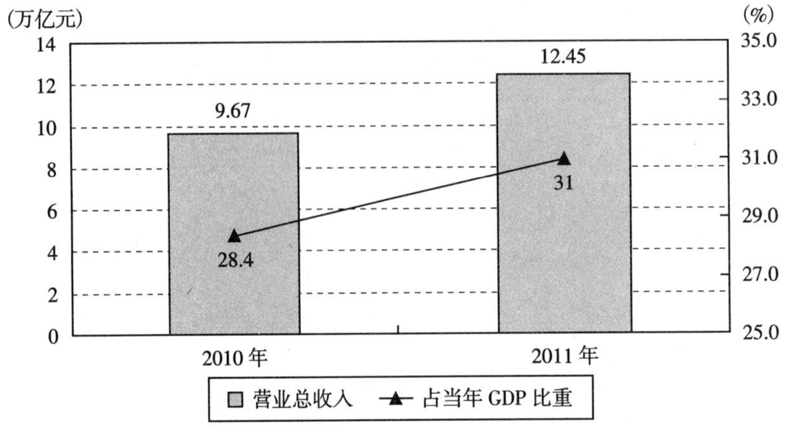

图 2-5　2010 年与 2011 年中国能源集团 500 强营业收入规模变化对比情况

能源工业不仅是支撑其他产业发展的基础产业，对促进经济发展、保障就业、增加政府财政收入等方面也具有突出的作用。而且，随着工业经济的进一步发展，能源工业以及能源企业在经济社会发展中的战略地位还将更加凸显。

中国能源集团 500 强很多企业都是国内乃至国际上的超大型企业集团，有的企业员工人数甚至超过百万人。据美国《石油情报周刊》数据显示，中国石油天然气集团公司（以下简称“中国石油”）不仅在全球 50 大石油公司中位列第五位，而且员工人数达到 167 万人，这对促进就业、维护社会稳定做出了重要的贡献。不仅如此，这些大型能源企业集团也是国家财政税收的重要来源之一。据统计，2011 年仅中国石油全年缴纳的税费就多达 1197.4 亿元，平均每个月缴纳近百亿元。特别是对于一些能源丰富型地区来说，能源产业不仅是支撑其经济发展的重要原材料，更是其经济发展的财富源泉。山西、陕西、内蒙古是我国传统的煤炭大省，这三个省份的煤炭产量占到全国煤炭生产总量的 80%以上，在为全国经济建设做出重大贡献的同时，也带动了本地区综合经济实力的提升。以山西为例，2010 年山西煤炭产业实现工业增加值 2559.66 亿元，占全省规模以上工业的 57.57%，与此同时还带动了以能源、原材料为主体的相关产业链经济的发展；为了方便晋煤外运，国家和山西省政府对山西省内的铁路公路干线投入了大量建设资金；能源开发还促进了边远山区和贫困老区的发展，全省 28 个综合实力强县中，有 18 个县是重点产煤县。

二、行业规模进一步扩大，大型企业数量不断增多

2011 年中国能源集团 500 强中营业收入超过万亿元的超大型企业数量与 2010 年相比没有发生任何变化，中国石油化工集团公司（以下简称“中国石化”）、中国石油和国家电网公司继续维持着三足鼎立的局面，但营业收入超过千亿元的特大型企业数量达到了 21 家，较 2010 年的 14 家增加了 7 家，包括 4 家煤炭企业、2 家石油企业和 1 家电力企业，新增企业多为地方性国有企业。例如，冀中能源集团有限责任公司、山西煤炭运销集团有限公司、中国平煤神马能源化工集团有限责任公司、山东能源集团有限公司、山西焦煤集团有限责任公司、陕西延长石油（集团）有限责任公司。营业收入超过百亿元的大型企业数量也有了一定的提

升，达 129 家，较 2010 年的 123 家增加了 6 家。其中，前百强集团的总营业收入规模达 10.97 万亿元，占到 500 强总营业收入的 88.16%，这一数字也较 2010 年的 85.81%增长了 2.35%（见图 2-6、图 2-7）。这一趋势反映出，中国能源集团 500 强中大型、特大型企业数量在不断增多，行业整体规模和竞争力在不断增强。

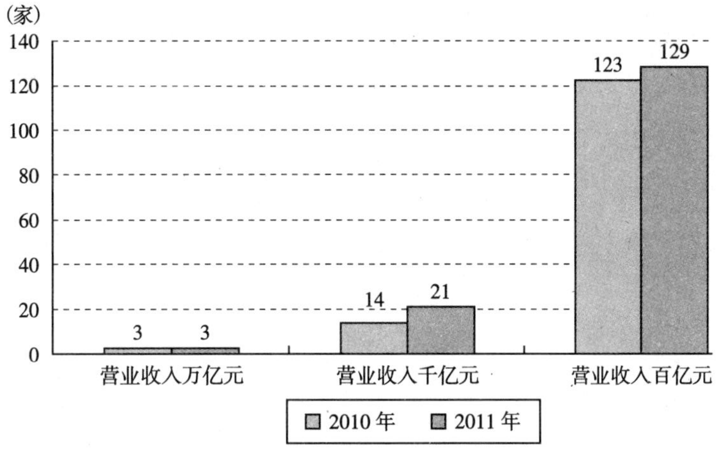

图 2-6 2010 年与 2011 年中国能源集团 500 强企业规模变化对比情况

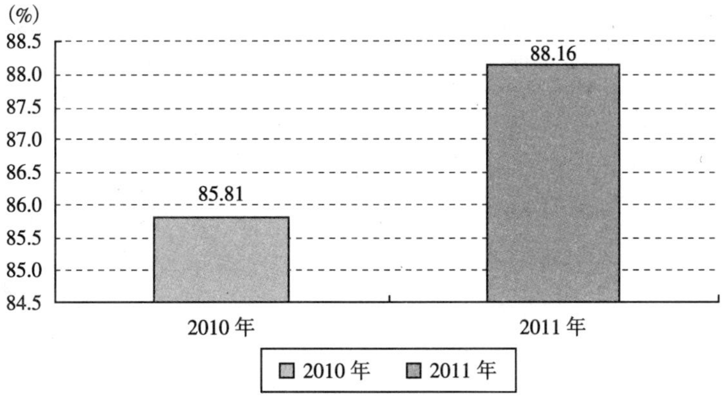

图 2-7 2010 年与 2011 年前百强集团营业收入占 500 强营业收入比重变化

从国际大型能源企业集团的发展经验来看，能源产业的规模化发展不仅有利于能源企业降低成本，提高经济效益，增强市场竞争力；从长远来看，能源集团向大型化发展也是必然趋势。事实上，为了促进能源产业发展，优化资源配置，加快结构调整步伐，提升能源企业规模和竞争力，近年来我国政府开始不断鼓励和支持企业间的兼并重组，推动企业向大型化、集团化发展。2010 年 9 月 6 日，国务院发布了《关于促进企业兼并重组的意见》，要求加快调整优化产业结构、促进企业兼并重组，在中央国有资本经营预算中设立专项基金，通过技改贴息、职工安置补助等方式支持中央企业兼并重组。有了国家政策的支持和推动，“十一五”期间，我国能源企业开始了大规模的兼并重组工作，形成了一批新的大型能源企业集团。以煤炭行业为例，2008 年，山西在全国率先开展了大规模的煤炭资源整合和兼并重组工作，行业“多、小、散、乱”的格局得到有效改善，企业主体由整合前的 2200 家减少到 130 家，行业集中度显著提升，企业规模迅速扩大。此后，陕西、河南、山东、贵州、安徽、内蒙古地区也陆续开展了煤炭资源整合与兼并重组工作，整个煤炭行业集中度和规模都得到了显著提升。譬如河南煤化集团重组后成为河南首家资产、营业收入双双超千亿元的企业，仅2010年就实现煤炭产量7401万吨，营业收入1400亿元，资产总额由重组时的733亿元增加到现在的1400亿元，创造了“资产平均一天基本增加一个亿”的发展奇迹；煤炭百万吨死亡率也由重组前的1.1下降到了2010年的0.027，安全业绩达到世界先进水平，受到了国务院有关领导和国家安监总局的充分肯定。

三、央企在500强中的主体地位进一步增强

2011年中国能源集团500强中，中央企业共有30家，营业总收入规模8.19万亿元，较2010年的6.19万亿增长了2万亿元，占到500强总收入的65.80%，这一比例同样较2010年的64.05%增长了1.75个百分点，如图2-8所示。央企在500强中的整体规模进一步扩大，主导地位进一步凸显，更加彰显了大型央企在我国能源行业发展中的支柱性地位。

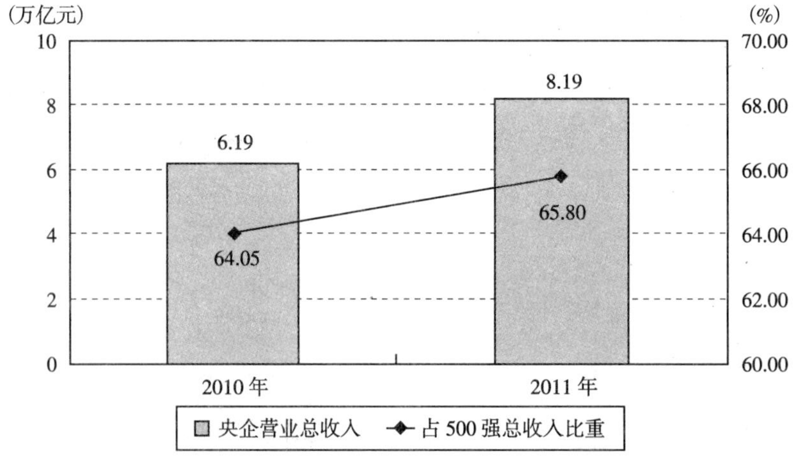

图2-8　2010年与2011年中国能源集团500强中央企营业收入规模变化对比

此外，2011年中国能源集团500强中位列前十的企业依然全部为中央大型能源企业集团，10家企业营业总收入规模达到7.06万亿元，占到500强总营业收入的56.7%，较第一届的54.3%又上升2.4个百分点。其中，中国石油化工集团公司营业收入最高，为196904221万元，较2010年的139159196万元增长了57745025万元，依然稳固占据中国能源集团500强榜首之位。中国石油天然气集团公司营业收入为172088519万元，较2010年的121827809万元增长了50260710万元，排名由2010年的第三位上升至第二位。国家电网公司排名由2010年的第二位滑落至第三位，营业收入为152880849万元，较2010年的126031199万元增长了26849650万元。如图2-9所示，2011年中国能源集团500强排名前十的企业与2010年相比，入围企业没有变化，营业收入均有所增加，仅在企业排名上有微小变动。

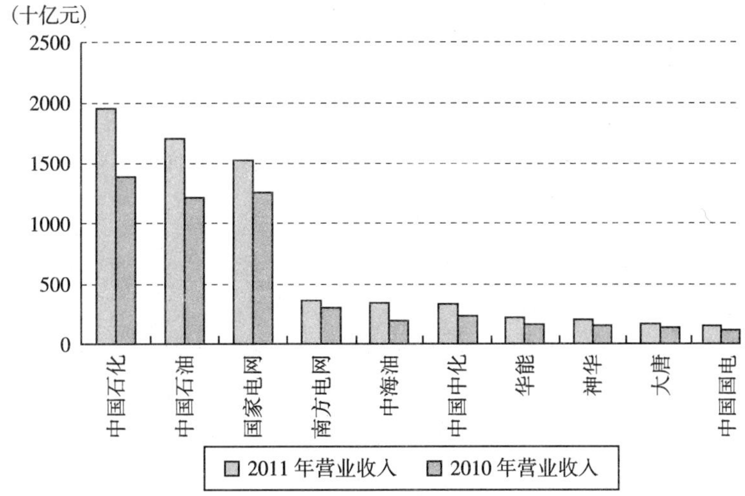

图 2-9 2010 年与 2011 年中国能源集团前十强企业营业收入变化对比

当然，央企之所以在中国能源集团500强中取得这样的成绩，树立行业“老大”的地位，与央企所处行业和其掌握的垄断资源有着直接的关系。一般来说，央企所涉及的领域都是关乎国家经济命脉的重要产业，能源行业更是重中之重。与其他资本性质的企业相比，央企具有得天独厚的优势，且不说其在能源行业的垄断地位，仅它的高门槛就已经将大量想要进入该行业的私企拒之门外。因此，从某种意义上说，央企在500强中主体地位不断增强，与其说是由于国家重视、优势突出，不如说是由我国央企的重要性决定的。

四、煤炭、石油企业优势明显，电力企业增长空间受到一定挤压

从煤炭、石油和电力三大传统能源行业内部来看，2010年，国内外经济形势进一步好转，煤炭市场需求增加，煤炭供应相对不足，煤炭市场出现供不应求的局面，直接导致煤炭价格的大幅上涨。煤炭销售价格的大幅上涨，带来了企业营业收入的大幅增长。同时，随着全球经济的复苏，国际油价震荡上涨，全年上涨15%。在国际油价上涨的背景下，加之新的成品油定价机制（成品油零售基准价由国家发改委以布伦特、迪拜和米纳斯三地原油价格为基准平均值再加上炼油成本和适当的利润空间以及国内关税、成品油流通费而形成），2010年，国家发改委先后三次上调了成品油价格（其间有一次小幅度下调），为国内石油企业规避国际原油价格上涨带来不利影响的同时，也推动了石油企业的发展。相反，电力企业由于受到煤炭等原材料价格上涨和生产成本上升等因素的影响，加之电力价格体制改革问题一直悬而未解，2010年普遍出现大幅亏损，致使电力企业利润空间和增长空间受到不同程度挤压。一直以来，我国的电价体制就比较混乱，我国实施电价改革后，先后经历了“还本付息电价”、“燃运加价”、“经营期电价”、“标杆电价”、“竞价上网”、“煤电价格联动”等多项电价政策，虽然取得了一些成效，但目前的价格体系依然存在着上下游之间价格扭曲、价格种类繁多等问题，在一定程度上制约了电力企业的发展。煤炭、石油、电力行业在2010年的不同发展命运，在2011年中国能源集团500强榜单中也得到了直接体现。

首先，从入围企业数量的动态变化上来看，2011 年中国能源集团 500 强榜单中，煤炭类、电力类、石油类企业分别有 162 家、157 家、54 家入围，石油类企业虽然在三大传统能源行业中入围企业数量最少，但整体营业收入规模却最大，独占鳌头。在这些企业中，煤炭类新增企业 55 家，占全部煤炭类企业的 33.95%；电力类新增企业 47 家，占全部电力类企业的 29.94%；石油类新增企业 20 家，占全部石油类企业的 37.04%。名次上升的煤炭类企业 75 家，占全部煤炭类企业的 46.30%，名次上升的电力类企业 58 家，占全部电力类企业的 36.94%，名次上升的石油类企业 26 家，占全部石油类企业的 48.15%。相反，名次下降的煤炭类企业只有 27 家，占全部煤炭类企业的 16.67%；名次下降的电力类企业 46 家，占全部电力类企业的 29.30%；名次下降的石油类企业 7 家，占全部石油类企业的 12.96%。表 2–5 是煤炭类、电力类、石油类企业的动态变化情况。

表 2–5　2011 年煤炭类、电力类、石油类企业数量的动态变化情况

单位：家，%

行业	企业数量	新增企业		名次上升企业		名次下降企业	
		数量	占比	数量	占比	数量	占比
煤炭	162	55	33.95	75	46.30	27	16.67
电力	157	47	29.94	58	36.94	46	29.30
石油	54	20	37.04	26	48.15	7	12..96

从煤炭类、电力类、石油类企业的动态变化情况可以看出，电力类新增企业和名次上升企业比重最低，而名次下降企业比重却最高。相反，煤炭类企业和石油类企业的新增企业比重和名次上升企业比重均较高，而名次下降企业比重却保持了比较低的水平。这从一个侧面反映出，煤炭、石油企业上升发展的同时，电力企业增长受到了一定的挤压。

其次，从前十强企业营业收入增长率来看，“十强”中营业收入增长率最高的分别是中海油、中国石化、中国石油和中化集团，都属于石油类企业；其次是神华集团，属于煤炭类企业；电力类企业在这三大能源行业中最低，如图 2–10 所示。

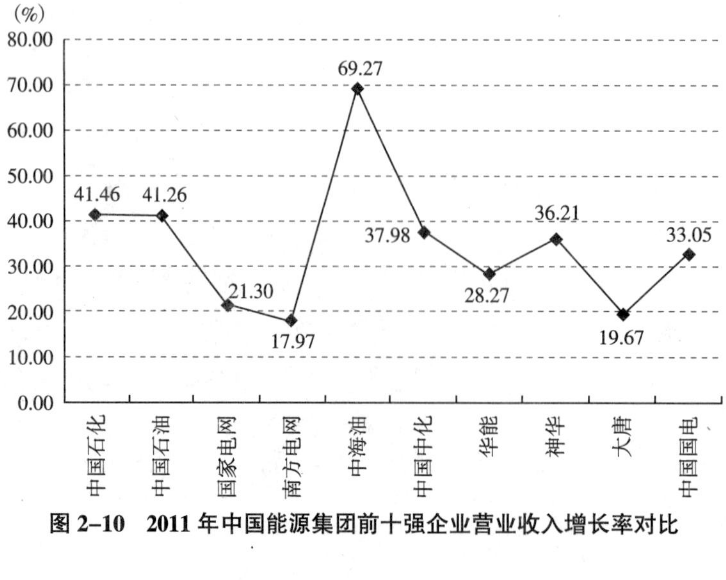

图 2–10　2011 年中国能源集团前十强企业营业收入增长率对比

最后，在第二届中国能源集团500强中排列位次上升前十位的企业中，有4家来自煤炭类企业，电力企业只有1家，而且是水电企业；相反，排列位次下降前十的企业中，有7家是电力企业（见表2-6）。这反映出，在三大传统能源类行业中，煤炭和石油类企业由于享受到价格市场化改革带来的实惠，价格优势开始显现，而电力类企业由于价格体制改革一直迟迟未能取得进展，加之原材料和人力成本上升等原因，企业发展空间受到挤压。

表2-6　2011年中国能源集团500强排名下降前十位企业列表

序号	公司名称	下降位次	所属行业
1	中航惠腾风电设备股份有限公司	139	新能源
2	沈阳金山能源股份有限公司	88	电力
3	三变科技股份有限公司	74	电力
4	深圳市比克电池有限公司	69	新能源
5	曲靖市盛凯集团有限责任公司	64	煤炭
6	宁波热电股份有限公司	62	电力
7	深圳南山热电股份有限公司	55	电力
8	江苏华朋集团有限公司	47	电力
9	云南通变电器有限公司	45	电力
10	海南金盘电气有限公司	44	电力

五、新能源企业快速发展，成长性不断彰显

与2010年相比，2011年中国能源集团500强中新能源企业在数量和规模上都有了显著提升。首先，数量上，此次入围的新能源企业共85家，较2010年的71家增加了14家，表明新能源企业正在快速成长。其次，规模上，百亿元企业有9家，较2010年的7家增加了2家，说明新能源企业在快速发展的同时，企业规模和实力也在不断增强。最后，成长性方面，有25家新能源企业排列位次较2010年有了不同程度的上升。此外，在上升位次排列前十的最具成长性企业中，新能源企业占到4家，行业成长性不断彰显，如表2-7所示。

表2-7　2011年中国能源集团500强排名上升前十位企业

序号	公司名称	上升位次	所属行业
1	晶科能源有限公司	149	新能源
2	鄂尔多斯乌兰煤炭集团有限责任公司	130	煤炭
3	东方日升新能源股份有限公司	128	新能源
4	保利协鑫能源控股有限公司	126	新能源
5	四川省鑫福矿业股份有限公司	126	煤炭
6	重庆市涪陵水利电力投资集团有限责任公司	104	电力
7	湖北能源集团股份有限公司	104	综合
8	浙江向日葵光能科技股份有限公司	97	新能源
9	沁和能源集团有限公司	95	煤炭
10	河北五兴能源集团有限公司	94	煤炭

近年来，为了促进新能源产业的发展，国家不断加大对光伏、风电、生物质能等新能源产业的扶持力度，把新能源产业列为七大战略性新兴产业之一予以重点扶持和发展，并相继出台了《中华人民共和国可再生能源法》、《可再生能源发电价格和费用分摊管理试行办法》、《可再生能源发电有关管理规定》、《可再生能源发展专项资金管理暂行办法》、《可再生能源建筑应用专项资金管理暂行办法》、《关于发展生物能源和生物化工财税扶持政策的实施意见》、《促进风电产业发展实施意见》、《可再生能源电价附加收入调配暂行办法》、《电网企业全额收购可再生能源电量监管办法》、《关于加快推进太阳能光电建筑应用的实施意见》、《关于实施金太阳示范工程的通知》、《关于完善风力发电上网电价政策的通知》、《海上风电开发建设管理暂行办法》、《海洋可再生能源专项资金管理暂行办法》、《关于完善农林生物质发电价格政策的通知》、《国务院关于加快培育和发展战略性新兴产业的决定》等一系列政策法规扶持新能源产业的发展，我国新能源产业得以迅速发展。

特别是2010年，全球经济开始复苏，逐步摆脱了2008年国际金融危机导致的经济低迷状态，全球光伏产业迈入了新一轮增长期；欧洲各国逐步调低了光伏上网电价的补贴，引发了光伏电站投资商的“抢装潮”，全年国际光伏市场满产满销。随着欧洲等主要光伏市场的迅速膨胀和中国国内光伏市场的逐步启动，中国光伏企业的产销规模大幅提升，产销两旺。另外，中国作为世界最大的风电安装国，风电产品需求旺盛，有力地拉动了风机制造业的发展。

尤其值得提出的是，作为2010年中国最具成长型能源企业中，晶科能源有限公司实现了跨越式发展，硅片、电池片、电池组件产能分别达到600兆瓦。实现主营业务收入81.8亿元，同比增长296.96%。此外，晶科能源的产业链垂直整合成效显著，产品结构继续向产业链下游转移，公司产能大幅提升，特别是光伏组件销售量大增，总收入、毛利以及净利润呈现创纪录式增长态势。东方日升新能源股份有限公司实现营业收入237485.72万元，比2010年同期增长182.13%。如此迅速的增长得益于光伏行业的全面复苏以及欧洲各国逐步下调补贴政策从而引发的装机热。此外，公司先期使用自有资金预先投入的部分募投项目也逐渐产生经济效益。保利协鑫能源控股有限公司营业收入同比增长273.7%，在多晶硅产量持续上升的情况下，利用先进技术革新不断缩减多晶硅生产成本，不但增强了市场竞争能力，也使公司的营业收入呈现翻倍增长的良好态势。浙江向日葵光能科技股份有限公司成功上市，公司资本实力显著增强，强化了公司服务和产品的竞争优势，极大地提升了公司的竞争能力，公司进入了一个全新的发展阶段。在政策利好的条件下，加上国外市场向好，2010年，公司抓住金融危机后全球经济回暖的有利时机，狠抓销售管理，积极开拓市场，在欧洲以及新兴市场上的业务实现了快速增长。全年共实现营业总收入232853.61万元，同比增长129.02%；实现营业利润27950.05万元，同比增长158.21%。

总体而言，第二届中国能源集团500强整体上体现出了稳步发展的态势，特别是新能源企业，在发展过程中表现突出。当然，仍有部分企业由于各种原因没有有效地把握市场，企业规模和效益增长受到双重影响，未来发展前景不容乐观，必须及时调整企业经营策略，尽快使企业迈向健康发展的道路。特别是被挤出中国能源集团500强的企业，更需要认真总结、深刻反思，找出落后的根本原因，及时予以修正，并不断进取，方能在激烈的市场竞争中占有一席之地。

六、民营企业快速崛起，成为500强新生力量

2011年中国能源集团500强中民营企业入榜数量达到278家，占到500强数量的一半以上，这一数字较2010年的137家增加了一倍还要多，如图2–11所示。此外，民营能源企业中营业收入超过百亿元的企业达到了38家，虽然这一数字与国有企业的91家还相去甚远，但反映出在以国有企业占绝对主导地位的能源行业，我国民营能源企业正在快速成长、崛起，成为中国能源集团中的新生力量。

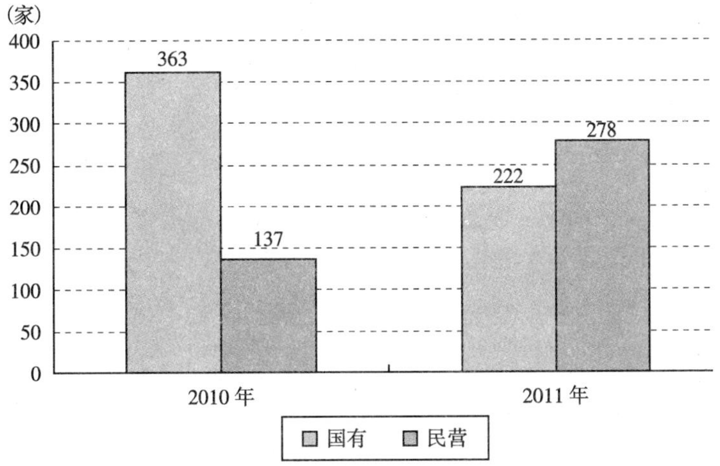

图2–11　2010年与2011年500强中国有企业和民营企业数量变化对比

说明：国有企业包括国有独资企业、国有控股企业、国有联营企业等；民营企业包括民营独资企业、民营控股企业等。

对于民营企业为什么能够在500强中快速崛起，成为500强的新生力量，以及其发展特点、存在的问题等将在本书第四章中重点分析，这里不再展开论述。

第三章　中国能源集团 500 强上市公司经营能力分析

第一节　盈利能力分析

盈利能力是指企业获取利润的能力，通常表现为一定时期内企业受益数额的多少及其水平的高低。反映盈利能力的指标主要有营业利润率、成本费用利润率、盈余现金保障倍数、总资产报酬率、净资产收益率和资本收益率六项。实务中，上市公司经常采用每股收益、每股股利、每股净资产等指标评价其获利能力。本书在分析上市公司盈利能力时，主要以每股收益、销售净利率、总资产报酬率、净资产收益率为评价指标。

一、每股收益

每股收益即每股盈利（Primary Earnings Per Share），又称每股税后利润、每股盈余，指税后利润与股本总数的比率，是普通股股东每持有一股所能享有的企业净利润或需承担的企业净亏损。每股收益通常被用来反映企业的经营成果，衡量普通股的获利水平及投资风险，是投资者等信息使用者据以评价企业盈利能力，预测企业成长潜力，进而做出相关经济决策的重要财务指标之一 。

在分析时，可以进行公司间的比较，以评价该公司相对的盈利能力；可以进行不同时期的比较，了解该公司盈利能力的变化趋势；可以进行经营实绩和盈利预测的比较，掌握该公司的管理能力。

基本每股收益的计算公式如下：

基本每股收益 = 归属于普通股股东的当期净利润/当期发行在外普通股的加权平均数

2007~2011 年，全国能源企业 500 强中上市公司的整体基本每股收益分别是 0.46 元、0.36 元、0.37 元、0.47 元和 0.35 元。从图 3-1 中可以看出，能源类上市公司的基本每股收益相对比较平稳，但 2011 年有下降趋势。

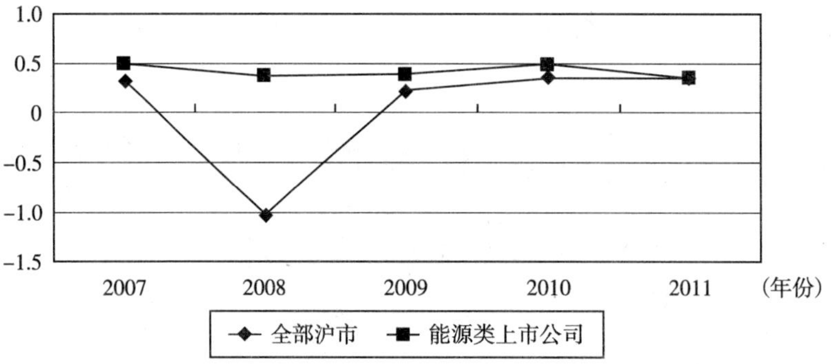

图 3-1 2007~2011 年全国能源企业 500 强上市公司与沪市每股收益比较

2011 年，155 家能源类上市公司的平均每股收益为 0.35 元，其中伊泰 B 股以 3.75 元的每股收益高居榜首；中国神华以 2.25 元的每股收益位居其次。每股收益位列前 20 名的企业排名情况如表 3-1 所示。

表 3-1 2011 年 155 家能源类上市公司每股收益前 20 名企业

名次	500 强排名	全称	简称	股票代码	报告日期	每股收益——调整后（元）
1	48	内蒙古伊泰集团有限公司	伊泰 B 股	900948	2011-12-31	3.75
2	8	神华集团有限责任公司	中国神华	601088	2011-12-31	2.25
3	23	中国中煤能源集团有限公司	中煤能源	600508	2011-12-31	1.96
4	32	兖矿集团有限公司	兖州煤业	600188	2011-12-31	1.75
5	40	中国东方电气集团有限公司	东方电气	600875	2011-12-31	1.53
6	43	山西煤炭进出口集团有限公司	山煤国际	600546	2011-12-31	1.45
7	185	中利科技集团股份有限公司	中利科技	002309	2011-12-31	1.38
8	363	西安隆基硅材料股份有限公司	隆基股份	601012	2011-12-31	1.27
9	423	北京京运通科技股份有限公司	京运通	601908	2011-12-31	1.18
10	13	冀中能源集团有限责任公司	冀中能源	000937	2011-12-31	1.03
11	69	皖北煤电集团有限责任公司	恒源煤电	600971	2011-12-31	1.01
12	282	内蒙古君正能源化工股份有限公司	内蒙君正	601216	2011-12-31	0.93
13	59	中国煤炭科工集团有限公司	天地科技	600582	2011-12-31	0.90
14	19	山西焦煤集团有限责任公司	西山煤电	000983	2011-12-31	0.89
15	10	中国国电集团公司	平庄能源	000780	2011-12-31	0.89
16	405	深圳市德赛电池科技股份有限公司	德赛电池	000049	2011-12-31	0.87
17	1	中国石油化工集团公司	中国石化	600028	2011-12-31	0.83
18	56	正泰集团股份有限公司	正泰电器	601877	2011-12-31	0.82
19	3	国家电网公司	国电南瑞	600406	2011-12-31	0.81
20	295	陕西省天然气股份有限公司	陕天然气	002267	2011-12-31	0.80

二、销售净利率

销售净利率是指企业实现净利润与销售收入的对比关系，是反映企业盈利能力的一个代表性指标，主要反映企业短期盈利能力的强弱。销售净利率越高，企业盈利能力越强。通过分析销售净利率的升降变动，可促使企业在扩大销售的同时，注意改进经营管理，提高盈利水平。

销售净利率的计算公式为：销售净利率 = (净利润/销售收入) × 100%

2011 年，155 家能源类上市公司的平均销售净利率为 6.05%，比 2010 年下降 2.52 个百分点。其中，500 强中排名第 469 位的三安光电股份有限公司所拥有的三安光电（600703）销售净利率最高，为 60.67%；三峡集团的长江电力和四川川投的川投能源分别以 39.95%和 35.45%的销售利率位列第二位、第三位。155 家能源上市公司中，销售净利率位列前 20 名的企业排名情况如表 3-2 所示。

表 3-2　2011 年 155 家能源类上市公司销售净利率前 20 名企业

名次	500 强排名	全称	简称	股票代码	销售净利率（%）
1	469	三安光电股份有限公司	三安光电	600703	60.6674
2	51	中国长江三峡集团公司	长江电力	600900	39.9491
3	427	四川川投能源股份有限公司	川投能源	600674	35.4548
4	48	内蒙古伊泰集团有限公司	伊泰 B 股	900948	33.1987
5	477	哈尔滨哈投投资股份有限公司	哈投股份	600864	31.0022
6	257	武汉凯迪电力股份有限公司	凯迪电力	000939	30.7180
7	473	四川明星电力股份有限公司	明星电力	600101	26.9161
8	481	新疆国际实业股份有限公司	国际实业	000159	26.8931
9	8	神华集团有限责任公司	中国神华	601088	24.7395
10	423	北京京运通科技股份有限公司	京运通	601908	24.4501
11	10	中国国电集团公司	平庄能源	000780	22.8815
12	15	中国电力投资集团公司	露天煤业	002128	21.2215
13	116	广州发展集团有限公司	广州控股	600098	19.3980
14	103	深圳能源集团股份有限公司	深圳能源	000027	18.7675
15	3	国家电网公司	国电南瑞	600406	18.3727
16	7	中国华能集团公司	内蒙华电	600863	18.1980
17	32	兖矿集团有限公司	兖州煤业	600188	17.7249
18	30	国家开发投资公司	国投新集	601918	16.6934
19	339	新疆天富热电股份有限公司	天富热电	600509	16.6561
20	472	林州重机集团股份有限公司	林州重机	002535	16.5280

从销售净利率规模分布来看，2011 年销售净利率达到 40%以上的企业有 1 家，较 2010 年减少 1 家，但销售净利率水平有了较大幅度提升；30%~40%的企业有 5 家；20%~30%的企业有 6 家；10%~20%的企业有 24 家；5%~10%的企业有 33 家，较 2010 年减少 15 家；0~5%的企业有 69 家，较 2010 年增加 19 家；销售净利率为负数的企业有 17 家，较 2010 年增加 5 家。总体来看，净利率分布在 0~5%的企业最多，占到总数的 2/5 以上；销售净利率在 5%以上和以下的企业数量基本持平，如图 3-2 所示。

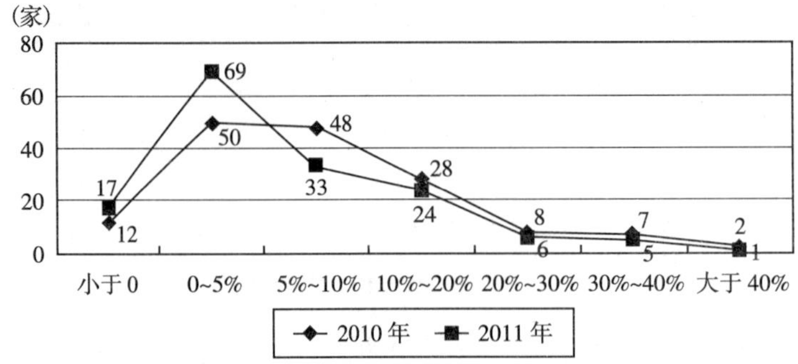

图3-2　2010年、2011年155家能源类上市公司销售净利率规模分布比较

三、总资产报酬率

总资产报酬率是指企业一定时间内获得的报酬总额与平均资产总额的比率。反映企业包括净资产和负债在内的全部资产的总体获利能力，全面反映了企业获利能力和投入产出状况。总资产报酬率越高，表明企业资产利用效率越高，说明企业在增加收入、节约资金使用等方面取得了良好的效果；该指标越低，说明企业资产利用效率越低。应分析原因，提高销售利润率，加速资金周转，提高企业经营管理水平。其计算方法：

总资产报酬率＝(利润总额＋利息支出)/平均总资产

＝(销售收入/平均总资产)×(利润总额＋利息支出)/销售收入

＝总资产周转率×销售息税前利润率

可见，影响总资产报酬率的因素有两个：一是总资产周转率，该指标作为反映企业运营能力的指标，用于说明企业资产的运用效率，是企业资产经营效果的直接体现；二是销售息税前利润率，该指标反映了企业商品生产经营的盈利能力，产品盈利能力越强，销售利润率越高。可见，资产经营盈利能力受商品经营盈利能力和资产运营效率两方面影响。

2011年，155家上市公司的平均总资产报酬率为19.93%，较2010年下降2.9个百分点。资产报酬率最高的企业是中国石油化工集团公司所控股的S仪化，股票代码600871，资产报酬率高达87.25%；位列第二位的依然是中国石油化工集团公司所控股的S上石化，股票代码600688，报酬率为84.87%；位列第三位的是河南豫能控股股份有限公司控股的豫能控股，股票代码001896，报酬率也高达80.05%，这三家企业也是2011年能源类上市公司中平均总资产报酬率超过80%的企业。总资产报酬率最高的前20名企业如表3-3所示。

表3-3　2011年155家能源上市公司股票总资产报酬率前20排名

名次	排名	全称	简称	股票代码	资产报酬率（%）
1	1	中国石油化工集团公司	S仪化	600871	87.2498
2	1	中国石油化工集团公司	S上石化	600688	84.8702
3	230	河南豫能控股股份有限公司	豫能控股	001896	80.0465
4	402	石家庄东方热电股份有限公司	ST东热	000958	65.0650
5	17	中国平煤神马能源化工集团有限责任公司	平煤股份	601666	61.0378
6	38	浙江省能源集团有限公司	东电B股	900949	56.7022

续表

名次	排名	全称	简称	股票代码	资产报酬率（%）
7	1	中国石油化工集团公司	中国石化	600028	56.0887
8	493	大连热电股份有限公司	大连热电	600719	55.4216
9	23	中国中煤能源集团有限公司	上海能源	600508	50.9394
10	9	中国大唐集团公司	桂冠电力	600236	45.6097
11	10	中国国电集团公司	长源电力	000966	43.3716
12	103	深圳能源集团股份有限公司	深圳能源	000027	43.1254
13	14	中国华电集团公司	华电能源	600726	42.3880
14	195	河北建投能源投资股份有限公司	建投能源	000600	40.6378
15	365	深圳南山热电股份有限公司	深南电 A	000037	40.4559
16	7	中国华能集团公司	华能国际	600011	39.9319
17	399	云南文山电力股份有限公司	文山电力	600995	39.1736
18	116	广州发展集团有限公司	广州控股	600098	38.2656
19	10	中国国电集团公司	英力特	000635	37.4431
20	10	中国国电集团公司	平庄能源	000780	36.9434

从总资产报酬率规模分布来看，资产报酬率在80%以上的上市公司有3家；在60%以上的有5家，较2010年增加1家；资产报酬率分布在40%~60%、20%~40%、10%~20%的公司分别有10家、47家和45家，分别较2010年减少了2家、11家和11家。相反的，资产报酬率分布在0~10%的有45家，较2010年增加21家；在0以下的有3家，较2010年增加2家，如图3-3所示，说明2011年能源类上市公司的总体资产报酬率在降低。

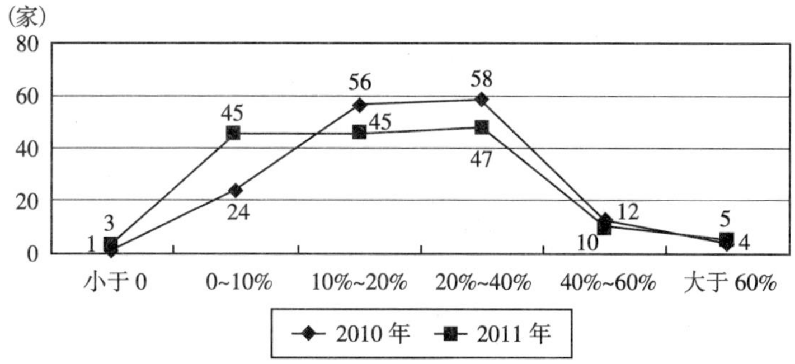

图3-3　2010年、2011年155家能源类上市公司总资产报酬率规模分布

四、净资产收益率

净资产收益率又称股东权益收益率，是净利润与平均股东权益的比值，是公司税后利润除以净资产得到的百分比率，是反映企业自有资本及其积累获取报酬的最具综合性的指标，也是衡量上市公司盈利能力的重要指标。净资产收益率越高，企业资本营运效率越好，收益越大，投资者和债权人受保障程度越高；净资产收益率越低，说明企业所有者权益的获利能力越弱。

2011年，155家上市公司的平均净资产收益率为5.57%，较2010年下降了4.8个百分点。其中，郑州煤矿机械集团股份有限公司以51.59%的净资产收益率高居榜首，中利科技和ST东热分别以41.69%和40.71%紧排其后，净资产收益率位列前20位的企业如表3-4所示。

表3-4　2011年155家能源类上市公司净资产收益率位列前20名的企业

名次	500强排名	全称	简称	股票代码	净资产收益率（%）
1	169	郑州煤矿机械集团股份有限公司	郑煤机	601717	51.59
2	185	中利科技集团股份有限公司	中利科技	002309	41.69
3	402	石家庄东方热电股份有限公司	ST东热	000958	40.71
4	405	深圳市德赛电池科技股份有限公司	德赛电池	000049	37.95
5	48	内蒙古伊泰集团有限公司	伊泰B股	900948	32.61
6	257	武汉凯迪电力股份有限公司	凯迪电力	000939	29.94
7	3	国家电网公司	国电南瑞	600406	29.16
8	193	山东墨龙石油机械股份有限公司	山东墨龙	002490	25.26
9	15	中国电力投资集团公司	露天煤业	002128	24.52
10	40	中国东方电气集团有限公司	东方电气	600875	22.14
11	59	中国煤炭科工集团有限公司	天地科技	600582	22.05
12	64	河南神火集团有限公司	神火股份	000933	21.07
13	32	兖矿集团有限公司	兖州煤业	600188	20.43
14	19	山西焦煤集团有限责任公司	西山煤电	000983	20.19
15	8	神华集团有限责任公司	中国神华	601088	20.10
16	10	中国国电集团公司	平庄能源	000780	20.01
17	23	中国中煤能源集团有限公司	上海能源	600508	19.52
18	363	西安隆基硅材料股份有限公司	隆基股份	601012	19.35
19	56	正泰集团股份有限公司	正泰电器	601877	17.91
20	339	新疆天富热电股份有限公司	天富热电	600509	17.76

从净资产收益率规模分布来看，净资产收益率在30%以上的上市公司有5家，较2010年减少5家；在20%~30%的有11家，较2010年减少3家；在10%~20%的有42家，较2010年减少4家；在5%~10%的有35家，较2010年减少3家；0~5%的分布最为集中，占比也最多，为47家，约占所有上市公司总数的1/3，较2010年增加12家；净资产收益率在0以下的公司有15家，较2010年增加3家，如图3-4所示。说明2011年能源类上市公司的净资产收益能力较2010年有所削弱。

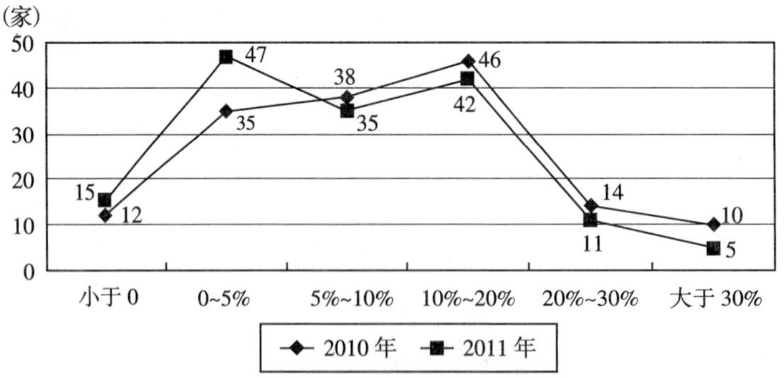

图3-4　2010年、2011年155家能源类上市公司净资产收益率规模分布

综合四项盈利指标来看，2011年能源企业500强中155家上市公司的平均每股收益为0.35元，平均销售净利率为6.10%，平均总资产报酬率为19.88%，平均净资产收益率为5.57%，高于同期沪市主板的整体盈利状况，反映了能源类上市公司的整体盈利能力较强，但与2010年相比，盈利能力有所衰减。155家上市公司的具体盈利指标状况如表3-5所示。

表3-5　2011年全国能源企业500强上市公司盈利能力指标

名次	简称	每股收益（元）	销售净利率（%）	总资产报酬率（%）	净资产收益率（%）
1	中国一重	—	11.6943	—	—
2	ST东热	-0.920	-29.1526	65.0650	—
3	郑煤机	0.360	9.5705	9.1894	51.59
4	中利科技	1.380	10.5440	14.0364	41.69
5	德赛电池	0.870	6.9907	16.8030	37.95
6	伊泰B股	3.750	33.1987	28.5250	32.61
7	凯迪电力	0.800	30.7180	15.2170	29.94
8	国电南瑞	0.810	18.3727	16.0635	29.16
9	山东墨龙	0.620	11.0875	14.0693	25.26
10	露天煤业	0.770	21.2215	13.5847	24.52
11	东方电气	1.530	7.2658	8.9113	22.14
12	天地科技	0.900	13.5895	19.4094	22.05
13	神火股份	0.690	3.6190	16.0968	21.07
14	兖州煤业	1.750	17.7249	24.8477	20.43
15	西山煤电	0.900	9.8942	32.4159	20.19
16	中国神华	2.250	24.7395	34.5012	20.10
17	平庄能源	0.890	22.8815	36.9434	20.01
18	上海能源	1.960	14.2120	50.9394	19.52
19	隆基股份	1.270	14.2120	15.0930	19.35
20	正泰电器	0.820	10.9811	16.0012	17.91
21	天富热电	0.610	16.6561	32.9151	17.76
22	平煤股份	0.782	7.0791	61.0378	17.70
23	国投新集	0.730	16.6934	22.1353	17.23
24	冀中能源	1.030	8.3303	6.4139	17.21
25	南玻A	0.570	16.1717	23.4874	17.05
26	三安光电	0.650	60.6674	18.0726	16.53
27	恒源煤电	1.010	12.2694	31.8320	16.48
28	国际实业	0.680	26.8931	15.7434	16.25
29	中国石化	0.830	3.0676	56.0887	15.11
30	银星能源	0.210	4.6629	8.9517	15.10
31	明星电力	0.680	26.9161	33.0434	14.80
32	陕天然气	0.800	12.2905	30.9133	14.71
33	ST申龙	0.520	5.1712	7.9109	14.36
34	深圳能源	0.790	18.7675	43.1254	14.20
35	内蒙华电	0.340	18.198	3.9097	14.02
36	葛洲坝	0.450	3.8893	9.5121	13.93
37	置信电气	0.270	15.1673	17.2211	13.37
38	国电电力	0.237	8.8972	24.0528	13.32
39	中国石油	0.730	7.2863	24.4829	13.26
40	中粮生化	0.370	4.8822	35.7802	12.80
41	广州控股	0.530	19.3980	38.2656	12.34
42	中化国际	0.540	1.9053	9.1886	12.31
43	京运通	1.180	24.4501	11.5834	12.31
44	文山电力	0.280	8.7052	39.1736	12.19
45	宁波热电	0.510	8.6922	12.3139	12.19

续表

名次	简称	每股收益（元）	销售净利率（%）	总资产报酬率（%）	净资产收益率（%）
46	科华恒盛	0.69	11.5292	12.2499	12.10
47	哈投股份	0.52	31.0022	22.6637	12.01
48	上海机电	0.70	8.1248	14.3427	11.99
49	山煤国际	1.45	2.3926	7.9302	11.99
50	深圳燃气	0.14	3.4958	5.1589	11.97
51	金山股份	0.36	6.4563	8.4953	11.87
52	中煤能源	0.72	11.5957	19.3184	11.71
53	内蒙君正	0.93	15.6713	21.4707	11.57
54	太阳电缆	0.41	3.7085	12.6367	11.38
55	永泰能源	0.59	16.1493	3.1809	11.35
56	华光股份	0.53	4.2574	15.6451	11.09
57	东华能源	0.35	2.2544	8.484	10.95
58	英力特	0.59	3.7286	37.4431	10.39
59	乐山电力	0.24	4.3538	21.0013	10.18
60	林州重机	0.45	16.5280	9.1504	9.88
61	中国水电	0.39	3.7631	1.8174	9.69
62	特变电工	0.47	6.7982	8.2586	9.57
63	长江电力	0.38	39.9491	3.9278	9.55
64	京能热电	0.37	9.7877	30.9294	9.48
65	郴电国际	0.43	7.6364	22.5546	9.41
66	S 仪化	0.21	4.1578	87.2498	9.29
67	云煤能源	0.63	2.6804	12.1383	8.31
68	南洋股份	0.26	7.4476	13.6215	8.05
69	四方股份	0.54	12.7273	10.2086	7.99
70	上海电力	0.22	3.8240	31.7436	7.87
71	金智科技	0.20	5.7265	10.5330	7.78
72	长源电力	0.18	0.7472	43.3716	7.62
73	宝泰隆	0.59	7.5655	14.7812	7.50
74	山东矿机	0.52	8.4041	9.0193	7.29
75	远兴能源	0.23	12.2146	19.6416	7.28
76	金杯电工	0.41	4.7999	10.1073	6.99
77	太原重工	0.24	3.7805	8.9161	6.83
78	比亚迪	0.60	3.2668	15.8634	6.55
79	煤气化	0.40	8.0607	29.0695	6.54
80	三峡水利	0.25	7.0232	21.8566	6.49
81	广安爱众	0.10	5.7286	21.8321	6.45
82	许继电气	0.41	6.9730	11.9686	6.20
83	桂冠电力	0.09	8.0919	45.6097	6.19
84	风帆股份	0.15	1.6653	18.1609	5.87
85	思源电气	0.35	8.5946	9.5432	5.78
86	桂东电力	0.38	5.9368	23.6212	5.67
87	川投能源	0.38	35.4548	10.7278	5.63
88	华锐风电	0.39	7.4335	2.5275	5.60
89	亿晶光电	0.39	2.7198	9.1554	5.59
90	中材科技	0.30	5.3277	12.5022	5.36

续表

名次	简称	每股收益（元）	销售净利率（%）	总资产报酬率（%）	净资产收益率（%）
91	S上石化	0.13	1.0197	84.8702	5.21
92	长春燃气	0.16	3.9797	25.8763	5.18
93	广聚能源	0.18	6.4427	7.0522	5.17
94	宝新能源	0.10	4.8368	14.9769	5.14
95	大唐发电	0.15	4.1300	21.9610	4.92
96	金风科技	0.23	5.5904	3.1048	4.71
97	卧龙电气	0.16	4.1416	10.6288	4.47
98	山西焦化	0.09	0.7305	16.4126	4.27
99	st太化	0.07	0.5093	25.0987	4.02
100	中孚实业	0.13	1.2455	10.7525	3.79
101	新农开发	0.13	5.2708	11.1232	3.72
102	穗恒运A	0.22	3.1622	27.6775	3.57
103	粤电力A	0.13	1.7723	29.2728	3.49
104	威远生化	0.09	2.7198	24.0947	3.44
105	华仪电器	0.12	4.0187	2.5812	3.25
106	东电B股	0.14	3.2297	56.7022	3.14
107	泰豪科技	0.12	2.1581	6.7375	3.12
108	长城电工	0.10	2.0839	10.8213	3.01
109	韶能股份	0.09	4.1307	24.8421	2.86
110	豫能控股	0.03	0.5639	80.0465	2.83
111	南都电源	0.24	5.1407	7.0757	2.74
112	华能国际	0.09	1.0225	39.9319	2.53
113	湖北能源	0.08	1.4484	16.2935	2.39
114	爱使股份	0.04	3.7172	31.0490	2.38
115	向日葵	0.07	1.7971	3.4159	2.34
116	国投电力	0.13	3.0976	24.9955	2.26
117	东方日升	0.15	2.5504	3.4384	2.21
118	茂化实华	0.03	0.4837	2.1542	2.05
119	海油工程	0.05	2.5205	18.8409	1.92
120	九龙电力	0.11	1.4828	24.4477	1.68
121	海滨能源	0.02	0.8928	24.0781	1.60
122	东方电子	0.02	3.5102	13.4800	1.59
123	科力远	0.05	0.1200	9.3648	1.56
124	汇通能源	0.04	0.2764	6.1287	1.25
125	泰山石油	0.02	0.2379	21.1187	1.04
126	宝胜股份	0.09	0.2593	8.5640	1.03
127	深南电A	0.03	0.3739	40.4559	1.00
128	海越股份	0.02	0.1418	9.0160	0.93
129	佛塑科技	0.02	0.7612	25.5426	0.9
130	有研硅股	0.03	1.0528	36.0586	0.82
131	四川圣达	0.01	0.2525	31.0416	0.76
132	云维股份	0.03	0.8327	12.9862	0.72
133	平高电气	0.02	0.6309	7.8214	0.64
134	吉电股份	0.02	0.7924	20.1927	0.56
135	航天机电	0.02	–4.5714	3.7915	0.56

续表

名次	简称	每股收益（元）	销售净利率（%）	总资产报酬率（%）	净资产收益率（%）
136	天威保变	0.030	1.2226	5.3327	0.51
137	建投能源	0.020	0.2698	40.6378	0.50
138	华电国际	0.010	0.2656	24.1307	0.49
139	ST梅雁	0.010	2.3701	23.91	0.46
140	华电能源	0.004	0.5043	42.388	0.24
141	动力源	–0.020	–0.6902	4.9171	–1.02
142	超日太阳	–0.100	–1.6650	1.1148	–1.89
143	中国西电	–0.120	–5.3569	6.0827	–3.71
144	大连热电	–0.170	–5.1872	55.4216	–4.85
145	黔源电力	–0.410	–12.3381	11.2371	–5.33
146	三变科技	–0.290	–3.1079	5.7993	–7.31
147	*ST长油	–0.230	–14.7267	9.5091	–15.07
148	安泰集团	–0.380	–7.9982	5.8868	–16.00
149	*ST银河	–0.260	–19.5860	6.2475	–22.06
150	*ST赣能	–0.420	–10.4858	12.1608	–23.19
151	*ST能山	–0.200	–7.4263	15.5848	–24.82
152	*ST漳泽	–0.410	–17.3685	–4.5095	–55.48
153	华银电力	–0.830	–9.2674	–4.1388	–63.30
154	ST祥龙	–0.600	–22.5136	30.9950	–94.78
155	*ST锌电	–1.540	–22.4262	–2.7548	–158.77

第二节　偿债能力分析

偿债能力是指企业偿还到期债务的能力，是反映企业财务状况和经营能力的重要标志，可分为短期偿债能力和长期偿债能力。偿债能力的大小直接关系到企业所面临的财务风险的大小。通过对企业的财务报告等会计资料进行分析，可以了解企业资产的流动性、负债水平以及偿还债务的能力，从而评价企业的财务状况和财务风险，为管理者、投资者和债权人提供企业偿债能力的财务信息。影响企业偿债能力的因素有很多，本书主要从资产负债率、产权比率、利息保障倍数、流动比率和速动比率几方面来进行分析。其中，流动比率和速动比率反映短期偿债能力，资产负债率、产权比率和利息保障倍数是分析长期偿债能力的指标。

一、短期偿债能力分析

短期偿债能力分析主要是计算能够反映公司流动性状态的比率，研究公司资产转变为现金，用以偿还短期债务的能力。主要指标有流动比率和速动比率。

流动比率也称营运资金比率或真实比率，是流动资产对流动负债的比率，用来衡量企业流动资产在短期债务到期以前，可以变为现金用于偿还负债的能力。速动比率是指速动资产对流动负债的比率，它是衡量企业流动资产中可以立即变现用于偿还流动负债的能力。流动比率和速动比率都是用来表示资金流动性的，即企业短期债务偿还能力的数值，前者的基准值是2，后者为1。一般来说，这两个比率越高，企业资产的变现能力越强，短期偿债能力也越强；反之则弱。但这两个比率并非越高越好。流动比率过高，即流动资产相对于流动负债太多，可能是存货发生积压、滞销等情况，也可能是持有现金太多，或两者兼有；速动比率过高，即速动资产相对于流动负债太多，说明现金持有太多。企业的存货积压，往往说明企业经营不善，存货可能存在问题；现金持有太多，则反映出企业不善理财，资金利用效率低下。

2007~2011年，155家能源类上市公司的流动比率和速动比率呈逐年上升的趋势。就流动比率来说，主板市场要好于能源类上市公司；就速动比率来说，能源类上市公司与主板市场基本持平。总体来看，155家能源类上市公司短期偿债能力在逐年增强，但在2011年略有下滑，如图3-5所示。

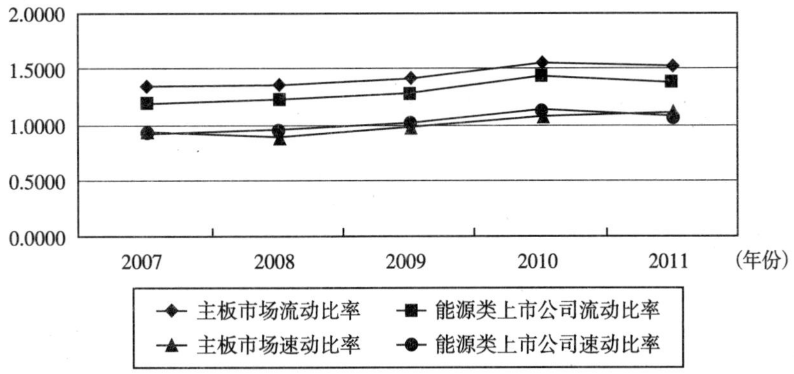

图3-5 2007~2011年155家能源类上市公司与主板市场的流动比率和速动比率比较

2011年，155家能源类上市公司中，流动比率和速动比率大于1的有55家。其中，南洋股份流动比率和速动比率均最高，分别为8.15和6.16，其次是三安光电，分别达到7.32和5.49。泰山石油、京运通、广聚能源等18家企业的流动比率和速动比率均大于2。能源类上市公司流动比率和速动比率的总体分布情况如图3-6所示。由此看出，155家能源类上市公司的短期流动性比较强，盈利稳定性比较高，短期偿债能力依然较强，公司资产安全性普遍较高。

二、长期偿债能力分析

长期偿债能力是指公司长期偿还全部债务的能力。长期偿债能力的高低，不仅涉及投资者投资的安全，而且关系到公司扩展经营能力的强弱。测算公司长期偿债能力的指标主要有资产负债率、产权比率和利息保障倍数。

（一）资产负债率

资产负债率是指负债总额与资产总额的比值，它反映企业资产对负债的保障程度。适度的负债规模表明企业活力充沛，究竟多少合适，一般没有确定标准。资产负债率太低，说明

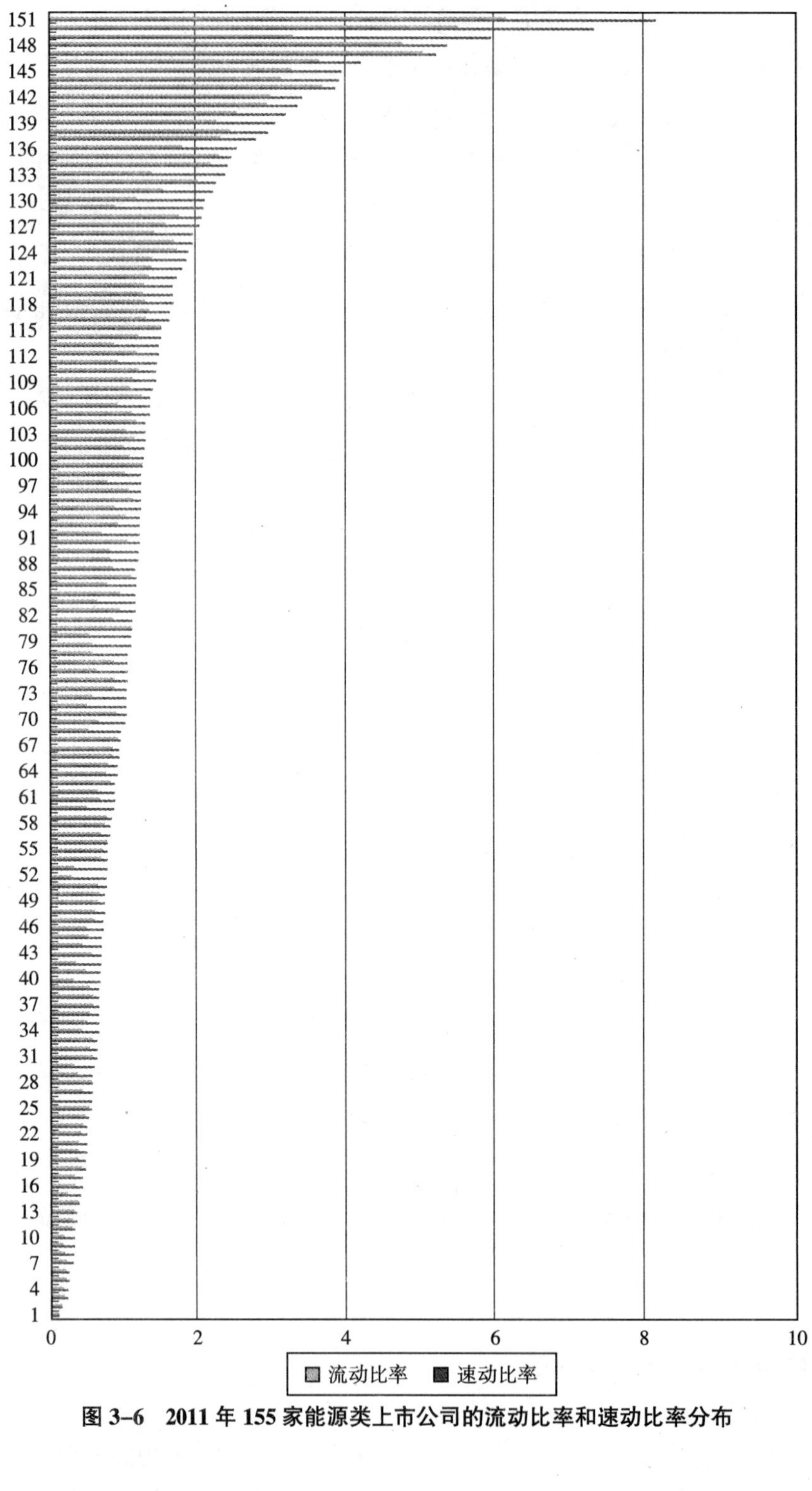

图 3-6　2011 年 155 家能源类上市公司的流动比率和速动比率分布

企业负债规模过小，经营理念保守，而在经营良好的前提下，资产负债率高，有利于通过扩大经营规模以及利用财务杠杆效应获得更大收益。合理的资产负债率一般在 50%左右，超过 100%，则企业濒临破产边缘。根据我国工业企业特点，资产负债率一般在 60%以下较为合适。

2011 年，155 家能源类上市企业的平均资产负债率为 56.43%，与 2010 年基本持平，变化幅度不大。2011 年，155 家能源类上市企业中资产负债率最低的是泰山石油，为 5.56%，最高的是华银电力，为91.69%，两者差距十分明显。

2011年155家能源上市企业资产负债率最低的20家企业如表3-6所示。

表3-6　2011年155家能源上市企业资产负债率最低的20家企业

名次	500强排名	简称	股票代码	资产负债率（%）
1	1	泰山石油	000554	5.5558
2	396	广聚能源	000096	8.8711
3	342	南洋股份	002212	10.5619
4	10	平庄能源	000780	16.1376
5	387	南都电源	300068	17.7927
6	423	京运通	601908	18.5419
7	1	S仪化	600871	21.1272
8	334	金杯电工	002533	21.8745
9	400	四方股份	601126	22.0469
10	437	东方电子	000682	22.6445
11	375	置信电气	600517	24.4545
12	340	思源电气	002028	25.5530
13	494	科华恒盛	002335	26.2318
14	116	广州控股	600098	26.8918
15	23	上海能源	600508	27.3593
16	282	内蒙君正	601216	29.2540
17	403	山东矿机	002526	30.3159
18	426	四川圣达	000835	32.8812
19	8	中国神华	601088	34.2271
20	472	林州重机	002535	34.8491

从资产负债率分布规模来看，2011年，资产负债率在20%以下的企业有6家，较2010年增加了1家；资产负债率在20%~30%的企业有10家，较2010年减少了2家；在30%~40%的企业有13家，较2010年增加了2家，总体上说，资产负债率在20%~40%的企业数量变化还不是特别明显。而资产负债率处于40%~70%的企业数量变化比较明显，处于80%以上的企业数量有所减少，如图3-7所示。

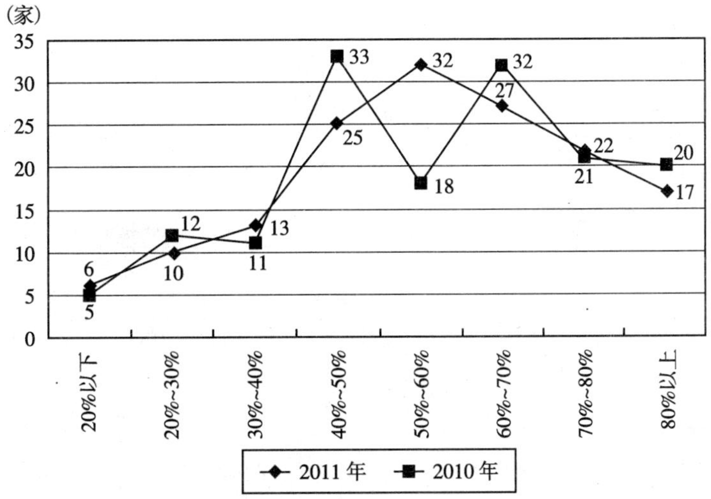

图3-7　2010~2011年155家能源类上市公司资产负债率规模分布

纵向来看，2007~2011 年，全国 155 家能源类上市公司平均资产负债率分别为 55.33%、57.00%、57.93%、56.43%和 56.43%，资产负债率均处于 60%以下，且相差不大，资产负债率总体水平合理，较为稳定。由此表明，企业的总体偿债能力较好，如图 3-8 所示。

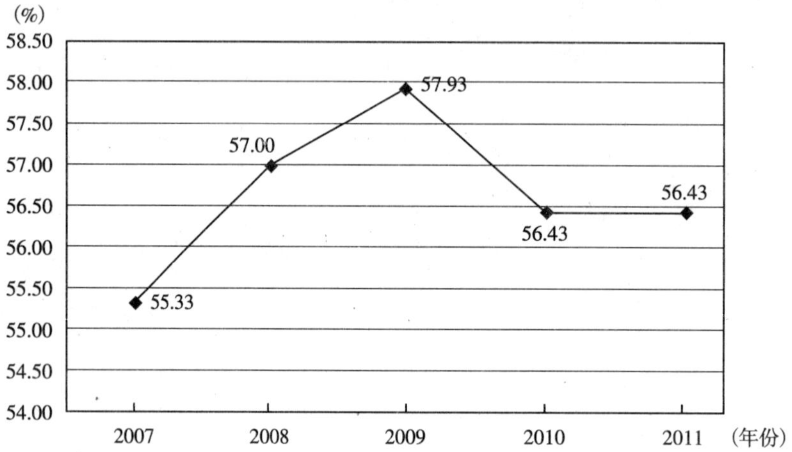

图 3-8 2007~2011 年 155 家能源上市公司资产负债率变化情况

（二）产权比率

产权比率是负债总额与所有者权益总额的比率，又称负债股权比率或资本负债率，用于评估资金结构合理性。产权比率衡量企业长期偿债能力，用于表明由债权人提供的和由投资者提供的资金来源的相对关系，反映企业基本财务结构是否稳定。产权比率高，是高风险、高报酬的财务结构；产权比率低，是低风险、低报酬的财务结构。产权比率不仅反映债务人提供的资本与所有者提供的资本相对关系，而且反映企业自有资金偿还全部债务的能力，因此是衡量企业负债经营安全与否的重要指标。

2011 年，155 家能源类上市公司产权比率平均值为 180.81%，较 2010 年降低了 3.14 个百分点，即能源类上市公司的总负债要大于净资产总额。其中，产权比例最低的企业为泰山石油，为 4.98%；产权比率最高的为 *ST 漳泽，产权比率高达 1074.55%；后者是前者的 215 倍。

产权比率最低的 20 家企业如表 3-7 所示。

表 3-7 2011 年 155 家能源上市企业产权比率最低的 20 家企业

名次	500 强排名	简称	股票代码	产权比率（%）
1	1	泰山石油	000554	4.9774
2	396	广聚能源	000096	8.1317
3	342	南洋股份	002212	9.5860
4	10	平庄能源	000780	19.0321
5	423	京运通	601908	20.8320
6	387	南都电源	300068	21.6231
7	334	金杯电工	002533	25.3456
8	1	S 仪化	600871	26.6057
9	400	四方股份	601126	27.9901
10	437	东方电子	000682	28.8982

续表

名次	500强排名	简称	股票代码	产权比率（%）
11	23	上海能源	600508	30.9471
12	375	置信电气	600517	32.3706
13	340	思源电气	002028	32.9015
14	469	三安光电	600703	33.1574
15	116	广州控股	600098	34.1530
16	494	科华恒盛	002335	35.5597
17	374	汇通能源	600605	38.1919
18	282	内蒙君正	601216	41.0818
19	23	中煤能源	601898	42.2117
20	403	山东矿机	002526	43.2344

图3-9给出了上市公司产权比率规模分布。由图可以看出，155家上市企业间产权比率差距较大。与2010年相比，虽然2011年产权比率在200%以上的企业有所减少；但是，产权比率在100%以上的企业却有所增加达到91家；这表明这些能源类上市公司的产权比率有所升高，财务结构更加不稳定。

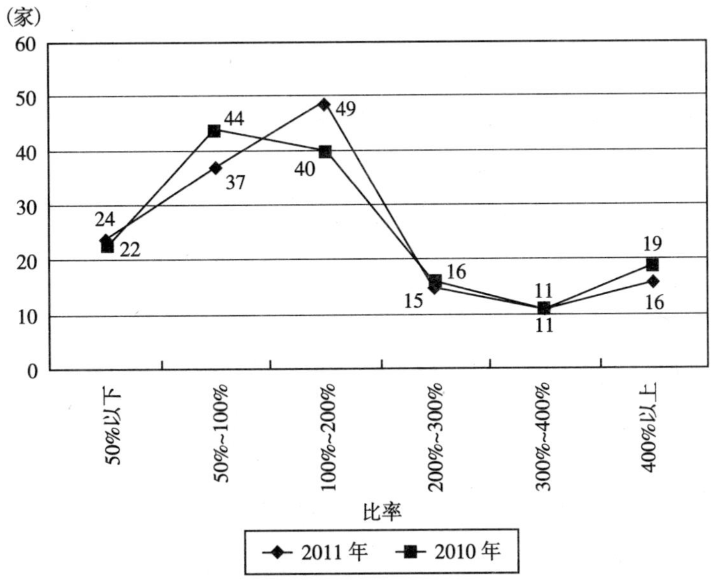

图3-9　2010~2011年155家能源类上市公司产权比率规模分布

纵向来看，2007~2011年，155家能源上市公司的产权比率分别为155.62%、182.50%、179.92%、183.95%和180.82%，均大于1，即负债总额大于所有者权益总额，而且近几年来相对于2007年均有所增加，表明这155家上市公司的产权比率总体偏高，负债结构不尽合理。

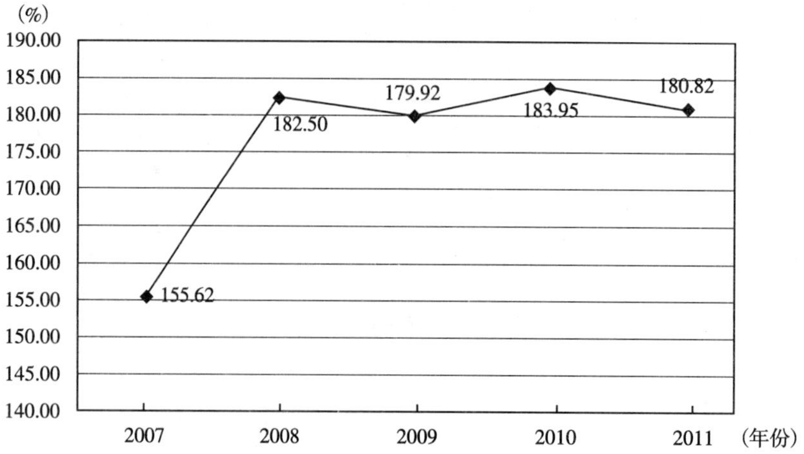

图 3-10　2007~2011 年 155 家能源上市公司产权比率变化情况

综合以上分析可以看出，2011 年全国 155 家能源类上市企业偿债能力依旧较强，但产权比率总体偏高，呈现了一种高风险、高报酬的财务结构。这种财务结构相对不稳，企业经营更多地依靠借贷，债权人的利益缺乏保障。此外，155 家企业间的偿债能力差距较大，大部分企业偿债能力较强，但仍有部分企业的偿债能力让人担忧。因此，对于能源类上市企业来说，应继续加强企业资本结构调整，加快资产周转速度，提高资产使用效率，增强偿债能力，提高企业的经济效益。

（三）利息保障倍数

利息保障倍数反映企业获利能力的大小，以及获利能力对偿还到期债务的保障程度，既是企业举债经营的前提依据，也是衡量企业长期偿债能力大小的重要标志。要维持正常偿债能力，利息保障倍数应大于 1，且比值越高，企业长期偿债能力越强。利息保障倍数过低，偿债安全性与稳定性有下降的风险。

2007~2011 年，155 家能源类上市公司的利息保障倍数分别为 2.52、5.27、6.56、8.55 和 6.66。其中，前四年呈逐年增加的趋势，但 2011 年较 2010 年有所下滑。

2011 年，155 家能源类上市公司中有 2 家利息保障倍数超过 100，分别是天地科技和南洋股份，利息保障倍数分别为 178.34 和 100.43。全部 155 家能源类上市公司利息保障倍数分布如图 3-11 所示。

综上所述，通过对 2011 年 155 家能源上市公司偿债能力的分析，155 家能源上市公司无论是在流动比率、速动比率、产权比率、利息保障倍数，还是资产负债率水平上都呈现出两极分化的现象。其中，流动比率最低值仅为 0.12，最高值为 8.15；速动比率最低值为 0.076，最高值为 6.16；利息保障倍数最低值为-463.68，最高值达 178.34；产权比率最低值为 4.98%，最高值达 1074.55%；资产负债率最低水平为 5.56%，最高为 149.24%，如表 3-8 所示。说明 155 家能源上市公司在偿债能力指标上还不是十分均衡，差距较大，部分企业的偿债能力堪忧，需要经营者加以重视和改善。

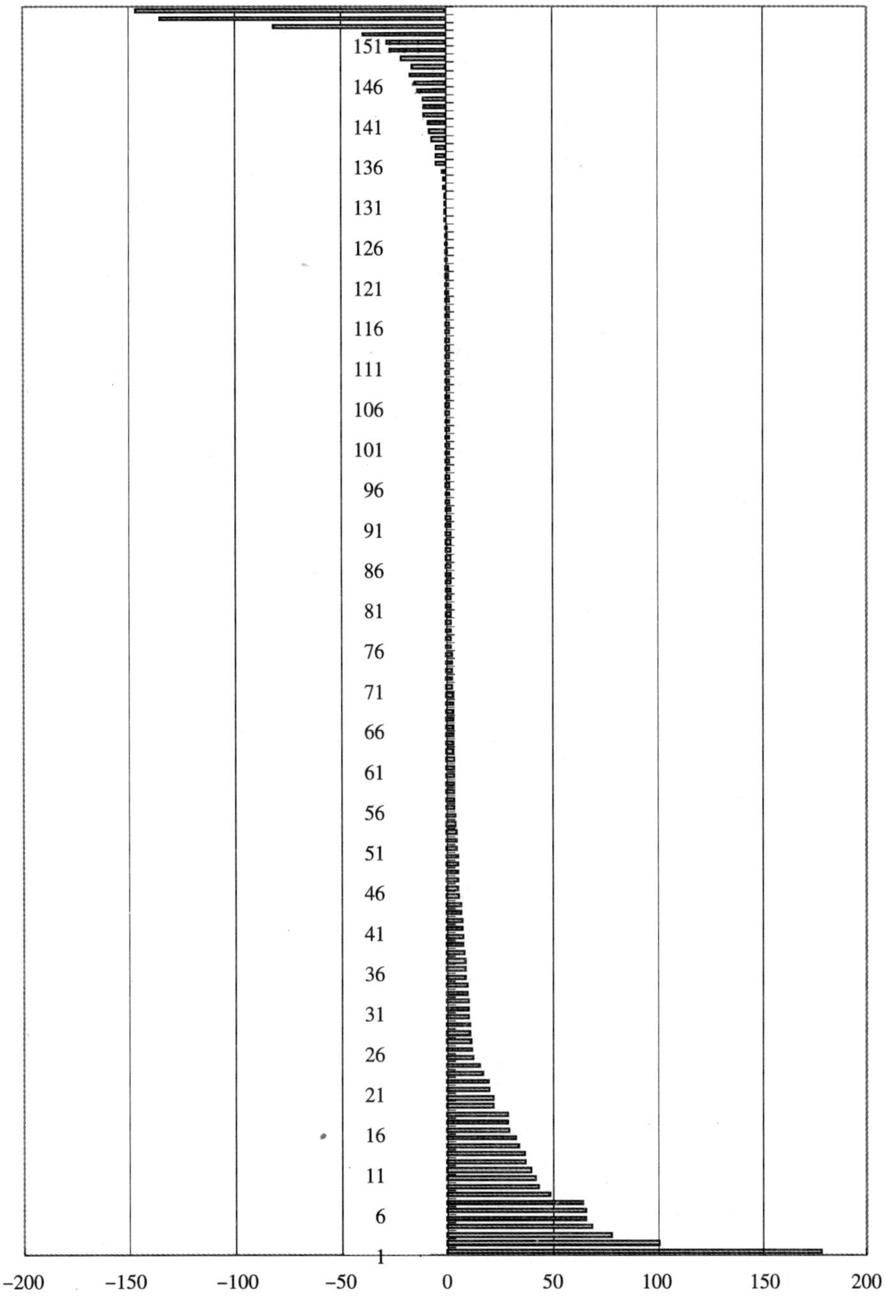

图 3–11　2011 年 155 家能源类上市公司的利息保障倍数分布

表 3–8　2011 年全国能源类企业 500 强上市公司偿债能力指标

序号	排名	简称	股票代码	流动比率	速动比率	利息保障倍数	产权比率（%）	资产负债率（%）
1	1	S 仪化	600871	2.5516	1.8205	−17.317	26.6057	21.1272
2	1	泰山石油	000554	5.9394	3.3085	10.879	4.9774	5.5558
3	1	S 上石化	600688	0.7876	0.3327	−14.469	67.6286	40.9112
4	1	中国石化	600028	0.7635	0.2894	16.684	94.8713	54.9114
5	2	中国石油	601857	0.6882	0.3628	19.773	62.1640	43.5437
6	3	国电南瑞	600406	1.7432	1.3283	−135.013	104.5140	51.1291
7	3	平高电气	600312	1.5076	1.1828	1.768	80.4927	44.9120

续表

序号	排名	简称	股票代码	流动比率	速动比率	利息保障倍数	产权比率(%)	资产负债率(%)
8	5	海油工程	600583	0.7997	0.6887	2.092	70.8793	49.4127
9	6	中化国际	600500	1.2829	0.9979	32.478	166.1171	65.4551
10	7	内蒙华电	600863	0.3825	0.3258	3.464	224.2795	71.2204
11	7	华能国际	600011	0.3669	0.2867	1.313	298.5044	77.1353
12	8	中国神华	601088	1.2329	1.0886	28.442	50.3146	34.2271
13	9	大唐发电	601991	0.4442	0.3426	1.522	351.3453	79.2844
14	9	华银电力	600744	0.9376	0.8328	–0.406	1015.717	91.6915
15	9	桂冠电力	600236	0.4697	0.4362	1.632	356.3031	78.0873
16	10	长源电力	000966	0.4908	0.3813	1.116	684.8882	87.9518
17	10	平庄能源	000780	3.8643	3.7086	–27.844	19.0321	16.1376
18	10	英力特	000635	0.3283	0.1719	1.797	270.8012	73.1939
19	10	国电电力	600795	0.2723	0.2162	2.044	311.1442	77.9093
20	13	冀中能源	000937	1.2294	1.1149	8.349	108.5187	58.0721
21	14	华电能源	600726	0.4908	0.4202	1.131	434.305	82.0944
22	14	华电国际	600027	0.2408	0.1893	1.036	489.4587	84.0637
23	15	露天煤业	002128	0.9197	0.7935	22.185	73.0105	44.2334
24	15	吉电股份	000875	0.6395	0.5832	1.084	446.7509	82.6577
25	15	*ST 漳泽	000767	0.2659	0.2338	–1.305	1074.548	91.5964
26	15	九龙电力	600292	1.0500	0.8543	1.414	133.753	59.5220
27	15	上海电力	600021	0.7500	0.6459	1.835	189.2739	71.8093
28	17	平煤股份	601666	0.8213	0.7436	65.322	79.5926	44.3686
29	19	西山煤电	000983	1.1517	0.9680	10.355	115.3399	57.2150
30	19	山西焦化	600740	0.656	0.5780	1.201	550.045	84.9888
31	21	中国水电	601669	1.1608	0.7985	3.304	393.9115	80.8927
32	22	上海机电	600835	1.4467	1.1287	–8.668	128.2611	56.3044
33	23	中煤能源	601898	1.9497	1.6954	77.773	42.2117	39.8712
34	23	上海能源	600508	1.6569	1.2815	65.240	30.9471	27.3593
35	30	国投新集	601918	0.3283	0.2015	6.388	174.4708	64.7055
36	30	国投电力	600886	0.4925	0.4509	1.448	433.0652	82.0079
37	32	兖州煤业	600188	0.9582	0.9191	48.141	117.6675	56.0374
38	38	东电 B 股	900949	0.6278	0.5311	2.331	54.1431	37.4971
39	40	东方电气	600875	1.0426	0.4997	–39.316	453.3411	82.2825
40	41	粤电力 A	000539	0.4409	0.3486	1.662	169.3901	66.4351
41	43	山煤国际	600546	1.3433	1.1346	4.736	198.1754	68.1904
42	44	葛洲坝	600068	1.2168	0.6953	3.055	351.9331	78.7176
43	48	伊泰 B 股	900948	1.2109	1.0698	29.274	58.5412	37.7418
44	51	长江电力	600900	0.1569	0.1509	3.778	114.2316	58.8565
45	54	威远生化	600803	1.1467	0.9714	2.944	88.3152	48.5245
46	56	正泰电器	601877	3.4336	3.0170	–16.161	43.3981	43.0993
47	59	天地科技	600582	1.6658	1.2537	178.338	89.3088	47.8829
48	64	神火股份	000933	0.5764	0.4442	2.698	324.2132	76.9648
49	67	云维股份	600725	0.6825	0.4734	1.195	303.1519	77.4274
50	69	恒源煤电	600971	0.8812	0.8048	33.731	83.7099	50.2292
51	70	特变电工	600089	1.4517	1.2208	10.304	114.916	58.1903
52	72	华锐风电	601558	1.9657	1.4239	28.730	129.4492	60.1514

续表

序号	排名	简称	股票代码	流动比率	速动比率	利息保障倍数	产权比率(%)	资产负债率(%)
53	77	中孚实业	600595	0.9181	0.7691	1.307	201.3303	70.0699
54	80	天威保变	600550	2.0447	1.5779	1.347	106.7861	56.4564
55	83	金风科技	002202	1.6339	1.2958	4.475	134.1907	58.4680
56	85	京能热电	600578	0.5876	0.5731	2.696	205.7079	67.6825
57	90	中国西电	601179	1.8637	1.4061	-4.742	81.6392	49.9652
58	96	许继电气	000400	1.8149	1.3763	5.187	115.1290	58.0492
59	100	宝胜股份	600973	1.3171	1.1607	1.216	163.7811	62.0898
60	103	深圳能源	000027	1.0474	0.8962	8.339	73.8425	43.8178
61	116	广州控股	600098	2.4875	2.3164	21.734	34.1530	26.8918
62	117	湖北能源	000883	1.0136	0.6644	2.564	180.8343	64.4207
63	144	中国一重	601106	—	—	7.329	—	—
64	147	新农开发	600359	1.1508	0.6398	2.953	118.0921	54.5504
65	169	郑煤机	601717	1.0940	0.5825	-146.368	438.1774	81.5502
66	173	深圳燃气	601139	0.5965	0.3867	36.690	127.9144	56.1239
67	181	中粮生化	000930	0.5988	0.3286	3.450	108.0205	53.7403
68	185	中利科技	002309	1.2282	0.8855	9.380	195.5805	66.2241
69	193	山东墨龙	002490	1.1009	0.5430	11.622	168.5863	62.9860
70	195	建投能源	000600	0.5284	0.4669	1.145	270.4351	73.9262
71	202	煤气化	000968	1.0395	0.8931	9.916	63.4400	47.1722
72	206	华仪电器	600290	2.2688	2.0220	4.554	79.9678	54.0462
73	210	安泰集团	600408	1.2250	0.9158	-0.775	127.1954	56.5356
74	217	比亚迪	002594	0.6420	0.4444	3.240	164.5359	63.4585
75	228	*ST 长油	600087	1.3556	1.2381	-0.659	228.0293	73.5508
76	230	豫能控股	001896	0.7162	0.6147	1.089	656.8673	86.7941
77	244	佛塑科技	000973	0.7094	0.5074	1.387	190.5344	65.8741
78	250	亿晶光电	600537	0.8706	0.6714	2.700	151.5368	61.9115
79	251	茂化实华	000637	-11.4400	-7.7468	-21.482	-5.0344	-4.9115
80	257	凯迪电力	000939	1.1737	1.1019	6.938	113.3249	66.6357
81	260	ST 申龙	600401	1.0461	0.8891	2.816	221.5597	69.1131
82	261	风帆股份	600482	0.9762	0.5289	1.937	173.7113	63.4963
83	263	华光股份	600475	1.0504	0.5958	7.335	238.4404	70.5978
84	267	ST 太化	600281	0.6475	0.4894	1.104	342.3186	77.7634
85	269	宝新能源	000690	2.0985	0.9121	2.015	115.2144	59.2700
86	270	穗恒运 A	000531	0.6714	0.3071	1.942	190.2580	65.7995
87	271	太原重工	600169	1.2272	1.0263	4.752	224.1257	69.4663
88	274	泰豪科技	600590	1.4853	1.1722	2.060	123.3372	59.9969
89	280	卧龙电气	600580	1.3964	1.0806	3.233	77.3202	43.6049
90	282	内蒙君正	601216	3.3764	2.9484	9.855	41.0818	29.2540
91	284	永泰能源	600157	1.2664	1.2529	2.084	274.3459	74.7466
92	285	*ST 能山	000720	0.3216	0.2068	0.106	569.2905	85.0934
93	291	中材科技	002080	1.6733	1.2930	3.933	87.8221	48.1498
94	295	陕天然气	002267	0.5556	0.5347	8.271	77.3027	53.4375
95	296	超日太阳	002506	1.2478	1.0232	0.837	123.7877	56.4053
96	298	东方日升	300118	2.0823	1.7739	1.674	66.4369	40.3362
97	302	太阳电缆	002300	1.1755	0.8460	3.599	122.6050	55.3108

续表

序号	排名	简称	股票代码	流动比率	速动比率	利息保障倍数	产权比率（%）	资产负债率（%）
98	303	远兴能源	000683	0.8324	0.7793	4.900	80.3660	45.6107
99	304	向日葵	300111	0.8730	0.6402	1.203	132.9048	58.0358
100	307	宝泰隆	601011	1.0497	0.6271	3.208	56.9801	37.7838
101	311	南玻 A	000012	0.6493	0.5432	12.351	76.7781	52.1906
102	312	东华能源	002221	1.0433	0.5886	2.448	343.1266	77.4975
103	316	长春燃气	600333	0.7082	0.4437	15.486	82.1865	45.3938
104	324	韶能股份	000601	0.7568	0.6232	1.525	127.8071	60.2083
105	326	*ST 赣能	000899	0.4872	0.3796	0.135	466.4813	82.3472
106	330	桂东电力	600310	0.6520	0.5954	2.106	130.7314	57.8181
107	334	金杯电工	002533	3.9180	3.1569	−10.478	25.3456	21.8745
108	336	爱使股份	600652	0.7975	0.7909	2.955	69.8293	45.4574
109	339	天富热电	600509	1.3009	1.1573	5.054	183.7948	68.4555
110	340	思源电气	002028	3.2227	2.5429	−11.167	32.9015	25.5530
111	342	南洋股份	002212	8.1516	6.1575	100.435	9.5860	10.5619
112	349	乐山电力	600644	0.4238	0.2427	1.853	223.4597	70.5376
113	359	郴电国际	600969	1.1197	1.0934	4.489	252.9039	72.3632
114	363	隆基股份	601012	1.1981	0.8026	6.646	79.2098	52.8573
115	365	深南电 A	000037	0.8614	0.5054	1.109	188.5692	65.3787
116	369	科力远	600478	1.3160	1.0469	1.516	93.7176	49.7079
117	373	长城电工	600192	1.3522	0.9184	2.062	135.6205	58.8870
118	374	汇通能源	600605	1.5170	1.5170	1.896	38.1919	42.0401
119	375	置信电气	600517	3.0537	2.2758	39.379	32.3706	24.4545
120	383	海越股份	600387	0.6578	0.5314	1.006	73.1008	48.4266
121	384	航天机电	600151	0.7325	0.6094	0.553	174.8993	64.4179
122	387	南都电源	300068	3.9485	3.2977	−6.886	21.6231	17.7927
123	389	黔源电力	002039	0.1222	0.1208	0.788	378.8342	79.1241
124	394	金山股份	600396	0.3322	0.2863	1.408	639.1363	86.6991
125	396	广聚能源	000096	5.2332	5.0367	−10.646	8.1317	8.8711
126	399	文山电力	600995	0.4162	0.4120	5.467	90.6896	47.9997
127	400	四方股份	601126	4.2128	3.6422	−7.733	27.9901	22.0469
128	402	ST 东热	000958	0.2070	0.1065	−1.896	−247.6870	149.2399
129	403	山东矿机	002526	2.2282	1.5261	8.548	43.2344	30.3159
130	405	德赛电池	000049	1.2777	1.0705	68.333	227.2301	69.8867
131	415	*ST 锌电	002114	0.5603	0.0759	−4.763	454.2869	82.0160
132	419	云煤能源	600792	0.7053	0.5651	9.837	139.0898	58.9182
133	423	京运通	601908	5.3557	4.7771	−81.783	20.8320	18.5419
134	426	四川圣达	000835	2.1222	1.1803	1.351	48.8678	32.8812
135	427	川投能源	600674	0.7972	0.7294	2.500	80.5234	51.7787
136	437	东方电子	000682	2.8233	2.3347	−25.764	28.8982	22.6445
137	438	银星能源	000862	1.1892	0.8205	1.512	667.8114	87.1495
138	447	*ST 银河	000806	1.1305	0.8660	−1.123	194.9934	67.2024
139	452	ST 祥龙	600769	0.2506	0.1902	−4.862	384.1244	79.5425
140	467	三变科技	002112	1.2366	0.7813	−0.355	160.1233	61.5567
141	469	三安光电	600703	7.3160	5.4861	63.807	33.1574	37.2243
142	470	宁波热电	600982	1.8911	1.7414	36.419	60.1412	42.6610

续表

序号	排名	简称	股票代码	流动比率	速动比率	利息保障倍数	产权比率（%）	资产负债率（%）
143	472	林州重机	002535	2.4234	2.1952	19.619	49.4494	34.8491
144	473	明星电力	600101	0.4754	0.3804	41.545	46.2363	37.7075
145	477	哈投股份	600864	0.9350	0.8487	43.142	53.2420	41.3615
146	479	动力源	600405	1.4671	0.9350	0.523	147.0427	59.5212
147	480	广安爱众	600979	0.6256	0.5893	2.003	147.2557	62.8495
148	481	国际实业	000159	2.3948	1.3878	10.383	56.0251	36.2134
149	482	三峡水利	600116	0.7133	0.4984	2.260	143.3051	62.8975
150	490	海滨能源	000695	0.7898	0.6940	1.260	266.8273	73.2609
151	492	有研硅股	600206	1.4889	0.8753	1.250	51.4057	36.6856
152	493	大连热电	600719	0.7414	0.6343	0.201	105.4399	51.3240
153	494	科华恒盛	002335	2.9625	2.4713	-13.505	35.5597	26.2318
154	495	金智科技	002090	1.6435	1.3512	6.936	77.4299	44.3561
155	496	ST 梅雁	600868	0.3064	0.2289	1.187	63.9627	39.0239

第三节　营运能力分析

营运能力是企业资产的周转运行能力，通常可以用资产周转率来对企业的营运能力进行分析。资产周转率是衡量企业资产管理效率的重要财务比率，在财务分析指标体系中占有重要地位，可分为总资产周转率、分类资产周转率（流动资产周转率和固定资产周转率）、单项资产周转率（应收账款周转率和存货周转率等）三类。本书选择总资产周转率、固定资产周转率、存货周转率和应收账款周转率这4个财务比率对企业的营运能力进行逐层分析。营运能力反映企业资产和利用的效率，营运能力强的企业，有助于获利能力的增长，进而保证企业具备良好的偿债能力，因此高质量的资产必定体现为高效的营运能力。

一、总资产周转率

总资产周转率是考察企业资产运营效率的一项重要指标，体现了企业经营期间全部资产从投入到产出的流转速度，反映了企业全部资产的管理质量和利用效率。通过该指标的对比分析，可以反映企业总资产的运营效率和变化，发现企业与同类企业在资产利用上的差距，促进企业挖掘潜力、积极创收、提高产品市场占有率和提高资产利用效率。一般情况下，该数值越高，表明企业总资产周转速度越快，销售能力越强，资产利用效率越高。

2011年，全国能源企业500强中155家能源上市企业平均总资产周转率为0.775次，较2010年的0.769次有轻微的上升。总资产周转率最快的为中国石油化工集团旗下的泰山石油，达4.112次，其次是茂化实华的4.071次，S上石化位列第三位，为3.173次。

总资产周转率位列前20名的企业名单如表3-9所示。

表 3-9　2011 年全国能源类企业 500 强总资产周转率前 20 名企业

名次	500 强排名	企业简称	股票代码	总资产周转率（次）
1	1	泰山石油	600871	4.1120
2	251	茂化实华	000637	4.0709
3	1	S 上石化	600688	3.1725
4	374	汇通能源	600605	2.6132
5	43	山煤国际	600546	2.4800
6	1	中国石化	600028	2.3689
7	6	中化国际	600500	2.1956
8	419	云煤能源	600792	2.1877
9	426	四川圣达	000835	2.0071
10	405	德赛电池	000049	1.9795
11	1	S 仪化	600871	1.8361
12	100	宝胜股份	600973	1.7644
13	302	太阳电缆	002300	1.5481
14	54	威远生化	600803	1.4039
15	250	亿晶光电	600537	1.3569
16	17	平煤股份	601666	1.3164
17	261	风帆股份	600482	1.2969
18	260	ST 申龙	600401	1.2012
19	312	东华能源	002221	1.1887
20	56	正泰电器	601877	1.1474

从总资产周转率分布规模来看，2011 年，总资产周转率在 2 次以上的企业有 9 家，较 2010 年增长了 3 家；周转率在 1~2 次的企业有 22 家，较 2010 年增加了 2 家；在 0.8~1 次的企业有 12 家，较 2010 年减少 17 家；在 0.5~0.8 次的企业有 58 家，较 2010 年增加了 14 家；在 0.5 次以下的有 51 家，较 2010 年减少了 2 家。其中，总资产周转率在平均资产周转率 0.775 次以上的企业共有 46 家，如图 3-12 所示。

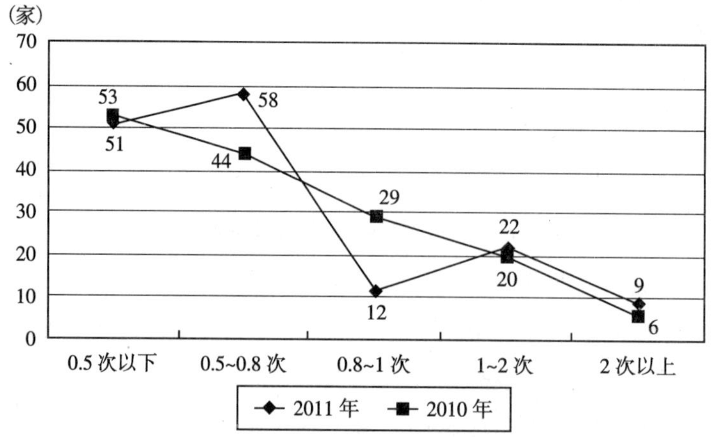

图 3-12　2011 年全国能源企业 500 强上市公司总资产周转率规模分布

纵向比较来看，2007~2011 年，全国能源企业 500 强中总资产周转率依次分别为 0.770 次、0.798 次、0.730 次、0.769 次和 0.775 次。五年来，能源集团 500 强企业中上市公司总资产周转率虽然有所波动，但总体上呈逐年上升的趋势。2009 年周转率之所以出现了下滑，与

2008年爆发的金融危机导致全球经济发展低迷、能源需求萎缩影响不无关系。总的来说，2011年能源企业上市公司资产的运营能力是有所提升的。

二、固定资产周转率

固定资产周转率也称固定资产利用率，是企业销售收入与固定资产净值的比率，主要用于分析对厂房、设备等固定资产的利用效率，比率越高，说明利用率越高，管理水平越好。如果固定资产周转率与同行业平均水平相比偏低，则说明企业对固定资产的利用率较低，可能会影响企业的获利能力。

2011年，全国能源集团500强企业上市公司中，正泰电器以22.55次周转率位居首位，山煤国际位居第二位，固定资产周转率为19.71次，德赛电池以15.99次位列第三位，如图3-13所示。总体而言，能源类企业的固定资产周转率都呈现加快趋势，固定资产的运营能力是值得肯定的。

三、单项资产周转率

单项资产周转率包括存货周转率和应收账款周转率。

2007~2011年，全国能源集团500强企业上市公司的存货周转率分别为12.39、10.78、12.96、12.78和10.82，较同期A股平均值高出1倍多，且虽有波动，但一直较为稳定，说明能源类500强上市企业的存货运营能力较强。

2007~2011年，500强企业能源类上市公司的应收账款周转率分别为15.02、19.22、15.98、22.28和19.13，与同期A股平均值相差不大，但一直都稍高于同期A股市场的平均应收账款周转率，如图3-14所示。

（一）存货周转率

存货周转率是衡量和评价企业购入存货、投入生产、销售收回等各环节管理状况的综合性指标，它是销售成本与平均存货的比值，或者叫存货的周转次数。用时间表示的存货周转率就是存货周转天数，它等于360除以存货周转率。一般来讲，存货周转速度越快，存货的占用水平越低，流动性越强，存货转换为现金或应收账款的速度越快。提高存货周转率可以提高企业的变现能力，而存货周转速度越慢，则变现能力越差。财务分析者还可以对存货的结构以及影响存货周转速度的重要项目进行分析，如分别计算原材料周转率、在产品周转率或某种存货的周转率。存货周转分析的目的是从不同的角度和环节上找出存货管理中的问题，使存货管理在保证生产经营连续性的同时，尽可能少占用经营资金，提高资金的使用效率。

2011年，155家能源类上市公司中，恒源煤电与有研硅股分别占据存货周转率排名的前两位，分别是86.37次和52.05次。从第三位开始较为平缓的变化，比如处于第三位的是隆基股份为38.98，而大唐发电是以37.94位居第四位，与隆基股份的周转率仅差1次，如图3-15所示。

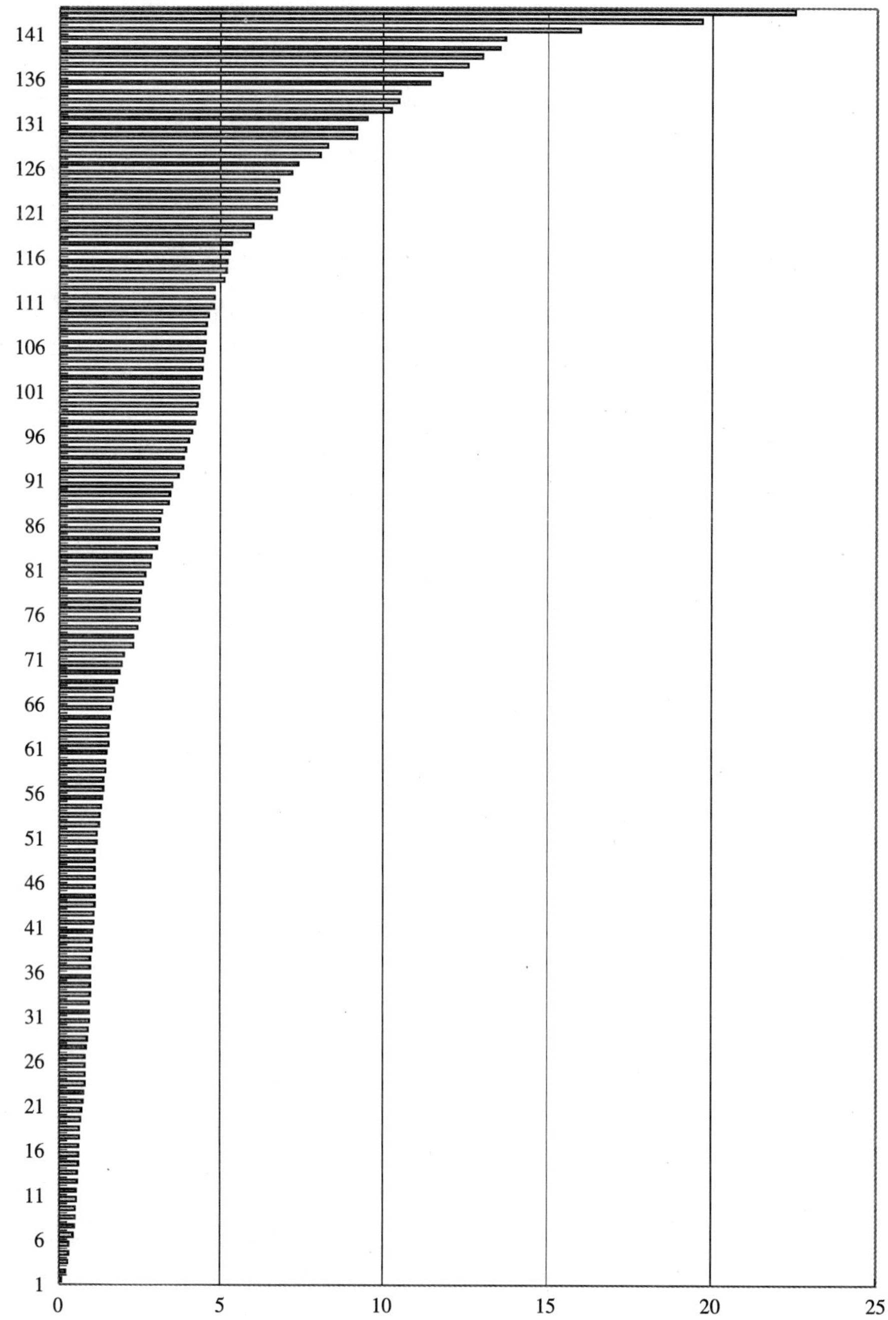

图 3–13　2011 年全国能源企业 500 强上市公司固定资产周转率排名

（二）应收账款周转率

应收账款周转率反映的是公司应收账款的周转情况，是企业销售收入与应收账款的比率，它说明一定期间内公司应收账款转为现金的平均次数。公司的应收账款在流动资产中具有举足轻重的地位，公司的应收账款如能够及时收回，公司的资金使用效率就能有大幅度的提高。应收账款周转率越高、平均收账期越短，说明应收账款的收回越快。否则，企业的营运资金会过多地呆滞在应收账款上，影响正常的资金周转。应收账款周转率越高说明企业的营运能力越强。

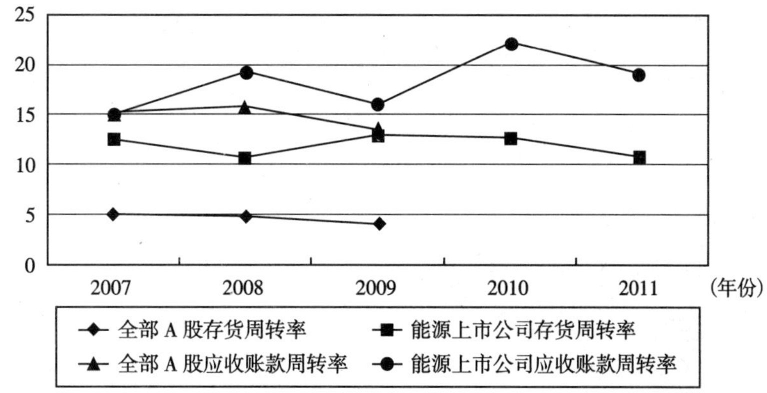

图3-14　2007~2011年155家能源上市公司与沪市A股存货周转率和应收账款周转率比较

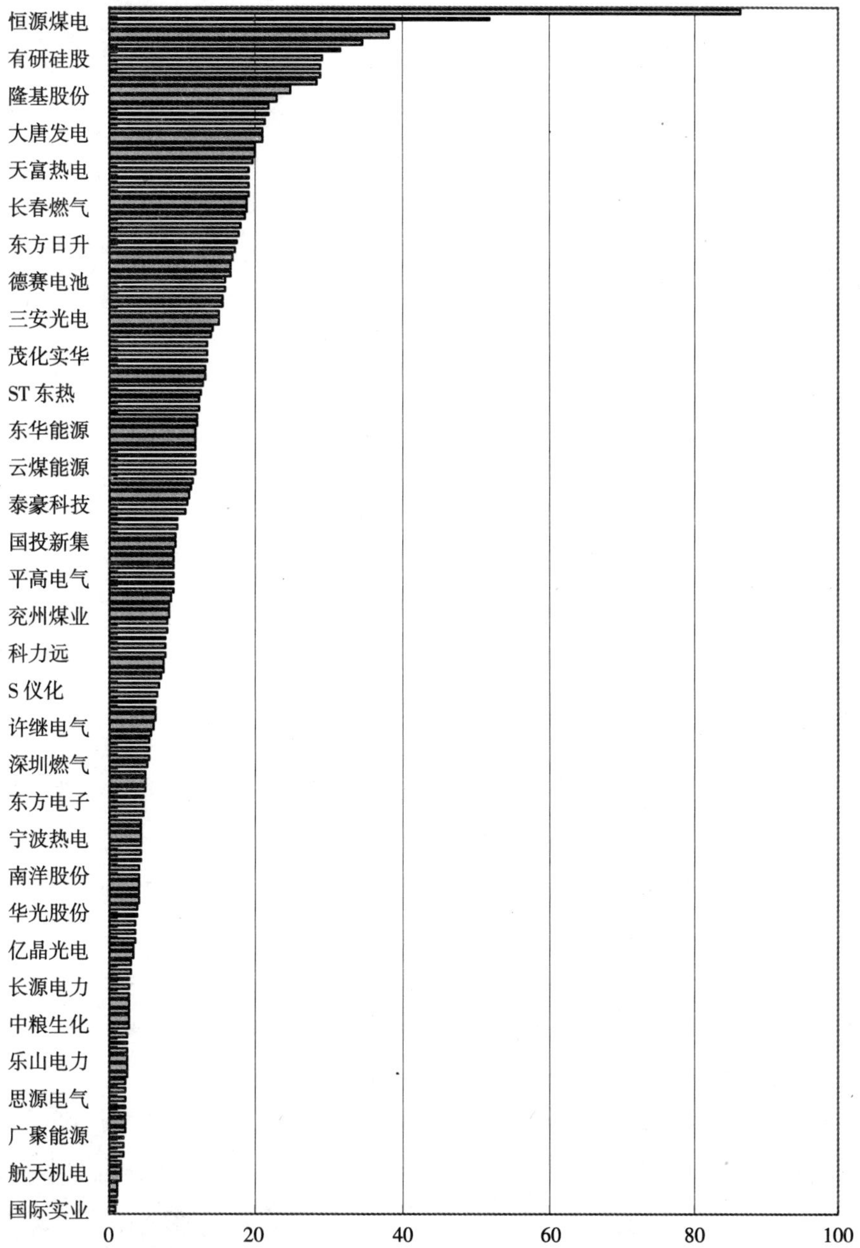

图3-15　2011年能源类上市公司存货周转率比较

2011 年，ST 太化以 221.59 次居应收账款周转率首位，而位居第二位的中利科技是 140.4 次，周转率相差 81 次；宝胜股份以应收账款周转率 133.2 次位居第三，与第二位的中利科技较为接近；位居第四位的云维股份的周转率为 96.50，从第四位开始，之后的企业的周转率都降到 100 以下，如图 3–16 所示。

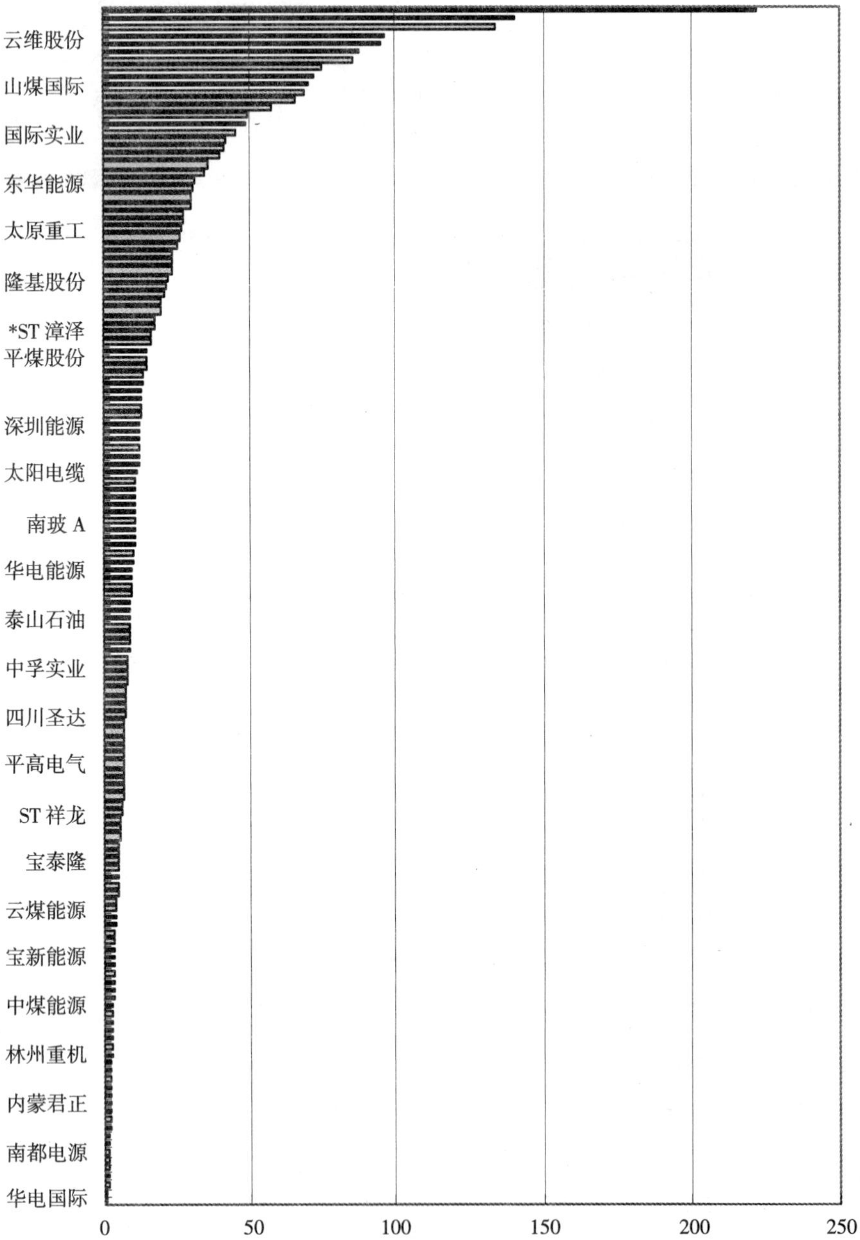

图 3–16　2011 年能源类上市公司应收账款周转率比较

总体而言，2007~2011 年，能源集团 500 强企业上市公司的存货周转率和固定自主周转率有稍微波动，但趋于稳定，而总资产周转率除了 2009 年，其余年份也基本持平。存货周转率、应收账款周转率、固定资产周转率和总资产周转率均高于同期全部 A 股上市公司水平，与 A 股平均水平相比，155 家能源类上市企业总体的运营能力较强，如表 3–10 所示（由于数据较难取得，而且能够取得的沪市A股数据与所要比较的数据相差巨大，故2010~2011年数据没有取得）。

表3-10 2007~2011年155家能源类上市公司与沪市A股总体运营情况比较

财务年度	存货周转率		应收账款周转率		固定资产周转率		总资产周转率	
	全部A股	能源上市公司	全部A股	能源上市公司	全部A股	能源上市公司	全部A股	能源上市公司
2007	4.94	12.3867	15.23	15.0172	2.81	3.0364	0.23	0.7638
2008	4.85	10.7792	15.83	19.2188	2.93	4.4419	0.23	0.7873
2009	4.02	12.9635	13.61	15.9766	2.61	4.1254	0.20	0.7300
2010	—	12.7797	—	22.2800	—	4.3784	—	0.7686
2011	—	10.8240	—	19.1345	—	3.6372	—	0.7747

由表3-10可知，2007~2011年能源集团500强上市企业的总资产周转率分别为0.7638、0.7873、0.73、0.7686和0.7747，高出同期全部A股上市公司总资产周转率的2~3倍；固定资产周转率分别为3.0364、4.4419、4.1254、4.3784和3.6372，也要明显高于同期A股平均固定资产周转率。能源类上市公司的平均固定资产周转率虽有波动，但一直处于较高水平，而总资产周转率基本保持不变，说明这些企业的总体资产运营能力较为强劲。

第四节 发展能力分析

企业的发展能力，也称企业的成长性，是企业通过自身的生产经营活动，不断扩大积累而形成的发展潜能。企业能否健康发展取决于多种因素，包括外部经营环境、企业内在素质及资源条件等。本书主要通过营业收入增长率、总资产增长率和净利润增长率三项指标来对能源集团500强上市企业发展能力进行分析。

一、营业收入增长率

主营业务收入增长率是企业本年主营业务收入增长额与上年主营业务收入总额的比率，反映企业主营业务收入的增减变化情况。主营业务收入增长率大于零，表明企业本年主营业务收入有所增长。该指标值越高，表明企业主营业务收入的增长速度越快，市场前景越好。

2011年，能源集团500强企业中155家上市公司剔除数据不全的53个样本后，平均主营业务收入增长率为16.63%，较2010年的31.79%下降了15.16个百分点，下降速度较快。其中，沈阳金山能源股份有限公司主营业务收入增长率最高，达126.91%，三安光电股份有限公司位居其次，其主营业务收入增长率达到102.56%。此外，主营业务收入增长率超过50%的企业有8家，较2010年的28家也有所下降。其中，主营业务收入增长率排名前20的企业名单如图3-17所示。

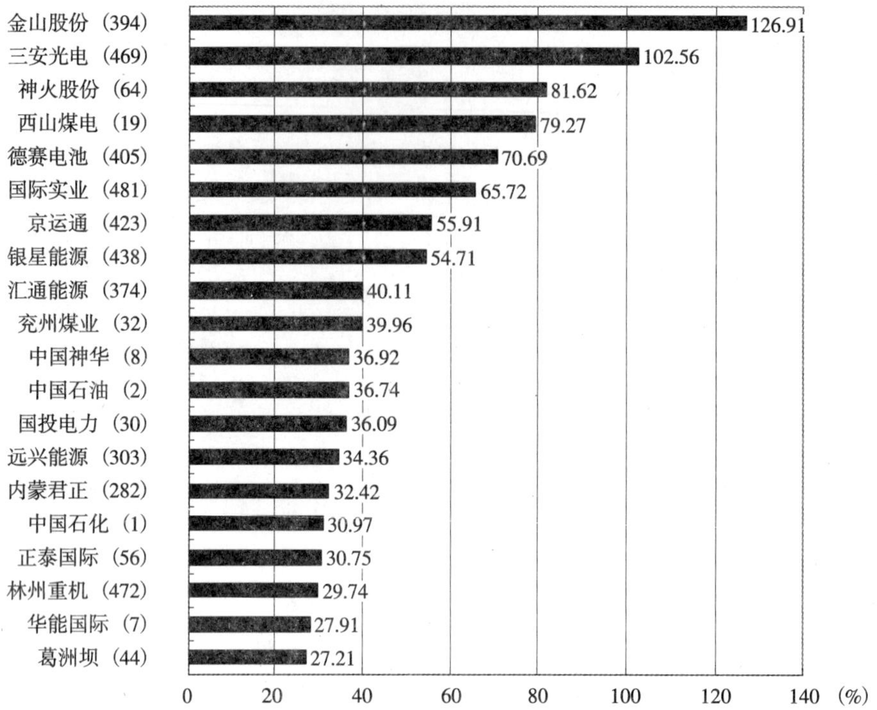

图 3–17　2011 年能源集团 500 强上市企业主营业务收入增长率前 20 名企业

从主营业务收入增长率规模分布（见图 3–18）来看，增长率在 1 倍以上的有 2 家，较 2010 年减少 6 家；增长率在 50%~100%的企业有 6 家，较 2010 年同期减少 1/3；30%~50%的企业有 9 家；10%~30%的企业有 48 家；0~10%的企业有 19 家；负增长的企业有 18 家，较 2010 年增加了 3 家；增长率位于平均增长率（19.2%）以上的企业有 66 家，所占比例不到一半。这些数据充分反映出，2011 年能源集团 500 强上市企业的整体主营业务收入增长率较 2010 年大幅减缓。

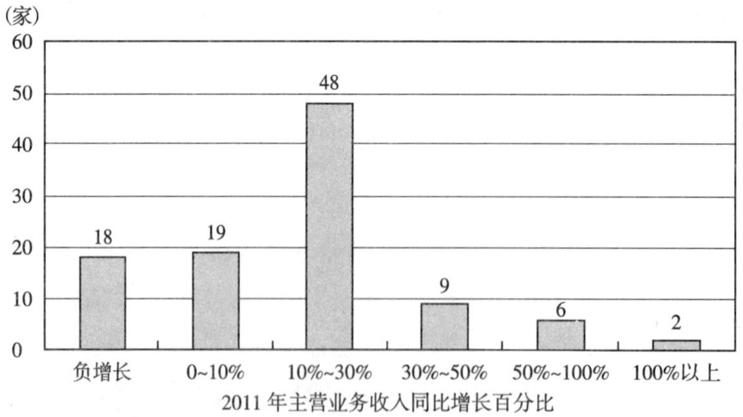

图 3–18　2011 年全国能源集团 500 强上市企业主营业务收入增长率规模分布

二、总资产增长率

总资产增长率越高，表明企业一定时期内资产经营规模扩张的速度越快。但在分析时，需要关注资产规模扩张的质和量的关系，以及企业的后续发展能力，避免盲目扩张。

2011年，剔除数据不全的46家样本后，能源集团500强上市企业平均总资产增长率为25%，较2010年的28.55%略有下降。其中，常州亿晶光电科技有限公司作为后起之秀，以427.39%的增长率超过2010年的冠军东方日升新能源股份有限公司。而永泰能源股份有限公司、北京京运通科技股份有限公司分别位于第二位、第三位。2011年500强企业总资产增长率最快的20家企业名单如表3-11所示。

表3-11　2011年能源集团500强上市企业总资产增长率前20名企业

名次	500强排名	全称	简称	股票代码	总资产增长率（%）
1	250	常州亿晶光电科技有限公司	亿晶光电	600537	427.3949
2	285	永泰能源股份有限公司	永泰能源	600157	260.6751
3	423	北京京运通科技股份有限公司	京运通	601908	166.2311
4	472	林州重机集团股份有限公司	林州重机	002535	129.4311
5	394	沈阳金山能源股份有限公司	金山股份	600396	69.3462
6	206	华仪电器集团有限公司	华仪电气	600290	67.5723
7	405	深圳市德赛电池科技股份有限公司	德赛电池	000049	66.9116
8	77	河南豫联能源集团有限责任公司	中孚实业	600595	66.5708
9	307	七台河宝泰隆煤化工股份有限公司	宝泰隆	601011	64.7419
10	469	三安光电股份有限公司	三安光电	600703	56.3436
11	282	内蒙古君正能源化工股份有限公司	内蒙君正	601216	55.5988
12	363	西安隆基硅材料股份有限公司	隆基股份	601012	47.5745
13	70	新疆特变电工集团有限公司	特变电工	600089	42.3306
14	330	广西桂东电力股份有限公司	桂东电力	600310	42.1877
15	13	冀中能源集团有限责任公司	冀中能源	000937	42.0472
16	100	宝胜集团有限公司	宝胜股份	600973	41.1360
17	438	宁夏银星能源股份有限公司	银星能源	000862	40.6650
18	15	中国电力投资集团公司	九龙电力	600292	38.6744
19	56	浙江正泰电器股份有限公司	正泰电器	601877	37.2364
20	427	四川川投能源股份有限公司	川投能源	600674	35.1194

从总资产增长率规模分布（见图3-19）来看，2011年企业总资产同比增长率超过一倍的仅有4家，较2010年的11家减少了近2/3；增长率在50%~100%的企业有7家，较2010年的12家减少5家；分布在30%~50%的有15家，与2010年基本持平；分布在10%~30%的企业有41家，在总体分布群中占最多数；分布在0~10%的企业有21家；负增长的企业有21家，较2010年的24家减少了3家。增长率在平均增长率（25%）以上的企业有27家，只占到全部企业数的不到1/5。以上表明，2011年能源500强上市公司总资产增长率主要来自几家公司的大幅度增长拉高了整体的增长比率，而大部分企业处于缓慢增长状态。

三、净利润增长率

净利润是指利润总额减去所得税后的余额，是当年实现的股东分配的净收益，也称为税后利润。它是一个企业经营的最终成果，净利润多，企业的经营效益就好；净利润少，企业

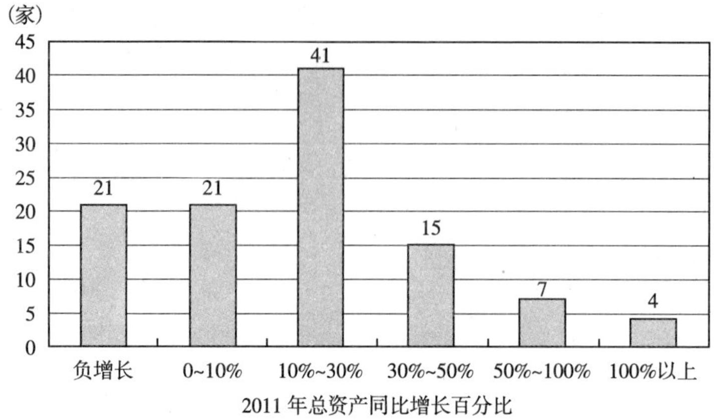

图3-19 2011年能源集团500强上市企业总资产增长率规模分布

的经营效益就差，它是衡量一个企业经营效益的重要指标。净利润增长率是企业当期净利润减去上期净利润之差与上期净利润的比率。净利润增长率代表企业当期净利润比上期净利润的增长幅度，指标值越大代表企业盈利能力越强。

2011年能源集团500强上市企业中，剔除数据不全的样本后，平均净利润增长率为13.89%，较2010年平均利润增长率17.83%有所下降。增长最为突出的是沈阳金山能源股份有限公司，当年实现净利润增长492.86%的骄人成绩，这主要得益于公司投资了联营企业——内蒙古白音华海州露天煤矿有限公司而获得较为丰厚的投资收益。此外，新疆天富热电股份有限公司、三安光电股份有限公司的表现亦不俗，分别位于第二位、第三位。净利润增长率最高的20家企业名单如表3-12所示。

表3-12 2011年全国能源集团500强上市企业净利润增长率前20名企业

名次	500强排名	全称	简称	股票代码	净利润增长率（%）
1	394	沈阳金山能源股份有限公司	金山股份	600396	492.8598
2	339	新疆天富热电股份有限公司	天富热电	600509	152.2502
3	469	三安光电股份有限公司	三安光电	600703	146.1811
4	244	佛山佛塑科技集团股份有限公司	佛塑科技	000973	125.1385
5	303	内蒙古远兴能源股份有限公司	远兴能源	000683	110.1949
6	285	永泰能源股份有限公司	永泰能源	600157	105.0053
7	5	中国海洋石油总公司	海油工程	600583	100.9935
8	257	武汉凯迪电力股份有限公司	凯迪电力	000939	90.0002
9	438	宁夏银星能源股份有限公司	银星能源	000862	79.1867
10	405	深圳市德赛电池科技股份有限公司	德赛电池	000049	79.1115
11	472	林州重机集团股份有限公司	林州重机	002535	76.5241
12	15	中国电力投资集团公司	上海电力	600021	54.9020
13	473	四川明星电力股份有限公司	明星电力	600101	46.9230
14	374	上海汇通能源股份有限公司	汇通能源	600605	41.2149
15	400	北京四方继保自动化股份有限公司	四方股份	601126	39.5976
16	10	中国国电集团公司	国电电力	600795	39.4137
17	261	风帆股份有限公司	风帆股份	600482	38.7114
18	7	中国华能集团公司	华能国际	600011	36.2586
19	23	中国中煤能源集团有限公司	中煤能源	601898	36.1212
20	56	浙江正泰电器股份有限公司	正泰电器	601877	29.2743

从净利润增长率的规模分布（见图3–20）来看，2011年净利润增长率在100%以上的有7家，这也直接带动了整体净利率的增长幅度。净利润增长率在50%~100%的企业有5家，较2010年的22家减少了近八成；增长率在30%~50%的有7家，较2010年的14家减少一半；在10%~30%的有17家；在0~10%的有15家；而负增长的有50家，这一数字是2010年的近1.5倍；净资产增长率超过平均值6.88%的只有42家，仅占到全部上市企业的1/4左右。反映出能源企业500强上市公司2011年的净利润增长率整体出现了大幅下滑，除少数几家"领头羊"外，大部分企业在扣除各项税费及营业支出后甚至处于亏损状态。

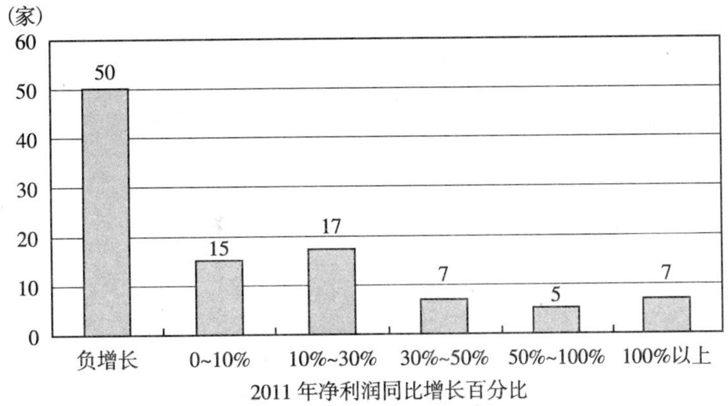

图3–20 2011年全国能源集团500强上市企业净利润增长率规模分布

综上所述，2011年，155家能源类上市企业（剔除数据不全及极端值后）无论是在主营业务收入增长率、净利润增长率，还是净资产增长率指标上都较2010年出现了明显的下滑，发展能力有所减弱。但这并不能简单地说明能源类上市企业的发展能力出现了问题，只是增长速度有所减弱，这与金融危机下全球经济发展低迷有着直接的关系。在这种情况下，能源类上市企业依然实现了16.62%的主营业务收入增长率、6.88%的净利润增长率和14.25%的净资产增长率，说明能源类上市企业的总体发展能力依然良好，如表3–13所示。

表3–13 2011年全国能源类企业500强上市公司发展能力指标

序号	简称	主营业务收入增长率（%）	净利润增长率（%）	净资产增长率（%）	总资产增长率（%）
1	郑煤机	—	—	—	—
2	山东墨龙	—	—	—	—
3	亿晶光电	761.9261	—	298.0249	427.3949
4	云煤能源	500.8863	—	—	509.9559
5	ST太化	1.8286	—	0.4791	4.0984
6	*ST赣能	25.8976	—	–18.7076	3.4681
7	深南电A	50.8255	—	–2.3104	3.2922
8	华银电力	24.7083	—	–20.3940	2.0363
9	*ST能山	2.1418	—	–18.7433	1.9476
10	佛塑科技	6.1804	—	2.1569	–0.8137
11	*ST漳泽	–4.7846	—	–47.9314	–1.1939
12	长源电力	8.6804	—	–4.7238	–4.4517
13	*ST银河	–1.9584	—	–22.0339	–12.8799

续表

序号	简称	主营业务收入增长率（%）	净利润增长率（%）	净资产增长率（%）	总资产增长率（%）
14	*ST 锌电	3.9645	—	-59.1384	-18.6695
15	ST 申龙	1618.8207	6311.5730	2383.1103	1027.9193
16	华电能源	18.4838	1012.0307	1.3002	-0.5959
17	威远生化	152.6922	755.1483	143.4686	98.8723
18	金山股份	126.9137	492.8598	31.5990	69.3462
19	平高电气	23.4484	241.5561	0.2839	6.0503
20	天富热电	27.5807	152.2502	13.8896	-2.9901
21	三安光电	102.5609	146.1811	20.2951	56.3436
22	湖北能源	64.3028	117.2265	-0.4711	19.8840
23	中国一重	36.0794	113.7541	—	—
24	远兴能源	34.3620	110.1949	8.8230	6.0330
25	永泰能源	-26.2286	105.0053	369.2930	260.6751
26	海油工程	3.4578	100.9935	4.5669	4.8280
27	东华能源	53.9856	94.7718	40.1557	92.6720
28	凯迪电力	-20.0132	90.0002	-4.6149	-2.6597
29	新农开发	4.0532	88.0506	5.6270	25.4684
30	国电南瑞	87.7457	80.3665	30.3705	49.6261
31	银星能源	54.7115	79.1867	27.4455	40.6650
32	德赛电池	70.6906	79.1115	53.5892	66.9116
33	林州重机	29.7438	76.5241	311.3512	129.4311
34	中利科技	-4.4189	70.8517	57.2296	4.3475
35	上海电力	10.0367	54.9020	1.6437	-1.4239
36	明星电力	-3.9293	46.9230	14.4188	2.3325
37	汇通能源	40.1129	41.2149	1.9224	-1.2505
38	四方股份	25.1418	39.5976	10.1305	-1.9200
39	国电电力	24.0017	39.4137	10.1406	21.3338
40	平庄能源	22.2354	39.3056	23.1461	3.6159
41	风帆股份	25.1844	38.7114	5.7555	9.2183
42	华电国际	19.8950	36.2586	9.5378	16.0478
43	中煤能源	24.7010	36.1212	11.4581	31.2109
44	广州控股	17.5917	31.1812	10.8262	14.9478
45	正泰电器	30.7470	29.2743	10.4459	37.2364
46	韶能股份	-0.5547	27.9743	1.6565	-2.7880
47	泰山石油	23.9065	27.8443	1.0558	-1.7142
48	冀中能源	18.1553	25.5915	25.6125	42.0472
49	京运通	55.9106	23.9773	333.1084	166.2311
50	山煤国际	80.5203	23.7249	132.5449	59.7843
51	许继电气	13.1442	23.0418	7.5676	22.8813
52	乐山电力	17.7576	22.5122	6.7220	3.9156
53	中国水电	21.2817	22.1860	136.2629	33.9481
54	九龙电力	22.7434	21.9399	137.5760	38.6744
55	深圳燃气	-14.3405	21.9356	5.4797	6.3596
56	中国神华	36.9150	21.1758	14.6994	17.1782
57	中粮生化	24.0331	19.9547	12.6712	-6.4358
58	内蒙君正	32.4212	19.5684	224.9734	55.5988

续表

序号	简称	主营业务收入增长率（%）	净利润增长率（%）	净资产增长率（%）	总资产增长率（%）
59	天地科技	50.6824	19.2233	29.9463	32.2576
60	长城电工	20.8239	18.7223	3.7529	0.9587
61	东方电气	12.7009	16.5247	23.9501	0.2308
62	科华恒盛	42.3789	16.4685	11.1703	9.1480
63	爱使股份	10.4262	14.9694	−5.0131	−12.7549
64	中化国际	39.3010	14.9341	7.7083	3.0161
65	葛洲坝	27.2142	14.4336	7.8494	21.5423
66	东方电子	15.1266	12.1859	2.5398	4.3962
67	有研硅股	−10.5171	11.7807	0.8193	−1.7020
68	京能热电	19.0174	11.1480	10.4213	22.8132
69	上海机电	9.3695	8.4468	5.8381	17.9276
70	伊泰B股	21.8377	8.0046	23.3469	16.4837
71	广聚能源	5.8874	7.9730	5.1028	6.1879
72	神火股份	81.6231	7.7511	16.1997	21.9294
73	宁波热电	15.4526	7.6956	16.6034	18.2066
74	国投新集	14.9399	7.6185	10.2516	14.2463
75	西山煤电	79.2692	7.5708	17.3242	33.4696
76	文山电力	14.9965	6.6814	10.6236	8.6754
77	恒源煤电	18.9106	6.5897	12.1878	5.2849
78	上海能源	13.7929	6.2032	20.4472	16.2868
79	南都电源	15.9062	6.0664	4.0917	11.5704
80	金杯电工	30.3001	5.8126	1.5080	−5.4577
81	川投能源	5.1386	4.7769	12.0497	35.1194
82	宝泰隆	23.2596	3.9974	183.9708	64.7419
83	哈投股份	20.1656	2.8913	12.9225	10.8796
84	深圳能源	10.1023	2.7412	15.0799	11.3066
85	太阳电缆	49.2695	2.4230	3.4021	29.3668
86	山东矿机	26.1242	1.0052	21.3106	13.0906
87	陕天然气	33.5905	0.8987	12.4529	49.8706
88	中国石化	30.9694	0.0273	12.5569	14.6809
89	郴电国际	10.0291	−0.7888	20.9613	7.1162
90	吉电股份	79.6649	−2.1393	16.5640	20.2867
91	南洋股份	12.4171	−2.5370	6.0569	3.8458
92	平煤股份	9.4482	−2.9783	12.5997	6.7535
93	中国石油	36.7424	−3.0981	7.1740	15.7670
94	煤气化	7.2589	−3.6886	7.7099	14.2083
95	兖州煤业	39.9604	−4.0934	16.4578	33.8818
96	三峡水利	12.5251	−5.4357	3.0052	22.8633
97	华光股份	16.4618	−6.7365	10.7621	−0.6349
98	露天煤业	11.5599	−9.4150	21.7133	10.5756
99	长江电力	−8.8044	−11.6750	1.8239	−0.8913
100	海滨能源	8.9867	−11.8030	2.2446	23.6203
101	广安爱众	23.0074	−14.7498	3.8412	3.6282
102	山西焦化	21.0274	−15.1806	3.4673	19.5011
103	金智科技	16.0051	−15.8484	5.2561	5.8999

续表

序号	简称	主营业务收入增长率（%）	净利润增长率（%）	净资产增长率（%）	总资产增长率（%）
104	长春燃气	1.4804	-15.8522	1.9763	10.2931
105	南玻A	6.8026	-16.2460	8.0885	22.5490
106	泰豪科技	-0.1886	-16.6752	-7.5820	0.2521
107	内蒙华电	2.6158	-17.2837	11.4169	5.9078
108	豫能控股	4.0844	-18.8318	-1.7814	-10.7378
109	大唐发电	19.2995	-20.0647	31.9397	15.8070
110	英力特	13.4887	-20.1571	7.5533	1.9407
111	特变电工	2.2197	-25.6833	11.0408	42.3306
112	S仪化	23.4360	-31.5928	8.6412	8.7207
113	桂东电力	2.9983	-32.6324	55.3999	42.1877
114	中孚实业	21.7957	-32.9799	119.5978	66.5708
115	隆基股份	22.1352	-35.796	24.1457	47.5745
116	国投电力	36.0927	-36.8165	35.2695	20.2103
117	太原重工	6.9634	-40.1060	6.5306	25.8009
118	比亚迪	0.7812	-45.3477	13.3755	23.9052
119	卧龙电气	8.3441	-46.5106	4.8837	18.7335
120	华仪电器	-7.8765	-47.3370	99.5137	67.5723
121	置信电气	-15.6256	-47.5192	-4.3309	-6.9734
122	宝新能源	14.1827	-48.5673	3.7076	10.1464
123	国际实业	65.7166	-48.7715	17.3371	-2.0818
124	东电B股	10.7028	-48.8006	-3.0033	-2.4676
125	建投能源	11.4907	-56.3877	-0.6876	28.6442
126	中材科技	-1.6341	-56.6446	3.2462	2.4884
127	穗恒运A	10.5995	-61.1458	-8.3015	2.3999
128	华能国际	27.9108	-62.9310	-4.4354	13.5799
129	S上石化	23.2115	-64.2801	1.1539	6.6945
130	桂冠电力	-9.0316	-65.7249	3.7540	15.1044
131	粤电力A	15.6455	-67.1334	1.2773	14.1168
132	金风科技	-27.0091	-69.8810	-2.6586	13.8483
133	云维股份	32.8604	-69.9763	-0.2724	12.0540
134	思源电气	4.9339	-71.1981	-11.2812	-7.6510
135	华锐风电	-48.6564	-72.8359	188.9717	21.5196
136	茂化实华	17.4539	-72.9224	-7.1521	-12.2354
137	东方日升	-11.3121	-80.4759	0.3528	30.1850
138	宝胜股份	20.2788	-80.8919	66.3406	41.136
139	四川圣达	24.2584	-81.7525	2.8392	-1.9272
140	科力远	53.1903	-84.3485	6.4827	20.0275
141	向日葵	-16.7439	-86.1364	-10.1991	26.2702
142	天威保变	-29.9349	-89.6753	40.8137	6.0087
143	ST梅雁	-0.0308	-93.4874	0.7007	-7.3388
144	海越股份	25.3761	-95.4456	22.9759	20.4889
145	动力源	-9.9211	-109.3252	-1.7104	17.6316
146	超日太阳	24.0423	-125.2881	-4.9943	49.6917
147	三变科技	18.2673	-172.7346	-7.6908	-6.6272
148	航天机电	-4.0723	-181.6414	-1.3452	26.4873

续表

序号	简称	主营业务收入增长率（%）	净利润增长率（%）	净资产增长率（%）	总资产增长率（%）
149	黔源电力	-32.4271	-186.4080	6.5092	-2.7294
150	中国西电	-13.6116	-191.0712	-2.9812	9.8145
151	大连热电	-0.2849	-375.8363	-4.9604	-1.3346
152	ST东热	-26.9210	-1082.4046	—	-8.2753
153	安泰集团	11.3839	-1985.8630	8.1393	7.2550
154	ST祥龙	6.5648	-5765.5559	-48.6609	-5.4349
155	*ST长油	18.5167	-26568.6229	15.6691	10.2756

第四章　民营企业：中国能源集团 500 强的新生力量

随着我国经济社会的发展，以及非公有制经济发展环境的改善，我国民营经济迎来了前所未有的发展机遇。在这一背景下，国内民营能源企业迎势而上，取得了骄人成绩，成为中国能源集团 500 强的新生力量。

第一节　发展环境

改革开放 30 多年，政府和社会对民营经济的定位和认识不断深化，从一开始的“必要的有益的补充”到社会主义市场经济“重要组成部分”，再到“两个毫不动摇”以及“两个平等”，民营经济的社会地位越来越得到社会的认可，经营环境也逐步得到改善。特别是 2005 年，国务院出台了《关于鼓励支持和引导个体私营等非公有制经济发展的若干意见》，即“非公经济 36 条”，为“十一五”期间民营经济的发展奠定了良好的政策基础。但是由于历史原因，我国能源领域一直被国有资本垄断控制，民营资本很难进入。然而，随着国家经济体制和能源体制改革的深化，国有企业垄断能源行业的状况逐步得到改善。

能源行业由于其重要的战略性地位而备受国家重视，鼓励民间资本进入能源领域是国家经济改革进程中的一项重要内容。继“新 36 条”之后，国家各部委又相继出台了一系列鼓励和引导民间资本进入能源行业的政策，进一步拓宽了民间资本的经营范围。为深入贯彻落实《国务院关于鼓励和引导民间投资健康发展的若干意见》（国发〔2010〕13 号），促进能源领域民间投资健康发展，国家能源局制定了《关于鼓励和引导民间资本进一步扩大能源领域投资的实施意见》（国能规划〔2012〕179 号），该意见提出要拓宽民间资本投资范围，鼓励民间资本参与能源项目建设和运营、参与能源资源勘探开发、发展煤炭加工转化和炼油产业、参与石油和天然气管网建设等，并从营造公平和规范的市场环境、提高民营能源企业发展水平等方面给出了实施意见。2012 年 6 月 14 日，国家电监会发布了《加强电力监管支持民间资本投资电力的实施意见》，其中提出了 15 条具体细则，从加强准入、调度交易、并网监管、可再生能源收购、执行电价政策和电力建设市场等多个方面完善电力监管制度和措施，支持民间资本进入电力行业。2012 年 6 月 15 日，国土资源部发布《国土资源部全国工商联关于进一步鼓励和引导民间资本投资国土资源领域的意见》，该意见指出，鼓励和引导民间资本参与油气资源勘查开采。这些政策的出台不仅为民资参与能源领域创造了条件，更为民营企业在能源领域的发展提供了良好的环境和广阔的发展空间。

目前，除了个别关系国家安全和稳定的命脉产业尚未对非公经济开放外，包括基础产业中的电力、煤气、水的生产和供应等在内的所有行业均已对非公经济开放。鼓励民间资本进入石油和天然气开采等领域的政策措施也开始发挥积极作用。国家发展和改革委员会投资司有关负责人表示，2012 年上半年石油和天然气开采的民间投资增长 43.1%，比行业平均增速高出 21.5 个百分点。

第二节　发展特点

一、经济实力不断增强，影响力大幅提高

民营企业发展环境的改善促使能源行业培育出了一批特点鲜明、实力雄厚的民营企业，大量民营能源企业还以卓越的表现入围中国能源集团 500 强。据 2011 年中国能源集团 500 强榜单显示，民营企业数量新增 152 家，总数达到 278 家，已占 500 强数量的一半以上。其中有 38 家营业收入已超过百亿元，比 2010 年增加 21 家，其中有 8 家属新入榜民营企业，其营业收入之和占上述 38 家企业总营业收入的 21.9%。

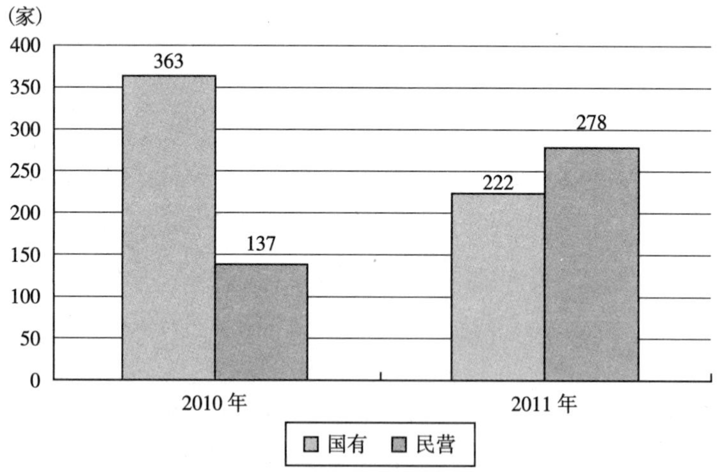

图 4-1　2011 年中国能源集团 500 强国有企业和民营企业数量变化对比

在 38 家营业收入过百亿元的民营企业中（见表 4-1），新疆广汇实业投资（集团）有限责任公司以 6475589 万元的营业收入名列 500 强榜单的第 28 位、位居民营榜单的第 1 位。作为民营能源企业的“老大”，“能源开发”一直是新疆广汇实业投资（集团）有限责任公司（以下简称“新疆广汇”）的三大产业之一，并成为企业一项长期的发展战略。企业多次荣获

自治区级、国家级荣誉称号，被授予国家“诚信纳税企业”、“国家西部大开发突出贡献集体”等称号。相比新疆广汇，香港中电控股也不逊色。该公司以5010994万元排在500强榜单的第36位、民营榜单的第二位。中电控股有限公司成立于1901年，是亚太地区规模最大的私营电力公司之一，致力于发展再生能源发电项目，占香港电力供应的70%。紧随香港中电控股之后的是内蒙古伊泰集团有限公司（以下简称“伊泰”），该集团以3525971万元位列500强榜单的第48位、民营榜单的第三位。“伊泰”已成为我国煤炭行业的驰名商标，其产品“伊泰精煤”被国家质量监督检验检疫局认定为“国家免检产品”。集团还十分注重企业的自主创新能力，曾于2002年5月投资1800万元，与中国科学院山西煤炭化学研究所共同开发煤基合成油浆态床技术，进军煤制油高新技术领域。伊泰煤制油项目是我国煤炭间接液化完全自主技术产业化第一条生产线，填补了国内空白，是企业承担国家重大项目研发及产业化风险、加快推进国家煤变油能源战略实施的重要工程。

表4–1　2011年中国能源集团500强中营业收入过百亿元的民营企业

排名	集团名称	营业收入（万元）	排名	集团名称	营业收入（万元）
28	新疆广汇实业投资（集团）有限责任公司	6475589	86	利华益集团股份有限公司	1681632
36	中电控股有限公司	5010994	87	江西赛维LDK太阳能高科技有限公司	1672153
48	内蒙古伊泰集团有限公司	3525971	88	香港中华煤气有限公司	1662216
52	晶龙实业集团有限公司	2672924	91	保利协鑫能源控股有限公司	1584706
54	新奥集团股份有限公司	2600000	97	长城电器集团有限公司	1463280
56	正泰集团股份有限公司	2488000	98	远东控股集团有限公司	1453368
58	福佳集团有限公司	2301336	102	富海集团有限公司	1361940
61	上海人民企业（集团）有限公司	2207688	104	环宇集团有限公司	1298659
66	山东金诚石化集团有限公司	2082155	106	英利集团有限公司	1249999
68	德力西集团有限公司	2069467	107	天合光能有限公司	1237882
70	新疆特变电工集团有限公司	2053899	108	内蒙古伊东煤炭集团有限责任公司	1222448
71	旭阳控股有限公司	2033958	112	山东汇丰石化集团有限公司	1170000
72	华锐风电科技（集团）股份有限公司	2032487	114	山东海科化工集团有限公司	1159820
75	天正集团有限公司	2003138	118	中电电气集团有限公司	1094802
77	河南豫联能源集团有限责任公司	1962774	120	内蒙古汇能煤电集团有限公司	1079203
78	尚德电力控股有限公司	1933697	121	天能电池集团有限公司	1065609
82	亿利资源集团有限公司	1763255	127	大全集团有限公司	1021856
83	新疆金风科技股份有限公司	1759552	128	上海胜华电缆（集团）有限公司	1013966
84	内蒙古鄂尔多斯投资控股集团有限责任公司	1716680	129	杭州锦江集团有限公司	1000290

新疆广汇、香港中控、伊泰等一大批民营能源企业的成功充分证明民营企业在能源领域大有可为，并已取得骄人成绩。据了解，我国能源领域民间投资不断发展壮大，已经成为促进能源发展的重要力量。目前，非国有煤矿产量约占全国的40%，民营水电站装机约占全国的26%，民营风电装机约占全国的20%，民营炼油企业加工能力约占全国的18%，火电、水电、煤炭深加工等领域已经涌现出一批非公有制骨干企业。民间资本在太阳能热利用、生物

质能开发以及晶体硅材料、太阳能热水器、太阳能电池制造等领域居于主导地位，在风电设备制造产业发挥着重要的作用。同时，民间资本已经进入西气东输三线等国家“十二五”重点项目建设领域。民营企业之所以能够在 500 强中快速崛起，成为 500 强的新生力量，首先是得益于民营企业发展环境的改善，其次是国有企业改革。体制上，个体、私营等非公有制经济的作用得到充分认可，这为非公有制经济的发展扫除了体制上的障碍；政策上，国家逐渐放宽民间资本的市场准入领域，在投融资、税收、土地使用、对外贸易、私人财产保护等方面采取了大量有效措施，为民营经济的发展创造了公平竞争的环境。国企改革也为民营能源企业进入 500 强创造了更多机会，譬如，一些国有煤矿的兼并重组减少了国有能源企业的数量，这在形式上为民营企业留出了更多位子。

二、多分布于经济强省和能源大省，区域特点突出

从入围 500 强民营企业的区域分布来看，位于东部沿海地区和煤炭资源大省的民营企业具有明显优势。据统计，山东、江苏、浙江、广东、山西、内蒙古等省份入围的民营企业数量最多，这六个省份入围的民营企业数量和营业总收入分别占到全部入围民营企业数量和营业总收入的 57.19%和 56.84%；且山东、江苏、浙江、内蒙古的民营企业营业收入占 500 强民营企业总营业收入的比重均在 10%以上，如图 4–2 所示。

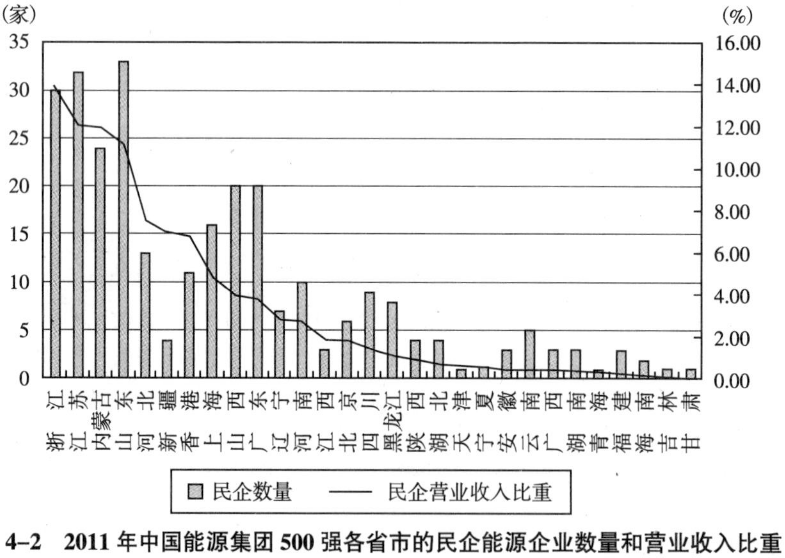

图 4–2　2011 年中国能源集团 500 强各省市的民企能源企业数量和营业收入比重

山东、江苏、浙江、广东四省均属于东部沿海省份，经济实力强，四省经济规模位列全国前四位。这四个省份，对外开放度高，经济活跃水平高，特别是江苏、浙江、广东三省处于中国经济最为活跃的长三角经济圈和珠三角经济圈，市场经济发展较为充分，政策、市场环境较为宽松，为民营经济的发展提供了肥沃的土壤。例如，浙江民营经济已经占到全省 GDP 的 70%以上，正是民营经济的高度发展，使浙江从一个“资源小省”迅速发展成为“经济强省”。

与上述四省不同的是，内蒙古和山西属于内陆省份，缺少了上述四省的经济和区位优势，但依然凭借其强大的煤炭资源优势而有较多的民营企业入围。内蒙古和山西是传统的煤炭大省，煤炭产量居全国前两位，除孕育了一批大型国有煤炭企业以外，相当部分的民营煤炭企业也逐步发展壮大。如内蒙古伊泰集团有限公司，不仅是内蒙古最大的煤炭企业，也是中国最大的民营煤炭企业，2004 年 8 月被国务院列为全国规划建设的 13 个大型煤炭基地骨干企业之一。内蒙古的伊东煤炭集团，山西的美锦能源集团、沁新能源集团，山东的金诚石化集团、力诺集团等也都跻身中国能源集团 500 强之列。

从新增企业的区域分布情况来看，依然可以看到经济强省和能源大省优势突出。如图 4–3 所示，江苏、山东、内蒙古、山西这四个省份的新增企业数量都在 10 家以上，江苏和山东都分别有 20 多家新增企业入围，但前者以新能源企业居多，后者以电力、煤炭、石油等传统能源企业为主，这也符合二者经济强省和能源大省的特点。内蒙古、山西作为老牌的能源大省，也有较多的新增民营企业入榜。香港地区首次进入 500 强的评选范围，有 10 家民营企业入围，其中有 6 家为新能源企业，这不仅表现了香港不俗的经济发展活力，也说明新能源行业在香港地区同样是个“宠儿”。

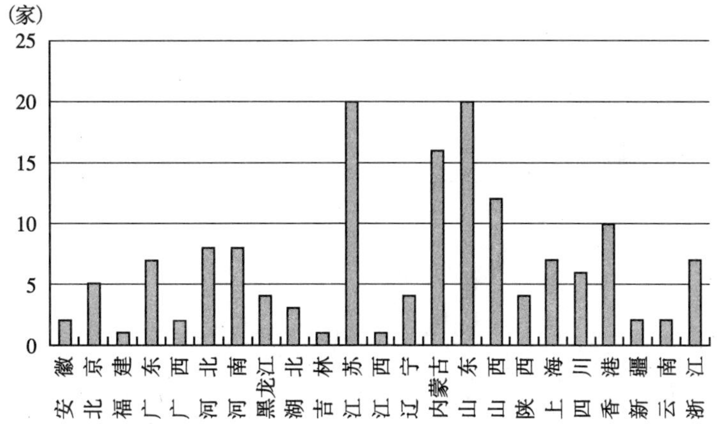

图 4–3 2011 年中国能源集团 500 强新增民营企业区域分布情况

说明：未列省、市、自治区表示该地区没有新增企业。

三、行业特征明显，主营业务多集中于设备制造领域

从行业分布上来看，如图 4–4、图 4–5 所示，煤炭、新能源、电力行业的民营企业数量位列前三，占全部入榜民营企业数量的 83.45%，新能源企业数量排名第三位，但新增入榜数量则超过了电力，排在第二位。这在说明煤炭、电力等传统能源行业依然占据主导地位的同时，也说明了民营企业对新能源的“热衷”。但这也从另一个角度反映了民营企业实力较弱这样一个问题，众所周知，进入门槛低是民营企业争相进入新能源领域的关键因素之一。进入新能源领域的民营企业也绝大多数从事风电设备以及太阳能光伏材料的生产和销售，69 家新能源类企业中有 23 家企业以电池、光电材料等设备制造为主，能够触及电力生产的企业寥寥

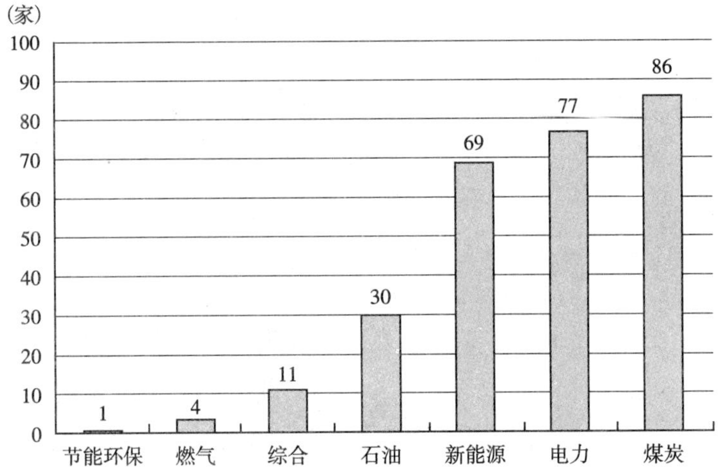

图 4-4　2011 年中国能源集团 500 强民营企业行业分布情况

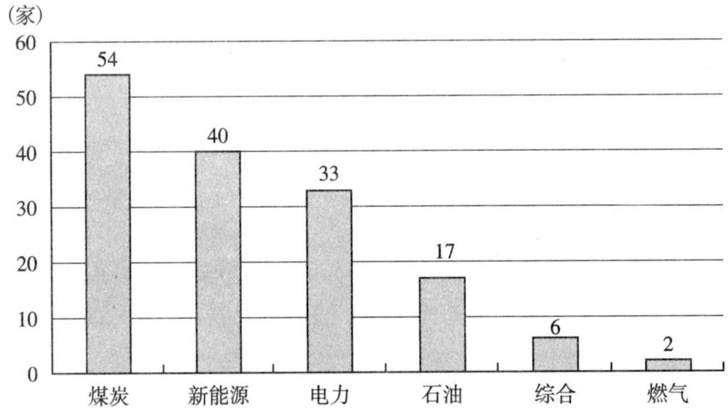

图 4-5　2011 年新增入榜民营企业行业分布情况

无几。大量的民营企业涌入新能源领域，还导致风电设备、光伏材料等过剩。

不仅新能源领域如此，电力、石油等领域也有同样的情况。据统计，77 家电力类企业中有 64 家以电线电缆的制造、电器机械的生产为主；30 家石油企业只有 2 家企业的业务涉及石油的勘探和开采，其余均以石油化工和成品油经销为主。全部 278 家民营企业中有超过 1/3 的企业以电气机械及器材、线缆及仪器仪表、高低压电器元器件、成套设备和超特高压电气设备的生产制造、油气的经销等为主，能够从事电力生产开发和油气勘探开采的企业并不多。说明大量民营能源企业由于各种原因未能进入能源行业的主流领域，目前尚处于能源行业较低端的产业链上，整体实力有待提升。

造成这种局面的原因，一方面是我国的能源勘探和开发长期由国有企业控制，譬如，石油、天然气的勘探和开发，民营企业的进入受到限制；另一方面能源的勘探和开发既属于资本密集型行业又属于技术密集型行业，民营企业通常无力涉足。因此，无论是制度上还是实际操作上，民营企业都面临着一道难以跨越的障碍。从长远来看，鼓励民营企业进入能源行业有利于调动民间闲余资本、增强市场活力，也是未来整个产业发展的一个重要方向。但央企或者说国企在能源行业的主导地位在短期内是不可逆转的，这是由能源行业的特殊性决定的。纵观世界各国，能源行业也都掌握在少数能源巨头手中，例如，美国的石油巨头埃克森美孚，它是全球最大的石油上市公司，尽管屡次受到反垄断起诉，但其兼并收购其他公司的步伐从未停止，市场垄断地位有增无减。

四、企业规模仍较小，整体实力依然薄弱

诚然，我国民营能源企业的发展取得了令人瞩目的成绩，这份成绩也来之不易，但是我们也要清楚地看到，这些民营能源企业在发展过程中依然存在诸多问题，规模仍然较小，实力依然薄弱。据统计，占据中国能源集团500强数量一半以上的民营能源企业的总营业收入不抵国企中国石化一家的总收入，仅相当于中国石化的75.5%（见图4-6），只占500强总收入的11.94%。同样，500强榜单的排名分布状况亦说明了这样的现状。从图4-7中不难发现，榜单靠前的排名几乎都被国企占据，前30名只有一家民营企业，其位居第28位；前50名，民营企业也只占了3个位次；前100名仅有1/4的民营企业，前150名也只有1/3左右的民营企业。显然，民营能源企业虽然在数量上取得了快速发展，但规模和总体实力显然难以同国企相提并论。

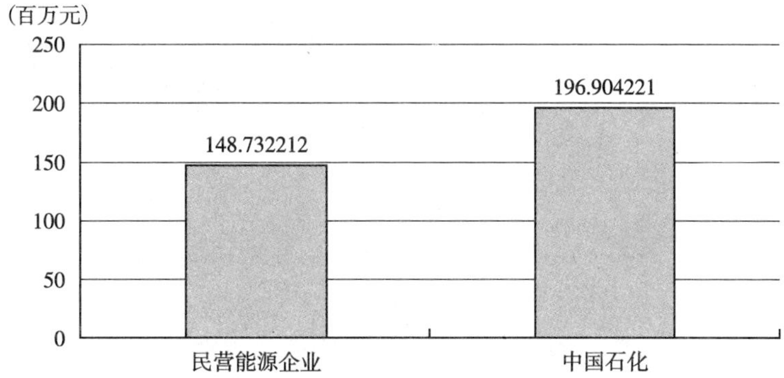

图4-6　2011年中国能源集团500强民营企业与中国石化的收入对比

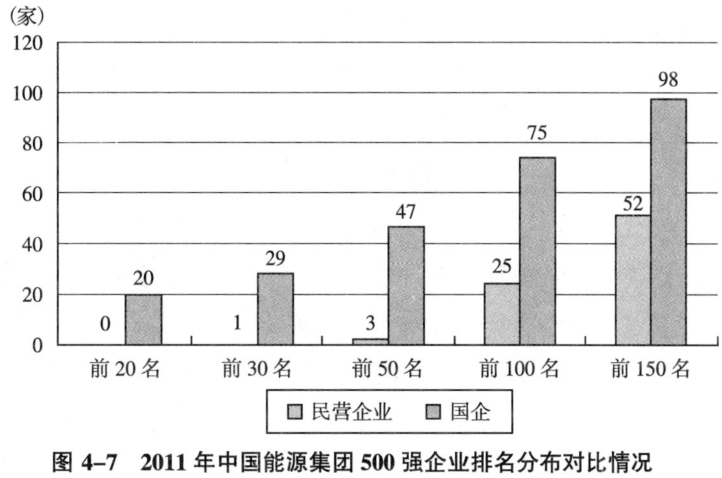

图4-7　2011年中国能源集团500强企业排名分布对比情况

五、科技投入不断增多，创新能力显著提升

民营经济表现出强大的创新活力，研发经费投入逐年上升，技术创新取得一系列突破。2011年，民营企业500强中有369家企业的关键技术来源于自主研发，占比达73.8%；采用产学研结合方式的有291家，占比达58.2%。“十一五”期间，私营企业不仅在专利申请数量上超过国有经济和外资经济，而且在投入产出比上也显著优于国有经济和外资经济。国有企业和外资企业每申请一个专利所投入的费用远高于民营企业。据统计，“十一五”期间，私营企业申请一个专利的经费只占国有经济的25.33%和外资企业的47.57%，展现出了良好的创新意识和较高的创新效率。如今的民营企业再也不是人们记忆中的小作坊、小工厂，依靠廉价的劳动力和“抄袭”维持企业运转。在经过了几十年的沉淀，越来越多的民营企业走出了一条新路子、好模式，而技术创新意识和能力的提升成为助推民营企业“重获新生”的法宝，能源领域涌现了一批这样的代表性企业，譬如新奥集团、明阳风电、江苏上上电缆等，这些都是民营企业中依靠技术创新而走上成功之路的典范。

在新能源领域，我国民营企业是开拓者，也是主力军。始建于1989年的新奥集团，经过20多年的发展，现已成为我国最知名的民营新能源企业。目前，新奥集团拥有一支由近百名博士和600多名硕士组成的高端技术团队，申报专利超过270项，形成了煤基低碳能源转化技术和泛能网技术两大技术体系，涉及太阳能源、生物能源等多项业务。正是凭借着众多高端核心技术，新奥集团在国际上有了一席之地。早在2009年，新奥集团便与美国国家清洁能源实验室（NETL）、可再生能源国家实验室（NREL）等机构先后开展了多项技术的联合研发和产业化推进。同年10月，拥有世界最先进的硅基薄膜太阳能电磁组件和系统集成技术的新澳太阳能源与美国杜克能源建立了以产品技术换市场的合作伙伴关系，共同开展光伏电站以及光伏建筑一体化工程等业务。2011年1月，新奥与美国杜克再次合作，双方签署了《建设未来能源技术示范平台》的合作协议。时隔仅5个月，新奥集团、河北廊坊政府、美国夏洛特政府以及杜克能源公司共同签署了《中美绿色合作伙伴四方协议》，新奥在北美的市场进一步扩大。不仅如此，新奥集团还多次入围中美两国政府协议，签署了《中美绿色合作伙伴四方协议》，这被视为新能源领域具有标志性的大事件。与此同时，新奥集团的市场领域还涵盖了亚洲、北美、欧洲、中东、北非等世界各地。依靠技术创新，新奥集团不仅坐上了国内新能源领域的“头把交椅”，更在世界舞台占据一席之地。

除了太阳能光伏产业，我国的风电产业同样发展得有声有色，培育出了像明阳风电等一批拥有高度创新意识的装备制造企业。明阳风电从最初进入风电领域，到成为国内前三、国际前十的风机自造商，仅仅用了不到5年的时间。毫无疑问，创新推动了明阳风电实现了跨越式发展。为了加快核心技术领域的创新与突破，明阳风电成立了产学研联盟，联合北京航空航天大学、清华大学、华南理工大学、西安理工大学等国内著名高校就变频系统、控制系统、变桨系统、偏航系统进行技术攻关，确保技术创新“生产一代、储备一代、预研一代”的战略目标。2010年，明阳风电被广东省、教育部、科技部授予产学研结合示范基地。5年

内，明阳风电创造了多个行业纪录：2007年，成功研制世界上第一台抗台风型兆瓦级风机；2009年，成功投运我国首批潮间带兆瓦级风机；2010年，研发生产出全球首台3兆瓦超紧凑型风机。重视创新，使明阳风电不仅掌握了核心技术，而且掌握了主动权。

一些企业更是依靠技术创新转危为安，实现了“高端制胜”。江苏上上电缆集团如今已在500强之列，并取得第148位的较好名次，而创业之初企业在很长一段时间，由于产品单一、缺乏自主创新能力、劳动效率低下等原因，都湮没在众多同类企业之中，产值、销售一直在低水平上徘徊。1996年，江苏上上电缆毅然决定从传统电缆转向核电电缆的生产研发上，迎难而上，投入大量研发资金，取得了多项技术突破，为众多企业解决了难题。1998年，K3类核电缆通过原机械工业部重大装备司组织的鉴定，并取得了良好的市场应用业绩。2006年，K1类核电缆通过国防科工委组织的鉴定，填补了国内空白，达到国际同类产品先进水平。2007年，国内首批K1类核电缆由上上交付秦山核电站，标志着中国K1类核电缆一直依赖进口的局面全面结束。2008年6月，江苏上上电缆集团承担的巴基斯坦恰希玛二期项目安全壳内1E级K1类电缆包括动力、仪表、控制等三大类产品共计35个规格制造完成，总长度27.22公里，从上海港启运发往巴基斯坦。此后，江苏上上电缆集团又承担了3项轻型化特种舰用电缆的研发任务，目前已取得阶段性成果。目前，江苏上上电缆集团的特种电缆总体生产规模及生产品种在国内独占鳌头，核电缆占全国市场份额的70%以上，稳居国内第一供应商位置。

在科学技术日益发达的今天，企业没有技术创新就没有出路，曾经创新意识和能力都比较薄弱的民营企业也深谙此道，更重要的是越来越多的民营企业开始有能力实施技术创新。

第三节　主要问题

“十一五”期间，我国民营能源企业取得了长足进展，但依然存在一些问题，限制了企业的长远发展和整个能源行业的健康可持续发展。造成这些问题的原因是多方面的，既有经济发展中的体制因素，也有企业自身的因素。我国民营能源企业除了具有民企普遍存在的人才匮乏、融资困难、管理不科学等问题，还存在一些自身的问题。

一、民企争相投资新能源领域存在盲目性

能源行业多次被列入十大暴利行业之列，还一度占据首位，这也就不难理解为何民间资本想要进入能源行业的意愿如此强烈。由于我国经济体制的原因，石油、煤炭、电力等传统能源都控制在少数几个大型国企手里，尽管目前国家放开了对民间资本进入这些行业的限制，但民营企业在资源、技术、资金、信息、人才、经验等方面存在先天的不足，依然难以实质性进入能源行业的关键领域。大多数民企只能从事成品油的销售、石油石化行业下游的材料

加工、行业相关设备的生产加工等，鲜有民营企业进入石油、天然气等能源的勘探和开采领域。在这种情况下，很多民营企业把目光投向了新能源这个朝阳产业，同石油、石化这样的传统能源领域相比，新能源在实力雄厚的国有企业眼里显然是块“鸡肋”。

然而近几年，新能源被炒得有点过热，成为了许多民营企业眼中的“香饽饽”，致使一些企业蜂拥而至。比如，资本嗅觉敏感的江浙两地，新能源产业吸引了大量资本涌入。江苏历来是我国的光伏产业强省，也是世界最重要的光伏产业基地，截至2010年，江苏的硅晶电池及其组件产能分别比2008年增长2.01倍和2.46倍，高纯硅材料增加9.22倍。在浙江也出现了类似的情景，据了解，在浙江某个区县就有几十家企业生产经营硅材料及其配套产品，2006~2008年上半年，大量民间资本在惊人的行业利润诱惑下，纷纷涌向了太阳能光伏产业，在嘉兴的太阳能企业里甚至流行着“织布3年不如做1年太阳能”的说法，许多当地民企摒弃了经营多年的老本行，转投到这个“利益丰厚”的产业。

民营资本争着抢着进入新能源领域，在相关产业配套设施及政策尚不完备的情况下，极有可能造成该行业的恶性竞争，形成“产能过剩”的局面，最终导致企业亏损甚至破产的局面。对于民营能源企业而言，其实力较弱、抵御市场风险能力不足，缺乏应对各种危机的能力，金融危机的爆发以及国内经济增长下滑对这些企业产生了巨大冲击。事实上，无论是风电设备制造业还是太阳能光伏产业，都已经出现价格快速下跌、利润率下滑的情况，一些企业面临订单减少的压力，开工不足一半。像华锐风电、明阳风电和金风科技这样的国内风电巨头也都遭遇“寒冬”，出现业绩大幅下滑的情况，华锐风电为了削减开支曾致使占公司总人数12%的员工“被休假”。在光伏行业，拥有万吨级多晶硅生产能力的江西赛维由于价格倒挂，2/3的产能已经停产，还有一些企业为了扭转亏损局面被迫将在建项目喊停，继而转投其他项目。总之，那些只看到短期利益、盲目进入新能源行业的企业，不但最初“捞金”的愿望落空、元气大伤，还加剧了新能源产业在世界金融危机影响下的亏损形势，使整个行业受到更大的冲击。

二、国企布局新能源行业加剧民企生存压力

最初新能源领域都是民营企业在做，但是在节能减排以及政府政策的推动下，近年来，原本不屑于新能源的国有企业也开始参与进来，并且凭借其有利地位快速成为了市场主角。目前，包括三大石油集团、五大发电公司、国家电网、神华集团等一大批国企都已强势介入新能源领域。在风电市场上，包括五大电力集团在内的大型能源国有企业已经占据了全国六成以上的风电发电份额；在太阳能发电领域，各大能源国企也十分积极地加紧布局，甚至一些与能源生产或应用不相关的大型国企也想从新能源领域“分一杯羹”。在各大项目的招标上，国有企业当仁不让。2010年8月12日，我国最大规模的280兆瓦光伏电站特许项目招标吸引了全国50家企业参与竞标，这些企业中超过八成为大型国有电力公司以及其下属分公司，五大电力公司、中广核等国有电力企业均参与了竞标。9月10日，我国首轮100万千瓦海上风电特许权招标项目在北京开标，华能、大唐等五大国有电力企业及其下属新能源企业

再次成为这次竞标的主角。很多新能源领域的民营企业也都积极地参与各大重点项目的招标，但结果都是“战败而归”。不难想象，历来多数大型项目招标均以开出最低价为中标的第一条件，如此一来，很多民营企业多是因为“赔不起”而被迫出局。尽管我国民营企业在新能源领域一直走在国内乃至世界前列，然而一旦实力雄厚的央企参与进来，民营企业将受到巨大冲击。

央企如此加紧布局新能源产业，力争抢滩新能源市场，一是为了维护既得利益，二是响应国家相关政策。长期以来，国企在新能源领域是行业老大，传统能源行业垄断的格局一直未能实质性打破，民营资本很难进入这个行业的关键领域。退而求其次的民营企业首先把目光投向了新能源产业，成为了这个行业的开拓者，取得了骄人的成绩，一度抢了国企的风头。这种状况是国企所不能接受的，它们不愿意失去自身在能源行业的垄断地位，无论是传统能源领域还是新能源领域，因此凭借其各方面的先天优势，它们轻而易举地介入新能源行业，与民营企业争夺资源和市场。除了维护自身在能源行业的垄断地位，国家政策也是国企加紧布局新能源产业的另一个重要因素。2007年8月，国家发改委发布的《可再生能源中长期发展规划》要求，到2020年发电装机容量在500万千瓦以上的企业，其可再生能源所占比例须达到8%以上。可见，发展清洁能源，探寻可再生能源已是大势所趋，国企也势必顺应时代和市场的需要，不仅为了完成8%的指标要求，也是为了企业的长远发展考虑。同时，国家对新能源产业有各项扶持政策，给予从事新能源行业的企业很大幅度的补贴。例如，国家能源局、财政部、科技部联合启动的金太阳示范工程，可给予相关企业最高总投资70%的直接补贴。

新能源产业具有极强的政策导向性，政策导向的不明确以及变动使得这个行业对民营企业来说极具风险性，西班牙光伏产业的衰败就是一个很好的例子。同时，国有电力公司与电网公司原本是一家，二者分家之后也保持着紧密合作，在成本控制方面有着民营企业难以比拟的优势。鉴于此，有关人士表示，国有企业更加适合新能源行业的下游角色，民企则更适合上游供应商的角色。事实上，国内已有多项“国民”合作的项目，例如，无锡尚德太阳能电力有限公司（简称尚德电力）与华电集团新能源发展有限公司签订了战略合作协议，按照协议，华电新能源公司将负责投资建设，尚德电力负责提供晶硅光伏电池组件、系统设计和技术服务。在新能源发电领域，国有电力巨头已经拥有了绝对的控制力，未来民营企业想要从中“分一杯羹”更加困难。

第四节 本章小结

无论是在整个国民经济体系中，还是仅限于能源领域，民营经济的地位举足轻重，民营企业的重要性不可忽视。民营企业成为中国能源集团500强的新生力量，既是我国深化能源体制改革的成果，也是民营能源企业发展壮大的有力证据。随着能源领域向民间资本开放程度的不断扩大，民营企业将有更多的机会进入能源行业当中，包括国家重点能源项目的建设和运营、非常规油气资源的勘探和开发、油气管网和电力电网的建设，将在新能源领域发挥更大作用。民资进入能源行业是大势所趋，政府在能源领域的投资更多地考虑的是维稳因素，要实现能源可持续发展、提升整个国家的经济活力，还是要靠民间资本力量的发展壮大。

在当前形势下，支持民间资本与大型国有企业合作是一个很好的鼓励和引导民间资本扩大能源领域投资的方式，这既可以解决民营企业无力涉足"高门槛"能源领域的问题，又可以实现二者之间的优势互补。但民营企业想要在能源领域取得更大成就，还必须要有独当一面的本领。相信在有利的政策和经济环境下，加上民营经济在发展过程中积累的丰富经验，民营企业一定能够在能源领域快速前行。

第五章　新能源企业：中国能源集团500强的生力军

第一节　发展现状

2004年以前，我国新能源发展速度一直比较缓慢，2006年《可再生能源法》的颁布实施，为新能源发展注入强心剂，使我国新能源产业进入快速发展时期。2006~2010年，我国新能源发电装机占总装机容量比例持续提升，如图5-1所示。

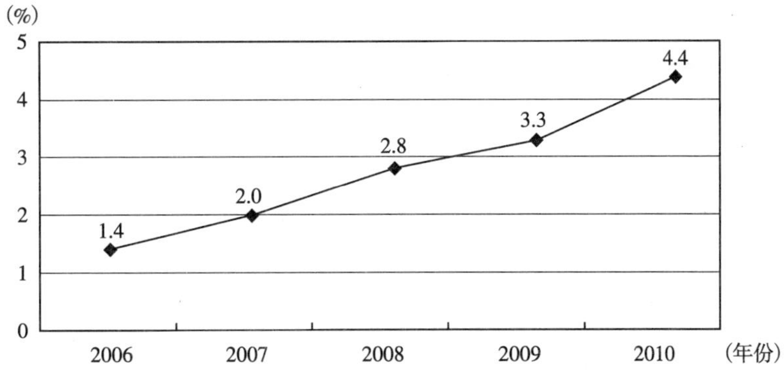

图5-1　2006~2010年中国投产新能源装机占总装机比例变化情况

“十一五”时期，在《可再生能源法》的推动下，我国新能源政策体系不断完善，技术快速进步，产业实力明显提升。从我国一次能源消费结构来看，2010年，煤炭占70.5%，石油占17.6%，天然气占4.0%，核能占0.7%，水电6.7%，新能源消费比重上升为0.5%。我国的能源结构，特别是电力结构在新能源快速发展的带动下继续优化，火电比重下降，新能源比重上升。根据2010年全国电力工业统计快报数据显示，截至2010年底，全国发电设备容量96219万千瓦。其中，火电装机容量70663万千瓦；水电装机容量达到21340万千瓦，发电量6867亿千瓦时，占全国总发电量的16.2%；风电累计并网装机容量3107万千瓦，发电量500亿千瓦时，风电装备制造能力快速提高，已具备1.5兆瓦以上各个技术类型、多种规格机组和主要零部件的制造能力；光伏发电装机量800兆瓦，光伏电池产量占到全球光伏电池市场的50%，晶硅组件效率达到15%以上，非晶硅组件效率超过8%；生物质发电装机容量总计约 550 万千瓦，各类生物质能源利用量合计约 2000 万吨标准煤；核电装机容量 1082 万千瓦，新能源发电装机量较 2010 年都有所增加。

近期，国务院新闻办发布《中国的能源政策（2012）》白皮书（以下简称“白皮书”），书中提出：到 2015 年，中国水电装机容量达到 2.9 亿千瓦；风电装机突破 1 亿千瓦，其中海上风电装机达到 500 万千瓦；运行核电装机容量达到 4000 万千瓦；建成太阳能发电装机容量 2100 万千瓦以上，太阳能集热面积达到 4 亿平方米。白皮书称，2011 年，中国水电装机容量、核电机组在建规模、风电并网装机容量均居世界首位，未来还将坚定不移地大力发展新能源和可再生能源。白皮书再次夯实了新能源地位的重要性。

第二节　发展特点

一、多分布于能源大省和经济技术较强地区，区域特点明显

入围 2011 年中国能源集团 500 强的新能源企业共有 85 家，从分布来看，主要集中在江苏、广东、浙江、香港、上海、河北、山东和北京地区，这 8 个地区的新能源企业数量和营业收入分别占全部入围新能源企业的 78.82%和 77.65%，如图 5–2 所示。

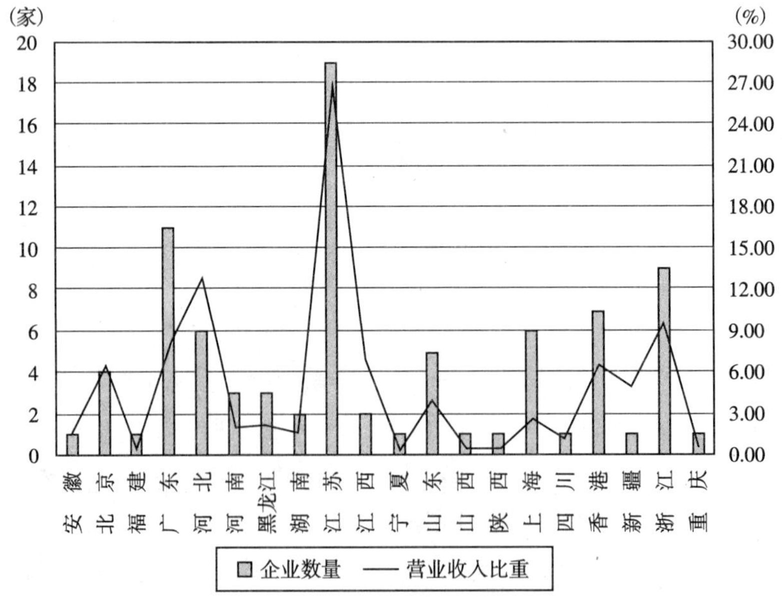

图 5–2　2011 年各地区新能源企业数量及营业收入比重

江苏、浙江和上海属于长三角区域，是我国新能源产业发展的高地，聚集了全国约 1/3 的新能源产能，集中了我国 60%的光伏企业、20%以上的风电装备制造企业，在此次入围

500 强的新能源企业中，该区域占 40%；广东和香港属于经济发达区域，市场开放度高，国家政策宽泛，便于融资，给新能源企业的发展带来便利条件，该地区此次入围榜单新能源企业共 18 家，占 85 家新能源企业的 21%；河北、山东和北京属于环渤海区域，该地区有较强的技术研发实力和装备制造业基础，是我国新能源产业重要的研发和装备制造基地，集聚了我国 30%左右的风电装备制造企业，该区域新能源企业占入围榜单新能源企业的 18%。如表 5-1 所示。

表 5-1　2011 年 500 强新能源企业数量地区分布状况（家）

地区＼行业	光伏	风电	电池制造	燃料乙醇生产	其他	合计
安　徽	—	—	—	1	—	1
北　京	1	2	—	—	1	4
福　建	1	—	—	—	—	1
广　东	3	1	5	—	2	11
河　北	3	2	1	—	—	6
河　南	2	—	1	—	—	3
黑龙江	—	—	2	—	1	3
湖　南	1	—	1	—	—	2
江　苏	15	3	1	—	—	19
江　西	2	—	—	—	—	2
宁　夏	—	1	—	—	—	1
山　东	3	2	—	—	—	5
山　西	—	—	—	1	—	1
陕　西	1	—	—	—	—	1
上　海	5	1	—	—	—	6
四　川	1	—	—	—	—	1
香　港	4	2	1	—	—	7
新　疆	—	1	—	—	—	1
浙　江	5	1	3	—	—	9
重　庆	—	1	—	—	—	1
合　计	47	17	15	2	4	85

二、光伏、风电企业仍占主导，其他企业发展有待加强

（一）光伏、风电企业规模不断提升

新能源的消费比重不断增加，说明新能源产业逐渐成为世界经济转型的一大方向，而新能源企业的发展步伐也在不断加快。据统计，2011 年中国能源集团 500 强中新能源入围企业数量达到 85 家，较 2010 年增加了 14 家，其中光伏企业有 46 家，占新能源企业入围总量的 54%；风电企业有 17 家，占新能源企业入围数量的 20%，其余新能源企业占比 26%，如图 5-3 所示。可见光伏和风电企业在整个新能源企业中的主导地位。

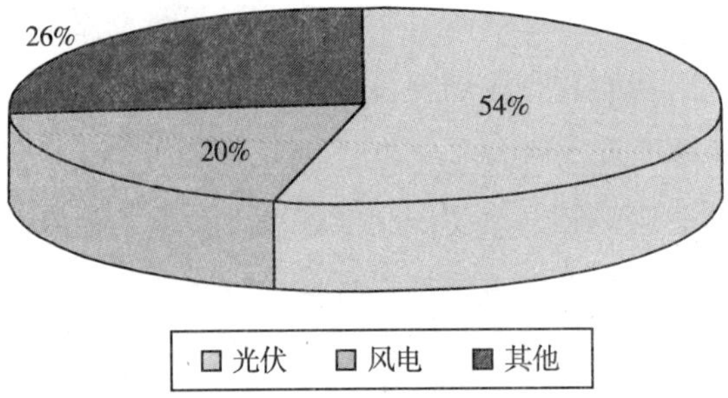

图5-3 2011年能源集团500强中85家新能源企业行业分布

事实上，近几年我国光伏产业和风电产业一直处于领跑世界的行列。据中国风能协会秘书长秦海岩透露，2011年我国新增风电装机容量超过2000万千瓦，高于2010年的1893万千瓦，2011年累计风电装机容量突破6500万千瓦。该年风电整机排行榜中，华锐风电科技（集团）股份有限公司以376万千瓦位居榜首；新疆金风科技股份有限公司以360万千瓦位居第二；跃居第三名的是中国明阳风电集团有限公司，其新增装机为152万千瓦。与2010年相比，华锐风电和金风科技的龙头地位并没有改变。从营业收入来看，华锐风电和金风科技仍然是我国能源企业500强中风电行业的领军企业，分别以2032487万元和1759552万元位居500强第72和第83名，在新能源企业中分别位居第二位和第四位。另外，中国高速传动设备集团有限公司因其先进的风电传动设备制造技术跻身能源企业500强，2010年，该公司风电齿轮箱装机总容量达9000兆瓦，规模位居全球第一。在2011年中国能源集团500强中，中国高速传动设备集团以739265万元的营业额排位第159名，在新能源企业中排位第15名。然而，我国风电产业在快速发展，装机容量和风机制造能力都有了大幅提升的同时，也暴露出了如风机质量和并网的技术问题。中国风电企业若想在市场中一直保持主导地位，必须先保“质”再保“量”，不能盲目追求短暂的发展速度和市场规模。

太阳能光伏是各种新能源中应用前景最广阔的一种，光伏发电终将替代石油和煤炭成为人类未来主要的能源形式之一。2011年，我国光伏产业发展势头依旧迅猛。2011年，太阳能电池出口额达到226.7亿美元，同比增长12.3%，全年太阳能电池组件产量达到21千兆瓦，占据全球总产量的60%，连续五年位居全球首位。同年，我国新增光伏装机量已达2.7千兆瓦，已成为全球第三大光伏市场。另外，我国光伏产业技术水平不断提升，基本掌握全套晶硅电池关键工艺技术，单晶硅和多晶硅电池产业化转化率已分别达到17.5%和16.6%。国产光伏设备水平不断提高，其中单晶炉、多晶硅铸锭炉、开方机等已具备大规模生产能力。在2011年的新能源企业排行中，晶龙实业集团有限公司、尚德电力控股有限公司和江西赛维太阳能高科技有限公司分别以2672924万元、1933697万元和1672153万元的营业收入位居第一、第三、第五位，在整个能源企业500强中分别排在第52、第78和第87名。可见，我国光伏企业的潜力和实力巨大。

（二）其他新能源企业发展速度有待提高

除光伏和风电企业外，其余新能源企业主要以电动车环保动力电池制造为主，占85家新能源企业的17.6%。中国政府于2009年开始大力推动以电动汽车为主的新能源汽车发展，希望在汽车工业领域实现“弯道超车”的宏伟愿望之后，中国大陆的新能源汽车发展呈现出“大跃进”的现象。一时间，新能源电池产业化项目在中国大陆遍地开花，新能源电池生产企业发展迅速。以天能电池集团有限公司为例，2010年该集团营业收入达1065609万元，同比增长39.3%，成为电池制造企业中首家年收入超过百亿元的企业。超威电源有限公司同样为一家新能源电池制造企业，主导产品为电动助力车用、电动道路车（电动汽车）用动力型铅酸蓄电池，2010年其营业收入为740440万元，同比增长27.4%，在能源500强中的名次由181名上升到158名。

生物质能的利用也是新能源企业的一个发展方向，但在此次入围的85家新能源企业中，仅4家企业涉足生物质能源的利用，且基本以燃料乙醇生产为主营业务。生物质能作为唯一一种可再生的碳源，其发展备受关注，得到了政府的大力支持，但事实并不尽如人意。据统计，截至“十一五”末，我国生物质燃料乙醇的产量达到172万吨，没有达到规划的200万吨目标。“十二五”期间，燃料乙醇的目标是300万吨，而直到现在，除了原有的4个以玉米、小麦陈化粮为原料的燃料乙醇生产厂外，新的大规模项目是否获得审批还存在疑问。此次入围的4家燃料乙醇生产企业2010年营业收入都在60万亿元以下，最少的仅为152515万元。这些公司主要以玉米和薯类等粮食作物作为生产燃料乙醇的原料，这无疑会造成粮食短缺和物价飞涨等问题。据业内人士介绍，在中粮木薯项目进驻广西之后，由于原料供应有限，抬高了当地木薯价格，甚至致其价格翻番，致使其他以木薯为原料的中小加工企业无法生存。同时，下游销售遇阻，乙醇汽油市场混乱，最终致其停产。由此看来，以粮食为原料生产燃料乙醇并不乐观。玉米制燃料乙醇只是中国燃料乙醇产业发展的开端，甜高粱、薯类等作物则是过渡性的选择，用秸秆纤维素作原料制成燃料乙醇最适合中国国情。

除了燃料乙醇的生产，生物质能发电是生物质能利用的另一方向。“十二五”时期，我国新能源产业锁定了核电、风电、太阳能和生物质能四大产业。在产业规模规划上，核电和风电可伸缩空间较大，目前还不十分确定。而太阳能和生物质能发电装机容量较为确定，即未来5年分别达到1000万千瓦以上和1300万千瓦。其中，生物质能发电装机容量较2010年增长160%，这个目标数字超过了风头正劲的光伏装机容量。从规划目标来看，生物质能发电有望成为新能源产业变局重头戏。有关专家指出，与光伏相比，生物质发电更具成本优势，这是导致其风头正劲的重要原因。

三、企业规模有限，整体实力有待提升

经过统计分析，2011年中国能源集团500强中，以煤炭、电力、石油石化等为主营业务的传统能源企业优势依然十分明显。从2011年中国能源集团500强入围企业数量来看，煤炭、石油、电力等传统能源类企业数量达到373家，远高于新能源类企业的85家。其中，煤炭类企业最多，有162家，营业收入24711.6亿元，约占500强总营业收入的19.7%；电力电网类企业157家，营业收入40848.7亿元，约占500强总营业收入的32.6%；石油石化类企业54家，营业收入50723.5亿元，约占500强总营业收入的40.5%；燃气类企业17家，

营业收入为 775.2 亿元，约占 500 强总营业收入的 0.6%，如图 5-4 所示。这一分布特点符合我国能源结构"富煤、贫油、少气"的资源禀赋特征，也符合我国能源消费构成比例。而 500 强中 85 家新能源企业的营业收入总计 3629.0 亿元，约占 500 强总营业收入的 2.9%，仅占中国石油化工集团公司营业收入的 7.2%，说明新能源企业整体规模有限。

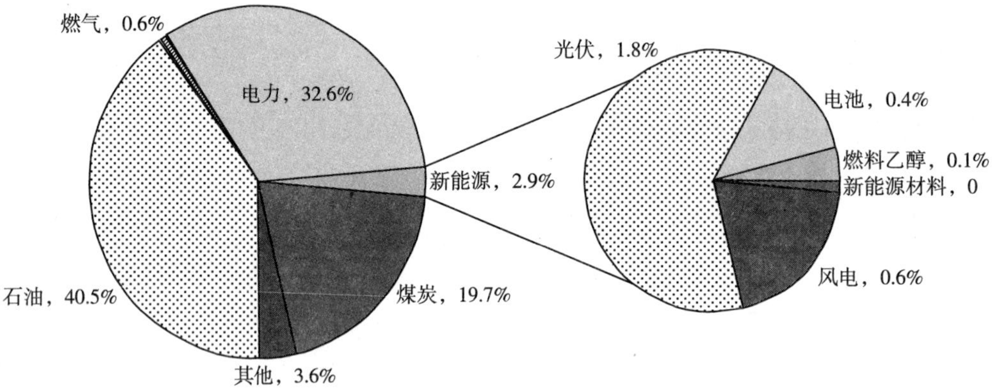

图 5-4　2011 年能源集团 500 强各行业营业收入比例

从入围企业营业收入规模来看，煤炭、电力、石油等传统能源企业中营业收入超过百亿元的大型企业共有 106 家，其中，超过万亿元的超大型企业 3 家，千亿元规模的特大型企业 18 家；对比新能源类企业，85 家入围企业营业收入超过千亿元的特大型企业没有，超过百亿元的大型企业也只有 9 家。具体来说，电力电网类企业营业收入超过百亿元的共有 46 家，其中，超过万亿元的企业有 1 家，千亿元规模的企业有 7 家；煤炭煤化工类企业营业收入超过百亿元的共有 40 家，其中，千亿元级规模的企业有 7 家；石油石化类企业营业收入超过百亿元的共有 20 家，其中，超过万亿元的企业有 2 家，千亿元规模的企业有 4 家；新能源类企业营业收入超过百亿的有 9 家；综合能源类企业营业收入超过百亿元的有 11 家；气体能源类企业营业收入超过百亿元的有 2 家；节能环保类企业营业收入超过百亿元的有 1 家，如图 5-5 所示。

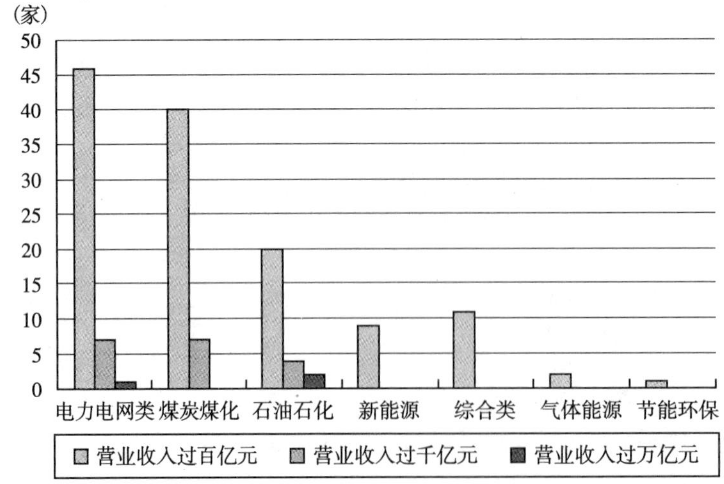

图 5-5　2011 年中国能源集团 500 强各行业营业收入规模对比

无论是从入围企业数量还是企业规模来看，煤炭、电力、石油等传统能源集团在500强中的统治地位仍然是新能源企业难以撼动的，尽管新能源近几年发展迅速，但新能源的生产以及消费量仍不及传统能源的冰山一角，占能源消费总量的比重不足10%，新能源企业规模仍有待提高。

四、企业发展潜力较大，成长性较强

虽然新能源企业在整个能源集团500强中规模有限，但其发展潜力巨大。与2010年能源集团500强企业排列位次相比，2011年中国能源集团500强中有26家新能源企业排列位次有了不同程度的上升，其中晶科能源有限公司、东方日升新能源股份有限公司和保利协鑫能源控股有限公司上升最为明显，上升位次分别为149位、128位和126位。2010年，这三家公司的营业收入分别为818000万元、237486万元和1584706万元，同比增长296.96%、182.13%和273.7%。另外，晶龙实业集团有限公司和华锐风电科技（集团）股份有限公司以年收入过200亿元的规模领跑新能源企业。2011年新能源企业排名第一位的晶龙实业集团主要生产太阳能光伏系列产品，具有最完整的光伏产业链。从2003年开始，太阳能级单晶硅产量连续7年居世界第一，被国家命名为火炬计划太阳能硅材料产业基地。2010年，其年营业收入高达2672924万元，同比增长147.97%，颇高的营业收入使其在2011年能源集团500强中位列第52名。华锐风电科技集团是中国第一家自主开发、设计、制造和销售适应全球不同风资源和环境条件的大型陆地、海上和潮间带风电机组的专业化高新技术企业，并在中国率先自主开发出全球领先的5兆瓦和6兆瓦系列风电机组。可以说，华锐风电是中国最大的风电整机生产企业，也是全球最大的风电设备供应商之一。2010年，华锐风电年收入2032487万元，位居2011年能源集团500强第72名。除了位次上升，此次能源集团500强中有188家新入围企业，其中有45家为新能源企业，占整个新增企业的24%。可见，我国新能源企业在不断发展壮大的同时，成长性不断彰显，其在整个能源行业中的地位越发凸显。

第三节　主要问题

我国把新能源产业列入重点发展的战略性新兴产业领域，并出台了一系列法律、规划和政策予以扶持。“十一五”时期，我国陆续出台了《可再生能源法》、《可再生能源中长期发展规划》、《绿色能源示范县补助暂行办法》、《太阳能光电建筑应用财政补助资金管理暂行方法》和《关于实施金太阳示范工程的通知》等一系列配套政策和实施细则。从2009年3月开始，中央政府决定每年从财政出资100亿元左右，为我国的太阳能屋顶和光伏建筑建设提供补贴，先后启动了两批总计290兆瓦的光伏电站特许权招标项目，推动国内光伏市场的形成。同时国家还推出了风电、光伏和生物质能三大主力新能源发电标杆电价，部分省份还另外推出新

能源补贴，山东、广东的风电上网电价均高于国家标杆电价。这些政策不仅为新能源的长远发展提供了法律保障和政策支持，也为新能源产业指明了发展方向和实现路径。

在政策的鼓励和扶持下，我国新能源领域取得了举世瞩目的发展成就。中国风能产业协会数据显示，截至 2010 年底，我国风力发电新增装机达 1600 万千瓦，累计装机容量 4182.7 万千瓦，首次超过美国，跃居世界第一位；我国太阳能电池产量约为 10000 兆瓦，占全球总产量的 50%，累计光伏装机量达到 800 兆瓦，当年新增装机容量达到 500 兆瓦，同比增长 166%；我国核电发电量为 768 亿千瓦时，同比增长 9.66%，占全国全口径发电量 42280 亿千瓦时的 1.8%。可以说，各类新能源产业得到了迅速发展。截至 2011 年底，我国水电、风电、核电、生物质液体燃料等非化石能源生产量占当年一次能源消费总量的 8.3%。

但随着新能源产业投资的不断增加，“并网困难、产能过剩”等问题也接踵而至。加之全球经济下滑，终端市场需求下降，多数国家下调对新能源的补贴，新能源产业正在步入新一轮发展的“寒冬期”。例如，由于产业链上游多晶硅价格连续下跌以及国外市场的持续低迷，2011 年我国光伏企业史无前例地出现了全行业亏损。2011 年前三季度，国内四大光伏巨头英利、尚德、天合、赛维 LDK 的毛利率大幅下降，4 家企业总共亏损 2.9 亿美元。在光伏巨头纷纷出现亏损的同时，中小企业则大面积倒闭。有报道称，自 2011 年 10 月以来，国内已有超过 300 家光伏组件企业倒闭歇业，只剩下 50 家左右。一波未平一波又起，2011 年 10 月中旬，Solar World 等 7 家美国太阳能电池生产商联名提出申诉，要求对中国出口到美国的光伏电池展开反倾销和反补贴调查，并征收超过 100%的高额惩罚性关税。2011 年 11 月 9 日，美国商务部宣布对中国输美太阳能电池立案，展开“双反”调查。时隔数月，光伏企业“双反”风波尚未平息，中国风电企业又再次成为美国“双反”制裁的目标。据了解，虽然此次涉案中国企业总共 4 家，但消息一经蔓延，A 股市场便敏锐地做出了反应，风电板块本已随大盘展开的反弹行情戛然而止，2012 年 1 月 11 日收盘时，作为板块代表——金风科技、华锐风电股价分别下挫了 1.68%、2.32%。“双反”调查给中国的风电和光伏产业带来了沉重的打击。

由此可见，新能源企业的发展受政策和市场影响较大。政府应当出台更多合理政策，并适当引导市场，避免恶性竞争，使新能源企业的发展走上正轨。

第四节　本章小结

新能源企业是中国能源集团 500 强的生力军，发展新能源产业是解决能源短缺、保障国家能源安全的可靠措施，也是发展低碳经济的必然选择。2010 年是新能源产业快速发展的一年，硅片、太阳能电池、组件等光伏产品及风电产品产销两旺，企业收入和盈利水平大幅提升，使新能源企业在 2011 年中国能源集团 500 强中表现出了稳步发展的态势。但与传统企业相比，我国新能源企业规模仍然有限，煤炭、电力、石油等传统能源集团在 500 强中的统治地位是新能源企业难以撼动的。造成这种情况的原因与我国的能源消费结构密不可分。目前，我国乃至世界消费的能源还是以石油、煤炭等传统能源为主，尽管新能源近几年发展迅速，但新能源的生产以及消费量仍不及传统能源的冰山一角，占能源消费总量的比重不足10%，这就从根本上决定了传统能源的统治地位。但从未来能源发展的趋势来看，新能源的消费比重将会逐年提高，国家“十二五”规划纲要提出，调整优化能源结构，构建安全、稳定、经济、清洁的现代能源产业体系，非化石能源占一次能源消费比重年均增长3.1%，到2015年达11.4%。可见，在国家政策的引导下，新能源企业将蓬勃发展。

第六章　中国能源集团500强典型案例分析

本章将主要围绕2011年中国能源集团500强企业集团在企业战略发展、社会责任、品牌建设、管理创新、科技创新、安全生产、国际合作、企业文化、节能减排、清洁技术等方面的突出举措进行案例分析，梳理500强企业在发展壮大，特别是转变发展方式过程中的经验及教训，为我国能源企业，特别是大中型能源企业加快转变发展树立典型、提供借鉴。

第一节　神华集团：五型建设、跨越发展

一、集团概况

神华集团有限责任公司（以下简称“神华集团”），在2011年中国能源集团500强中位列第8位，是1995年10月经国务院批准，按《公司法》组建的国有独资公司，是中央直管的53家国有重要骨干企业之一，是中国目前最大的煤炭企业。在国家计划和中央财政中实行单列，享有对外融资权、外贸经营权、煤炭出口权。神华集团以能源为主业，集煤矿、电厂、铁路、港口、航运为一体，实施跨地区、跨行业、多元化经营，是我国最大的煤炭企业。

神华集团现有58个生产煤矿、煤炭产能超过4亿吨/年，在建和投运的电厂总装机容量达4500万千瓦，拥有1500公里的铁路、1亿吨吞吐能力的黄骅港和4000万吨吞吐能力的天津煤码头，总资产5400亿元，员工20万人。

2010年，神华集团生产原煤3.52亿吨，百万吨死亡率0.025，商品煤销售4.41亿吨，自营铁路运量完成3亿吨，发电1600亿度，港口装船完成1.13亿吨，营业收入2170亿元，利润总额575亿元。

二、战略定位

多年来，神华集团国有资本保值增值率一直保持行业领先水平，企业经济贡献率连续多年居全国煤炭行业第一，年利润总额一直在中央直管企业中名列前茅，安全生产保持世界先进水平。

面向未来，神华集团提出“科学发展，再造神华，五年实现经济总量翻番”的发展战略，积极推进本质安全型、质量效益型、科技创新型、资源节约型、和谐发展型“五型企业”建设，努力把神华集团打造成具有国际竞争力的世界一流煤炭综合能源企业。

三、战略举措

神华集团在企业发展过程中，特别注重发展方式的转变，紧紧围绕“以人为本”的核心、“十八字”发展战略和“五型企业”建设这个目标，准确把握好五个关系，着力推进具有战略意义的十大转变。

（一）把握好五个关系

其一，准确把握破与立的关系。不破不立，破是为了立。转变经济发展方式，需要扬弃。在具体工作过程中，切实结合自身实际，把握好尺度，不搞“一刀切”。

其二，准确把握分与合的关系。“分”是分行业、分企业、分阶段、分地域，具体目标和措施会有所不同；“合”是各单位在产业运营、企业定位和发展合作等方面。站在整个集团的角度，顾大局、识大体、谋大利。分与合，还涉及集团管控中的分权与集权问题，努力做到既保持集团的控制力，又很好地发挥各子分公司的积极性。

其三，准确把握质与量的关系。提质增量是发展的总要求，质的提升要以量为基础，在提质的过程中保量，进而使质和量同步提高，强化企业的竞争优势。

其四，准确把握远与近的关系。转变经济发展方式是一项长期而艰巨的战略任务，不可能一蹴而就，需要长远考虑。但同时又需要明确当期重点，抓紧实施，早见成效。

其五，准确把握好与快的关系。转变经济发展方式，“好”字当头，引导各方面把工作重点放在提高生产经营质量、调整经济结构上，既保证发展质量，又保持发展速度，实现“十八字”发展战略的要求。

（二）着力推进具有战略意义的十大转变

神华集团在实践中，以科学发展观为指导，大力推动企业发展方式转变，具体体现为十大转变：

1. 加快推进思想观念向科学发展理念转变

按照科学发展观的要求，积极转变价值观、发展观、创新观、业绩观。破除重规模轻质量、重开发轻管理、重扩张轻效益的传统经济增长观念，树立政治、经济、文化、社会、生态环境“五位一体”的科学发展观。始终把发展好神华事业作为第一要务，切实改变偏重数量规模扩张的经济增长观念，确立质量和数量有机统一的科学发展理念，破除狭隘的本位主义思想，树立全集团一盘棋、统筹发展的大局观，以整体带个体，以个体保整体，实现全集团效益最大化。破除故步自封、满足现状的观念，树立积极开拓、勇于创新的发展理念。不断自加压力，提高工作主动性、积极性和创造性，立足实际求创新，用创新的办法解决好发展的问题，解决好工作中遇到的困难和问题。切实改变把“和谐”当做无原则“和气”的错误思想和工作不敢抓、不敢管的错误做法，时刻站在神华事业发展的高度，提高认识和执行力，积极推动各项工作取得新进展。

2. 把安全发展放在首位，加快推进安全工作向构建三大本质安全转变

安全是神华集团科学发展的前提和基础，是加快转变经济发展方式的基本要求，也是新形势下重中之重的工作。神华集团始终强调，在继续夯实生产安全的基础上，尽早建设完善政治、经济、生产三大本质安全体系，推进企业安全发展。

政治安全，就是要始终与党中央、国务院保持高度一致，坚决贯彻执行党和国家的方针、政策，始终保持企业发展的正确方向。

经济安全，就是要加强全面风险管理工作，确保市场安全、资金链安全和神华一体化产业链条的运营安全，确保国有资产的保值增值。

生产安全，就是要坚定不移地巩固安全成果，进一步夯实安全基础，强化“两个理念”，构建本质生产安全体系，实现企业的长治久安。当前，要坚定信心和决心，正确处理安全生产、基本建设与经济发展的关系，落实安全生产责任制，加强基建管理，加强煤矿“一通三防”，加强矿、电、路、港、航、煤制油煤化工重大危险源的管控，加快应急救援体系建设，坚决避免重特大安全事故，努力减少零打碎敲事故。总之，神华集团在企业发展中始终强调，要肩负起中央企业的职责与使命，要安全，不要“带血”的产品，不要“带血”的效益，更不要“带血”的经济总量翻番！

3. 加快推进经营管理向规范化转变

以管理创新、制度创新为抓手，积极推进管理模式、管理体系、管理制度变革，克服并解决因粗放式、随意性管理带来的弊端，实现管理规范化，即决策程序化、组织系统化、权责明晰化、业务流程化、目标明确化、措施具体化、行为标准化、控制过程化、考核定量化、奖惩严格化。

按照“横向拓宽，纵向缩短”的要求，构建更加科学合理的集团管理模式。加强集团总部建设，强化集团管控能力；完善子分公司治理结构，提高子分公司执行落实能力；提高各业务板块的协调水平，搞好专业化管理、集约化经营，推进大销售、大采购、大物流、大资金战略。

加快“五型企业”管理体系建设，不断集成零散的管理体系，在内容上不断丰富，在过程中日益精细，在执行中逐渐规范，为各项工作高质量完成提供制度保障。以流程优化和信息化建设为契机，在新的发展框架下，通过建立科学、合理的岗位职责体系和作业流程，制定严格的责任监督与追究体系，进一步完善考核激励机制，提升各级干部员工的执行力，做到政令畅通、令行禁止，确保集团的管理体系能够高效运行。

4. 加快推进运营模式向纵、横一体化协同运营转变

这是转变经济发展方式的基本选择和必由之路。要通过产业升级、结构优化，推动各产业运营模式与时俱进，由现在的一体化运作、一条龙经营模式，向产业的纵向一体化和横向一体化协同发展转变，夯实集团的核心竞争力。

抓住信息化、自动化等高新技术快速发展的时机，进行产业改造升级：煤炭产业，集中改造和建设安全高效现代化矿井，提高信息化、自动化程度；电力产业，大力推进清洁发电，

运用新能源发电技术；铁路，要突破运输“瓶颈”，港口航运要为煤炭外销提供绿色通道；煤化工产业，抓好示范项目的安、稳、长、满、优运行，发挥效益，为煤制油煤化工行业发展做好示范。在推动产业升级的过程中，要逐步改变主要依靠自建项目投资的单一投资方式，通过战略投资、重组并购等多种资本运作方式实现集团产业的稳健发展。

优化产业结构，加大煤炭下游产业链开发力度，做好煤大、电优、运强、化工高端、新能源和可再生能源稳步增长的文章。优化产品结构，以煤炭为基础，不断延伸产品链条，开发附加值高的下游产品，提高服务质量，提升神华品牌形象。优化资产结构，对与主营业务关联度低、影响核心竞争力发挥的产业或项目，有计划地退出，对闲置资产进行妥善处置。优化布局结构，加快神东、宁东、乌海、新疆、蒙东等地各具特色的能源基地建设和储备煤基地建设，完善电力项目和运输系统的地域布局，推进各资源产业基地良性循环发展。

5. 加快推进科技创新向引进与自主创新并重转变

这是转变经济发展方式最强大、最持久的推动力量。不论是技术创新，还是管理创新、制度创新，神华都要坚持面向市场、以我为主、合理引进的原则，加大创新投入，采取多种合作方式争创自主知识产权，抢占竞争制高点，推进产、学、研结合，加快科研成果向现实生产力转化。创新的主体，是每一名神华人；创新的领域，就在每一个岗位；创新的主战场；是关键领域和核心技术；创新的重点，是实现经济发展从主要依靠物质资料、资金等要素投入转向依靠科技进步、劳动者素质提高和管理创新；创新的目的，是要培育一批具有核心竞争力的产业、企业和名牌产品。

加快推进技术创新，要选择重点领域，加紧制定战略性新兴产业发展规划，超前部署核心技术攻关。要加快专项技术研究和系统集成，把节能减排、环境保护和企业科学发展有机结合，加强资源的高效清洁开采、加工和运输技术研发，加强高效清洁火力发电技术研发，加强煤炭清洁高值综合利用、煤制天然气和煤制重要化学品技术研发，加强煤炭伴生资源高效综合利用技术研发，加强风能、太阳能等可再生能源利用技术研发，加强水资源保护及高效利用技术研发，加强生产信息化、管理信息化技术集成研发，加强低碳能源应用基础研究、应用技术开发与集成。密切关注、超前研究新能源和可再生能源产业的发展动向，适时进入。加快北京清洁低碳能源研究所、神华研究院建设进度，以此为平台大力吸引培育高层次创新人才，广泛开展与国内外科研机构的交流合作。不断加强自主知识产权的保护，深入研究并做好自有技术的产权转让与经营工作。

积极完善有利于创新的体制机制，革除妨碍、束缚自主创新的体制机制弊端，加快形成激励自主创新的体制机制和利益导向，为激发全集团自主创新活力提供有力的制度保障，使神华成为各种创新思想充分激发、创新激情竞相迸发、创新人才脱颖而出、创新成果不断涌现的一片热土。

6. 加快推进员工队伍素质提升向应用与创新并重转变

这是转变经济发展方式的根本保证和动力源泉。要进一步树立“五湖四海纳人才，不拘一格降人才，人人是人才，人尽其才”的人才观，坚持用正确的世界观、人生观、价值观引导人才，用共同发展的理念凝聚人才，用创新的事业培养造就人才，用科学合理的方法评价人才，在继续严把员工入职关，控制劳动力成本的基础上，努力做好引才、选才、育才、用才和留才等各项人才管理工作，全面提高神华员工的素质水平。

将编制人才战略规划提上重要议事日程，以更加高远的战略眼光，为企业的长远发展谋划以高素质劳动者队伍为支撑的人才发展蓝图。各子分公司要按照集团发展战略，制定与之配套的、与本企业发展实际相适应的人才发展战略和具体方案。

抓好三支队伍的建设，应根据不同岗位性质的需要和工作形势的发展，动态完善不同类型员工的招聘制度、考核制度、薪酬制度和晋升制度，使三支队伍的建设始终跟上时代发展的步伐，努力为员工搭建一个在业内有绝对竞争力的人才发展平台。

通过逐步探索干部使用公平化、公正化和公开化的有效途径，总结分析“公开竞聘”、“公推直选”等具体措施实施中的经验，稳步推行各级管理者竞聘上岗制度，积极引入全方位的业绩考核评价机制，充分调动广大员工的积极性。

逐步加大从重点和专业对口高校公开招聘高素质毕业生的力度，积极开展从外部引进高级管理和专业技术人才的工作，加强集团内部人员的业务培训和岗位横向流动机制，从而带动原有员工工作的积极性和素质的提高。

7. 加快推进产业发展向资源节约、环境友好方向转变

这是转变经济发展方式的基本特征。要以建设资源节约型、环境友好型产业为目标，进一步优化、完善规划标准、生产体系和技术体系，发展循环经济，做绿色环保的先锋。

新开发项目，必须做资源利用、环境保护等前期评价，若建成后不节能、不环保，则坚决不开发。提高煤炭资源回收率，实现煤炭伴生资源的综合利用和循环利用，实现污染物零排放；加大煤层气的抽采力度，实现煤层气液化和发电等综合利用；努力降低火力发电煤耗，实现电厂粉煤灰等附产品综合利用；加大煤制油、煤化工产业环境保护力度，大力开发煤制油、煤化工产业附产品综合利用项目，实现污染物零排放；积极应用节能减排新技术、新工艺，实现二氧化硫和COD排放总量持续下降；加大矿区生态环境保护和治理力度，建设绿色矿区。

大力推进低碳清洁发展，在控制碳排放强度上力争达到国际同行领先水平。以北京低碳清洁能源研究所为技术平台，超前储备和开发“清洁煤”途径和项目。充分利用神华的资金、资源和市场优势，扩大资源低碳清洁利用的对外合作与交流，培植、培育新兴战略性低碳清洁产业项目。

8. 加快推进资源配置向国内与国际布局并举转变

这是转变经济发展方式的必然选择。要充分利用国内国际两种资源、两个市场，由专注生产型向以生产为依托、营销为主导的企业转变，不仅要做国内最大煤炭生产商，还要全球布局，做沃尔玛式的煤炭经销商，走出具有神华特色的国际化发展道路。

积极做好国际化战略的规划工作，着力培养国际化经营队伍，深入了解和掌握目标地的人文环境、政策环境、资源状况，广泛开展项目投资合作的前期调研工作，为推进项目实施奠定良好的基础。已经迈出步伐的澳大利亚、印度尼西亚项目要稳中求进，与蒙古、俄罗斯煤炭合作项目要积极推进，为国际化战略的全面实施积累经验、探索道路。

9. 加快推进发展成果向普惠共享转变

把“以人为本”的核心和内在要求全面落实到转变经济发展方式的各项工作之中，贯穿到转变经济发展方式的全过程，积极参与构建和谐社会，实现发展成果普惠民生、共享共赢。

坚持把国家利益、企业利益、地方利益与员工利益有机结合起来，按照更加注重改善民生、保持社会和谐稳定的要求，积极探索企业承担社会责任的新方法、新形式、新途径，创造性地为经济社会发展贡献力量。

妥善处理地企关系，积极配合支持地方产业发展政策，探索构建新型的地企合作关系，建立起多层次的包括政治、经济、文化、社会、生态文明建设在内的战略合作关系，更好地维护好、发展好与地方的关系。

切实做好解民忧、惠民生的各项工作，逐步提高各级员工的工资性收入，全面提升各级组织的满意度和广大员工的幸福指数，使经济发展成果更好普惠职工、家属和广大人民群众。

10. 加快推进考核评价向质、量并重转变

这是转变经济发展方式的衡量标准。要把“五型企业”建设作为转变经济发展方式的有效载体，坚持用转变经济发展方式的要求指导“五型企业”建设，不断完善“五型企业”管理模式和管理体系，以体系建设促进考核评价工作的标准化、规范化、科学化。

要以经济增加值（EVA）考核为契机，积极构建以提高资产利用率为核心的经营业绩考核体系。今后，在经济指标的考核上，关键要看资产效益的增长，要看企业持续发展能力的提升。

不断完善考核方式。集团对子分公司的考核在年度绩效考核的同时，还要与任期考核、长期工作目标考核结合起来，防止短期行为。对于集团总部各部门及员工的考核机制要加快建设，促进总部的高效运作。

四、战略保障

（1）加强组织领导。集团公司专门成立加快转变经济发展方式领导小组，由玉卓总经理挂帅，成立相应职能机构，由战略规划部等部门人员组成并长期兼职，统筹协调各方面力量，推进经济发展方式转变。各单位也都要成立相应的领导机构和工作机构，确保工作尽快开展并取得实效。

（2）加强整体规划。要厘清思路、明确目标，制定全面细致的工作计划和措施，调动一切积极因素，加快推进各项工作。要用转变经济发展方式的思想和要求，指导集团“十二五”规划的制定，确保规划符合落实科学发展观、转变经济发展方式的要求。

（3）加强学习调研。切实做好转变经济发展方式的大文章，要注重与企业的发展实际相结合，立足实际，不偏不离。配合这次会议精神的落实，神华集团专门编发了一期转变经济发展方式的学习材料。组织开展各类学习研讨活动，深刻领会精神实质，创造性开展工作。各单位均把搞懂、学深、会抓经济发展方式转变作为一项必备的素质和能力。同时，各单位、各部门大力推动调查研究工作，结合各自的特点和重点、难点，选准课题，有针对性地开展

调研，真正把问题找准摸透，把措施制定到位，努力提高工作的实效性。

（4）加强统筹兼顾。转变经济发展方式，要与实践科学发展观、实现“十八字”发展战略、建设“五型企业”、开展“三再”活动和落实年度工作相结合。在此过程中，要充分认识到转变经济发展方式是落实科学发展观的重大举措，是实现“十八字”发展战略的重要内涵，是建设“五型企业”的有利契机，是开展“三再”活动的关键内容，是确保今年各项工作任务圆满完成的前提条件。要切实把握好这五者之间的关系，立足当前，统筹兼顾，提升神华集团发展的科学化水平。

（5）加强舆论引导。充分利用各类媒体，结合工作实际，大力宣传各单位的做法、经验和成效，宣传先进典型，营造良好的舆论氛围和工作局面，为全集团上下加快转变经济发展方式鼓舞士气。

五、转变成效

（1）煤炭产运销创历史新纪录。在国际金融危机严重冲击、国内发电量持续下滑、进口煤大幅增加等不利情况下，坚持以市场为导向，化“危”为“机”，变挑战为机遇，全力以赴增产、增运、增销，全集团原煤生产、铁路货运量和商品煤销量均增长10%以上，增速大大高于行业平均水平，进一步巩固了世界最大煤炭经销商的地位。

（2）企业发展能力有了新提升。全年新增煤炭产能4700万吨；电力新投运装机容量559万千瓦；四铁路公司技改成效显著，开行了万吨列车，系统能力进一步得以提升。宁东能源化工基地建设加速推进，陕北能源基地建设拉开序幕，陕北煤化工产业园、陕北西湾露天矿项目、神华—陶氏榆林煤炭综合利用项目等重大工程相继奠基；神华甘泉铁路、神华巴准铁路开工建设，为集团经济总量翻番以及持续健康发展积蓄了后劲。

（3）技术创新取得新成果。“基于科技资源整合模式的煤炭开发利用技术创新工程”获国家科技进步二等奖，“重载铁路桥梁和路基检测与强化技术研究”、“液化残渣萃取利用技术研究”和“模块化褐煤热解新工艺开发及示范”3项科研项目被列入国家高技术研究发展863计划。2010年，神华集团共有37项成果获中国企业新纪录，占煤炭行业的1/3。世界首个7米大采高综采工作面在神东开始安装；神朔、朔黄自主开发了“机车重载无线同步操纵控制系统”，填补了国内空白。国华电力成功开发出具有自主知识产权的万吨级低温多效海水淡化技术与装备，建成日产1.2万吨淡水的海水淡化装置，并实现满负荷运转。

（4）清洁能源产业取得新发展。备受关注的北京低碳清洁能源研究所成功组建，并从国外引进了多名领军人才和著名专家，业务正式启动，研发基地开工建设。被国外垄断多年的煤间接液化技术——费托合成催化剂技术获得突破，示范装置连续投料运行12天（合成油“829”工程，产能为日产4000桶高标号油品）。煤直接液化示范工程在首次投煤取得成功的基础上，通过消缺改造，全年累计投料运行50天，实现了一定周期的稳定运行。风电产业完成装机143万千瓦，并网121万千瓦，并开展风电太阳能光伏发电互补的研发工作。

（5）重组整合取得新突破。顺利实现集团公司和股份公司两总部整合，部门负责人按照新的职能履行职责，第一批62名处长通过公开竞聘上岗，总部员工通过双向选择已经就位。与某国际著名咨询机构合作，启动了总部管控模式和流程优化工作。2010年上半年，将神东矿区四家公司重组为神东煤炭集团，实现了资源优化配置，人员、设备、技术共享和资金的集中使用，体现了聚合倍增效应。据测算，每年节约各种费用在10亿元以上。

（6）企业社会责任进一步增强。集团公司和中国神华多次被评为履行社会责任优秀企业，企业形象得到大幅提升。累计投入27亿元用于沉陷区治理和棚户区改造，解决近10万户住房问题，近30万人受益，被誉为“惠民安居工程”，受到党和国家领导人的高度赞扬；启动神木和鄂尔多斯两个神华新村项目，建成后将解决2200户农牧民的安居及发展问题；在支持科技教育、加大环境投入、救助弱势群体、积极参与赈灾（对新疆“七五事件”处置、台湾风灾赈济、鹤岗矿难救助等）方面，受到社会各界普遍好评。

（7）“双增双节”取得新成效。整个神华集团注重“内挖潜力、外拓市场”，深入开展“双增双节”活动，采取5700多项措施，优化资源配置，强化成本管控，提高资产运营效率，改善投入产出质量，2009年实现“双增双节”104亿元，完成当年计划的157%，其中增加利润61亿元，完成年计划的178%。

六、发展经验

神华集团作为我国煤炭行业的龙头企业，立足煤炭行业特点，提出了要准确把握好“五个关系”，并着力推进具有战略意义的“十大转变”。这为其他规模较小的煤炭企业准确把握我国煤炭工业发展动向，提供了参考依据。同时，神华集团站在煤炭生产的角度，对企业在发展过程中遇到的主要问题进行了系统的阐释，对于其他煤炭企业转变发展方式具有重要的指导意义。

第二节　中国华能：立足高远，争创世界一流

一、集团概况

中国华能集团公司（以下简称“华能集团”或“华能”）是以电为主、金融、煤炭、交通运输综合发展的国有重要骨干企业。公司坚持“综合实力行业领先”的发展方向，通过努力打造结构优势、体制机制优势、技术优势、管理优势和队伍优势，逐步成为实力雄厚、管理一流、服务国家、走向世界，具有国际竞争力的大型企业集团。

华能集团公司从1985年创立至今，在20多年的发展历程中，为电力工业的改革、发展和技术进步提供了丰富经验；为电力企业提高管理水平、提高经济效益发挥了示范作用；为

满足经济与社会发展的用电需求、实现国有资产的保值增值做出了重大贡献。公司坚持方向明确、科学发展，不断创新、保持领先，多方合作、互利共赢，逐步形成了“为中国特色社会主义服务的红色公司；注重科技、保护环境的绿色公司；坚持与时俱进、学习创新、面向世界的蓝色公司”的企业使命和“坚持诚信、注重合作，不断创新、积极进取，创造业绩、服务国家”的核心价值观等具有华能特色的企业价值理念。

华能集团公司致力于建设具有国际竞争力的大企业集团。截至2012年9月底，公司在全国29个省、市、自治区及海外拥有全资及控股装机容量1.31亿千瓦，为电力主业发展服务的煤炭、金融、科技研发、交通运输等产业初具规模，公司在中国发电企业中率先进入世界企业500强，2012年排名由2011年的第276位上升至第246位。

二、践行“三色文化”定基调

建设“三色公司”是华能的使命与愿景，是与华能实现战略目标相适应、相吻合而构成的文化形态。以建设“三色公司”为使命，华能经过对企业经营管理时间的不断总结和提炼，明确提出了中国华能集团公司企业文化核心价值理念体系的主要内容。以此为标志，华能“三色文化”建设进入了成熟发展的新阶段，“三色文化”为建设具有国际竞争力的世界一流企业提供了强劲的精神动力和持久的文化支撑。

如今，企业文化建设已经成为系统各单位的重要工作，并纳入议事日程。首先，各单位设立了企业文化建设管理岗位和专兼职工作人员，明确了工作职责，基本形成了企业文化建设的工作体系，工作机制不断健全，工作效果愈加明显。其次，为深入宣贯“三色文化”价值理念，公司编辑印发了《企业文化理念手册》，发行至基层单位每个员工手中。华能每年组织有关人员开展企业文化培训，各基层单位也根据实际情况积极开展丰富多彩的企业文化主题活动，使“三色文化”逐渐得到广大员工认知认同。同时，基层企业注重发挥劳模等先进人物的传播和辐射作用，在生产经营管理过程中积极培育和选树、宣传各类具有时代特征的先进典型，通过华能劳模报告团巡回演讲，举办先进典型事迹报告会、观看先进事迹展览等形式，用身边真实、鲜活的典型事例促进企业文化的生动开展，用典型形象不断引领发展、引导员工、凝聚员工、规范行为，在职工心目中树立了“华能人”鲜明的整体形象，激发了职工干事创业、推动企业改革发展的积极性和责任感。而且，华能不断完善各项管理制度，动态适时做好各方面制度的废、改、立，按程序办事、靠制度管人的观念深入人心。大力推行对标管理，向国际一流企业看齐，形成了“建体系、树标杆、找差距、促赶超”的常态工作机制。

其中，澜沧江公司牢记“三色公司”使命，坚持科学发展、和谐发展，确立了“建设一座电站，带动一方经济，保护一片环境，造福一方百姓，共建一方和谐”的“五个一”水电开发理念。在“5·12”抗震救灾中，华能集团公司上下同欲，共赴时艰，以实际行动诠释了公司企业文化核心理念，铸就了华能抗震救灾精神——“顾全大局、忠于职守的负责精神，坚忍不拔、顽强奋战的拼搏精神，众志成城、和衷共济的协作精神”。这些从磨砺实践和艰苦奋斗中产生的不朽精神，极大地丰富了华能企业文化内涵。

此外，华能连续5年向社会公开发布《可持续发展报告》，与社会各界建立了良好的沟通交流平台，公司的可持续发展能力得到提升。华能是中央企业最早荣获金蜜蜂社会责任领袖型企业，2009年、2010年连续两年荣获"企业履行社会责任特别大奖"，这些成绩充分展示了近几年来企业文化建设所取得的新进展和新成效。

三、与时俱进创一流

（一）抓机遇：转型升级强实力

2012年，华能集团明确提出以创建具有国际竞争力的世界一流企业引领公司的各项工作，推动公司科学发展迈上新台阶。创一流，是以提高发展质量和效益为中心，以加快转型升级为主导，按照世界一流企业的标准，努力把各项工作提升到世界一流企业的水平上来。

在科学发展的道路上，华能转型升级顺势而为，成就卓著。

在企业规模做大之后，华能转型升级的中心就是提效益、提质量，基本路径就是"两手抓"：一手抓存量资产、一手抓增量资产。

存量资产"加减法"。首先是"减"："十一五"期间，华能关停小火电617万千瓦，不仅提升了总体效益，而且为节能减排做出突出贡献。其次是"加"：上大压小，通过关停小火电，为"上大"腾出空间，建设高效清洁的大容量、高参数、低消耗、少排放的先进机组。

增量资产"取舍法"。对于新上项目，华能坚持战略统领、效益为先，衡量标准就是新上项目必须有好的经济效益，必须有利于结构调整，必须有利于促进产业协同，实现有效、有度、有序发展。达到这"三个必须"，则"取"；达不到的，则"舍"。

存量资产的良好效益带动增量资产的滚动发展，增量资产的良性发展开拓更大的发展空间，存量资产与增量资产良性互动，使华能的盈利能力、价值创造能力和抗风险能力大幅提升。自2009年以来，在煤炭价格高位运行的背景下，华能依然实现整体盈利。2009年，华能跨入世界500强，名列第425位，成为中国发电行业第一家迈入此门槛的企业。此后，华能在世界500强排名连年提升，到2012年，排名升至第246位。

转型升级，只有起点没有终点。目前，华能正在大力推进转型升级战略，着力调整优化产业结构、电源结构、资本结构和区域布局，不断打造新优势，实现新跨越，向更强、更优、更大迈进。

（二）调结构：构建产业新格局

目前，华能集团电力核心产业运营水平不断提升，重要运营指标处于国内行业先进或达到国际行业领先水平。2012年9月底，华能供电煤耗为317.92克/千瓦时，2009~2011年平均等效可用系数为93.9%，达到国际行业领先水平，利用小时数处于国内行业先进水平。

华能电源结构不断优化，低碳清洁能源和高效清洁煤电规模分别处于国内行业领先和先进水平。到2012年9月底，公司在国内的低碳清洁能源装机容量达2540万千瓦。一批经济效益好、区域布局优的煤电机组投产发电。

华能产业结构调整和产业协同不断加强，重要协同性指标处于国内行业先进或领先水平。煤炭产业的基础保障地位初步确立，2011年，公司煤炭年产量达到6406万吨，处于国内行业先进水平。交通运输产业初具规模，船队可控运力和港口年吞吐能力在国内电力企业中处于领先地位。金融产业的规模、品种和盈利能力处于国内产融结合先进水平。

这些成就，是华能加快结构调整，打出精彩的“产业协同组合拳”取得的。产业协同，即围绕发电主业展开产业延伸，因电而协同，为电而发展。

加固上游，做大煤炭。为了控制成本，提高煤炭自给率，近年来，华能先后开发了五牧场、吴四圪堵、铧尖、大同焦煤等煤矿，相继重组或收购了扎赉诺尔、华亭煤业等煤炭资产或股权。在控股开发煤矿的同时，华能还与国家重点煤炭企业共同开发煤电联营项目。

华能结合火电项目布局，在明晰功能定位的基础上，有效参与关键路径上的铁路、港口和航运项目投资，构建了稳定、可靠的电煤运输保障体系。

横向延伸，提升科技引领作用。华能加大科技投入，在清洁发电、节能降耗、安全环保等方面发挥科技引领作用，大力推进科技产业化，在洁净煤发电、新能源、节能环保和信息化等领域形成围绕发电主业的产业链和价值链。

华能还发挥资本市场“长袖善舞”的特长，通过并购、合资等资本运营方式，将产业链扩展到盈利能力比较好的煤炭及港口航运等发电基础保障产业；收购境外盈利潜力较大的发电企业，与公司的管理优势、技术优势相结合，提升盈利水平。华能通过收购新加坡大士能源公司100%股权、收购国际电力公司50%股权，使公司境外资本布局和经营地域范围进一步扩大，电力资产遍布亚、欧、美、澳四大洲的6个国家，实现境外资产由点到面的延伸。

（三）转方式：打造企业新优势

2012年9月6日，华能又一朵清洁能源“金花”盛开——糯扎渡水电站首台机组投产发电。这是华能绿色发展之路上又一重大成果。观察华能电力产业的发展蓝图不难发现，华能新征程的起点是清洁，方向是绿色，路线是领先、高效。

大力发展水电。在小湾、糯扎渡水电站，华能创造了多个世界“第一”，把中国水电建设推进到世界水电前列。截至2012年9月底，华能拥有运行水电装机达到1343万千瓦。

加快发展风电。华能在东北、江苏、内蒙古、华北、新疆及甘肃等地区推进百万千瓦级风电基地的开发建设，截至2012年9月底，风电装机规模达到807万千瓦。

积极发展核电。华能牵头建设的具有第四代核电技术特征的山东石岛湾高温气冷堆核电站示范工程各项准备工作已经就绪。

因地制宜开发其他可再生能源发电项目。华能积极开发太阳能光伏发电技术等清洁能源发电技术，华能南澳风电场建成我国第一个商业运行的风光互补发电系统，华能格尔木光伏一、二电站现已建成投产。

而对于占公司总装机80%多的火电，华能将棋子落在了“优化”上。第一步是采用大容量高参数的清洁高效发电设备。截至2012年9月底，华能的60万千瓦等级及以上火电机组容量占火电装机比重达到46.8%。华能的供电煤耗2011年达318.68克/千瓦时，比全国平均水平低10克左右，按照华能全年火电发电量计算，相当于一年节约了550万吨标准煤，减少二氧化碳排放1300万吨以上。第二步是加大研发，使技术水平站在最前沿。华能制订了“绿色煤电”计划，目前正在天津建设25万千瓦级IGCC示范电站。在此基础上，将进一步研发近零排放燃煤发电技术，建设40万千瓦级绿色煤电示范工程。

到“十二五”末，华能可控发电装机容量将突破1.5亿千瓦，低碳清洁能源比重超过25%；可控煤炭年产能突破1亿吨，供电煤耗降至317克/千瓦时。华能在科学发展的激昂旋律中，正在向领先进入具有国际竞争力的世界一流企业的目标扎实迈进。

第三节　中煤集团：二次转型谋“四化”

一、集团概况

中煤集团，在2011年中国能源集团500强中位列第23位，前身是1982年7月成立的中国煤炭进出口总公司，与原煤炭部脱钩后不断重组整合。现为国务院国资委管理的大型能源企业，主营业务包括煤炭生产及贸易、煤化工、坑口发电、煤矿建设、煤机制造、煤层气开发，以及相关工程技术服务。现有全资公司、控股和均股子公司41家，境外机构4家，参股企业11家，在册职工12.1万人。2010年，集团实现原煤产量1.54亿吨，煤炭贸易量1.4亿吨，营业收入964亿元，利润总额121亿元，资产总额达到1725亿元，均创历史最好水平。

中煤集团是我国第二大煤炭生产企业，连续四年产量过亿吨。主要矿区有山西平朔、离柳、乡宁矿区，江苏大屯矿区，内蒙古鄂尔多斯矿区，陕西榆林矿区，黑龙江依兰矿区，在建有新疆哈密、准东、伊犁矿区，资源总量超过450亿吨。现有生产矿井21座，在建矿井24座，总产能超过1.6亿吨；拥有洗煤厂22座，生产能力1.2亿吨。中煤集团有近30年的煤炭、焦炭进出口贸易历史，拥有完善的物流配送中心和分销网络。大型煤焦化工和煤基醇醚、烯烃化工的设计规模和技术水平居行业领先水平。煤机制造企业位列全国煤机行业第一位，具备煤矿井下综采综掘成套装备研发、制造能力，技术水平和市场占有率为国内第一位。煤矿建设设计企业承担了国内半数以上的千万吨级矿区、千万吨级高产高效矿井、百万吨级矿井和大型洗煤厂的设计建设任务，代表行业最高水平。

2005年2月，经国资委批准，中煤集团启动重组改制境外上市工作。2006年8月22日设立了中国中煤能源股份有限公司，12月19日中煤能源在香港联合交易所主板成功挂牌上市，2008年2月1日中煤能源回归A股。境内外上市共融资408亿元，为中煤集团搭建了资本运作的平台。另有上海大屯能源股份有限公司、太原煤气化股份有限公司分别在上海和深圳上市。

在成功实现从煤炭贸易企业向煤炭生产企业的转型后，近年来，中煤集团积极推进“二次转型"，在转变发展方式方面走出了中煤特色之路。

二、转型发展动力

（一）外在动力

从国际情况看，为应对国际金融危机，各国都在大力推进经济结构调整。历史经验表明，每一次大的危机都会引发新的结构调整和产业升级，带来新的观念变革和科技突破，形成新的经济增长点。国际金融危机凸显了我国经济中的突出矛盾和问题，也为我们加快经济发展方式转变提供了契机。从国内情况看，反思改革开放30多年来我国的发展，把中国经济的发展放在国际经济结构发生变化的今天来审视，如果我们原有的发展模式不转变，按照原有的路子走下去，我国经济的发展将会走上一条外向发展难以持续的风险之路、一条资源和环境难以支撑的负重之路、一条国际竞争力难以提升的低端之路、一条人民的福利难以增长的物本之路。在后国际金融危机时期，在新的更高的起点上，新一轮的国际竞争已经拉开帷幕。就是在这种背景下，中央提出要加快经济发展方式转变。

从煤炭行业看，由于发展方式比较粗放，行业发展面临一些困难和问题，突出表现在：矿井数量多，规模小，产业集中度低；技术装备水平不高，开采效率低，资源回收率低，浪费严重；安全投入不足，安全生产形势严峻；矿区生态环境治理滞后，节能减排任务艰巨。破解这些难题，煤炭工业必须加快转变发展方式，走资源回收率高、环境保护好、安全有保障、经济效益好的可持续发展道路。

（二）内在动力

煤炭工业"十二五"发展将凸显结构调整和优化升级，布局结构继续加快向西部发展，产业结构继续向多元化方向发展，组织结构继续向大型煤炭企业集团方向发展，技术结构继续向煤矿开采机械化方向发展。这就要求中煤集团今后新上项目，必须向大型化、园区化、产业化、专业化、多联产、循环经济方向发展。当前，各大煤炭企业都在规划上项目，2010年已建成5个亿吨级大集团。同时，非煤行业加紧向煤炭生产领域渗透，其中，五大电力企业2010年完成煤炭产量约2亿吨，到"十二五"末期，若规划和在建的产能全部形成，那么煤源自给率将提高到50%。若考虑当前因运力、地方煤矿整合、安全生产等影响未充分发挥的产能，加上在建即将释放的产能，到2015年，仅核定的生产能力就超过"十二五"规划的总产量。可以预见，未来几年，行业内竞争将更激烈。中煤集团现有的煤矿设计、建设、装备制造和煤炭生产等产业关联度高，互补性强，这是中煤集团的特色和优势，但这个产业链仅仅是一个程序性的产业链，并不能形成有竞争力的价值链。中煤集团煤化工产业刚刚起步，发电产业规模较小，产业结构不合理，抵御市场风险的能力不够强。中煤集团要在新一轮竞争中胜出，必须加快转变发展方式，延伸产业链，力争在煤、电、化、路等产业领域有突破性的进展，提高发展质量和效益。

三、转型发展理念

中煤集团以煤炭生产为基础，并延伸产业链，大力推进煤的转化和综合利用，大力发展洁净煤产业和循环经济，实现科学发展、安全发展、健康发展。在转变发展方式的实践中提出了“四化”方向和“五高”标准，逐步提炼升华，成为中煤集团改革发展的指导纲领。

“四化”即生产规模化、技术装备现代化、队伍专业化、管理手段信息化。生产规模化，就是优化生产工艺，进行技术改造，通过先进的生产方式，提高生产能力，实现产业的集聚和产能的集中；技术装备现代化，就是通过新技术和装备的广泛应用，推动生产力水平的快速提升；队伍专业化，就是运用“积木原理”，对每个员工进行专业化分工，活化人力、物力资源，减少直接用工，实现高效运营；管理手段信息化，就是坚持以信息化带动工业化，借助信息化手段，优化管理流程，实现管理变革。

“五高”即高起点、高目标、高质量、高效率、高效益。高起点，就是在生产规模、技术水平、营销能力及企业文化等软硬件建设方面，敢于超越，不断创新，瞄准世界先进水平，始终走在行业前列。高目标，就是瞄准建设国际化、现代化大集团的战略目标，不断优化产业结构和产品结构，培育新的竞争优势。高质量，就是不断提高产品质量、工作质量、发展质量，既注重量的增长，更注重质的提高，着力打造经营管理的高品质、员工队伍的高品质、长远发展的高品质。高效率，就是创新体制机制，完善规章制度，规范工作流程，提高工作效率；优化设计，简化系统，提高生产效率。高效益，就是推进生产规模化，发挥规模效益；延伸产业链，实现增值效益；积极开源节流，寻求新的经济增长点，不断增强企业的盈利能力。

“四化”方向和“五高”标准，立意于高层次发展和高水平竞争，是更科学的发展方式，是更高远的目标追求。“四化”方向既是中煤做大的方向，也是中煤做强的方向，“大”是形式，“强”是实质，做大不易，做强更难，必须走新型工业化道路，必须坚持集约化发展。“五高”标准既有“好”的标准，也有“快”的标准，以快制胜是中煤近年来推高五大产业和五大基地发展的重要法宝，同时依靠发展理念、管理机制、战略布局的创新，坚持以好带快，又好又快，使转变发展方式之路更加坚实有力。

四、转型实践与举措

（一）加快产业结构调整步伐，培育新的经济增长点

中煤集团坚持煤电化一体化发展方向，不断调整优化产业结构，培育壮大了一系列新的经济增长点，增强了抵御市场风险的能力。

建设了以燃烧煤矸石、煤泥、洗中煤为主的环保型坑口电厂，同时最大限度地利用煤炭伴生资源和煤炭焦化过程中产生的副产品和余热，建设瓦斯、焦炉煤气和余热发电。目前，中煤集团电力总装机容量236.3万千瓦，权益装机容量121.4万千瓦，在建装机126.2万千

瓦；2014年电力总装机容量将达到11000兆瓦以上，发电量达到560亿千瓦时以上。

以煤焦精细化工和煤基醇醚燃料烯烃为重点，大力发展煤化工，重点建设蒙陕（鄂尔多斯和陕北）、新疆和黑龙江三大新型煤化工生产基地和山西煤焦精细化工生产基地。目前，焦炭总产能达到735万吨/年，鄂尔多斯300万吨/年二甲醚示范工程项目以及一批煤制甲醇、煤炭低温干馏、油页岩制油、煤制烯烃、煤制天然气等项目正加快推进。

抓住新能源产业蓬勃发展的机遇，发挥中煤集团在煤层气产业的独特优势，大力开发煤层气资源，已探明储量453亿立方米，山西潘河项目一期工程形成1.5亿立方米的产能，山西沁南形成2亿立方米的产能。同时，以风能发电为主，兼顾其他新能源和可再生能源的开发，逐步丰富了中煤集团能源产业结构，增强了集团持续发展的潜力。

在调整产业结构的同时，立足于建设山西、江苏、黑龙江、蒙陕、新疆等五大基地，不断优化产业布局。特别是山西基地的平朔矿区，2010年已建成我国第二个亿吨级矿区，而正在加快建设的蒙陕基地与平朔矿区遥相呼应，煤质互补，可以互为配煤。蒙陕基地两年后将初具规模，五年后将再建成一个亿吨级煤电化一体化产业示范基地，将极大改善中煤集团的产业、产品结构，整体提升中煤集团的竞争力。

（二）推动产业升级，提升经济增长质量

煤炭产业是资源、资本密集型产业，必须走规模化生产、集约化发展的路子，中煤集团正是循着这样的路子，不断推进地方煤矿的整合重组和技术改造。

中煤集团作为山西省政府指定的整合地方煤矿主体中唯一一家中央企业，发挥技术、资金、管理、人才的优势，成功重组山西金海洋公司，将金海洋公司煤炭资源量增加到15亿吨以上、煤矿数量从16个减少到8个、年产能增加到2010万吨、综合机械化矿井达100%，成为山西省地方煤矿整合的典范，成为中央企业与大型民营企业合作发展的典范，成为煤炭资源综合开发利用的典范。此外，中煤集团还在大同、朔州、临汾等地整合地方煤矿18个，通过实施技术改造，新增产能5080万吨。

通过整合地方煤矿、实施技术改造，中煤集团实现了煤炭储量、产量增长和规模扩张，并且为煤炭资源的规模、集约、绿色开采创造了条件，推动了产业升级。

（三）发展循环经济

中煤集团按照“清洁高效、循环利用、变废为宝”的原则，立足煤、延伸煤、超越煤，大力发展循环经济，构建新型煤炭综合利用体系，实现了企业与区域经济环境、社会环境、自然生态环境协调发展。

山西平朔矿区是中煤集团发展循环经济的重点矿区之一，该矿区以煤炭开采为基础，以煤矸石及煤炭伴生矿物的综合利用为重点，建设形成了以煤为基础的“煤—电—铝—建材”工业产业链和以土地复垦为主线的“农—林—牧—药—生态旅游”生态产业链。在煤炭开采技术、高效清洁生产、废水废气治理、生态环境建设等方面取得了较大成就，成为我国目前资源回收率最高的煤炭企业。特别是矿区土地复垦开创了先河，复垦率和排土场植被覆盖率分别达50%和95%以上，综合开发利用矿区复垦土地，发展现代生态农业，使平朔矿区成为“以工哺农”、实现区域协调发展的典范。

江苏大屯矿区是中煤集团发展循环经济的另一重点矿区，在中煤集团循环经济的建设中形成了自己的特色。该矿区以煤、电、铝、运产业链为核心，形成了“一纵五横”循环经济框架。一纵，即以煤为主带动电、铝、运产业链综合经营的主干线；“五横”，即在煤电铝运产业链中，拓展“煤矸石、煤泥—发电”、“矸石—充填复垦”、“粉煤灰—防灭火材料”、“粉煤灰、灰渣—建材”、“矿井水和生活污水—中水回用”。通过五条横向耦合共生链条，对煤泥、煤矸石、粉煤灰、炉渣、余热、工业废水和生活污水等进行综合治理、再生利用，不仅减少了废弃物流失与环境污染，改善了矿区生态环境，而且创造了良好的经济效益。

（四）坚持安全发展

中煤集团坚持实行“零死亡”安全目标管理，形成了“安全为天，生命至尊”、“无人则安”等具有中煤特色的安全文化理念。

着力建立以环境为基础、以素质为保障、以责任为纽带的“三位一体”的本质安全管理体系，深入开展安全质量标准化建设，完善标准，编制达标规划，强化考核评级，提升了安全保障能力。按照“系统可靠、装备精良、人员精干、管理高效”的原则，编制高于国家要求的中煤集团“安保型”煤矿新标准，构建安全、高效、简洁、流畅的生产系统。

重新审视了矿井建设行业管理弱化的现实，在煤矿地质勘探精度不够的环境下，矿建队伍既是工程队，又是探险队；结合未来几年矿建业务大幅减少的趋势，中煤集团公司对矿建企业提出了“一限、二提、三转”的战略调整思路。根据现有的施工能力，不再进入地质资料不清、风险不可控的煤矿二期、三期工程，退出低端矿建业务；组建专业化队伍，向煤矿采掘服务转型；收缩战线，将技术、管理和作业人员集中优化配置，坚持模式化、机械化、标准化、专业化方向，做强核心优势业务；加强职工培训，提高施工项目部的队伍整体素质；加大安全投入，两年内投资10亿元提高装备水平，推广机械化作业线，从根本上保障了矿建施工安全。

同时，组织中国工程院院士和国内地质专家探索小井采空区水文探测和防治的技术方案，为行业安全发展提供技术支撑。

“十一五”期间，中煤集团五年平均煤炭百万吨死亡率为0.028，保持国际先进水平。

（五）狠抓节能减排

中煤集团高度重视煤炭清洁生产，所生产的原煤全部入洗，与矿井同步配套建设现代化选煤厂，洗选加工能力达到1.2亿吨。煤炭洗选采用全重介洗选工艺，选煤厂设备主要从国外引进，实现全闭路循环，自动化生产。通过洗选加工，一方面降低了原煤灰分，节约了铁路运力，提高了工业锅炉的燃料效率；另一方面大幅降低了煤炭中硫的含量，减少了电厂的二氧化硫排放。

中煤集团积极利用洁净煤技术，发展新型煤化工，通过与研究院所加强合作，积极开发应用煤基醇醚燃料和煤基烯烃化工新技术，实施煤炭转化和综合利用。此外，新建发电项目均选用大型风冷循环流化床锅炉，提高了煤炭燃烧效率，降低燃煤单耗。大力实施干熄焦、焦炉余热发电等技术改造，提高了能源利用效率。

通过实施清洁生产，中煤集团提前一年完成“十一五”节能减排目标，正逐步改变传统的高排放、高污染、高耗能的企业形象，转而向低碳发展企业靠拢。

(六) 推进科技创新

中煤集团在煤矿设计、煤矿建设、煤机制造、煤层气开发等领域代表着煤炭行业的发展水平。中煤集团以引领行业发展为己任，勇于突破传统的煤矿设计、建设、运营理念，开拓创新，大胆实践，推动企业与行业共同科学发展。

在煤炭生产方面，中煤集团露天开采技术工艺和设备为世界领先，露天、井工联合开采工艺为国内首创；在煤机装备方面，中煤集团拥有采煤机、掘进机、刮板输送机、液压支架等完整的产品链条，在国内率先形成煤矿井下成套装备的研发和制造能力，同时积极研发薄煤层无人工作面成套装备与技术，努力解决行业薄煤层开采难题；在煤矿建设方面，中煤集团掌握了超大直径（9米以上）超深（千米以上）立井、大断面斜井机械化快速施工等核心技术；在煤层气开发方面，中煤集团承担了国家科技重大专项“大型油气田与煤层气开发”项目，目前已取得实质进展。

通过推进科技创新，提高了集团的科技创新能力，提升了科技进步对企业发展的贡献率，为中煤集团发展方式的转变提供了强有力的支撑。

五、“十二五”规划概要

“十二五”期间，中煤集团将以科学发展观为指导，遵循国家能源产业政策，立足加快产业结构、产品结构和产业布局调整，转变发展方式，增强可持续发展能力。牢固树立以市场为导向、以客户为中心的经营理念，继续坚持“四化”发展方向和“五高”标准，落实“调整、改进、加强、提高”八字方针，大力实施转型升级、科技创新、人才强企、安全发展四大战略。力争到2015年，实现原煤产量达到2.8亿吨，销售收入超过2000亿元，利润总额300亿元，资产总额超过2500亿元；形成煤炭生产、煤化工、电力、煤矿装备、煤矿建设五大支柱产业协同发展的产业格局和以山西、蒙陕、江苏、黑龙江、新疆五大煤炭基地为依托的区域布局；进入全球领先煤炭公司行列，建成具有国际竞争力的世界一流能源企业。

第四节　河南煤业化工集团：加快转变发展，新组航母快速出航

一、集团概况

河南煤业化工集团有限责任公司（以下简称“河南煤化集团”），在2011年中国能源集团500强中位列第12位，于2008年12月5日经河南省委、省政府批准，由原永煤集团、焦煤集团、鹤煤集团、中原大化集团、省煤气集团5家企业战略重组成立的国有独资公司，是集

煤炭、化工、有色金属、装备制造、物流贸易、建筑矿建、金融服务等产业相关多元发展的特大型能源化工企业。

重组后的河南煤化集团发展后劲充足，拥有煤炭资源储备400多亿吨，遍布河南省内17个地市及贵州、新疆、内蒙古、安徽、上海等省（市、区）；拥有钼金属储量120万吨，是全国拥有钼资源量最大的企业；拥有国内外铝土矿资源16亿吨；掌握了世界煤化工高端技术，是目前亚洲最大的煤制气企业和华中地区最大的煤制甲醇生产企业，并将在河南建成国内最大的高性能碳纤维生产基地、亚洲最大的聚甲醛生产基地、全球最大的煤制乙二醇生产基地，全力打造煤炭综合利用最完善、产业链最完整的现代新型煤化工企业。

二、集团发展现状

河南煤化集团战略重组成立以来，始终坚持以科学发展观为主题，以加快转变经济发展方式为主线，不断调整优化产业产品结构，加快转变发展方式，追求全面、协调、可持续发展。依托煤炭及其他矿产资源优势，加快体制机制创新和自主科技创新，重点发展煤炭、化工、有色金属、装备制造产业，加快发展现代服务业，实现了企业的跨越式、超常规发展。

河南煤化集团是河南省首家资产、营业收入双双超千亿元的企业。按2010年营业收入统计，集团位居2011年全球企业500强第445位（河南省首家）、中国企业500强第58位、中国能源集团500强第12位、中国煤炭企业100强第2位。同时，位居2011年中国500强竞争力第8位、中国企业成长100强第1位，入选2010年中国年度品牌，并连续两年蝉联世界著名品牌500强和中国煤炭开采和洗选业行业“效益十佳”第1位。

2010年，河南煤化集团实现煤炭产量7401万吨，营业收入突破1400亿元，资产总额由重组时的733亿元到超过1400亿元，创造了“资产平均一天基本增加一个亿”的发展奇迹；煤炭百万吨死亡率由重组前的1.1下降到了2010年的0.027，安全业绩达到世界先进水平，受到了国务院有关领导和国家安监总局的充分肯定；新增就业岗位近3万个，人均工资从3.25万元提高到4.8万元。

面对日益激烈的市场竞争和经济形势，河南煤化集团这艘“煤炭航母”正全速起航，在转变发展方式的过程中积极探索和实践，表现出持续向好的发展势头，并在为创造下一个奇迹而“劈波斩浪”。

三、转变发展方式战略举措

河南煤业化工集团战略重组成立以来，始终坚持在发展中转变，在转变中提升，把转变发展方式和全面提升企业核心竞争力、实现又好又快发展紧密结合起来。大力实施以“调整优化产业产品结构，全面提高经济运行的质量和效益；调整优化人力资源结构，全面提高员工综合素质”为主要内容的“两调整、两提高”和以“科技创新和管理创新、项目带动和品牌带动”为主要内容的“两创新、两带动”战略举措，追求调结构、转方式、促发展、保安全、惠民生的有机统一，实现了企业的全面、协调、可持续发展。

（一）坚持把加快产业产品结构调整作为转变发展方式的根本途径

河南煤化集团立足资源优势，一边坚持做大做强核心产业，一边倾力加快发展培育产业，不断对集团现有七大产业实行融合和调整，优化产业产品结构，提高了企业的经济效益。

在产业结构调整方面，努力做好“加减乘除”四则运算：加法增加高端产业，减法淘汰落后产能，乘法实现倍增效应，除法消除技术差距。通过“四则运算”，优化资产结构，优化产业布局，深化上下游协同，提高资产和资源的综合配置能力，使产业产品更优化、产业更集群、要素更聚集、资源更集约，努力构建完善的现代产业体系。

在煤炭产业上，加快改造和新建安全高效现代化矿井，强力推进省内、外资源和矿井整合。加快资源量小、开采成本高、条件差的矿井关闭步伐，对矿井井型和质量进行了全面调整。改造、新建了一批选煤厂，提高了煤炭洗选率，加大了市场竞争力强、适销对路、高附加值的块煤、高炉喷吹煤等高附加值产品产销比例。2010年精品煤产率超过50%，创历史新高。

在煤化工产业上，坚持“煤为基础，化为方向”，促进煤炭由燃料向材料转化，以现代新型化工为发展方向，致力于打造国际领先、资源合理配置、能源梯级应用、产品深度耦合、附加值最高、综合利用最好、技术含量最新、产业链最完整的集约化、大型化、多联产的现代煤化工高科技工业园区。加快省内5个年产20万吨乙二醇、商丘千吨级高性能碳纤维、开封龙宇年产4万吨聚甲醛、永龙化工年产100万吨真空制盐、焦煤公司年产1000吨多晶硅等优势高端化工项目建设步伐，新型高端化工项目投资占该集团全部投资额的60%以上，有效缓解了产业链偏前端、价值链偏低端的不足，国内最大的高性能碳纤维生产基地、亚洲最大的聚甲醛生产基地和全球最大的煤制乙二醇生产基地将在河南形成。

在有色金属产业上，通过加快栾川龙宇钼业15000吨/天采选工程建成投产，以及国内外钼、铝等资源和企业的兼并重组步伐，实现了集团采选、冶炼、深加工系统集成，确保了钼产品产量位列全国前三名。

在装备制造产业上，以风电轴承、高速铁路轴承、新型汽车轴承、大型、特大型轴承以及大型空分装备、大型化工装备、大型煤矿综采综掘装备等产品为重点，加快了新洛轴、新空分、河南煤化重装集团等项目的建设步伐，致力于打造国内一流、国际领先的装备制造企业。

在现代服务业上，强力推进物流贸易、金融、房地产等发展步伐，坚持做成真正有价值、增长性的大物流，努力利用金融杠杆撬动产业跨越式发展，现代服务业已然成为集团公司新的经济增长极。

集团于2009年设立了自己的财务公司，正式进军金融业。2010年，财务公司资金实力位列全国财务公司前5位。2009年，集团成立了物流公司，目前已经发展成为河南省首家“5A”级物流企业。对没有研发能力、没有市场增长潜力的“两无”项目，集团积极通过资本运作、改革改制，出售了一部分低效乃至无效资产，使企业轻装前行。

目前，集团倾力打造的“煤为基础，化为方向”，加快矿产资源由“燃料”向“材料”转化，产品向精品化发展，产业链从低端向高端延伸，纵向成链、横向耦合，实业、金融和贸易“三位一体”协同发展的产业格局已经初步形成。

强力推进五大产业基地建设。河南煤化集团依托豫东商丘、开封，豫北安阳、新乡、焦作、濮阳、鹤壁，豫西洛阳、三门峡等所属企业资源，优化产业产品结构，科学规划资源开发利用，坚持煤化联营，倾力打造豫东、豫北、豫西煤炭基地、煤化工基地、装备制造基地、有色金属基地，把洛阳轴承集团建成世界一流的轴承研发生产基地，建成国内第一、世界一流的空分、煤机制造企业集团，增强市场定价主导权。同时，依托郑州特殊的区位优势，积极发展金融业和现代物流贸易产业。在信阳加快有色金属产业开发，打造国内重要的有色金属产业基地。

（二）坚持把加快调整人力资源结构、提高员工素质作为转变的基本保证

明确提出建立人才与战略、人才与产业、人才与市场、人才与发展“四匹配”的人力资源原则。本着优先从国内外知名企业院所中高薪聘请高级管理人员和技术研发人员、优先从内部优秀企业中调整生产技术骨干、优先从国内知名院校招收主体专业大专以上学历毕业生、优先从符合工作岗位要求的员工子女中招收生产技术工人的“四优先”原则，全面做好企业用工结构调整工作，完成了人力资源结构、数量和质量上的优化组合，实现了人力资源素质的快速提升。

不断推进人力资源管理机制创新。制定与企业发展实际相适应的人才发展战略，建设好战略、管理、技术三支团队，探索干部使用公平化、公正化和公开化的有效途径，积极从外部引进高级管理和专业技术人才，为实现集团持续、健康、快速发展提供了强有力的人才和智力支持，进一步增强了企业活力。坚持德才为标准、竞争为手段、考核为保障，持续优化激励分配机制，推进干部人事制度和薪酬制度改革，确保了最关键的岗位使用最优秀的干部，最优秀的干部得到最丰厚的待遇。

坚持管理、技术“H”型“双通道”人才发展战略，积极开展技术职务评聘工作，建立了专业技术人才队伍。通过广泛开展不同层次的党委中心组学习会、部室（车间）工作部署会、班组交流会等形式，紧密结合企业实际，推荐规定书目，制定研讨课题，使广大干部员工时刻做到思路清、方向明，开展工作与上级精神和要求合拍、同步。

全面开展学习型组织建设。要求广大干部员工结合自身工作实际，本着“缺什么，补什么”的原则，多学习，勤思考，广泛开展员工综合素质大提升工程，加强员工队伍的知识、专业、能力“三化”建设步伐，为企业发展提供了坚强的人力和智力保障。

（三）坚持把加快推进科技自主创新作为转变发展方式的坚实支撑

在转变发展方式过程中，始终坚持把加快科技自主创新、建设创新型企业作为事关企业生存和发展的头等大事来抓，不断推动企业由依靠要素投入向创新驱动、内生增长转变。

成立了拥有4个研究分院和11个专业研究所的集团研究院，建设了3个国家级企业技术中心、3个博士后科研工作站和1个海外高层人才创新创业基地。在此基础上，积极与清华大学、中国科学院、中国矿业大学等著名院校合作，瞄准行业最前沿和科技最高点，以煤矿安全生产、资源洁净利用、解决制约产业发展的核心技术为目标，加快实施矿井区域瓦斯治理示范技术研究、矿井水害治理与利用综合技术研究、充填开采工艺技术研究、矿井高效开采成套技术研究、煤基甲醇制芳烃技术、煤基制甲基丙烯酸甲酯（MMA）中试、高性能钼粉生产工艺研究、大型高速铁路轴承试验台、兆瓦级风力发电机组轴承研发、中国商飞大型客机轴承研制、日产12万立方米含氧煤层气分离液化工业示范项目的开发等85个项目，为企业调整优化产业结构打通了技术“瓶颈”，全面提高了科技进步对企业经济增长的贡献率。

形成了以企业为主体、以市场为导向、产学研相结合的自主创新体系。通过加大科研投入，整合科技资源，加速科技成果向现实生产力转化。以优势骨干企业为依托。集团在煤炭生产加工等方面拥有丰富经验：洛阳LYC公司拥有国家级技术中心，保持多项亚洲、中国轴承行业纪录；开封空分是国内同行业中生产空分设备套数最多、产品覆盖面最广的企业，城市煤气产能全国第一位；永煤化工拥有碳转化率超过98%的煤气化技术

集团将充分发挥这些领先企业的比较优势，进一步抢占产业制高点，增强核心竞争力。以市场需求为导向。瞄准行业最前沿和科技最高点，开展排他性合作，跟踪与掌握乙二醇、碳纤维、洁净煤等核心技术，加大钼、铝等有色金属采选加工技术攻坚，打破技术“瓶颈”，通过生产附加值高、科技含量高、竞争力强的产品，实现效益最大化。以产学研一体化为载体。通过加大与清华大学、中国科学院、上海宝钢等著名校企合作力度，形成了产学研相结合的攻关模式，有重点、有针对性地攻克了一批核心技术难题。

建立健全自主创新的机制与体制。集团将科技创新和机制创新相结合，建立健全资源配置优化、职责权限明确、管理流程科学、执行高效顺畅、对外反应灵敏的体制机制。目前，已经建立了科技成果评价体系、验收评估体系、成果推广应用体系、科技市场考核体系等一整套科学合理的内部科技市场运行机制，持续优化科技创新分配激励机制，倾力打造科技“百万富翁”，最大限度地发挥科技和工程技术人员优势，加快科技成果向现实生产力转化。

2010年以来，该集团通过面向市场开展自主创新，推出新产品近200种，新增效益超过5亿元。五环炉、大型风电和高速铁路轴承、粉煤灰制纸浆、粉煤灰中提取高纯氧化铝及硅胶、合成气制低碳醇、合成气制柴油和石蜡等一批拥有自主知识产权、代表国内乃至世界前沿尖端技术、具有明显环保和社会效益的核心关键技术取得重大突破，并达到国际领先水平，科技对企业发展的贡献率达50%以上，企业正在加快步入创新驱动、内生增长的科学发展轨道。

（四）坚持把发展低碳经济作为转变发展方式的努力方向

河南煤化集团坚持“煤炭开采高效化、资源利用循环化、碳排放减量化、生产废料无害化”的“四化”理念，积极发展低碳经济，实现经济发展、环境保护和资源节约的互相协调。

积极推进高碳资源低碳利用。实行强制性淘汰消耗高、污染重、技术落后的工艺、设备及产品制度。提高资源利用率，杜绝“吃一碗、倒一碗，甚至吃一碗、倒两碗”的现象，提高资源回采率，最大限度地利用资源。目前，集团煤炭采区回采率超过92%，超过全国大型煤炭企业平均水平20%以上。推广应用煤化航天炉、煤化五环炉等具有自主知识产权的洁净煤气化技术，碳转化率99%，较传统技术提高30%以上，大大减少了碳排放。推广实施高效适用先进节能技术，加快与煤炭共生的矿产品、煤层气、矿井水等多种资源综合开采利用，

最大限度地降低利用煤炭这一高碳资源的碳排放强度。

积极发展循环经济。加快综合利用电厂、水泥、矸石砖等项目建设，大力发展粉煤灰提取硅胶和氧化铝、纸浆等高科技项目，实现了“资源—产品—废弃物—再生资源”的循环发展，使所有生产环节实现了绿色生产、副产品循环利用，做到了“吃干榨净”。

注重矿区生态保护。加大资金投入，强力推进塌陷区综合治理，对采煤塌陷区进行复垦，加快修复耕地进程，将恢复后的耕地无偿提供给当地农民，回报社会、造福群众。

（五）坚持把项目带动作为转变的根本工作方法，坚持管理进步激活力

管理是企业永恒的课题，管理只有起点，没有终点。转变发展方式，最终还要依靠企业不断提高管理水平来实现。

推广固化以内部市场化、制度化、规范化为主要内容的“三化”管理。大力推广标煤计量，选煤厂和煤矿分置运作，煤炭产量增量考核激励，安全基础、基层“双基”建设，统一煤炭销售和化工、有色金属产品淡储等先进管理经验；全面推行对标管理，要求各单位、部门以及全体干部员工必须在工作中的各个方面、各个程序、各个环节进行对标，既从纵向、横向比，又在本单位本部门、整个集团公司内部、全行业内部比，明明白白找不足，实实在在摆差距。通过持续对标，逐步形成与标兵越来越近、离追兵越来越远的局面，促进了企业管理水平的不断提升。

不断强化集团管控和业务管理职能。聘请某国际知名咨询公司，本着科学、规范、快捷、高效的原则，加快推进企业管理架构设置、流程再造和系统优化工作，努力实现扁平化管理。

强化管理为集团经济效益提高奠定了坚实基础。2010年，该集团坚持能高则高、能快则快的工作思路，努力做到早出煤、快出煤、多出煤、出好煤，累计生产煤炭7401万吨，同比增长29.9%，煤炭单产单进水平同比均提高15个百分点以上，全员工效大幅增长。

（六）坚持把着力保障和改善民生作为转变发展方式的最终追求和落脚点

始终牢记“发展依靠职工，发展为了职工，切实让发展成果惠及广大干部员工”这一宗旨，把实现好、维护好、发展好职工的根本利益作为一切工作的出发点和落脚点，最大限度地让职工享受到企业改革发展成果。在发展的同时，注重解决好关系职工切身利益的突出矛盾和问题，千方百计提高职工收入、改善作业环境、抓好住房建设、扩大就业岗位，统筹协调发展，让职工更加体面地工作，有尊严地生活。

全面打造“一扩大、二提高、三改善、四确保”的“1234”民生工程。“一扩大”是全年新增就业岗位1万多个；“二提高”是提高职工收入和各项保险金缴纳比例，确保实现全年职工人均工资性收入同比提高15%以上，同时各种保险金按政策允许的较高限度缴纳到位；“三改善”是改善职工居住条件、职工生活条件和公用设施，开工建设郑州和谐康平、商丘和谐景苑（一期）、贵州国龙水岸花园等高档职工生活小区，继续加大棚户区改造和“两堂一舍”投入，对职工食堂、澡堂、公寓化宿舍、供水设施进行改造完善；“四确保”是加大帮扶力度，确保无一名职工看不起病，确保无一名困难职工子女上不起学，加大员工培训力度，确保一线职工安全技能培训率100%、管理技术人员轮训率100%，全面提高员工的整体素质。通过强力打造“1234”民生工程，使广大员工更加体面地工作，不断提高员工的幸福指

数，实现企业发展、员工富裕，真正让转变发展方式的成果惠及广大干部职工。

坚持把职工群众是不是认可、职工群众是不是满意、职工群众是不是得实惠作为检验加快发展方式转变是否到位的根本标准。积极探索企业承担社会责任的新方法、新形式、新途径，先后重组了洛轴、开封空分、开封铁塔橡胶等10多个濒临破产的企业，保障就业5万多人。2010年，河南煤化集团上缴税费90亿元，同比提高40.66%。在抗震救灾、安置就业、修桥铺路、环境保护、抗旱保丰收等方面尽力为百姓办实事、办好事、解难事，为国家和社会发展做出了积极贡献；切实做好解民忧、惠民生的各项工作，提高员工工资性收入，解决好职工住房和子女就业等问题，让职工群众过上体面的生活。集团所属多家单位荣获“全国五一劳动奖状”、“全国模范职工之家”、“创建和谐劳动关系模范企业”等称号。

河南煤化集团始终坚持贯彻落实科学发展观，紧紧围绕转变发展方式，制定企业发展战略，把调结构、转方式作为当前和今后一段时期各项工作的一条主线，在发展中转变、在转变中提升，推动企业又好又快发展。

第五节　开滦集团：立足优势，多元谋出路

一、集团概况

开滦集团，在2011年中国能源集团500强中位列第24位，其前身是始建于1878年的开滦矿务局，至今已有132年的历史，是中国近代工业洋务运动最为成功的民族企业之一，被称为中国煤炭工业的源头、北方工业的摇篮，在中国民族工业发展史上具有十分重要的地位。作为中国第一家官督商办的股份制企业，开滦集团诞生了中国近代工业史上许多个第一。1999年12月，企业管理体制发生重大变革，建立了现代企业制度，更名为开滦（集团）有限责任公司。

开滦集团目前拥有46个分公司和1个能源化工上市公司、60个子公司，已经成为了以煤炭产业为基础，覆盖煤化工、现代物流、文化旅游、装备制造、节能环保等产业领域的多产业、跨地区、跨国界、跨所有制的大型企业集团。其非煤产业在经济总量中的比重已经超过70%。

二、持续发展面临的主要问题和困境

新时期，内外环境变化下，开滦集团遭遇了发展的“瓶颈”。中国煤炭工业曾经的领跑者——开滦集团，在进入21世纪以来，面临原有矿区煤质差、效益低、开采条件困难、成本不断增高、社会负担沉重等多重困难。

接替资源不足。数据显示，自2000年之后，开滦集团旗下的唐家庄等4个矿相继破产，唐山区域的剩余可采储量降至14.5亿吨，且其中76.7%还是铁路、水体、建筑物之下的压煤。

煤质差、效益低，这是集团面临的一大困境。开滦集团煤种好，但煤质差。高达40%的灰分严重降低了动力煤的发热量、洗精煤的回采率。其中，洗精煤回收率比国内平均水平低19个百分点，这使开滦集团煤炭产业减少收入40%。

开采难度大成本高。唐山区域的煤炭资源平均开采深度逐年加大，目前深度已达到850米，极大地增加了开采难度，提高了开采成本。

社会负担沉重。集团现有离退休人员7万多人，从事生活后勤人员1.6万人，165个住宅小区的供暖、供热、供水、供电、供气全部由集团承担，每年仅生活后勤补贴就高达12亿元以上。另外，集团还担负着矿区154万平方米棚户区改造的任务，急需近30亿元的建设投资。

受上述多重因素的影响，2002~2007年，开滦集团在全国500强排名中后移了30位。“十一五”期间，在国内煤炭企业排名中更是一度跌至第14名。

三、立足优势，加快转变

在后续资源接替不足，企业发展面临重新抉择的危急关头，张文学出任开滦集团的董事长、党委书记。他在深入调研分析的基础上指出：“转型发展是开滦的必由之路！”在张文学的带领下，开滦人继续发扬“特别能战斗”的精神和优良作风，通过积极反思，终于认识到：开滦的煤炭资源已经匮乏，今天不挖煤，今天没有饭吃；今天不转型，明天会没有饭吃。转型发展是一道绕不过去的“坎”，而且转得越早，企业就越具有生机、活力和竞争力。转得越晚，就越被动，付出的代价就越大。调整产业格局、转变发展方式，成为了企业健康持续发展的首要选择。“守旧没有出路，改革大有前途。”为此，开滦人痛定思痛，在企业转变发展方式道路上进行了积极的探索，经过几年的发展，逐渐摸索并走上了一条适合开滦模式的转型之道路。

作为一艘横跨3个世纪的百年大船，作为一个机构庞大、人员结构复杂、困难障碍重重的老牌煤炭企业，转变发展方式谈何容易。在深入分析开滦实际的基础上，张文学针对集团转变发展方式的思路进一步指出：“转变发展方式要依托企业自身的比较优势和产业基础；立足于国家的宏观经济和产业政策；融入区域经济发展大局；要学习借鉴国内外资源城市和企业的成功经验。”

战略是企业生存发展的大方向，是企业发展的航标，是企业和员工的行动纲领。没有一个好的发展战略，企业就没有灵魂。开滦集团是我国煤炭企业制定发展战略最早的企业之一。但是，随着时间的推移和环境、条件的变化，原有战略已不适合企业发展的需要。2008年，开滦人果断对2002年制定的企业发展战略进行了重大调整。基于对企业自身比较优势的分析判断、对宏观经济形势和区域经济转型给企业转变发展方式带来的机遇的准确把握、对国内外资源型城市和资源型企业成功转型经验的学习借鉴，最终提出了以“六个转向”为指引，以产业结构调整为突破点，以“一基五线”为实现路径，通过改造提升传统产业，以培育新兴产业等系列举措，重塑企业产业格局，积极探索多元化的发展战略的转型道路。在实践中，开滦人对转变发展方式的认识不断深化，内容不断丰富并最终上升为一个体系较为完善、富有借鉴意义和便于推广的“开滦模式”。

“开滦模式”的精神内涵是发挥企业的比较优势，并积极实施资源战略、资本战略、人才战略、文化战略等“四大战略”，目标是多元化发展，核心内容是产业结构调整，指导思想是“立足煤、跳出煤、延伸煤，立足煤而不依赖煤，跳出煤而不抛弃煤”，实现路径是塑造“一基五线”，即“以煤为基，煤化工、现代物流、装备制造、文化与房地产、节能环保产业协同发展”的新型产业格局。重点突破口是大精煤、大煤化工、大物流、大煤电“四大工程”。

（一）产业结构调整

开滦的转变发展方式，不是否定传统产业，不搞传统产业，而是立足煤、延伸煤、跳出煤来改造、提升和整合重组传统产业，培育发展替代产业和新兴产业，用这个来促发展和经济结构的转变。从过去以煤为主到2008年的以煤炭为基础产业，以煤焦化、煤电热、现代物流为支柱产业，以装备制造、房地产、文化旅游、建材加工为支持产业构成的“134”产业格局，再到2009年的以煤炭为基础产业、大力发展煤化工、现代物流、装备制造、文化旅游、节能环保等产业这样一个“一基五线”产业格局。

1. 纵向上，延伸产业链，壮大产业群

开滦集团始终把延伸煤基产业链作为转型发展的重中之重，着力推进“大精煤”、“大焦化”、“大煤电”等工程，开工建设了包括“30万吨/年煤焦油加工项目”、“20万吨/年焦炉煤气制甲醇项目”、“10万吨/年苯加氢精制项目”、“300兆瓦以上的劣质煤综合利用电厂”在内的多个煤炭深加工项目，形成了包括“煤焦一体化”、“煤电路一体化”以及“采煤—产生矸石—矸石综合利用”在内的多条产业链，丰富了产品种类，优化了产业结构；增加了产品附加值，提升了资源利用效率；壮大了产业集群，巩固了煤炭产业基础地位。

（1）“大精煤”工程。实施大精煤战略，提升洗煤效率和效益，是集团实现产业结构调整、发展方式转变的关键。集团公司按照“高标定位”的要求，围绕提升洗选效率和产出率，大力组织实施大精煤工程。

一方面，加快推进洗煤厂技术改造，努力提高精煤产率和回收率。深入贯彻上级关于淘汰落后产能的要求，在洗煤加工上坚持依靠先进技术，推进产业升级。加快实施了对赵各庄、林西两个老洗煤厂淘汰落后工艺的技术改造，以及对钱家营洗煤厂进行863项目技术改造，对东欢坨洗煤厂进行洗精煤技术改造。

另一方面，采用先进技术工艺和装备，提高精煤回收率。在推进上述4个洗煤厂技改工程的同时，大力推进其他单位洗煤厂的设备更新和技术改造，不断提高精煤回收率。同时，积极组织跨矿入洗和外购煤入洗，进一步强化实施契约管理，搞好洗精煤生产扩张，大力提高洗精煤产量。

（2）“大煤化工”工程。煤化工产业是开滦集团“一基五线”产业新格局的重要组成部分，是集团转型发展的新举措。近几年来，开滦集团倾力发展煤化工，坚持走大型化、基地

化、园区化、低碳化、循环发展的科学发展路径。建成了4个煤化工园区，沿着新能源、新材料的方向，形成了能源类、合成材料和精细化工三大产品体系，从产业高端全身而进。开滦集团将产业延伸的战略目标定位为河北省煤化工产业的“领头羊”，全力打造符合循环、节能、先进、科学发展要求的绿色生态工业。2010年，开滦煤化工公司进入中国化工500强企业，名列第27位。

开滦集团煤化工产业的规划确立了两条路径，重点延伸煤基产业链，即坚持以焦为辅，以化为主，以煤焦化为起点，以焦油加工、焦炉煤气制甲醇、粗苯精制为代表的化工产品加工产业链；以煤气化为突破、以煤基甲醇及其衍生物为代表的化工产品加工产业链。以煤焦化为起点，开滦集团开始了向煤化工产业的分步延伸。短短几年间，一系列煤化工项目的建设和启动，勾勒出了开滦产业延伸的战略前景和产业布局。从对煤焦化产业延伸的战略规划，到对具体项目的分解定位；从对园区“减量化、再利用、资源化”循环经济模式的选择，到结合产业前景对产品衍生的研判，开滦集团以高起点的规划，迅速完成了向煤化工产业高端的平滑延伸。

开滦集团依托煤炭优势把煤化工产业做大做精做优，形成了京唐港中润、迁安中化、曹妃甸煤化工三大生产园区的产业布局，已成为年产千万吨焦炭、20万吨焦炉煤气制甲醇、10万吨粗苯加氢精制和30万吨煤焦油加工产能规模的河北省煤化工领军企业，并形成苯加氢、焦油深加工、甲醇—聚甲醛三条产业链。同时，开滦集团煤化工产业坚持“循环经济、绿色化工”的发展方向，采用“减量化、再利用、资源化”的循环经济模式，实现了上下游产品链式连接及延伸、副产品回收复用和蒸汽、水资源的梯级利用，形成了资源互利互用、产业链条循环闭合的园区循环发展的绿色煤化工产业格局，达到国内先进水平，建成了河北省综合规模最大、循环产业链最长、节能减排措施最优的绿色煤化工园区。

近年来，开滦集团的煤化工业务又表现出新的发展特点，突出表现在地域上的扩张，其业务范围逐步走出河北，走向全国：在内蒙古，与鄂尔多斯准格尔旗政府签订协议，计划投资31.7亿元建设40万吨/年甲醛项目、4万吨/年聚甲醛和40万吨/年醋酸项目，年利润可达6.85亿元；位于内蒙古的乙二醇项目计划近期开工，投资80亿元；将与北京燃气集团合作煤制天然气项目，天然气通过管路输送到北京，现已立项；煤制氢项目与燕山石化对接；建设甲醇制丙烯大型装置。在新疆，准噶尔盆地东部将军庙煤电化工园区已于5月奠基，投资300亿元建设乙二醇、煤化多联产、煤制天然气以及煤焦化项目……

2010年，集团煤化工产业收入达到113亿元，占集团营业收入的12%。目前，开滦集团一块煤卖出了32种产品，伴随大项目的快速落成，将有40多种产品推向市场，并在这个基础上继续延伸，向国际先进水平看齐，到“十二五”末生产出70种产品，并在一定时期与石油化工、盐化工对接。

（3）“大煤电”工程。“大煤电”工程是开滦集团业务中的重要部分。最近几年，开滦集团陆续开工建设了多个煤电项目，如2009年5月22日，集团总投资60亿元的开滦准东将军庙煤电化工业园区开工建设。该工业园致力于煤炭开发、煤化工产业、电力产业的发展。2009年12月29日，开滦集团在新疆乌鲁木齐市举行了开滦库车高科能源有限公司揭牌暨阿艾煤电化工业园区奠基启动仪式。

未来5年，开滦集团将把大力发展电力产业作为转变发展方式，培植集团新的利润增长点的一项重要工作来抓。

2. 横向上，发展非煤产业，打造新的利益增长点

大力发展非煤产业，是“开滦模式”中塑造“一基五线”新型产业格局的另一重要思路。在这样一条思路的指引下，开滦集团涉足过多个非煤产业，如现代物流、文化创意和文化旅游、电子信息、节能环保、装备制造、建筑建材、新能源新材料等，并取得了一系列宝贵的经验和教训。相对而言，现代物流、文化旅游和节能环保领域的探索，成效最为显著，经验最为丰富，也最能彰显“开滦模式”的特色、本质和精神内涵。

（1）“大物流”工程。“大物流”是开滦集团转变发展方式过程中重点建设的“四大工程”之一，也是集团转变发展方式的重要支撑之一。开滦集团地处环渤海经济开发区腹地，毗邻京津冀大城市群，距离秦皇岛港、塘沽港、曹妃甸港、京唐港均在100公里左右，并且有业主码头和自营铁路，发展物流产业的优势得天独厚。

“大物流”工程充分发挥了集团所拥有的人力、基础设施等资源，以及区位、技术等优势，依托曹妃甸、京唐港两港，形成了“一个中心，两个基地，路港航运一体化”的物流运输体系。该体系涵盖了煤炭流通加工、物资仓储加工配送、运输服务、国际物流四大业务板块。

2009年，物流收入达到275亿元，占到集团总收入的50.1%。2010年，物流收入更是达到493亿元，连续两年占据集团经济总量的半壁江山。

这是一个“煤炭供应链管理、煤炭市场交易、煤炭战略储备”三位一体，基于供应链管理，以“专业化煤炭物流”为特色，以“煤路港航”一体化网络为依托，以“专业化煤炭物流”为特色，以“三大园区”为载体，以信息技术为支撑的现代物流发展新模式。开创了国内煤炭专业物流领域供应链管理的先河，带动了国内煤炭物流的升级。

2010年8月31日，“两基地”——开滦集团曹妃甸5000万吨国际级数字化储配煤基地、开滦唐山湾2000万吨炼焦煤储配基地举行开工奠基仪式，项目总投资计38.66亿元。建成之后，整体规模将达到亿吨级。作为“大物流”工程建设的重要一环，“两基地”的建设，满足了煤炭市场上多样化的消费需求，有利于节约能源，提高了煤炭产品附加值，推动了煤炭产业市场化改革。并且，基地建设立足于国家能源战略储备，是对煤炭战略储备体系的有益探索，为稳定国家煤炭供应、保障国内能源安全提供了思路。未来，储煤中心将不断扩张，覆盖张家口、承德、山西、内蒙古，进一步提升集团物流领域的竞争实力。

（2）文化旅游产业。文化旅游产业是开滦集团转变发展方式的又一力作，正在逐步成为企业转变发展方式的新亮点。该业务板块是开滦集团着重打造的品牌性产业，对于提升公司文化和品牌形象，具有良好的推动作用。

开滦集团作为我国煤炭工业的源头，积淀了丰厚的矿业文化，形成了丰富而独特的工业遗产。开滦把发展文化旅游产业作为转型发展的一个新亮点。集团具有许多珍贵的矿山遗迹和文献，现有国家一级文物48件，二级文物72件，三级文物326件，文化资源十分丰富。为了充分利用企业这一优势，集团制订了文化旅游业发展规划，逐步形成了一个以开滦国家

矿山公园为龙头，以与之相关的房地产业、配套商业、服务业为协调发展的文化产业集群。

集团把文化旅游产业作为公司“一基五线”战略中重要产业体系来抓，围绕建设矿业文化产业集群，依托“开滦国家矿山公园”这一重点项目建设，大力发展文化旅游产业，打造企业的精美名片，打造一流产业文化园区。以开滦国家矿山公园“中国北方近代工业博览园”、“老唐山风情小镇”为核心，以文化演艺、广告会展、文化传媒、影视开发、艺术品创造为载体，形成了“三点一线”文化产业格局。同时，对周边区域进行地产业、商业综合开发，与文化产业项目捆绑建设，以此拓展项目融资渠道和经济效益。

在集团“十二五”发展规划中，还专门提出了打造“中国矿业文化产业基地”，为企业转变发展方式提供新的动力源和增长极。以开滦国家矿山公园为依托，集团逐步形成了涵盖文化旅游、广告会展、影视创作、文娱演艺、网络传媒、出版印刷、旅店服务、休闲健身、旅游产品开发、旅游地产开发等独具特色的矿业文化产业体系。

如今，项目一期工程煤炭工业博览园、开滦博物馆已经揭碑开园，二期、三期工程也在快速推进中。2011 年，开滦国家矿山公园被评为国家 4A 级旅游景区。围绕开滦和唐山的历史文化，集团将投资拍摄电影《曹妃传奇》，以及电视剧《开滦风云》和电视纪录片《乡音》等影视作品。同时，现代矿山工业科学发展示范园区不久也将开工建设。

（3）节能环保产业。集团把发展节能环保产业作为转型发展的一个新成果。走高碳产业低碳化发展的道路，把节能减排培育为替代产业，向节能减排要效益。围绕废气、矿井水和废弃物综合利用三个主攻方向，集团目前已形成了五条产业链：

①采煤—矿井水排放—净化处理再利用产业链。对矿井水进行净化处理，进入生产和生活用水，开滦年矿井水排出量 9671 万吨，利用率 64%，年创收 8320 万元。

②采煤—矿井水排放—余热回收利用制冷热产业链。仅范各庄和吕家坨应用水源热泵技术，用矿井水能量取代燃煤锅炉制冷、供热，年节约标准煤 11000 吨，节约资金 500 万元，年可减少向大气排放二氧化碳 7343 吨、二氧化硫 218 吨、粉尘 108.9 吨。目前，东欢坨、唐山矿等主力矿井水源热泵技术也已投入应用。

③采煤—抽放瓦斯—工业发电和民用产业链，开滦年瓦斯抽放量 2800 万立方米，利用率 60%，年创收 800 万元。

④采煤—煤矸石—发电、建材综合利用产业链，开滦煤矸石年产出量 800 万吨，利用率 100%，制砖年创效益 3024 万元，年发电量 16 亿度，年供热量 290 万吉焦，年创收 9.2 亿元。

⑤采煤—土地塌陷—填充—恢复土地功能产业链，开滦治理塌陷土地 19063 亩，作为搬迁、养殖等。煤化工产业实现了污染物零排放。

此外，在煤化工园区，以全流程、全分解、全利用为原则，对所有生产线进行综合设计，实现生产原料的“吃干榨净”，年产焦炉煤气 131400 万立方米，利用率 100%，年创效益 6.5 亿元。采用干熄焦技术回收焦炭余热，用于生产蒸汽和发电，年回收能源折标煤 20 余万吨，利用余热产生蒸汽 332.5 万吨，发电 6.25 亿度，年创收 3.25 亿元。

目前，开滦节能减排产业已经形成多个产业链，做到了资源循环利用、企业循环生产和产业循环组合，2009 年实现综合收入 20 多亿元。

（二）资源开拓

积极开拓煤炭资源，增强剩余可采资源量，是解决集团接替资源不足、发展难以持续的一个重要举措。

开滦集团在内蒙古、新疆、山西和加拿大等区域拥有超过167亿吨的煤炭资源储量，为企业发展积累了后劲，初步形成了河北、内蒙古、山西、新疆、加拿大五大煤炭区域；唐山矿区焦精煤生产、煤焦化、煤电热、现代物流基地，张家口蔚州矿区煤电路生产基地，内蒙古鄂尔多斯动力煤生产、煤化工基地，山西介休焦煤供给基地，新疆伊犁和新疆准东煤化工、煤电热生产基地，以及加拿大精焦煤生产基地七大煤炭生产基地。

（三）管理创新

开滦集团在经历了公司制和股份制两次重大变革后，其管理体制及管理方式也随之进行调整。在完成主辅剥离、机关机构改革、三项制度改革和基层业务重组，精简企业办社会职能后，管理体制和经营机制更加协调。开滦借助专业化重组，成立了五大公司，打破了沿用50多年的以块为主、条块分割的管理体制，形成了与现代企业制度相适应的新的管理模式。

在管理体制上，开滦集团强调物资供应和销售管理体制的改革，推行以市场为导向的现代营销体制，大力推进物资采购“四集中”，即推行物资供销“采购、储备、配送、结算”集中管理和煤炭销售“五统一”，即实行煤炭产品收购、销售、售价、计量、结算的统一。有效实现了采购成本降、储备资金减、运输费用省、经济效益增，促进了产品结构调整，降低了运营成本，大大增加了销售收入，形成了集团公司决策中心、专业化公司利润中心和生产单位成本中心的经营机制。

同时，集团逐步理顺了资金管理体制。坚持外部融资与内源性融资并重，充分发挥资金杠杆的作用，集中资金办大事，少花钱多办事。强调新上项目的分析排队，强化可行性论证，确保投资回报率。同时积极尝试参股、相对控股等多种合作形式，以资本运作为手段，从多渠道、多角度引进战略投资者，不但体现了以资本为纽带实现以小博大、扩大运营规模，而且能够合理规避投资风险。

集团强化管理创新的重要内容就是加强成本控制，向管理要效益。开滦集团在《关于加强全面成本管理工作的指导意见》中明确指出：“全面成本管理要从企业的整体战略和长远目标出发，着眼于改善整个企业的成本环境，进而实现企业价值最大化。”逐步形成了横向到边、纵向到底的闭合式成本管理体系，充分调动全员降成本的积极性。

开滦集团针对成本控制，制定了明确的总体目标，并对这一指标进行层层分解、责任落实、指标衔接、管理责任四个到位，努力实现“千斤重担万人挑，人人肩上有指标”。在新时期新阶段，集团以实施科学管理、文化管理为目标，大力创新现代管控系统。围绕企业改革发展，运用系统论和现代管理学的原理、方法，对集团管理工作的主体、对象、内容和活动载体进行深入研究、探索和创新，对各个工作要素及工作流程等进行系统的梳理、调整、完善、提升和再造，进而实现职责清晰、途径畅通、制度健全、考评科学的管控体系，构建起一种反应灵敏、协调联动、成效突出的现代企业管理体系。

2011年1月8日，开滦集团位列中国能源集团500强第25位并获得科技创新奖、管理创新奖等两个单项提名奖。

四、改革显成效，谱写新篇章

发展方式的转变，使开滦集团这样一个老煤企逐渐走出了困境，重新焕发出勃勃的生机。战略调整后的短短3年时间，开滦集团这个百年煤企改变了单纯依靠增加煤炭产量提高效益、局限于煤炭生产发展、靠自我积累投资上项目的传统观念，走出了一条以煤炭为基础，产品深加工，延伸产业链，循环发展、集约发展、多元化发展的新路子，企业实现了超常规的发展。主要表现在：

（1）规模效益明显提高。2007~2010年，企业营业收入增长了494%，利润总额增长了463%，利税增长了295%，资产总额增长了102%。

（2）非煤产业占主导。产业结构从“一业独大”实现“一基多元”。非煤产业收入占总收入的比重，由2007年的28%升至70%以上，经济结构趋于合理。

（3）接续产业和替代产业发展得比较快。形成了多业并举、综合发展的良好局面。

（4）综合竞争力明显提高。2010年，集团在中国500强企业排名中，两年上升了188位；在中国煤炭企业100强排名中，两年上升了9位。在中国最具成长力企业中排第7名。

（5）安全生产水平创新高。2010年，集团安全生产百万吨死亡率降到0.091，2011年上半年降到0.042，达到世界先进水平。

（6）职工收入和生活水平大大改善。2008~2010年，职工人均年收入增长82%，累计投入16.1亿元，完成棚户区改造67.8万平方米。

需要指出的是，尽管煤炭在经济总量中的占比大幅回落，但是开滦集团提出煤炭产业与其他产业同步发展，并以煤炭产业为龙头，带动其他产业的发展。坚持“内挖外扩”的发展方针，在唐山老区进行挖潜，围绕薄煤层开采、深部资源开发、呆滞煤量解放等进行技术攻关，延长老矿区开采寿命、稳定总部经济。利用开滦集团煤炭开采技术、管理、品牌等方面的优势，走出去到外埠寻找资源，增加资源储备，增强发展后劲。目前，开滦集团已累计增加煤炭资源量167亿吨。

此外，集团的现代物流、新能源、新材料等产业也取得了较大的突破。其中，物流产业更是以493亿元的骄人成绩，连续两年占据集团经济总量的半壁江山，跻身全国物流前五强。

五、经验分享

开滦集团近年来认真贯彻落实科学发展观，以建立现代企业制度为发展方向，加快企业内部改革、结构调整，加大管理创新和技术创新，推动企业全面发展和进步。开滦集团坚持绿色开采，生态矿山建设，矿区基础设施不断完善，矿容矿貌焕然一新，企业可持续发展的能力大幅度增强，呈现了欣欣向荣的动人景象。

中央政策研究室、国务院研究室、中央财经委、国务院发展研究中心、中宣部、国家发改委、国家环保总局、国家科技部、国家商务部、国家工业和信息化部等组成的中央部委“开滦转型发展调研组”通过调研在所形成的“开滦集团转型发展的经验与启示”的报告中，这样评价开滦转型：“开滦集团创造了国有大型企业转变发展方式的新经验、资源型企业转型的新路子，也为资源型城市转型这一世界难题提供了鲜活案例，对我国新型工业化道路发展具有重要启示意义。研究总结开滦集团转型发展经验，对于加快企业转变发展方式，加速资源型企业转型发展具有重要指导意义。”

骄人的业绩和重新焕发的活力，充分证明了“开滦模式”在企业转变发展方式中的可行性和有效性。这种转变模式，对国内的煤炭企业，乃至其他的资源型企业，尤其是那些接替资源不足，缺乏新的、持续性利益增长点的资源相对匮乏的企业，具有重要的启迪作用。多元化发展道路，是煤炭企业告别单一式发展方式，走“集约高效绿色”发展的有效途径。不仅可以降低此类企业对自然资源的依赖程度，避免“矿尽人散”的结局，而且还有助于提高资源的综合利用程度，有效提升科技对企业发展的贡献率。

第六节 中国石化：绿色低碳，环境友好，领跑世界一流的社会担当

一、集团概况

中国石油化工集团公司（以下简称“中国石化”）是1998年7月国家在原中国石油化工总公司基础上重组成立的特大型石油石化企业集团，是国家独资设立的国有公司、国家授权投资的机构和国家控股公司，注册资本1820亿元。

中国石油化工集团不仅是中国的大企业，而且是世界级的大企业。中国石化集团成立以来，经过持续的深化改革、调整结构、加强管理、创新发展，综合实力、产业竞争力和国际影响力不断增强，目前已成为国内最大的成品油和石化产品供应商，世界第二大炼油公司、第四大乙烯生产商，在《财富》2011年全球500强企业中排名第5位，连续两年位列“中国能源能源集团500强”第1位。集团控股的中国石油化工股份有限公司先后于2000年10月和2001年8月在境外境内发行H股和A股，并分别在纽约、伦敦和中国香港、上海上市。

二、绿色低碳，力助中国石化建设世界一流

绿色低碳是当今世界经济发展的潮流与方向。绿色低碳已经成为潜在的核心竞争力，不少发达国家甚至把绿色低碳当做排挤竞争对手和设置贸易壁垒的重要手段。目前，中国经济发展正面临着巨大的资源问题和环境问题，“节能减排”决定着可持续发展的命运，谁能在其

中寻找到商机，谁就能在经济发展中获得一席之地。绿色低碳是科学发展和转变经济发展方式的具体体现，是全面贯彻落实科学发展观、促进经济又好又快发展的基本要求。转变经济发展方式是人类为应对能源、生态危机，实现可持续发展而做出的选择，其目标是将传统的高能耗、高污染、高排放的“黑色”发展方式转变为低能耗、低污染、低排放的“绿色”发展方式，节约资源和保护环境，实现绿色低碳发展，增强发展的可持续性。

（一）绿色低碳践行转变发展

中国石化集团董事长、党组书记傅成玉说：“作为中国石化这样规模的大企业，不仅要创造大的经济效益，更要为国家、为人民做大贡献，为社会、为人类、为未来履行大责任和大义务。追求绿色低碳发展，做好节能减排就是中国石化这类特大型能源企业履行责任和义务的重要体现。”在这一观念指导下，2011 年 8 月，中国石化针对世界发展新趋势和国际竞争新动向，深入践行科学发展观，加快构建资源节约型、环境友好型企业，提出加快推进绿色低碳战略，打造绿色低碳发展新优势，朝着世界一流能源化工公司的宏伟目标迈进。中国石化提出建设世界一流能源化工公司核心目标之后，公司战略发生了细微变化，绿色低碳发展首次提升至公司战略层面。中国石化集团董事长傅成玉指出：“绿色低碳是当今时代的潮流，也是塑造公司核心竞争力的重要方面。我们要把握这个潮流和方向，进一步加大节能减排力度。积极发展地热、生物柴油、生物航煤等低碳能源，提高清洁、低碳、可再生能源的比重。”中国石化这艘能源领域的航母，正在不断优化产业机构，转变经济发展模式，努力建设世界一流能源化工公司。中国石化确立建设世界一流能源化工公司的发展目标，是巩固中国特色社会主义基本经济制度的需要，是公司自身发展的迫切要求，也是对国务院国资委关于中央企业改革发展目标要求的具体落实。世界一流的企业特征不仅包括规模实力、营业能力、创新能力，也包括公司治理、绿色低碳、企业文化等软实力。中国石化要建设世界一流能源化工公司，就必须推行绿色低碳战略，走出一条资源节约、环境友好的低碳发展道路。

随着全球气候变暖，二氧化碳的排放量必须减少，从而缓解人类面临的气候危机。积极应对气候变化已经成为我国经济社会发展的重大战略。我国将加快建立节能减排市场机制，推进碳排放权交易，健全排污权有偿取得和使用制度，发展排污权交易市场。对此，中国石化董事长傅成玉在 2011 年度工作会议上表示：“总部和各企业要把碳减排作为一件大事来抓，抓紧研究降低碳排放强度、参与碳排放权交易、增强碳平衡能力等措施，早部署、早行动，努力谋取绿色低碳发展新优势。”中国石化作为能源化工行业的重要企业，在保障国家能源安全，为我国又好又快发展提供优质能源的同时，努力实现安全发展、绿色发展，这不仅是企业发展的自身追求，是打造企业核心竞争力的内在要求，更是我们履行好政府责任、经济责任和社会责任的必然。

绿色低碳发展是中国石化持续发展的内在要求，当今世界发展绿色产业，践行低碳发展，已经成为国际公司竞争的新领域，也是各国政府应对金融危机，转变发展方式，开创战略性新兴产业的重要举措。中国石化将绿色低碳引入公司发展战略，就是要把企业的发展同服务国家发展战略有机融合。绿色低碳战略，符合中国石化的实际，也非常具有前瞻性。强化绿色低碳战略的执行，就是要在安全、经济持续保持国民经济发展所需要的清洁优质能源的同时，高度重视能源的开发和生产过程的低碳节能和绿色环保。对资源、环境和社会的保护是企业的首要社会责任之一，中国石化有义不容辞的责任。傅成玉董事长多次强调，发展企业不能以牺牲环境为代价；做好环境保护工作不仅是中央和地方政府的要求，也是中国石化实现可持续发展的必然追求。

保护环境和节约能源是我国的基本国策，是实现可持续发展的重要着力点。多年来，作为具有社会责任感的国家特大型能源化工公司，中国石化认真贯彻落实党中央国务院的一系列方针政策，不断强化责任意识和忧患意识，把结构调整和资源优化利用作为重要任务，始终高度重视环境保护工作，着力建设环境友好型企业。在中国石化集团公司召开2012年度节能达标工作视频会议上，中国石化集团总经理王天普表示，未来绿色低碳将成为企业走向国际的通行证，是企业拓展市场的核心竞争力。绿色低碳战略的提出，是中国石化顺应时代潮流、抢占低碳发展制高点和道德制高点的自觉选择。打造绿色经济是国际竞争的新动向，顺应了世界发展的潮流，自觉举起了绿色低碳发展的大旗，努力建设资源节约型和环境友好型企业。中国石化作为关系国计民生的特大型国有企业，既要在低碳能源发展上占有一席之地，在生物燃料的生产上领先一步，也要在节能减排达标工作上做得扎实有效。

（二）绿色低碳布局新战略

在中国石化看来，绿色低碳发展已成为国际公司竞争的新领域。在实施绿色低碳战略之前，中国石化长期积极践行绿色低碳发展理念，并取得显著成效。在“十五”和“十一五”期间，中国石化采用汽油加氢、柴油加氢、加氢裂化、催化重整等清洁工艺技术，重点实施了汽油和柴油质量的全面升级，新增汽油加氢能力每年1660万吨，柴油加氢能力每年3790万吨、催化重整能力每年1130万吨、加氢裂化能力每年1530万吨，10年内在油品质量升级方面累计投资586亿元。目前，中国石化积极开发替代能源和新能源，优化和完善能源结构，已基本形成包括技术开发、工业生产和产品销售在内的较为完善的业务产业链。“十一五”期间，中国石化集团公司万元产值综合能耗下降15.4%，五年累计节约1444万吨标准煤，减少二氧化碳排放3552万吨，提前一年并超额完成国家下达的778万吨标准煤节能目标；万元产值COD排放量下降37.46%、万元产值二氧化硫排放量下降了56.65%，实现了生产经营与环境保护的协调发展。2011年中国石化COD排放量比2010年减少16.95%，二氧化硫排放量下降18.55%，全年未发生重大环境污染事件及生态破坏事件。根据中国石化总体规划，炼油板块要率先达到国际一流，“十二五”期间炼油综合能耗目标值为每吨55千克标油，能量密度指数（EII）能耗74。还有，当前页岩油气开发、煤化工、生物燃料与生物化工技术成为石化行业焦点，调整优化产业结构成为“十二五”行业规划中的重中之重。要优化调整，就要发展绿色低碳产业，为产业的可持续发展提供支持，走差异化发展道路，提高持续创新能力。根据欧盟推出的“绿色天空”计划，2012年起，所有进出欧盟的航空公司排放的温室气体必须纳入欧盟排放交易体系，向欧盟缴纳排放费用。欧盟“绿色天空”计划，要求进出欧盟的飞机燃料中要加入一定比例的生物航煤，否则要缴纳相应的碳排放费。中国石化的“生物质油加氢生产生物航煤技术开发及工业应用”就是为了适应这种紧迫的形势而进行攻关的项目。这项技术能够使用植物油加氢制备出无硫、无芳烃的喷气燃料，帮助我国航空业顺利摆脱国际环保制约。这种清洁的喷气燃料还是实现二氧化碳减排的调和组分。这是中国石化承担二氧化碳减排社会责任的需要，也是落实绿色发展战略的具体实践。按照中国石化的规划，2020年，公司低碳能源形成规模化产业，成为主营业务的有益补充，为公司的长远可持续发展做出贡献。

绿色低碳是打造世界一流的内在要求。绿色低碳发展已成为国际公司竞争的新领域，也是各国政府应对金融危机、转变发展方式、开创战略性新兴产业的重要举措。当前，国际竞争已经从传统领域延伸到环境领域，绿色低碳发展已成为企业走向世界的通行证。目前，国际领先企业正利用其经济科技方面的优势，不断加大技术和制度创新，引领绿色低碳的潮流，以掌握竞争的主动权。缺乏绿色观念、不重视环境保护的企业，难以融入国际社会，将被“逐出”国际市场。中国石化要建设世界一流能源化工公司，必须遵从国际环境保护和低碳经济规则，加快调整结构，转变发展方式，推动产业升级，跟上绿色低碳发展的步伐，谋取绿色低碳新优势，才能融入国际主流社会，与国际大公司论伯仲、比高低。中国石化将绿色低碳战略作为未来发展的六大战略之一，其用意正在于此。中国石化近年来积极推进绿色低碳发展战略，以创建资源节约型、环境友好型企业为目标，狠抓节能减排，推进清洁生产，发展循环经济，保护生态环境，开发新能源，取得了良好业绩，一些指标达到国际先进水平，在国内绿色低碳发展中发挥了“排头兵”的作用。

中国石化既是能源生产企业，又是能源消耗企业，不仅要提供清洁优质的能源产品，更要成为低碳经济的践行者、低碳技术的领跑者和低碳潮流的引领者。同时，要高举应对气候变化的大旗，通过绿色低碳的生产方式，努力实现安全发展、绿色发展，为保护全人类共同的绿色地球贡献力量。未来，中国石化作为国家骨干企业和特大型能源公司，将在全力保障国家能源安全、实现经济效益最大化的同时，高度重视绿色低碳发展，在推进绿色低碳建设中责无旁贷地发挥好“排头兵”作用，以抢占国际市场竞争的制高点，首先成为世界一流企业。

三、环境友好，中国石化勇于担当环境社会责任

世界上最重要的资源是人类自身以及人类赖以生存的自然环境。作为资源采掘型企业，中国石化许多油气勘探开发项目和长输管道涉及水源地、生态敏感区，炼化装置大都濒临江河湖海、位于大中城市，环境风险比较突出。石油化工行业又具有高风险的特点，是安全环保事故的易发行业。为此，中国石化始终坚持安全生产和环境保护是政治、是大局、是责任，在发展生产、提高效益的过程中，始终以实现社会可持续发展、维系人类永续安康为目的，着力加大生产全过程的隐患防治和环境保护，以零事故、零伤害、零污染为目标，致力于清洁生产和合理利用资源，积极推动清洁能源和环境友好产品的开发利用，努力创建环境友好型和资源节约型企业。

（一）环境保护打造竞争力

环境保护是企业的社会责任。企业的社会责任之一是合理利用自然资源，勇于承担保护自然资源和生态环境的责任，实现人与自然、经济与生态的和谐与平衡，在尊重自然的前提

下实现企业的经济与社会目标，推动社会健康、协调、持续发展。关于企业的环境社会责任，这两年讨论得很热烈，不仅社会呼吁企业和企业家要有环境社会责任，且企业为改善自身社会形象，也频频祭出环境社会责任这面大旗。企业只有勇于承担环境社会责任，企业才能健康成长。企业环境社会责任作用的有效发挥对构建社会主义和谐社会具有重要的现实意义。另外，在激烈竞争的现今社会，实践表明那些高度重视和履行社会责任的企业呈现出了强大的竞争力。现如今的竞争，不仅仅是产品的竞争，还包括企业形象。企业环境社会责任对企业形象的提升具有重要的意义。在21世纪，企业环境社会责任将成为最具竞争优势的资源之一，决定着企业的存亡与发展。长期以来，作为具有环境社会责任感的国家特大型能源化工公司，中国石化勇于承担环境社会责任，始终自觉地把追求安全、环境、健康与生产力协调发展作为首要任务，高度重视环境保护工作，一直按照科学发展观的要求，长期坚持安全环保、节能减排、绿色低碳的发展理念和战略，大力发展循环经济，变废为宝，积极应对气候变化，努力建设环境友好型企业。中国石化董事长傅成玉也曾指出："要针对世界发展新趋势和国际竞争新动向，大力推进节能减排，积极发展低碳经济，不断提高资源使用效率，大力发展循环经济，加快构建资源节约型、环境友好型企业，打造绿色低碳发展新优势，促进可持续发展。"在实际行动中，中国石化把实现绿色低碳发展作为提升企业核心竞争能力的重要措施，纳入公司发展战略和年度规划，与公司的经营、投资活动紧密结合。经过多年努力，中国石化在为社会提供优质能源服务、推行节能减排、推广节能技术、推行清洁生产、开发清洁燃料和可再生能源等方面都取得了一定成绩。石油被称为国民经济的血脉，承载着国家可持续发展的能源保障，中国石化秉承"每一滴油都是承诺"的环境社会责任理念，牢记保障国家能源环境安全的神圣使命，将环境社会责任理念贯穿企业发展的全过程，为经济社会的可持续发展提供强大动力和支撑。

傅成玉说，环境污染和气候变化已经成为人类共同面临的全球性问题，中国既要发展经济，又不能走高污染、高耗能的道路。建设生态文明，国企责无旁贷，尤其像中国石化这样的大型国企。中共十八大勾画出生态文明的蓝图，确立建设美丽中国，实现中华民族永续发展的宏伟目标，要求坚持节约资源和保护环境的基本国策，坚持节约优先、保护优先，自然恢复为主的方针，着力推进绿色发展、循环发展、低碳发展。这既是中国的道路，更是中国石化今后发展所必须坚持的方向，所必须坚决贯彻执行的方针政策。绿色低碳环保成为企业科学发展之路，因此，中国工业企业特别是石油工业企业理应争做生态文明的引领者，美丽中国的建设者。转变发展方式，走新型工业化道路，建设资源节约型、环境友好型社会，这既是企业的责任，也是社会公众对企业的期盼和要求，更要成为企业的道德准则。恰逢全党上下学习宣传和贯彻落实中共十八大精神之际，2012年11月29日，中国石化在北京正式发布《中国石油化工集团公司环境保护白皮书》（2012版），这是中国石化首次发布环境保护白皮书，也是中国企业发布的首个环境保护白皮书。中国石化的《白皮书》提出了中国石化的环保理念、成效和责任，以及从公司治理、绿色战略、低碳能源、清洁生产等8个方面介绍了中国石化在绿色低碳和环境保护方面的工作，并选用了24个有代表性、针对性的案例。在展望部分，提出了中国石化关于环境保护的更高追求、重点方向以及责任和承诺。傅成玉表示，大公司要尽大责任，国家公司要尽国家责任，国际公司要尽国际责任。作为负责任的能源化工企业，中国石化在创造社会财富的过程中，一直致力于减少对能源资源的消耗，防止对生态环境的损害。

（二）成效显著，成绩斐然

近年来，中国石化环境保护工作取得了重大进展。2005~2011 年，公司累计节约标煤 1580 万吨，相当于植树 35190 万棵；减少排放二氧化碳 3887 万吨，相当于 1100 万辆经济型轿车停开一年；累计节水 2.27 亿立方米，相当于节约 16 个西湖的水。2005~2010 年，中国石化共投入 492 亿元用于汽柴油升级换代。 坚持清洁生产，提供绿色产品。2005~2010 年，中国石化共投入 492 亿元用于汽柴油升级换代。2010 年，全面完成国Ⅲ汽油质量升级项目，2012 年，柴油升级项目全部建成投产，以 2010 年汽柴油产量计算消费环节共减排二氧化硫 4.8 万吨。2010 年，向北京、上海和广州供应国Ⅳ标准车用油品。2012 年，向北京全面供应符合欧Ⅴ排放标准的京标五油品。下一步，中国石化计划分别于 2014 年和 2015 年起供应符合国Ⅳ标准的车用汽、柴油。 在低碳能源方面，2011 年中国石化天然气产量达 156 亿立方米，比 2005 年增加了 150%；销售乙醇汽油 895 万吨，比 2005 年增加了 230%；2011 年开始销售 B5 生物柴油，全年销售 4000 吨；截至 2011 年底，实现地热供暖面积 600 万平方米。预计到 2020 年，中国石化低碳能源将形成规模化产业，成为主营业务的有益补充，为公司的长远可持续发展做出贡献。作为亚洲最大的炼油企业，中国石化炼油板块一直备受定价机制不到位的掣肘，并多次遭遇亏损，但原油加工作为重要任务却仍然必须完成。

按照中国石化自己制定的“十二五”环境保护规划，“十二五”期间，中国石化预计投资 316.9 亿元用于污染防治、减排工程等（新建项目环保投资及运行管理费不计在内）。中国石化将建设 2~3 家绿色低碳示范企业，3 家炼油生产企业的主要环保指标达到世界先进水平，3 套乙烯生产企业的主要环保指标达到世界先进水平。按照中国石化的承诺，未来将对自身环境保护和节能减排提出更高的要求，超额完成国家对中国石化提出的“十二五”主要污染物总量减排目标：化学需氧量排放总量减少 12%，氨氮排放总量减少 10%，二氧化硫排放总量减少 12%，氮氧化物排放总量减少 10%。傅成玉表示，中国石化未来发展的唯一选择，就是深入贯彻落实中共十八大精神，大力推进生态文明建设，努力建设美丽中国，这也是时代赋予中国石化的历史责任。《中国石油化工集团环境保护白皮书》（2012 版）不单是介绍中国石化的环保理念、政策和成绩，更重要的是要向全社会公开承诺，把这些理念和认识切实转化为行动，并使之成为公司文化的一部分。中国石化郑重承诺，凡是环境保护需要花的钱一分不少，凡是不符合环境保护的事一件不做，凡是污染和破坏环境的效益一分不要。中国石化诚挚地欢迎政府、媒体、社会公众以及社会各界的监督，共同推动企业与经济、社会、生态的和谐发展。中国石化作为大型国有企业，正积极响应党中央的号召，坚定不移地实施绿色低碳战略，为石油工业企业推进生态文明建设争作表率作用，携手共建美丽中国，给子孙后代留下天蓝、地绿、水净的美好家园。

目前，人类共同面临气候变化、环境保护等全球性问题，而企业正是解决全球环境问题的主体，它可以促进绿色环保技术的发展及其在全球的推广实践。在全球应对气候变化、探索经济与环境可持续发展方面，中国企业从来都是积极的践行者和重要的促进力量。而作为最早加入联合国全球契约的中国企业之一，中国石化始终致力于实现经济发展和环境保护之间的平衡，努力做环境责任的承担者、新型工业化道路的实践者和生态文明的建设者。如今，这一绿色理念已经成为中国石化的企业基因和核心竞争力，使得中国石化公司在国际化大舞台上长袖善舞，备受瞩目。

责任铸就世界尊严。在2012年6月的“里约+20”峰会上，中国石化以全球契约领跑者的积极态度倡议了可持续发展，并携手全球680多家企业、非政府组织等做出自愿性承诺，赢得了广泛的国际尊重。从高耗能、高污染向绿色低碳转型，企业面临的压力很大，社会期望值很高。公开承诺环境保护的责任，说明中国石化确实在以实际行动落实全球契约提出的可持续发展目标上走在了世界前列。

成绩与赞誉丝毫没有让中国石化放慢向绿色低碳转型的脚步。傅成玉说，中国石化作为全球契约领跑者，将继续坚持走科技含量高、资源消耗低、环境污染少的新型工业化道路，加快转变发展方式，大力实施绿色低碳战略，坚持大型化、一体化、集约化、清洁化、低碳化的发展模式，促进产业结构优化升级；加快发展天然气、生物质等清洁能源，优化调整能源资源结构；加大环境保护力度，积极推进资源高效利用和循环利用；加大技术创新力度，为节能提效、绿色低碳发展提供技术保障。《中国石化集团环境保护白皮书》（2012版）的发布，展示了中国石化围绕建设“世界一流能源化工公司”目标，在规范公司治理，调整产业结构，推行绿色低碳战略，开发低碳能源，创新绿色技术，推行清洁生产，共建生态文明等方面所做出的努力和取得的成效。《白皮书》表达了中国石化认真贯彻落实科学发展观，加快转变经济发展方式，构建资源节约型、环境友好型社会，大力推进生态文明建设的坚定信念。这是国有企业履行三大责任的创举，是中国石化作为全球契约领跑者主动接受国际、国内及社会公众监督的务实态度。

第七节　中国石油：融入全球化能源发展中的国际化战略

一、集团概况

中国石油天然气集团公司（China National Petroleum Corporation，CNPC，以下简称“中国石油”）是国有重要骨干企业，是以油气业务、工程技术服务、石油工程建设、石油装备制造、金融服务、新能源开发等为主营业务的综合性国际能源公司，是中国主要的油气生产商和供应商之一，2011年在世界50家大石油公司综合排名中位居第5位，在《财富》杂志全球500家大公司排名中位居第6位，在中国能源集团500强位居第2位。

中国石油是我国最早“走出去”的石油企业，现已初步形成了非洲、中亚—俄罗斯、美洲、中东和亚太五大海外油气合作区，基本建成了集勘探开发、炼油化工、管道运输、销售贸易和工程技术服务于一体的较为完整的海外业务链，为构建国家能源安全新体系奠定了基础。中国石油实施资源战略、市场战略和国际化战略，目标是到2020年建设成为世界一流综合性国际能源公司。

"十二五"时期是中国石油建设具有较强竞争力国际能源公司的重要时期。中国石油将继续坚持"资源、市场、国际化"战略，统筹国内、国际两个市场，突出集中发展油气主营业务，充分发挥比较优势，大力实施结构调整优化、技术管理创新、安全环保节能，不断提升公司的成长性，增强国际竞争力和可持续发展能力，努力实现绿色、国际、可持续发展。

二、中国石油国际化战略业已初成

改革开放的30多年，是中国不断适应、参与和融入全球经济一体化的进程，也是中国资源利用全球化战略从酝酿到成熟的过程。从1993年起，尤其是进入21世纪，中国石油屡掀波澜于国际石油市场，海外事业从无到有、从小到大、从零起步，快滚动、跨越式发展。

石油、天然气是不可再生的能源，随着我国经济社会的发展对石油需求越来越大，能源供应安全已提上议事日程。如果开采与耗费速度过快，能源问题将成为中国腾飞与崛起的"瓶颈"。党中央已经深刻认识到能源对中国经济转型的多方面影响，提出了建设节约型、环境友好型社会，走一条低能耗的发展道路。中国石油决心贯彻党中央和国务院的这一发展战略，全面落实科学发展观，走和谐发展之路。继续坚持立足国内，强化国内油气资源的勘探力度，提高科学开发水平，保持产量稳定增长，努力增加供应能力；坚持开拓国际，着眼全球油气资源，选择有利地区，建成若干海外油气生产基地，同时扩大国际油气贸易，实现进口多元化；坚持节约优先，把油气资源的合理开发、有效利用及节约使用贯彻始终，实现开源节流。

能源国际化战略是我国经济发展和社会进步的重要举措，已成为我国新时期经济发展的中心议题。必须充分调动一切力量，综合运用一切有力、有效的手段，紧密围绕缓解我国能源短缺这一中心问题而在世界范围内展开全方位的能源外交博弈。全球化条件下中国能源发展的核心是充分利用国际资源，开辟国际市场。这也是中国石油能源发展中的国际化战略，其内涵是：按照积极稳妥、互利双赢的原则，按照"引进来"和"走出去"相结合，资源、市场、技术和资本相结合的思路，以发展油气业务为主，加大国际合作和资本运作力度，重点加强海外油气勘探开发，谨慎、有效、适度发展中下游业务，积极推进资源进口来源多元化，扩大国际油气贸易的规模，形成国际竞争力较强的跨国公司。国际化包含极其丰富的内容：诸如企业的理念、运作、发展与国际接轨，用国际化视野审视自身的发展等。国际化建设重点要落实到资源保障能力、发展创效能力、技术创新能力、管理控制能力、人力资源开发能力这五种能力的建设上。

近年来，中国石油集团以"奉献能源、创造和谐"为宗旨，以建设综合性国际能源公司为目标，以保障国家油气稳定供应为己任，适时把国际化战略列为中国石油"三大发展战略"之一，为中国石油海外业务的跨越式发展装上了强劲的引擎。中国石油海外员工胸怀全局，志在创新，面对恶劣的自然条件，复杂的投资环境和激烈的市场竞争，迎难而上，锲而不舍，矢志创业创新，生动展现了新时期大庆精神、“铁人”精神，谱写了中国石油海外业务发展的华章。

三、中国石油国际化的重大成果

近年来，中国石油以其雄厚的实力和丰富的经验，通过其全资子公司中国石油天然气勘探开发公司（CNODC）积极参与国际石油和石化领域的合作，包括油气勘探、开发、生产、炼油与化工储运与销售等业务。中国石油拥有强大的技术服务力量，通过下属子公司中油国际工程技术有限公司，为46个国家提供钻井、测井、录井、修井及项目建设等工程技术服务。

2003年，中国石油提出建设具有国际竞争力的跨国企业集团。这一年，中国石油进入海外风险勘探和海上油气业务领域，坚持油气并举，发展海上油气勘探开发，大步挺进海外，大力拓展全球油气资源领域。2005年，中国石油开始海外公司与资产兼并收购，先后成功收购哈萨克斯坦PK公司、ENCANA厄瓜多尔安第斯公司等，并建成我国陆上第一条长距离跨国能源战略通道中哈原油管道。中国石油在互利双赢的基础上，已与哈萨克斯坦政府和哈萨克斯坦国家油气股份公司建立了良好的合作关系，通过投资与技术合作，为哈萨克斯坦石油工业和当地经济发展做出了积极的贡献。2006年7月，中国石油通过其全资子公司中油国际与哈萨克斯坦国家石油公司签订股份转让交割协议，向后者出让中国石油持有的33%的哈萨克斯坦PK石油公司股权。美国通用电气公司（GE）与中国石油签署了一份战略合作谅解备忘录，双方约定强强联手结成非排他性全面战略合作伙伴关系，在石油装备制造及研发、石化和天然气产品及服务支持等领域展开更加深入的合作，携手推进中国石油天然气工业在环保和节能两大前提下可持续发展。

2007年，中国石油的战略眼光再上一层楼，全面建设综合性国际能源公司成为百万石油人新的奋斗目标。这一年，中亚天然气合作取得重大突破，启动了土库曼斯坦天然气大规模开发和中亚天然气管道建设项目。随后，以中俄原油管道为又一个起点，海外油气业务进入了全面发展的新阶段。

2009年，中国石油确定了其未来十年的国际化战略，其中明确指出，将在亚洲、美洲、欧洲加快建成集贸易、加工、仓储、运输于一体的区域性六大油气运营中心，未来实现年贸易量达到4亿吨以上的目标。其中，原油进口能力达到1亿吨/年。2009年5月，中国石油斥资10.2亿美元收购了新加坡吉宝集团旗下上市公司新加坡石油有限公司45.5%股权，并在其后半年内完成了该公司在新加坡证券交易所的退市，实现了对新加坡石油公司的绝对控制，从而在远东石油市场建立了发展扩张的“桥头堡”。当今石油市场的竞争是价值链的竞争，收购新加坡石油公司的意义在于，中国石油将加强炼化、贸易、仓储以及海外运营中心的建设，提升下游资产的价值。

2011年1月10日中国石油宣布，该公司与英国英力士集团签署框架协议，对双方在欧洲建立贸易和炼油合资公司进行了原则性安排。其主要内容包括，双方将成立合资公司，共同负责与苏格兰格兰杰莫斯（Grangemouth）炼油厂和法国拉瓦莱（Lavra）炼油厂相关的贸易活动及炼油业务。中国石油启动投资欧洲炼油、贸易业务的程序，意味着其对欧洲石油市场的进攻号角已经吹响，其国际化战略迈出了新的一步。

2011 年 2 月，中国石油以 54 亿加元（约合人民币 357 亿元）的价格收购加拿大能源公司旗下的峻岭油区 50%的资产权益。此次的收购资产主要包括 5.2 平方千米的勘探开发生产区块、约每天 0.2 亿立方米的天然气处理能力、3400 公里集输管线及 1 座地下储气库。中国石油此次斥资收购加拿大的天然气企业，是对中国石油集团国际化战略的重要支撑。加上在此之前的中国石油与壳牌联合收购澳大利亚煤层气企业，以及中国石油 2011 年上半年进入欧洲炼油市场，中国石油布局海外高端油气市场可谓是遍地开花。而以前，中国石油收购的海外油气资源多局限在亚洲以及非洲部分地区。相比于之前收购亚洲、非洲等地的油气资源，进入欧洲以及北美地区的成本自然要高得多，但是，欧洲以及北美地区的市场更加成熟和稳定，同时对于中国石油的国际化也具有更加重要的意义。

中国石油加快收购海外油气资源除了响应其国际化战略之外，也可以在一定程度上为集团在国内更好地发展而服务。对于国外油气企业来说，亚洲市场将是其未来发展的重要方向。而坐拥庞大中国市场的中国石油自然也不会忽视了在国内的发展，通过收购海外油气资产，可以学习国外先进的开发技术和运营经验，而这一点也在中国石油与国外能源公司签订的合作协议中得到充分的体现。

在实践中，中国石油不断提高商务运作能力，降低项目运作风险。一是建立与多法律体系、多税收体系、多会计体系相吻合的多功能财务报告体系，解决多语言、多币种、多准则、多套账的系统设立难题，满足合同会计、管理会计、资源国政府报告、母公司财务报告的各种需求；二是坚持预算控制，项目运作采用有限授权制度，实行成本中心预算负责制；三是外币资金实施收支两条线集中管理，中国石油总部以所属的中油财务公司为内部金融平台，在北京、中国香港、新加坡和迪拜建立了四个外汇资金池，通过境内、境外 6 家签约银行每日将全球外汇资金集中到四个资金池，进行集中管理和统一配置，为成员企业提供跨境金融服务，有力地支持了中国石油海外业务发展，并率先成为国有企业中实现全球资金集中管理的公司；四是注重国际税收筹划工作，制定相关指引和规范，以指导企业合理开展纳税筹划，规范纳税基础工作，防范税收管理风险，不断提高中国石油整体税收管理水平；五是加强项目全过程管控，与国际知名石油公司油气资产组合结构对标分析，根据项目效益和经营环境变化情况，适时启动处置程序，优化资产结构，提升海外油气业务盈利能力。

作为央企"走出去"的排头兵，中国石油海外油气业务历经 19 年艰苦创业与快速发展，已进入规模化发展阶段。目前，中国石油海外业务分布在全球 29 个国家，投资运作 80 多个油气投资项目，初步建成中亚—俄罗斯、非洲、中东、美洲、亚太五大油气合作区；国内西北、东北、西南和海上引进境外资源的四大油气战略通道建设快速推进；亚洲、欧洲和美洲三大油气运营中心初具规模；还有 595 支海外工程技术服务队伍在 46 个国家作业，物资装备出口到 97 个国家，油气投资业务与工程技术等服务保障业务一体化协调发展的格局已经形成。国际化核心竞争能力日益增强，中国石油国际形象显著提升。2011 年，中国石油海外油气作业产量当量突破 1 亿吨、权益产量超过 5000 万吨，完成了“海外大庆”的建设目标，成为中国石油海外业务发展史上的一个重要里程碑。中国石油适时提出了建设综合性国际能源公司的奋斗目标，力争到“十二五”末，海外业务要占公司整体业务的半壁江山，海外油气作业当量规模具备 2 亿吨资源储量。

中国石油的海外油气业务不仅为满足国内的能源需求找到了部分资源，而且为资源国石油工业的发展和社会进步做出了贡献，也为合作伙伴的国际化运作创造了良好效益，真正实现了“多赢”，体现了中国石油秉承的“务实合作、互利共赢”的国际化理念。

中国石油在海外油气合作过程中，尊重所在国宗教、文化，严格遵守所在国法律法规，认真履行社会责任，追求资源开发利用与环境保护、社会进步的和谐统一，为所在国经济和社会发展做出了贡献，充分展示了一个负责任的国际能源公司的形象，赢得了所在资源国广泛的社会赞誉，树立了中国企业的良好品牌形象。

四、天然气或成未来海外收购重点

中国石油融入全球化，大力发展国际油气业务，这是实施能源国际化战略的结果。多年来，中国石油一直致力于开拓国际油气业务，使国际油气业务得以迅速发展，初步形成了非洲、中亚—俄罗斯、中东、美洲和亚太五大油气生产发展区，拥有探明石油地质储量 45 亿吨，剩余可采储量 6.5 亿吨，建成原油生产能力 3500 万吨、天然气生产能力 40 亿立方米。

2012 年 1 月，加拿大阿萨巴斯卡油砂公司以 6.8 亿加元向中国石油转让该公司位于艾伯塔省麦肯河油砂项目 40%的剩余股权。交易完成后，中国石油全资控股麦肯河油砂项目。2012 年 7 月，中国石油以 10 多亿美元收购壳牌公司西加拿大不列颠哥伦比亚省 Groundbirch 区块资产 20%的权益并参与下游天然气液化厂合作项目。2012 年 12 月 12 日，中国石油宣布以 16.3 亿美元（约合人民币 101.8 亿元）收购澳洲液化天然气项目。2012 年 12 月 14 日，中国石油以 22 亿美元（约合人民币 137 亿元）收购加拿大能源公司 Encana 在阿尔伯塔省的一处页岩气矿 49.9%的股份。未来 4 年，双方将共同投资 40.6 亿美元用于钻探和加工设施。三天内，中国石油共斥资 238 亿元收购了两个海外项目。2012 年以来，中国石油海外收购的步伐在不断加速。

中国石油原董事长蒋洁敏曾表示，到 2020 年至少需要 600 亿美元的投资来组建全球五大石油和天然气合作区。他还指出，10 年前中国石油只是一个国有石油公司，但现在的目标是成为一个国际性的能源巨头。

目前，中国石油正在加大海外收购的力度，试图寻找多个油气源。如果将来供应国内的话，可以在一定程度上满足我国持续增长的需求。中国石油海外并购的步伐不断加快，不仅有利于其拓宽油气进口渠道、增加油气供应量、提升盈利能力，还有利于我国石油储备体系的完善和能源安全的保障。

值得注意的是，中国石油的上述收购都是天然气相关项目。国内持续增长的天然气需求，使中国石油不得不进一步加大海外进口量。国际能源署之前预计，到2030年，中国天然气消费量将占全球消费总量的7%。届时，中国将超过日本，成为亚太地区最大的天然气消费国。但与此同时，到2020年前后，中国天然气将存在30%左右的缺口，增加天然气产量势在必行。

作为国内最大的天然气供应商，中国石油正逐步将发展重心向天然气方面转移。而在天然气领域，液化天然气的发展尤为迅速。目前，国内液化天然气的使用比例依然很低，未来成长空间很大。除了在国内不断加速布局天然气之外，在海外，天然气项目的收购或将成为中国石油未来收购的重点。

五、中国石油海外击浪正当时

中国石油，按照“讲究效益、注重保障、培育规模、协调统一”的方针，推动国际油气业务快速发展。在业务发展上，坚持“以原油项目为主，与天然气项目相结合；以油田开发为主，与风险勘探相结合，并适度向中下游业务延伸；以陆上业务为主，与海上业务相结合；以投资合作为主，与参购、并购相结合”的发展战略。中国石油海外业务的重大突破，是党和国家领导人亲切关怀的结果。几年来，胡锦涛等中央领导多次亲临中国石油海外项目考察，为中国石油海外业务的发展注入了强大动力。

全球化既是一种客观事实，也是一种发展趋势，它影响着世界的历史进程，对中国是个巨大的挑战。中国经济全球化和能源需求全球化已经使中国的国际利益与外部世界的利益紧密结合。能源国际化战略是我国经济发展和社会进步的重要举措，已成为我国新时期经济发展的中心议题。必须充分调动一切力量，综合运用一切有力有效的手段，紧密围绕缓解我国能源短缺这一中心问题而在世界范围内展开全方位的能源外交博弈。能源国际化战略的主要目的是缓解我国现在和未来极其严重的石油短缺问题。

由于石油分布的不均衡性决定了石油公司要走国际化的道路。中国石油从1993年开始“走出去”，融入全球，实施国际化经营战略，进入了国际能源领域。在多年的国际化经营中，中国石油逐步摸索出一套适合自身发展的模式，也积累了一些国际化运作的经验，其中，提升主营业务核心竞争力至关重要。专注石油、天然气上游勘探开发业务的发展，配套发展中下游管道、炼化业务，通过主营业务投资带动工程技术服务队伍，有力保证了投资项目的成功运作，也促进了工程服务队伍的国际化发展，一体化战略得以实施。10多年的海外发展历程，积累了运作国际大型项目的宝贵经验，具有了可以和国际大公司平等竞争的实力。

中国石油本着全球化下的和谐发展理念，实现与外方合作者的互利共赢。沉思既往，中国石油在从“小舢板”到跨国“航母”的历程中，走过了一条合作共赢之路：其基础就是依靠成熟技术与整体优势；其依托就是实践中历练出来的大批忠诚的国际化经营人才，其体现就是坚持互利共赢、在资源国积极履行社会责任；其支柱就是大庆精神铁人精神的发扬光大；其航向就是向着建设综合性国际能源公司战略目标阔步前行。

实践证明，在全球经济一体化更趋紧密的今天，只有建立开放的、充分利用国内外两个市场的资源供应体系，才能真正保证我国建设与发展所需要的资源供应安全。历史赋予中国石油以重任。保障国家石油安全，不仅要更加广泛和坚定地“走出去”，而且要更加努力地“走上去”，实现资源合作从“量”的增加到“质”的提高。目前，利用国内国外两种资源、开拓两个市场面临着有利时机，世界各国特别是发展中国家正在纷纷改善投资环境，竞相吸引国际资本。而中国石油近年来综合实力的不断增强，为参与全球化资源配置积累了后劲。

石油是国际政治、经济的命脉。未来海外事业将要托起中国石油的半壁江山。全球化浪潮浩浩荡荡，中国石油，击浪正当时！

第八节　中国海油：做负责任的企业公民

一、集团概况

中国海洋石油总公司（以下简称“中国海油”）成立于1982年，是中国最大的海上油气生产商。成立30多年来，公司保持了良好的发展态势，由一家单纯从事油气开采的上游公司，发展成为主业突出、产业链完整的综合型能源集团，形成了油气勘探开发、专业技术服务、炼化销售及化肥、天然气及发电、金融服务、新能源六大业务板块，综合竞争实力不断增强。截至2011年，中国海油国内累计探明油气地质储量近40亿吨，生产油气5.85亿吨，并缴纳数千亿元税费，在促进社会就业、带动相关产业发展等方面做出了积极贡献。

作为一家能源公司，中国海油在实现高效高速发展的同时，亦将以自身成长最大限度地回馈社会。公司坚持以“双赢”理念引领企业的发展和对社会责任的履行，追求企业与人、社会、自然的和谐发展，中国海油在全力保障能源供应的同时，始终关注民生和社会进步，热心公益事业，积极回馈社会。

二、贡献能源，和谐共生，合作共赢

石油被誉为工业血液，是现代文明和经济发展的动力之源。经济快速发展的中国，能源短缺问题日益突出。2011年，我国消耗的石油达到4亿多吨，其中2亿多吨必须从国外进口，原油对外依存度首次超过全球第一大能源消费国美国，达到55%。能源安全面临着严峻的挑战。

中国海油自成立以来，一直把贡献充足能源作为重大责任，通过对外合作，向西方学习先进技术和理念，实现了自身跨越式的发展，基本建立起常规作业水深以内的完整的海洋石油工业开发体系，油气年产量逐年增加，为社会贡献能源的作用越来越大。

在积极为社会贡献能源的同时，中国海油倡导和谐共生、合作共赢的发展理念，重视与利益相关方包括政府、员工、股东、客户、行业伙伴、供应商与承包商、金融机构、媒体、社区与公众、非政府组织等保持良好的合作关系，将利益相关方的信任和支持作为公司可持续发展的不竭动力和重要条件。

公司对内追求企业与员工的和谐，对外追求企业与自然、与社会的和谐。在发展过程中时刻尊重自然，关爱环境，努力承担社会责任，做合格的企业公民。不论在国内还是国外，均严格遵守业务所在地的法律法规，遵守和执行国际公约、条约和国际惯例，恪守诚信经营、公平竞争的商业道德及国际社会普适的商业准则。

公司高度重视与利益相关方加强沟通，通过公开、透明的交流机制，倾听利益相关方对公司发展的意见和建议，并将利益相关方的建议和要求纳入公司战略、政策、计划的制订和执行中。公司愿继续加强与各利益相关方的沟通与合作，共同推动经济、环境和社会的协调发展。

作为负责任的企业公民，中国海油长期以来为扶贫、援藏、助学、救灾等公益事业贡献自己的力量，积极回馈社会，追求企业与社会的和谐、共赢。

中国海油以企业与社会和谐发展为目标，积极回馈社会，以实际行动诠释了中央企业社会责任的深刻内涵。公司成立了以高层为领导的中国海油慈善公益事业委员会，并制定了《中国海洋石油总公司扶贫援藏及慈善公益事业委员会工作章程》，设置了社会公益专项基金，积极援助欠发达地区发展经济，对贫困地区进行定点扶贫，投入基础设施建设，扶助农业科技及教育事业发展。

2011年，公司向援藏、扶贫、援川及其他公益慈善项目共捐赠2.36亿元，其中，集团捐赠近2亿元、所属单位捐赠3498万元、员工捐赠194万元。仅“十一五”期间，公司及所属单位在扶贫公益事业上累计投入资金达8.7亿元。

三、定点扶贫，荒原变热土

2002年，中国海油作为首批十五家援藏企业之一，开始对西藏那曲地区尼玛县展开对口援助工作。10年来，中国海油把援藏工作作为一项神圣使命和政治任务，积极探索援藏思路，拓宽援藏领域，在搞好自身发展的同时，从人、财、物等方面加大援藏力度。

从2002年至今，总公司共投入援助资金近2亿元，实施援藏项目76个，派出援藏干部四批8人，工程技术人员13人。在中国海油的援建下，尼玛县基础设施从无到有、不断完善，城乡面貌焕然一新。截至2011年底，尼玛县生产总值比2002年增长233%，税收增长198%，农牧民人均纯收入增长129%，城镇居民可支配收入达到2.1万元，人民生活水平大幅提高。昔日荒凉的小城变成了蓬勃发展、欣欣向荣的热土，社会政治经济与生态环保协调发展。

公司第一批援藏项目的重点为县城基础设施的改善，同时逐步改善农牧民生活条件以及开展人才教育培训；第二批援藏项目的重点为县城基础设施的完善、乡镇办公和农牧民生活条件的改善，同时开展人才教育培训；第三批援藏项目的重点为县城基础设施的完善、农牧民生活条件的改善、加强人才教育培训，同时重视改变农牧区生产条件和办学条件；第四批援藏项目目前正在实施，公司计划投入援藏资金6000万元。

中国海油援藏工作卓有成效、硕果累累，得到西藏各级政府和广大农牧民的认可和称赞。四批援藏干部发扬铁人精神、“缺氧不缺精神，艰苦不怕吃苦”的精神以及“特别能吃苦、特别能战斗、特别能忍耐、特别能奉献”的“老西藏精神”，倾情尼玛，认真履职，用他们的实际行动和对藏族人民的真情实意，为尼玛县的建设和发展做出了突出贡献，赢得了尼玛县广大干部群众的广泛赞誉，让中国海油的形象在西藏各级政府和广大群众心中闪光。参加援藏，让援藏干部精神意志得到历练，工作能力得到提升，个人成长更为迅速。2009年国庆前夕，援藏干部王江涛荣获“全国民族团结进步模范个人”称号，受到党和国家领导人的亲切接见，并参加了新中国成立60周年国庆观礼系列活动。

10年援建，中国海油援藏工作思路不断完善、更加清晰，工作机制更为统筹协调、科学有效，工作方向重点突出、更加明确。

一是勇担责任、尽心尽力，将尼玛的发展当成自己的事业经营。10年援建期间，公司努力建立并不断完善援藏工作机制，成立了扶贫援藏工作领导小组，制订援藏工作计划，加强援藏专项资金预算管理。公司每年召开扶贫援藏工作会，及时总结成绩、汲取经验、明确思路、部署任务，指导和促进援藏工作有序开展。在实施援藏的实践中，总结确定了“解困、扶本、造血，建立长效机制”的援藏工作总思路。

二是选拔得力人才干部，坚持派出项目组，以“交钥匙”方式实施援藏工程。10年来，向尼玛县派出的4批8名援藏干部都能够发扬海洋石油人特别能吃苦、特别能战斗、特别能忍耐、特别能奉献的精神，扎根西藏、认真履责。公司每期还派出工程技术和项目管理人员，负责援藏项目的管理和实施。在项目实施过程中，中国海油坚持“交钥匙”方式，即负责项目从立项到竣工的全过程，最后将竣工工程整体移交受援方使用。援藏项目高起点规划、高标准设计、高质量建设、高水平管理、高效益经营，项目进度管理、资金使用、质量管理、安全管理科学、规范，每一项都成为放心工程、精品工程。

三是把握援助方向，确定重点项目，确保惠及民生。援建项目组集中资金，重点建设造血型、开发型项目，注重项目的示范和带动作用。在确定建设项目时，注重以民生为重点，集中力量办大事、办好事、办实事，做惠民工程，不做形象工程、政绩工程；确保项目的质量与效益，使有限的援建资金取得看得见、摸得着的实际成果，同时发挥示范和带动作用。据初步统计，中国海油2011~2015年援藏计划中，乡镇农牧区建设、教育和技能培训、扶持农牧区经济发展等项目资金投入达总投入的70%。

四是抓好人才培育，提升“造血”功能，夯实发展之基。公司坚持提高尼玛县教育医疗等公共服务能力，加强对县里各类实用人才的培训，着力提高尼玛县自身经济发展能力为重点，加大力度培训干部和实用技能人才，提升“造血”能力。在援建项目实施过程中，公司积极主动培养尼玛县项目管理人才和技术人才，最终不仅“交钥匙”，而且让受援方有能力“管好钥匙”和学会自己去“配钥匙”。

五是积极拓宽援助渠道，激起系统内所属单位和总公司合作伙伴对援藏工作的关注和支持。公司统一指挥、部署的援藏工作得到所属单位和合作伙伴的大力支持。2008年，在中国海油带领和发动下，5家国际合作伙伴以实际行动支持援藏工作，踊跃向尼玛县申亚乡希望小学教学楼建设捐款。

除了西藏尼玛，公司还在海南岛中南部的五指山市、保亭县和陵水县以及甘肃省合作市、夏河县进行定点扶贫。至今，中国海油已派出5批挂职干部，自2002年起每年向海南三地各投入扶贫资金200万元，累计投入5900万元。2010~2011年，中国海油继续向两市、县每年拨付帮扶资金60万元，用于河堤等农业基础设施改造和村道硬化等项目。帮扶资金纳入总公司年度扶贫资金计划。

四、倾情援川，织补裂缝的大海心

2008年5月12日汶川发生特大地震，四川人民的生命财产遭受严重损失，震区人民急需救援。总公司积极响应党中央国务院号召，在四川汶川特大地震发生第一时间就组织全体员工捐款捐物，并派出医疗队，调拨海上倒班直升机进入灾区，调动一切可能的力量和全国人民一道进行紧急救援。

公司5万多名职工捐款900多万元，实物折合775万多元，总公司、所属单位、个人紧急捐款累计6615万元。同时，总公司党组多次召开会议，研究对四川震区的灾后重建。经党组研究，号召全体职工通过削减会议、降低差旅标准、减少公务接待等管理手段，连续5年每年节约1亿元，并投入灾后重建。经与四川省政府协商，总公司援建项目分布在德阳市、广元市和罗江县，主要是医院和学校，均确定为“交钥匙”工程。

在受灾面积广、受灾人口众多、自然条件复杂的地区进行灾后恢复重建，困难重重、充满挑战、任务艰巨。援川项目组始终贯彻总公司党组要求，以“低调、务实、规范、高效”作为工作原则，扎扎实实地推进各项工作，把每个项目都打造成灾区的精品工程，从设计阶段开始就狠抓精品意识，关注每个细节，做到每个项目的设计都要经济、美观、实用，提出“中国海油援建的项目要成为本地区人民最需要的医院和最具品质建筑”。

援川项目组在人员少、任务重、项目分散、时间紧迫的情况下，加班加点、抢夺工期，创造出每4天建设一层楼的四川震区援建速度，几年来工程质量和安全管理都成为受援地区的样板工程，当地建设主管部门多次组织全市的建设工地到援建工地观摩学习。援川项目组规范、扎实的工作受到各地政府和群众的高度认可，展示了中国海油全体员工的形象。

经过三年多的艰苦努力，9个建成项目中的6个获得省级优质结构奖和省安全文明标化工地的评选，3个项目由于规模原因获市级优质结构工程奖项。援川项目组把中国海油特有的安全文明施工理念移植到了援建工地，所有项目从基础开挖到竣工验收均保持零伤亡纪录，当地主管部门把中国海油援建工地列为本地区的示范工程，速度与质量的背后，是制度严格、管理规范的“海油模式”，是勇担责任、无私奉献的海油精神的体现。

中国海油的援建项目受到国家及四川省和各受援地方政府的高度重视，国家领导人，四川省委、省政府领导，国家建设厅、卫生厅等部门领导多次到援川项目实地检查指导工作，对援川项目组所做的工作给予高度评价。全国人大常委会副委员长陈昌智于2010年9月2日视察了广元市第一人民医院工地，对中国海油在搞好自身发展的同时通过厉行节约支援灾区重建的做法给予高度评价。他说："中国海油虽然人员较少，但近几年发展很快，在做好自身建设的同时支援灾区重建，具有社会责任意识，是个管理非常优秀的企业。"四川省委常委李登菊同志视察广元项目并听取汇报后表示："中国海油对四川人民是有真感情的。"国家审计署重庆办领导在审计罗江项目和德阳项目后表示："看得出中国海油确实是在用心做援建。"

五、发展践行责任，责任伴着发展

对于中国海油来说，积极承担社会责任，用优良的经营业绩和经常性的善举回报社会成为公司一贯坚持的理念。每当国内外遇到重大灾害之际，公司总是及时雪中送炭，率先垂范，积极踊跃捐款捐物，帮助受灾地区渡过难关。

2008 年 1 月中旬，罕见的持续大范围低温、雨雪和冰冻天气，给南方大部分地区人民群众的生产生活造成严重影响。2 月 3 日，中国海油向南方 8 个省（区）捐款 3200 万元，支援灾区人民抗灾工作。

2009 年，台风"莫拉克"重创宝岛，造成全台湾 160 人遇难、490 人失踪、45 人受伤。台湾同胞的受灾情况牵动着海油人的心，公司为台湾灾民送去了 1000 万元的救灾善款。

2010 年 4 月 14 日，青海省玉树藏族自治州玉树县发生 7.1 级地震，近万人受伤，多处房屋倒塌，中国海油向玉树捐款 500 万元。同年，海南遭遇 50 年一遇特大暴雨，人民的生命财产遭受重大损失。中国海油通过海南省慈善总会向灾区捐款 500 万元，支援灾区人民抗洪救灾。2010 年，西南旱灾牵动着海油人的心，中国海油响应国资委号召，向受灾地区捐款 1000 万元。2010 年 9 月，公司又向甘肃舟曲泥石流灾区捐款 600 万元。

除了在国家、社会遇到突发灾难时踊跃捐款捐物外，中国海油还积极参加国家、社会组织的各类公益慈善活动，让善举成为常态。中国青少年基金会秘书长涂猛对中国海油的公益慈善事业给予高度的评价，他表示："中国海油锲而不舍地实践着现代公益事业的救助发展模式，帮助受助者提高能力，靠自身的力量来克服困难，这值得更多的企业和社会团体借鉴和学习。"

早在 2008 年，中国海油就开始参与"健康快车"活动，当年出资 500 余万元，赞助"健康快车"驶入海南，为 1600 多名贫困白内障患者带去光明。同时，还在海南省人民医院捐建了一座眼科显微手术培训中心。截至 2011 年，公司已累计向该项目捐款 1230 万元。

自 2000 年全国妇联发起旨在帮助西部干旱地区贫困家庭解决饮用水困难的"母亲水窖"项目起，中国海油便积极参与这一公益活动，已累计捐赠 680 万元，受益群众共计 28198 名。2009 年 9 月 26 日，中国海油宣布在未来 10 年每年向"母亲水窖"项目捐赠 200 万元，共计 2000 万元。

2003 年，中国海油撤掉在北京市内主要道路上竖立的企业形象广告牌，把由此省出的资金与宋庆龄基金会合作，设立"中国海油大学生助学基金"，援助在校的贫困大学生。自 2007 年开始，公司又投入 1732 万元用于二期项目实施。

一直以来，中国海油扛着责任前行，为百姓谋福利，与社会共发展。从滇西边陲到河北隆化县，中国海油援建的希望小学数十座，遍布大江南北……

随着走向海外步伐日益加快，中国海油将公益慈善与公司国际化发展相结合，积极向海外业务所在地献爱心，树立了良好的国际公民形象。

2005年初，印度洋发生海啸事件，中国海油及其下属单位、系统内员工积极向受灾国家捐款，总额近290万元。中国海油在印度尼西亚作业的中海油东南亚有限公司是当地最早提出援助的外国公司之一，受到印度尼西亚政府和百姓的感谢和赞誉。2005年9月，美国南方部分地区遭受“卡特里娜”飓风袭击，中国海油全体员工自发组织向美国受灾地区捐款，会同公司捐款共160万元。

2006年2月，菲律宾南来特岛发生泥石流，中国海油向菲律宾国家红十字会捐助5万美元，帮助灾民重建家园GK能源村。

2008年4月，中国海油组织了“赠福娃，送福气——CNOOC爱心之旅”活动，向肯尼亚、赤道几内亚、印度尼西亚等国家的学生赠送福娃、文具和体育用品，并捐赠10万美元。2008年8月的北京奥运会上，赤道几内亚的运动员身着中国海油赞助的服装参加了开幕式和所有比赛项目。

2008年5月，缅甸遭受强热带风暴袭击，中国海油在第一时间捐助10万美元。

作为尼日利亚某油气勘探项目的合作伙伴，中国海油2008~2009年共参与当地600余项赞助活动，赞助额达120.6万美元。

2010年，中国海油实现了波澜壮阔的第一次跨越，成功建成“海上大庆油田”。2011年，中国海油提出了催人奋进的“二次跨越”发展纲要，到2020年，基本建成国际一流能源公司，成为治理高效、管理科学、科技领先、文化先进、员工全面发展、具有高度社会责任感的跨国公司；到2030年，主要经营指标和公司软实力指标达到国际一流水平，成为国家放心、人民满意、社会认同、市场认可、股东尊敬、员工自豪、具有高度社会责任感和国际影响力的全球化公司。

从公司“二次跨越”发展目标可以看出，“责任感”一词一直是公司追求的结果之一，公司愿意在实现更好更快发展的同时承担更多的责任。

第九节　华锐风电：勇于先行的技术领军者

一、集团概况

华锐风电是中国风电行业的领军企业，是中国第一家自主开发、设计、制造和销售适应全球不同风资源和环境条件的大型陆地、海上和潮间带风电机组的专业化高新技术企业，并在中国率先自主开发出全球领先的5兆瓦、6兆瓦系列风电机组。截至2011年，华锐风电累计风电装机容量达12989兆瓦，排名中国第一。华锐风电能在近年来的风电大发展中取得不俗的成绩，成为行业中的佼佼者，得益于公司对科技创新的重视与投入，其在大容量风机研发、海上风电的突破及新兴市场开拓方面，都有独特优势。

二、科技创新，领跑大容量风机

华锐风电一直把技术的自主创新当做企业发展壮大的基石，自主创新来源于坚定不移的信念和对技术研发的重视和大力投入。而作为风电行业的领跑者，华锐风电一直以前瞻的战略眼光挖掘行业新增长点，引领中国风电行业不断实现新跨越。特别是在大容量风机和海上风电领域的不断创新与投入，是华锐风电在行业中取得领先的关键。

多年以来，华锐风电一直将技术研发视为公司发展的重中之重。早在2009年11月，华锐风电就开始投建国家能源海上风电技术装备研发中心，该中心是经国家发展和改革委员会、国家能源局批准，由华锐风电负责建设的中国唯一以海上风电技术装备为研究对象的国家级研发中心。中心的建设目标是聚集全球顶尖的风电技术装备研发人才，建成全球技术水平最高、设备最先进、研发和试验能力最强的风电技术装备研发机构，引领全球风电技术的发展。

科技领先一直是华锐风电立足的关键点，其中的一方面便是持续巩固和发展大容量机组的研发。目前，国内风电企业传统的1.5兆瓦风机利润逐年下降，急需开拓新的利润增长点，大型化风机已成为大家着力开拓的新领域。《国家能源科技“十二五”规划》中用较大篇幅鼓励风机企业在风机大型化领域创新、发展，这对风电企业是很好的激励，将促使其加快在大型风机领域的研发、应用速度。在内因外力的共同作用下，可以预见，“十二五”期间风机大型化将成为行业发展的一大趋势。

2012年3月29日，由华锐风电主持并承担的北京市科委科技计划“5兆瓦风电机组国产化”项目及所包含的三个课题顺利通过市科委专家组评审验收。此次项目中华锐风电承担了“5兆瓦风电机组研制及产业化关键技术研究”课题的技术研究。在技术研究过程中，华锐风电开发了具有自主知识产权的三叶片、水平轴、变桨变速双馈式5兆瓦风电机组成套设备，所涉及的关键技术包括整机设计技术、紧凑型驱动链布置方案和载荷分流技术、机舱换热防盐雾腐蚀系统、复杂海况下风电机组安全运行控制成套技术等，所研制机组的国产化率超过85%以上。项目所开发的5兆瓦风电机组已于2011年在上海东海大桥海上风电场二期项目成功吊装及并网满功率发电，形成了年产20台套5兆瓦海上风电机组的生产制造能力。

华锐风电在技术研发领域其实已经做到了国内同业中首屈一指，以后也将继续把风机技术的研发创新作为公司的重中之重。华锐风电在大容量风机领域一直引领国内市场的脚步，从3兆瓦、5兆瓦到6兆瓦风电机组的研发出产，华锐风电一直都是国内第一个“吃螃蟹者”，目前10兆瓦风机的研发也在有条不紊地进行。

华锐风电副董事长、副总裁陶刚表示，研究设计大功率风机的主要意义在于可以有效降低风机单元的单位发电成本，风电机组大型化目前已成为全球风电产业的共同趋势。能源局

《国家能源科技“十二五”规划》与科技部《风力发电科技发展“十二五”专项规划》都明确提出了大型化的发展方向。科技部的《规划》明确指出，要突破10兆瓦级海上风电机组整机和零部件设计关键技术，实现海上超大型风电机组的样机运行。华锐风电已于2012年全面开始了10兆瓦海上风电机组的研发工作。此次10兆瓦风电机组将由华锐风电完全自主研发并拥有自主知识产权。华锐风电系列大功率风电机组的出产，将会是中国风电技术进入国际最先进行列的有力证明。

三、勇于先行，抢占海上风电

对于海上风电市场，众多风机制造企业对其寄予了厚望，这个市场潜能巨大。根据风电发展“十二五”规划，到2020年底，我国海上风电装机容量将达到30千兆瓦，中国海上风电酝酿着千亿元的巨大市场。发展海上风电已成为世界各国共识，海上风电无疑也将成为中国风电行业新的利润增长点。

华锐风电是我国最早进入海上风电领域的企业。2008年底，华锐风电为中国第一个海上风电场示范工程——上海东海大桥102兆瓦海上风电场项目提供34台3兆瓦海上风电机组。东海大桥海上风电场工程是中国第一个国家海上风电示范项目，也是除欧洲以外全球首个海上风电场。2010年8月31日，华锐风电34台3兆瓦机组一次性顺利完成海上风电场项目240小时预验收考核，成功并网运行至今。截至2012年8月，上海东海大桥风电场一期工程发电量已累计超过4.95亿度，2012年前三季度，发电量1.94亿度，上网电量1.88亿度，年可利用率达到95.05%；位于东海大桥西侧的由华锐风电生产的目前中国最大的5兆瓦海上风电机组，2012年8月17日机组进入240小时考核，8月27日顺利考核完成，目前已经投入运营，可利用率达99.5%。此外，华锐风电生产的中国最大的6兆瓦风电机组也已在江苏完成调试并网。5兆瓦、6兆瓦风电机组的成功研制与正式投运，均为未来海上风电项目做出了经验和技术上的储备。

现在随着中国和欧洲大力推广绿色工业，5兆瓦、6兆瓦系列机组会在未来是主打系列，华锐风电第一台的5兆瓦机组已经在上海东海大桥基地并网发电，6兆瓦机组也在江苏射阳临港基地并网发电，表现了华锐风电未来在大型化机组和海上风电发展的信心。

如今发展海上风电已成为世界各国未来风电发展的共识，通过近年来在海上风电领域取得的成绩与经验的积累，华锐风电在海上风电领域的光明前景已经初显。

四、前瞻战略，开拓新兴市场

随着各国风电行业的发展成熟，传统市场发展速度已经开始放缓。据《中国风电发展报告（2012）》，未来5年，世界风电市场依然由亚洲、欧洲和美洲主导，但其市场份额有所下降，其他新兴市场开始稳步发展，非OECD国家连续两年风电新增装机容量超过OECD国家，这种趋势有望在未来几年加强。印度、加拿大、土耳其、巴西等新兴市场，将是未来风电发展的重要掘金地。

华锐风电早已开始对新兴市场进行布局，近年来在此方面屡获进展。

华锐风电于2011年5月进入土耳其市场，同年11月和12月与土耳其可再生能源发电企业Bereket集团分别签订了YALOVA WPP 54兆瓦和USAK WPP 54兆瓦两个项目的风电机组供货合同。2012年4月，土耳其总理埃尔多安访华期间，华锐风电又与土耳其Agaoglu公司就600兆瓦风电机组项目达成合作共识，并签署了框架性战略协议。这是华锐风电在土耳其市场取得的又一重大突破。2011年9月，华锐风电进入巴西市场；同年华锐风电在南非中标了54兆瓦的风电项目。这些项目的成功，为华锐风电更好地实施“走出去”战略，尤其是进一步开拓新兴市场提供了宝贵的经验。

中共十八大报告提出，要大力推进生态文明建设，积极发展节能低碳产业和新能源、可再生能源，推动能源生产和消费革命，建设美丽中国。风电作为重要的战略性新兴产业，具有广阔的发展前景和市场空间。国家能源局副局长刘琦在2012北京国际风能大会暨风能展开幕式致辞中表示，中国是目前全球风电装机最多的国家，截至2012年底，全国风电装机将超过6000万千瓦。

2012年12月18日，国家能源局在《关于增补部分省、自治区“十二五”风电核准计划项目的通知》中称，为促进我国风电产业持续发展，加快风能资源开发，同意将前期工作充分、电网接入条件落实、并网和消纳条件较好的备选项目，列入“十二五”风电项目增补计划，共计112个项目，总规模521万千瓦。综合统计表明，国家能源局核准全国第二批风电项目计划，各类项目共计2528万千瓦。加上第一批风电项目计划，国家能源局核准的风电项目总装机规模已达5411万千瓦。种种利好政策为风电行业送来阵阵暖风，也为风电行业未来发展注入了新活力。

华锐风电肩负重大装备国产化的历史使命，以向全世界、全人类奉献清洁能源为己任，以“挑战、创新、超越”为核心企业文化，以技术创新、国产化、规模化、大型化、国际化、服务一体化作为长期发展战略。在未来的发展中，华锐风电将凭借一贯品质和多年积淀，通过管理方式上的调整改革，优化结构精简流程，提高产品质量，进一步开拓市场，加快企业文化建设，为推进中国生态文明建设，推动新能源生产和建设美丽中国奉献力量。

第十节　英利集团：生产老百姓用得起的绿色电力

一、集团概况

很多人知道英利集团是从2010年南非世界杯足球赛场上的汉字广告“中国英利”开始的，而英利集团开始追求“生产老百姓用得起的绿色电力”却是从20世纪末就开始了，它是中国最早从事太阳能光伏产品生产的企业之一。英利集团创建于1987年，1998年开始进入太阳能光伏领域。秉承一种强烈的社会责任感，凭着自身所具有的综合实力，在产业发展中敢为天下先，抓住全球光伏产业高速发展的十年机遇，踏准节奏，积极进取。截至目前，英利集团总资产已达366亿元，员工人数超过26000人，2012年光伏组件出货量达到2.2千兆瓦，全球光伏组件销量第一，为中国的新能源事业发展发挥了积极作用。

二、社会责任力推企业发展

“社会责任”是很多企业的追求。受太多条件限制，“社会责任”在很多企业又只是一句口号。英利集团创建20多年来，特别是1998年进入光伏产业以来，在经营业绩、企业规模不断扩大的同时，始终把社会责任作为企业的最高追求。在英利集团保定和海口的厂区，“生产老百姓用得起的绿色电力”不仅是一句口号，更是它努力实践的事业。

人类因环境保护和传统能源的开采期限问题，开始了对新能源事业的探讨征程，特别是像中国这样能源短缺的国家，新能源的发展问题尤为紧迫。但是新能源发电因为其技术和规模原因所限，其成本竞争力目前远差于传统能源。2009年，光伏发电的成本约为每瓦4元，是传统能源发电的10倍。为了加速实现光伏发电的经济性，力争使中国的光伏事业走在世界前列，包括英利集团在内的中国光伏企业进行了不懈的努力。2009年，国内第一个大型光伏电站——敦煌光伏电站建设招投标时，在其他竞标人报出发电成本每瓦2~3元的价格区间情况下，英利集团报出了0.69元的价格。用英利集团的话说就是：要让全社会都知道光伏发电并非高不可攀。英利集团始终坚持“民族企业、民族品牌、民族企业的责任”的崇高追求，努力向技术、规模和管理要效益，不畏社会的各种非议，执着追求更低的光伏发电成本。经过短短的三年时间，在国家有关部门的大力支持下，通过中国光伏企业的共同努力，到目前光伏发电成本在经济发达地区已经接近传统能源发电成本水平，这其中英利集团发挥了积极的作用。在“生产老百姓用得起的绿色电力”的同时，中国光伏产业的发展也走在了世界的前列，为中国新能源发展战略抢占了先机，其成绩举世共睹。

为了把这种社会责任感真正地融入企业的日常生活和每一个员工的内心世界，把一句口号变为每一员工的精神追求，10多年来英利集团坚持通过多种活动和组织形式，努力实践把一句口号凝结为企业的精神，并转换为企业强大的竞争力。例如在光伏产业残酷整合最困难、许多企业纷纷停产裁员的时候，英利集团两次举行誓师大会，公开表态不裁员、不减薪，并用“勤奋、诚实、道德、忠义”激励员工，共同渡过光伏行业严冬。在极大地鼓舞了士气的同时，增加了企业的凝聚力和对企业目标的认同感。再如，作为一家民营企业，10多年来一直探讨通过共产党组织、车间班组等组织形式把服务社会这一追求加以制度化，深入化。在英利公司，每一个员工的工服上都印有国旗，每一个党员都必须佩戴党章，每一个集体都要强调共产党员的先锋模范作用，并用他们的精神影响、鞭策其他群众。2010年，英利集团被中共中央组织部评为全国先进基层党组织。

三、集聚人才、打造技术核心竞争力

光伏产业规模化发展以来，中国的起步时间几乎与世界同步，但是由于国外先进国家在研究方面要远远早于中国，使得早期有关光伏产业的核心技术和主要装备制造要领先于中国。包括英利集团在内的中国光伏产业为了尽快弥补这一差距，通过持续艰苦的努力，正在不断改变这一被动局面。英利集团在集聚科技人才、开展重大科研项目方面始终做着不懈的努力。投产才两年的英利海南公司，到目前已申请专利24项，其中发明专利5项，实用新型专利19项，已完成和正在进行中的公司级科研项目共50多项。而英利集团的核心技术竞争力又集中体现在光伏组件的“熊猫”系列和“六九硅业”两大方面。

光伏发电竞争力的重要体现是电池板的光电转换效率。很久以来，英利集团集中专业人员，结合国内外先进经验，终于开发出了具有国际先进水平的“熊猫”系列，并通过持续的研究提高，使得目前“熊猫”系列的光电转换率达到19.5%，生产成本比其他企业同类产品要低30%，成为业内公认的全球光伏电池板最具竞争力的企业，2012年组件销售量全球第一。

英利旗下的“六九硅业”作为河北省重点产业支撑项目，采用目前世界上最先进的“新硅烷”工艺生产高纯硅材料，实现了全闭环、零污染、无泄漏、低耗能、高品质。在引进、消化、吸收国际先进技术的基础上，进行自主创新，拥有了多项核心技术，并申请了国家专利，形成了独有的新硅烷法生产工艺。为了保证知识的独创性和专有性，“六九硅业”筹建之初，英利集团在引进技术人才上开拓思维，打破常规，不只是简单地引进一两名研发人员，而是买断一支国际顶尖水平的技术团队，由这个团队来负责多晶硅厂的设计支持、工艺流程制定、设备安装及调试指导、生产员工培训、设备维护维修等工作，这也是企业技术创新的一个突破性发展。在这个团队的引领下，“六九硅业”培养起了一批专业型人才，在学习他人技术的基础上，实现了自己的多项技术创新，并已成功申请4项国家专利。“六九硅业”冲破了国际技术封锁。

在推动科技进步方面，英利集团还形成了特有的鼓励所有员工共同参与科研活动的良性机制。英利集团董事长苗连生经常挂在嘴边的一句话是“失败了算我的，成功了是你的”。这让英利集团形成了浓厚的创新氛围，平均不到两天就会诞生一项新技术。2012年9月，英利集团举行第一届技术创新博览会，其中一个重要展示内容就是员工科技创新结果。会上展示的“一变三接线盒”创新项目，每年可节约2000万元；“太阳能新型刮刀”创新项目按1千兆瓦的产能计算，每年可节约制造成本1500万元；“新型石墨舟”创新项目，保守计算每年可以节省设备维修费用250万元；“清洗机纯水循环利用”创新项目，每年节约费用179万元。而这些创新并非来自于科研院所的专业人员，均是出自英利集团普通一线员工之手。创新赋予英利集团技术、成本等多方面的优势，这些优势直接转化为市场竞争的优势。当前英利集团正努力依靠技术创新实现企业转型升级，进行“第三次创业”。

英利集团目前拥有科技部光伏材料与技术国家重点实验室、能源局国家能源光伏技术重点实验室、博士后工作站等科研平台。共承担国家863计划课题3项，973计划2项，国家科技支撑课题计划1项。同时掌握大容量磁悬浮飞轮储能技术、N型硅高效太阳能电池生产技术、类单晶硅生长及缺陷控制关键技术研究、采用“新硅烷法”制备高纯硅四大国际领先技术。

四、金融护航、助力腾飞

能源行业属规模经济，要使这一规模经济得以长期、稳健发展，强大的融资能力十分关键。特别是在当前光伏产业残酷整合、国内融资环境极为不利的情况下，努力获取规模、持续的融资能力，是保证企业生存、发展的独特竞争力。英利集团作为一家民营企业在先天不足的融资环境中，不断摸索、积极探讨通过境内外多种方式的融资办法，努力解决企业生存、发展所需的资金问题。这一努力业已成为英利集团有效的竞争力，并在实际生产中发挥了巨大作用。

为了企业在各种环境下的持续发展，深谙金融重要意义的英利集团董事长苗连生专门进入高等院校学习金融课程。基于这一清晰思路，英利集团在近些年的发展过程中不断通过股权融资、银行贷款和债券融资多种形式，为企业的高速发展提供资金支持。2007年6月，英利绿色能源控股有限公司成功登陆纽约证券交易所后完成发行股票26550000股，筹集资金2.745亿美元；2007年12月，英利绿色能源控股有限公司成功发行票面总额1.725亿美元的零息可转换债券，筹集资金1.682亿美元；2009年1月，英利绿色能源控股有限公司对挚信资本定向发行价值4940万美元的可转换债；2009年1月，英利集团与香港ADM签订一份三年期信贷协议，贷款总额可达8000万美元；2009年4月，英利集团提取贷款5000万美元；2009年6月，英利绿色能源控股有限公司成功增发18390000股，筹集资金2.273亿美元。2012年初，英利集团成功发行了15亿元的中期票据。

作为一家实体经济，英利集团在发展过程中不断地尝试金融创新。2011年底，英利集团成立了注册资本为1000万美元的天津鑫海融资租赁有限公司，主要从事光伏产品、光伏电站设备等融资租赁业务，也开创了国内光伏行业融资租赁的先河。其流程可以概括为“售后回租”，即在建好光伏电站后，将电站卖给租赁公司，实现迅速回流资金；再从租赁公司把电站租回来，用电费收入支付租金；租赁公司购买电站的资金由自己出资10%，再加上银行出资90%。“用10%资本金，撬动了90%资金。”运用全新的资本运作和融资方式，为英利集团光伏完整产业链向上、下游产业延伸发挥了重要的作用。

五、铸世界品牌，扬名企风范

光伏产业在全球范围内，在相同技术路线条件下属于加工行业，除了技术和规模优势，品牌优势在企业间竞争中发挥着十分重要的作用。英利集团自从进入光伏产业，始终把企业定位设立在国际领先企业的标准上，并努力打造国际著名品牌。其中运作最成功的就是赞助2010年的南非世界杯足球赛，取得了意想不到的影响力。

为了做好通过赞助世界杯足球赛达到最佳的提升企业品牌效果，英利集团采取了站在国家影响力的独特角度努力开展工作。在与国际足联谈判的过程中，英利集团提出在世界杯赛场上的广告不能像其他赞助商一样只有英文商标，破天荒地请求国际足联在赛场上打出中国汉字并冠以国名，这一从未有过的先例让国际足联的官员们一度深感为难。为了实现这一目标，董事长苗连生从北京飞到瑞士，又从瑞士追到南非，历时3个月，行程数十万公里。苗连生的执着和诚恳终于打动了国际足联，使得这一英利人的崇高追求得以实现。事实证明，这一选择和定位是正确的，不仅树立了国家形象，在让更多人了解中国新能源事业的同时，英利集团的企业形象也得到了极大的提升。受其影响，上市公司英利绿色能源的股价在6月7日至7月23日上涨了4.09美元，涨幅达48.6%，总市值增加6.12亿美元。南非世界杯足球赛后，英利集团收到的2011年订单是当时产能的2倍多。2010年出货量实现1千兆瓦，全球市场占有率接近10%。赞助足球世界杯的品牌推广策略，不仅提高了企业知名度，提高了国家影响力，也让更多人了解了新能源事业，成为中国产业界品牌推广最成功的案例之一。

品牌是企业的核心竞争力之一，品牌的提升又不简单限于广告的作用，它是企业综合竞争力的集中体现。强烈的社会责任感、孜孜追求的科技创新结果、不断形成的融资能力等优秀的因素在构成英利集团综合竞争力的同时，伴随他们的进步又逐渐形成了英利集团持续的品牌影响力。在光伏产业界，英利集团的每一个经营行为都已成为业内关注的热点。这一看似巨大的广告效应，其实已经变为光伏产业进步的一种动力。

第十一节 金风科技：加快海外布局，以本地化推动国际化

一、企业概况

新疆金风科技股份有限公司（以下简称“金风科技”），在2011年中国能源集团500强中位列第83位，是中国风电设备研发及制造行业的领军企业和全球领先的风电整体解决方案供应商，业务涵盖风电机组研发、制造和销售，“一站式”风电服务及风电场投资、开发和销售等多个环节。其中，风电服务是金风科技未来业绩持续增长的关键点之一。为保证公司竞争力，金风科技从风能资源评估开始，业务一直延伸到项目建设和后期运维阶段，涵盖风电场运营的整个生命周期。金风科技还为风电场运营者和投资者提供已经完成前期投资并安装有金风科技直驱永磁机组的风电场，使客户的风电场投资价值实现最大化。金风科技同时在深圳证券交易所（股票代码：002202）和香港联合交易所（股票代码：2208）上市。

风电行业20余年的丰富经验和超过15年的专注研发，使金风科技的风电机组产品不仅享誉国内，而且受到国外市场的青睐。迄今为止，金风科技的产品已经成功地运用到全球六大洲的17个国家的风电场项目。

二、海外布局的战略举措

2012年5月，金风科技经历了里程碑式的事件。随着其国际市场最大的风电场项目——总容量为109.5兆瓦的美国伊利诺斯州Shady Oaks项目的建设完成，金风科技已在全球完成近7000台直驱永磁风电机组的吊装，总容量达1000万千瓦。

在国外各类运行环境中，金风科技部署了能够适应不同环境的定制机型，譬如厄瓜多尔的高海拔项目、智利的低风速项目、巴基斯坦的高温项目、美国明尼苏达州的低温项目，此外还包括抗冰冻、潮间带和近海型整机产品。

（一）以本地化推动国际化

金风科技始终秉承“以本地化推动国际化”的理念来开拓国际市场，通过在技术、人才、市场、资本和管理五个维度进行本地化运作，着力于推动当地就业和推出适应性、多样化的产品来提高其国际化水平，不断提升产品竞争力。

在其服务的所有海外市场，金风科技都符合“负责任合作者”这一形象。在一些关键的区域市场，金风科技聘用当地团队管理市场和营销工作，建立本地供应链，启用当地融资，投资建设风电场，并提供一站式风电服务。截至2012年9月，金风科技国际业务团队的工作人员已超过300名，分别服务于北美、中美和南美、欧洲、澳大利亚、亚洲、非洲等海外市场。这些海外市场的业务团队中，95%以上是经验丰富的当地优秀技术人才和管理人才。

全球化管理和当地智库策略确保了金风科技在海外拓展过程中持续取得成功。2011年，金风科技海外市场销售收入占集团总营业收入近10%，这一数据到2015年预计将达到30%以上。截至目前，金风科技海外项目总容量超过500兆瓦，2011年，金风科技机组出口量占比中国市场出口机组的80%以上。

（二）以产品国际认证助推市场拓展

除了不断扩展的国际化步伐，金风科技的产品设计和生产工艺也获得了全球认可。其GW 87/1500低风速机组已经获得德国汉德TÜV Nord设计认证，证明该机组各项设计符合国际标准，这有利于推动金风科技深度拓展海外市场。GW 87/1500型风电机组的风轮直径为87米，额定功率1.5兆瓦，专为年平均风速在6~8米/秒的IEC三类风区设计。

2012年9月，金风科技的GW 93/1500超低风速风电机组获得了北京鉴衡认证中心（CGC）的设计认证证书，这表明GW 93/1500型机组各项设计符合行业认证标准和国家相关安全标准，并与国际认证标准体系接轨，为产品进入国际市场创造了条件。

GW 93/1500超低风速风电机组的风轮直径为93米，额定功率1.5兆瓦，专为年平均风速低于6.5米/秒的IEC四类弱风区设计。该机组是目前国内市场1.5兆瓦整机产品中风轮直径最大、发电效率最高、度电成本相对较低的产品。根据设计要求，该机型在年平均风速5.5米/秒（标准空气密度和瑞利分布）条件下年发电小时数可达2000以上。

目前，公司还宣布其2.5兆瓦直驱永磁机组成功通过中国电力科学研究院（以下简称“电科院”）现场进行的零电压穿越测试。2011年，公司还先后完成了1.5兆瓦机组ETL认证和2.5兆瓦机组CE认证，表明该项产品满足北美市场和欧洲市场安全准入标准。另外，公司研制的1.5兆瓦直驱永磁机组还于2011年7月成功通过由德国劳氏船级社Garrad Hassan（GL）现场进行的零电压穿越测试，表明机组具备零电压穿越能力，高于中国国家标准要求。

公司目前正在推动更多机型的国际化认证，并已经与GL、DNV、TÜV等国际认证机构建立良好合作关系，助力直驱永磁机组在海外市场获得更大范围的认可。

三、取得的成绩

自从2010年金风美国有限公司（以下简称“金风美国”）成立以来，公司在美洲地区已经取得了18个风电项目，总装机容量超过300兆瓦。其中包括美国的14个风电项目，以及中美洲巴拿马的Penonome风电场、南美洲厄瓜多尔的Villonaco风电场和智利的Negrete和Ckani风电场。

美国Shady Oaks风电场项目是金风科技迄今为止最大的海外风电项目，总计有68台1.5兆瓦和3台2.5兆瓦机组吊装，目前已成功并网，为大芝加哥地区的家庭和商业供应着经济和清洁的可再生能源电力。

2012年6月，金风科技宣布将为美国佛蒙特州一个由当地银行融资支持的风电项目供应2.5兆瓦风电机组，这是金风科技在美国的首个2.5兆瓦直驱永磁机组供应项目，该项目发电量将满足约4200户当地家庭的日常消费。

在一段时间内，金风美国在拉丁美洲也收获颇丰。由于在智利、巴拿马和厄瓜多尔的整机产品销量已接近200兆瓦，从而奠定了总部位于芝加哥的金风美国在竞争日益激烈的美洲市场中的领先位置。

在非洲市场，金风科技的表现也相当活跃，其在非洲的第一个项目——埃塞俄比亚Adama风电场已经成功并网发电，包含34台1.5兆瓦直驱永磁机组。为表彰Adama风电场项目对非洲可再生能源发展的示范作用，“2011年度非洲最佳风电项目奖”授予了金风科技。

同样，金风科技在澳大利亚市场的发展也取得了不俗业绩。2012年6月，金风科技完成了其在澳大利亚的首个风电项目Mortons Lane风电场的转让，目前该项目已经建设完成，已经于年底前并网运行，装机13台1.5兆瓦直驱永磁机组，是澳洲市场的首个直驱机组项目。2012年7月，金风科技在澳大利亚开发的第二个风电项目Gullen Range风电场已获得了当地电网公司Transgrid的并网许可，该风电场成为首个使用金风科技2.5兆瓦风电机组的澳大利亚项目，也是中国企业在澳洲的最大风电项目。

最近，金风科技与泰国达成了一份协议，将向该国THEPPANA风电场项目提供风电机组，这标志着金风科技首次打入东南亚市场。2012年9月，金风科技与泰国国家电网公司下属子公司EGCO（Electricity Generating Public Company Limited）签订了一份合同，将向EGCO泰国首个风电项目THEPPANA风电场提供3台千兆瓦109/2500低风速型永磁直驱风电机组和SCADA风电场中央监控系统。至此，金风科技2.5兆瓦机组也已成功进入美国、澳洲和泰国市场。

金风科技执行副总裁兼金风国际首席执行官王海波认为："得益于全面的国际化战略，金风科技不仅在美国、澳大利亚等风电成熟市场取得了显著业绩，开发了大规模的风电场项目，同时也在拉丁美洲、非洲和亚洲等新兴市场积极布局。在巴基斯坦、泰国等亚洲国家成功获得新订单也说明金风科技的机组产品和服务正逐步获得全球客户和风电市场的认可。"

四、未来之路

尽管风电产业面临着全球经济低迷、产业重组和国内外竞争激烈等各种挑战，金风科技仍然坚持不断创新的理念，维持着特有的战略价值。面对复杂和偶有不利的产业环境，金风科技持续加大研发投入，加快新产品开发步伐，持续优化现有产品，优化风电场全生命周期管理和成本控制，并通过相应的服务提高风电场发电效率，提高客户的最终收益，致力于通过一流的技术、一流的产品和一流的服务不断拓展全球风电市场。

第十二节　东方电气：科技创新体系的升级与实践

一、集团概况

中国东方电气集团有限公司（以下简称"东方电气集团"）是中央确定的涉及国家安全和国民经济命脉的53家国有重要骨干企业之一，属国务院国资委监管企业。

东方电气集团可批量制造单机最大到1000兆瓦等级的火电机组、单机最大800兆瓦等级的水轮发电机组、1000兆瓦~1700兆瓦等级核电机组主设备、重型燃气轮机设备、风电设备、太阳能电站设备及大型电站锅炉烟气脱硫脱硝，大型化工容器等产品，约占中国国内火电市场份额的1/3和水电市场份额的50%，核电、风电居于国内领先地位，已形成"六电并举"的产品格局。东方电气集团拥有国家级企业技术中心，以大型发电成套设备、电站工程承包和电站服务为主业，具备大型发电设备的研发、设计、制造和电站工程总承包能力，致力于改善人类生存环境，积极发展清洁能源。东方电气集团积极拓展海外业务，产品运行在世界各地，从1994年起，连年入选全球225家最大工程承包商之列。

2012年，东方电气集团突出"做精主业、优化配置、精细管理"的年度工作重点，团结拼搏，攻坚克难，开拓进取，各项工作取得新进展，保持了平稳持续的发展态势。全年估计实现营业收入422亿元，全年估计完成发电设备35592.5兆瓦。

二、着眼发展，成立中央研究院

作为一家有50多年历史的企业，科技创新一直是东方电气集团的持续性工作。经过数十年的努力，集团公司所属各企业为满足生产和技术升级需要而各自建立了相应的产品研究所，构成了科技创新体系的基础。随着集团公司的发展和“走出去”战略的实施，在与国外一流企业同台竞技的日益激烈的市场竞争下，“科学可持续发展”对科技创新体系提出了更新更高的要求。

以前，分布在各子企业的研究所主要支撑企业当前产品生产经营的需要，开展产品优化和升级换代的开发工作。集团公司没有承担前瞻性、共性和集成性技术研发和储备的顶层研发部门，缺乏开展应用性研究的能力和技术储备，难以对已有的基础研究与工程化技术应用进行衔接，造成原始创新能力的缺乏。从集团战略发展角度来讲，由于没有对前瞻性技术进行研究和跟踪的专职研发部门，对未来技术发展的趋势难以获得第一手资料，缺乏对技术经济的敏感，对新产业、新技术领域的涉足缺乏有效的技术支持和分析能力，不利于形成具备技术引领产业发展的能力。

由此，经过一段时间的论证，集团于2007年在国家级技术中心原有透平研究所、电机与水机研究所、锅炉与压力容器研究所、中小发电设备研究所、核岛重型装备研究所、电站辅机研究所、变频技术研究所、工业自控研究所、峨嵋半导体材料研究所9个研究所的基础上，组建成立了中央研究院，新成立了系统集成研究所、信息化研究所、智能装备与控制技术研究所、新能源与发电技术研究所和核设备设计所。自建立之日起，中央研究院就被赋予了“技术战略智囊团”、“高端人才聚集地”、“核心技术孵化器”的使命，在东方电气科技创新体系构建中具有里程碑意义。通过5年多的努力，中央研究院这一平台带动起了全集团科技创新体系的完善和升级。自此，以中央研究院为核心，以国家级企业技术中心为平台，13个研究所和1个设计所形成了覆盖全集团、多层次的科技创新体系。

中央研究院的成立，源自整合集团科技资源、提升核心能力、培育打造一流企业的发展战略，基本解决了原有科技创新体系存在的不足，加强了集团公司科技管理的力度和水平。这既是对国家“自主创新、重点跨越、支撑发展、引领未来”科技发展方针的落实，又是东方电气谋求科学可持续发展的战略举措。

三、汇集人才，坚实创新体系基础

人才是自主科技创新的基础。中央研究院是东方电气集团的“人才特区”，具有广泛吸引人才，组建并培养高水平的科研队伍，形成市场化、有竞争力的创新创业导向。

2007年以来，东方电气集团放眼全球，不拘一格采取灵活多样的方式寻觅吸引学科带头人、行业领军人物等高层次成熟人才，充分利用中央研究院的人才聚集平台作用，积极打造人才高地，服务全集团。2010年，加拿大籍华人、国际质子膜燃料电池领域高层次人才汤浩博士加盟东方电气，组建团队开展质子膜燃料电池技术研究，并入选国家“千人计划”。

开放性的人才引进机制，吸引了大批高层次人才和领军人才汇聚东方电气。5年间，中央研究院人员规模达270余人，其中千人计划入选者1名，博士42名，硕士152名，形成了多支面向清洁煤气化技术、高效太阳能光伏技术、高效低成本储能技术、机器人、电动汽车、新型电力电子系统等方向的具备较强研究开发能力的研发团队和面向电站设计的工程设计队伍。

在培育和打造高水平科研队伍的同时，先后引进和派出多名高水平研发人才支持各企业科技创新工作，在大型水轮机水力研究、电动汽车电驱动系统、太阳能光伏技术等方面为各企业自主研发和新产品开发提供智力支持和技术支撑。

中央研究院在科研团队的组建和实验室的建设上，给予了充分的自主和支持。煤气化基础实验室、质子膜燃料电池实验平台、储能实验室、智能装备与控制技术实验室、电力电子实验室等一大批具备一流研发条件的科研基础设施已经建成并投入使用，极大地提升了集团公司研发工作的效率和水平。同时，通过成立院士工作站、与中国科学院签订战略框架协议、与高校联手研发项目等产学研合作，为开展高层次科研合作搭建了平台，更为培养创新型领军人才创造了条件。

在引进人才的同时，鼓励创业创新的分配机制和激励机制也在逐步完善。2008年起设立的“创新奖励基金”，已先后表彰了5名为集团公司科技创新工作做出重大贡献的科技工作者。每年一度的集团公司科技进步奖评选表彰大会成为集团科技战线的盛会，激励广大的科技工作者投身科技创新事业，为集团公司科技发展做出积极贡献。

四、矢志创新，提升核心竞争力

东方电气科技创新体系以立足于客户市场，用主动创新引领客户的发展目标促进了核心竞争力的不断提升，形成了既兼顾以支撑当前的生产经营为主要目标的产品创新，又涉足前瞻性、探索性、战略性的超前高端研发的多层次分工合理的科技创新格局。

中央研究院从事的前瞻性技术、共性技术和集成技术研究，在有力的科研投入保障下，不断取得进展。依托优秀的研发团队和高水平的基础试验设施，中央研究院已开展了40项科研项目的研究开发工作。目前，部分科研项目已经结题，取得了较高水平的研究成果，不少项目的阶段性成果也已经在集团公司生产经营中得到应用，获得了应用单位的肯定。这些研发工作的开展，为新产品开发、新产业发展提供了技术支撑和储备，为逐步培养出一批科研能力强的技术带头人创造了条件。

分布在各子企业立足于产品制造技术的各类产品开发研究所，重点支撑了企业主导产品研发和生产经营的需要，为做好产品优化升级提供着源源不断的创新动力。大型水电设备、水力开发能力已经居世界第一梯队，自主研发和设计的三峡右岸机组、溪洛渡机组水力设计性能指标达到国际先进水平，世界单机容量最大的75兆瓦贯流机组在瑞士通过了第三方模型试验验收；自主开发的世界首台1000兆瓦超超临界空冷机组在华电宁夏灵武电厂二期工程成功投入商业运行；自主开发并成功投运了 300 兆瓦循环流化床（CFB）锅炉、600 兆瓦超超临界“W”火焰锅炉，世界首台 600 兆瓦循环流化床（CFB）锅炉完成了自主开发和设计制造；100 万千瓦级核电核岛、常规岛设备制造技术保持了国内领先，第三代核电常规岛设备设计、自主开发的工作进展顺利；自主开发的 1.5 兆瓦~3 兆瓦双馈式风电机组和 1.5 兆瓦、2.5 兆瓦直驱型风电机组顺利投运；晶硅电池成功实现光电转化效率 18.52%量产工艺的开发，处于国际领先地位。这些成绩，是集团公司不断完善科技创新体系，不断加强自主科技创新，提升核心竞争力的有力例证。

“十一五”期间，依托国家重点工程建设和几十项重大装备国产化科技攻关项目，集团公司狠抓能源装备新产品、新技术开发。累计获得省部级以上奖励 40 多项，其中国家科技进步一等奖 3 项、二等奖 3 项；中国机械工业科学技术特等奖 2 项、二等奖 3 项；中国电力科学技术一等奖 3 项。2005 年，集团公司拥有有效专利 90 项（其中发明专利仅有 12 项），经过 7 年努力，截至 2012 年底，东方电气集团拥有有效专利 609 项（其中发明专利 173 项）。

五、战略智囊，助力集团科学发展

科技创新体系不仅要服务于集团公司技术和产品创新还要积极支撑集团公司科学可持续发展战略的谋划。

通过开展电站工程项目设计和工程咨询，中央研究院为集团公司工程建设总承包等业务的开展、“走出去”战略的推进提供了强有力的技术支撑；通过对先进信息技术在研发、制造和管理中的应用，极大地提升了集团公司的信息化管理水平。为集团公司“三个转变”的结构调整，以自主创新支撑可持续发展打下了坚实基础。通过高层次人才和专业团队根据能源产业的发展趋势对前瞻性技术研究方向进行分析和判断，以供集团公司做出科学的战略决策，为未来产业发展、新产业开拓和抢占技术制高点进行了准备和部署。目前，已有的前瞻性技术研究即是在这样的分析和判断基础上做出的战略决策，对于东方电气的科学可持续发展，乃至整个能源产业的未来有着非常重要的意义。

科技创新体系的完善升级，也使得东方电气集团的科技管理能力显著提升。重大科研项目在企业立项和执行过程中，中央研究院在进行充分的可行性论证后，肩负起项目执行监督指导、技术配合援助、技术评审验收的职能，确保了集团资源的有效利用。在集团涉足新产业新领域时，中央研究院相关团队对目标进行全面的技术分析和论证，辅助集团做出科学可行的战略规划和决策。与科技创新体系相配套，东方电气研发投入占产品销售收入比例一直保持在 3.5%左右，为企业创新能力建设提供了重要保障。

科技创新体系的完善升级，更好地承担了产品技术升级和新产业发展的技术引领，成为技术储备、增强发展后劲和形成新的经济增长点的重要依托，更使得核心竞争力和远期效益更多地渗透在科技战略和规划当中，为企业长期发展战略提供了强有力的技术支撑。从打造科技创新优势平台到带动科技创新体系的整体完善升级，再到逐步引领企业提升自主创新能力，东方电气中央研究院一路走过的 5 年，将集团数十年发展积攒的科技创新基础逐渐引向转化升级为引领企业科学发展的核心竞争力。这一成功实践不仅增强了技术资源的协调和配置的管理力度，更让东方电气对自身在能源装备产业中的发展和作为有了更多的信心和把握。

第十三节　山西焦煤集团：深度挖掘，用活资源

一、集团概况

山西焦煤集团（以下简称“山西焦煤”）有限责任公司，在2011年中国能源集团500强中位列第19位，组建于2001年10月，是我国煤炭行业第一家以资产为纽带，由原西山煤电、汾西矿业、霍州煤电三家国有重点煤炭企业合并重组设立的煤炭大集团，是以煤炭开采洗选、发电、焦炭化工、物流贸易为主业，兼营建筑建材、机电修造、民爆化工、煤层气开发利用、矿用材料生产加工、商贸服务等产业的多元化大型企业集团，也是国内目前规模最大、品种最全的炼焦煤生产企业。旗下设12个子分公司，其中7个煤炭产业公司，分别为西山煤电集团公司、汾西矿业集团公司、霍州煤电集团公司、华晋焦煤公司、煤钢联能源公司、煤炭销售总公司和投资有限公司。5个非煤产业类和现代服务型子（分）公司，分别为山西焦化集团公司、国际发展公司、国际贸易公司、财务公司、公共事业发展公司，拥有西山煤电股份公司和山西焦化股份公司两个中国A股上市公司。主要产品有焦煤、肥煤、1/3焦煤、气肥煤、瘦煤等，其中强黏性焦煤和肥煤均为世界稀缺资源，具有低灰、低硫、低磷、黏结性强、结焦性好、焦炭热强度高等特性。

公司现有六大主力生产和建设矿区，下辖101座煤矿，总产能13780万吨/年；洗煤厂28座，入洗能力8925万吨/年；焦化厂5座，焦炭产能1060万吨/年；坑口综合利用电厂7座，总装机2168兆瓦；煤层气及余热余气电厂8座，发电装机153兆瓦。2010年，原煤产量产量10129万吨、精煤产量4032.9万吨、商品煤销售量8031万吨、发电量59.27亿度、焦炭产量705万吨、销售收入1020亿元、利润50.6亿元。销售收入过千亿元、原煤产量跨亿吨的历史性跨越，使得山西焦煤成为国内第二家“双亿”级煤炭企业、山西第一家产量过亿吨的煤炭企业。

二、发展模式

山西焦煤集团既是目前山西省最大的煤炭生产企业，又是中国规模最大的优质炼焦煤生产企业。山西焦煤拥有稀缺的宝贵资源——炼焦煤，具有品种齐全、品质优良、生产规模大、市场占有率高等优势。基于此，山西焦煤集团发展模式定位为立足煤、延伸煤、超越煤，从煤炭的品种优势出发，变燃料为原料，变销售产品为销售服务、输出价格。

转型发展的总体立足点是能源化工。从能源方面来讲，包括煤炭输出和电力输出，充分发挥煤的燃料属性。从化工方面来讲，就是要大力发展化工新材料，同时还要按照循环经济理念，对加工利用过程中伴生的各类废弃物进行收集、加工、处理，打造出化工的产业链甚至化工产品。

企业转型是一个全方位、综合性的转型，山西焦煤的转型包含五个方面。其一是发展战略的转型，将企业发展战略目标定位为能源化工，将发展路径明确为从资源依赖型或规模速度型转向质量效益型。其二是产业结构的转型，解决能源重、化工轻，采冶重、制造轻，生产重、服务轻，材料重、加工轻的问题。其三是经济形态的转型，即从传统产品经济走向实体经济、金融经济、服务经济的多元化发展。其四是经营模式的转型。其五是体制机制的转型。这五个转型齐抓并重、加速统一，它们之间的相互促进和相互推动成为山西焦煤转型发展的重要力量。

在产业结构的调整上，山西焦煤大体有三个方向：第一，煤电路线，打造煤—电—材产业链；第二，煤化路线，打造煤—焦—化或是煤—化工产品产业链；第三，扶持和培育其他低碳的新型产业。按照“培育一个产业——打造一个竞争力”、“办一个项目——实现一次发展提升”的发展思路来实现产业结构调整，为此，集团提出了八字方针：“高端、集聚、循环、融合”。

“高端”是指走技术高端路线，引进、消化、吸收、应用高端技术，提升技术创新能力。“集聚”是对企业的存量产业进行有效整合，并将其他社会资源、市场资源按照产业发展规律加以重组，在集聚中见转型。“循环”是要变项目的竞争、产品的竞争为产业链的竞争，力求在绿色发展、循环经济方面，走出一条符合实际、符合企业发展的新路。“融合”是指在发展的过程中要善于和上下游、社会各方面相关联，推进相互之间的融合、融入，实现自身的提升发展。

为了适应企业的转型发展，山西焦煤集团把发展战略目标优化为“建设一个亿吨级现代型国际化能源化工大集团”，把发展战略确定为本质安全型支撑、规模品质领先、循环经济主导、新产业大力发展、经济多元化调整、和谐廉洁创新文化引领“六大发展战略”，从战略层面为企业转型发展做了科学定位。

三、做大做强煤炭主业，“煤炭航母”初现

山西焦煤认识到，要实现转型、跨越发展，首先应充分发挥煤炭主业的支柱作用。为此，山西焦煤在转变发展方式的过程中坚持做大做强煤炭主业，为企业整体的转型发展奠定了基础。

立足于优化矿井生产系统，合理生产布局，最大限度地提高单产单井水平。积极推广建设“一井一面”矿井，对设计能力在300万吨/年以上的矿井提出回采工作面控制在2~3个的要求，全员工效由2009年的6.551吨/工上升到2010年的7.26吨/工，其中霍州煤电有6座矿井形成“一井一面”生产格局。

加大装备投入和核心技术改造力度，努力加快采掘装备技术升级，提升煤炭开采效率。公司组建多年来共投入设备更新配套、科技费用和信息化建设资金145亿元，促进集团公司

综采率由72%提高到100%，综掘率由24%提高到93.56%，在薄煤层开采、三下采煤、大采高智能化、综采放顶煤技术应用等方面达到国内领先水平。一批大型现代化矿井建成、持续高强度装备技术投入，有力地促进了煤炭产业整体素质的提高。矿井单井年均产量由136万吨提高到282万吨，在岗职工效率由257吨/人·年提高到588吨/人·年，矿井资源回收率由56%提高到64.58%。目前，公司共有6座矿井达到400万吨/年以上的生产规模，其中西山煤电斜沟矿原煤产量突破1000万吨。

大力推进开掘工作上水平，积极开展万米掘进队伍建设，全年共建成万米综掘队2个，6000米综掘队21个，进尺完成情况首次好于产量完成情况。同时狠抓“采、掘、抽”生产衔接和环节配套，确保了矿井产能的正常发挥。

积极推进资源整合兼并重组工作，共整合地方煤矿169座，整合保留69座，新增井田面积657.3平方公里，地质储量59.27亿吨，规划产能7086万吨/年，目前协议签订率、矿井接管率、资金补偿率、应关闭矿井关闭率达到100%，这为山西焦煤集团主业发展奠定了具有决定性意义的基础。

大力实施“精煤战略”，强化煤炭洗选、储装运能力建设和存量入洗能力挖潜，原煤入洗率达到72%以上，精煤产量首度突破4000万吨。集中精力开展选煤厂技术改造，加快IF浮选机、TBS分选机等新设备、新工艺的应用，实现了洗选系统的正规作业与连续稳定生产。集团所属的汾西矿业取得原煤产量、入洗能力超3000万吨的喜人业绩。

通过实施上述措施，山西焦煤集团的煤炭产量得到了快速的增长。2010年，集团实现原煤产量10129万吨、精煤产量4032.9万吨、煤炭销售量8031万吨、销售收入1020亿元，分别是集团组建成立前的3.2倍、3倍、3倍、18.9倍，成为山西省第一家产量过亿吨的煤炭企业。

四、延伸产业链，发展循环经济，深度挖潜附加值

山西焦煤认识到，虽然搞煤化工要比单纯卖煤费事，而且卖煤的利润还可能高于煤转化的利润，从短期看，似乎有点不划算。但从长远来看，单靠煤炭产能的扩张、销量的增加、价格的上涨，只能是常规的发展、一般性发展。只有把煤炭下游价值链上的潜力充分挖掘出来，在延长产业链上下工夫，企业才能真正实现跨越发展。

山西焦煤集团拥有炼焦煤的资源优势，发展煤化工和精细化工得天独厚。从煤炭加工增值的角度看，煤炭炼焦可增值1倍，发电可增值2倍，制造甲醇增值4倍，甲醇深加工为烯烃等化工产品可增值8~12倍。山西焦煤凭借这一价值思维，逐步形成“煤—电—材”、“煤—焦—化”两条循环经济链条，最大限度地挖潜煤炭资源附加值。

在“煤—电—材”产业链建设上，山西焦煤下属的西山煤电公司投建的全国最大的燃用洗中煤坑口电厂——古交电厂，在一期已投产的2×300兆瓦工程基础上，二期2×600兆瓦预计2013年底建成，未来还将建设电厂的三期2×600兆瓦建设。届时，该电厂每年可消耗1000万吨的劣质洗中煤和煤矸石。此外，该公司已投产的白家庄3×50兆瓦煤矸石集中供热

热电联供电厂在2009年累计发电7.6亿度，为太原市1/10的居民供热，同时年消耗中煤和煤矸石达95万吨。

对于矸石发电所产生的大量粉煤灰，不再只单纯用来制砖，而是瞄准高端，在粉煤灰中提取二氧化硅、氧化铝，以及制取纤维，如此一来，粉煤灰的附加值提高了100倍以上。与此同时，集团下属的汾西矿业集团更是联合国内知名院校研发将矸石研磨成微米级粉，其中的微米颗粒可广泛应用于陶瓷、塑料和橡胶工业，投资成本为350元每吨，而销售价可达1300元每吨，市场前景广阔。该技术将开展10万吨示范工程项目，届时矿区排出的煤矸石有望被全部消化利用。

在打造"煤—焦—化"产业链方面，集团下属的山西焦化集团150万吨/年焦炉扩建项目二期工程已全面投产，焦炭年产能达360万吨。至此，集团初步建成了山西省首个300万吨级焦化工业园区，且具备20万吨/年的甲醇生产规模和30万吨/年的煤焦油加工能力。

五、开展横向联合、上下游合作，发挥集聚效应

山西焦煤集团加快与下游钢铁、焦化等优势企业的联合，探索更加紧密的产权、资本和项目合作方式，推动煤电、煤钢、煤港、煤路深层次战略合作，积极发展联合发运、港口配煤、上下游一体化等项目，丰富产业层次和经济结构，促进了集团高质量跨越式发展。目前已有15家下游和关联企业与山西焦煤集团建立了贸易、产权、资本和项目合作关系。

集团所属西山煤电集团公司出资10亿元，与首钢京唐钢铁联合有限责任公司在曹妃甸港共建了一座年产420万吨焦化厂，扩张焦化产业。同时，集团还与山西省焦炭集团公司签署了战略合作框架协议，以收购部分股权的方式，对焦炭集团公司的两个煤矿和三个焦化项目进行了资产重组，启动了"煤焦联合"。实施煤焦联合战略，既是山西焦煤转型必需，也是联合下游企业共同抵御市场风险，实现集团与上下游企业相互融合的重要举措。

六、建设示范基地，引领集群化、差异化发展

在各子公司扬长避短、争先发展的形势驱动下，山西焦煤集团提出建设"七大示范基地"，实施集群化、差异化发展。这七大基地包括：西山大型现代化矿井及循环经济示范基地；汾西优质炼焦煤生产加工示范基地；霍州安全高效整合矿井示范基地；华晋高标准瓦斯治理示范基地；山西焦化"煤—焦—化"产业链示范基地；以运销、国发、国贸为承载的物流贸易产业化发展示范基地；以投资、财务为承载的金融经济和资本运营拓展示范基地，这些基地已形成雏形，促进了山西焦煤各产业的集群化、差异化发展。

在示范基地建设之外，为进一步促进产业集群化发展进程，山西焦煤还成立了专业的产业发展局或公司。山西焦煤在界定四大主业的基础上对非主业的"八大行业"整体"打包"界定为新产业，两级集团公司成立了新产业局，形成了新产业板块化、专业化、集约化改革发展的体制支撑，在新上项目、培育龙头、专业化重组、改造提升、放开搞活等方面开展了

积极有效的工作；为促进集团焦化产业的健康长足发展，设立了焦化产业发展局，着手开展内部重组和对外整合，以尽快打造山西焦煤焦化产业的规模、市场、技术和产业链优势；着眼集团公共服务产业化发展和业务拓展，重组设立了公共事业发展公司，核心业务正在展开，工作起步较为顺利。

七、强化大营销观念，推进销售贸易一体化运行

山西焦煤集团是目前国内品种最全、质量最优、销量最大的炼焦煤“龙头”供应商，拥有101家企业组成的稳定终端客户群，有着相当的影响力和市场地位。

在总结应对2008年国际金融危机实践经验的基础上，该集团进一步强化大营销观念，推行销售贸易一体化管理，实行销售贸易统筹联动机制，统筹焦煤电煤、煤炭焦炭、主体贸易、省内省外大营销策略，促进了客户群巩固，推动了物流贸易产业的快速发展，提高了企业影响力和市场形象。

国际发展、国际贸易、香港资源三家物流贸易公司进入销售总公司日常运营，形成统一洽谈、自主衔接的销贸互保机制，促进了物流贸易产业的发展，三家贸易公司2010年实现营业收入415亿元，为“千亿焦煤”跨越发展做出了突出贡献。2010年，集团焦煤销量达到3533万吨，是组建前的2.79倍，占冶金焦化国内采购总量的8%，占18家大主体钢厂采购量的15%。

八、潜心安全，开启安全发展新征程

山西焦煤集团从成立伊始，就坚持把安全工作放在首位，每年第一个会议第一份文件说安全，立章建制最早最全面是安全，始终做到了不压产量保安全，保证投入促安全，专项检查和激励抓安全，集团上下形成了“安全第一”和“时时讲安全，处处讲安全，人人抓安全”的浓厚安全文化氛围，井上、井下安全硬环境不断改善，安全管理持续加强。

2009年，屯兰“2·22”特别重大事故的发生，使企业陷入空前危机。为此，山西焦煤集团痛定思痛，以更大力度加强安全生产工作，集中开展了“安全全面反思、理念根本转变、瓦斯彻底整治，大打安全生产翻身仗”活动，开展了“防治水、防灭火、运输提升、井上下突出隐患专项整治”百日行动，有力地推动了矿井瓦斯防治、防治水工作大提升，安全理念和干部作风实现大转变。当前，集团上下开展带班下井、手指口述、素质准入、应急演练、联点包片等安全管理创新活动的积极性空前高涨，“紧严细实廉”安全作风深入人心，各级领导和广大干部职工对安全重要性的认识更加坚定，对安全工作内在规律的把握更加理性，抓安全的自觉性和科学性明显增强，企业转入了探索安全发展道路的新征程。

集团公司安全费用提取标准由2.17元/吨提高到58元/吨，9年累计投入安全资金152亿元，实现了连续7年未发生重大事故，百万吨死亡率控制在0.107以下。加快安全高效矿井建设，共建成国家级安全质量标准化矿井8个，通风等专业示范矿井16个，专业防治水队伍

67 个，瓦斯发电站 3 个，实现高瓦斯矿井全部抽采达标。2010 年，未发生一次死亡 3 人以上事故，百万吨死亡率为 0.049，创历史最好水平。

九、推进民生建设，促进矿区和谐稳定

山西焦煤集团组建以来，坚持把民生建设、和谐稳定工作抓在手上，党政工团紧密配合，在维护职工利益为职工办好事办实事上狠下工夫，使企业改革发展的成果惠及广大职工群众，保持和促进了矿区和谐稳定。

2010 年在岗职工收入突破 6 万元，是组建前的 7 倍；大力推进棚户区改造和矿区生产生活条件改善，累计新建住宅 253.17 万平方米，职工人均住房面积达到 35.6 平方米，是组建前的 1.36 倍；开展扶贫济困送温暖活动，坚持走访慰问救济离退休职工、劳模、困难职工等各类人员，累计发放慰问救济金 18258 万元，发放助学金 918 万元；多渠道吸纳职工子女上岗就业 36258 人；新建改造医院、文体活动场所、公共福利设施等累计投资 26 亿元；特别是对老同志和井下职工坚持尽其所能，善待厚待，定期召开老干部老同志座谈会听取意见，大力度提高津贴补贴标准，改善职工劳动保护。在加强民主管理民主监督上狠下工夫，坚持职代会制度，组织领导班子年度考评和"一报告两评议"，实行矿务公开和区队工资分配公示，开展"万人问卷、千人座谈"活动，凡是涉及企业重大决策和职工切身利益的问题，都要充分听取职工群众的意见，并鼓励职工群众参与和监督。

十、"十二五"规划概要

"十二五"时期是山西焦煤集团转变发展方式的重要战略机遇期，集团将以强烈的机遇意识，立足于抓住机遇、抢先机遇，狠抓本质安全型企业建设、内涵式管理机制建设、人才队伍和职工队伍建设、党风廉政和企业风气建设以及企业和谐稳定建设等"五建设"，确保煤炭产量、销售收入、项目投资、资产总额、实现利税"五翻番"，实现发展战略、产业结构、经济形态、经营模式、体制机制等"五转型"，牢固奠定亿吨级现代型国际化能源化工大集团的基础，全面建成山西省品牌支柱企业、中国一流能源企业、全球 500 强企业。

第十四节　冀中能源集团：奏响发展转型交响曲

一、集团概况

冀中能源集团有限责任公司（以下简称"冀中能源集团"），在 2011 年中国能源集团 500

强中位列第13位，于2008年6月由河北金牛能源集团和峰峰集团联合重组而成的河北省属国有大型煤炭集团，并先后重组了华北制药集团，组建了河北航空投资集团和河北航空公司。目前，集团已发展成为以煤炭为主业，医药、航空、化工、电力、装备制造、现代物流等多元产业综合发展的特大型现代企业集团。

冀中能源集团资产总额1000亿元，煤炭资源储量260亿吨，拥有峰峰、邯郸、邢台、井陉、张家口、山西晋中和内蒙古7个生产矿区，下辖峰峰集团、华北制药集团、河北航空投资集团、冀中能源股份、邯矿集团、张矿集团、井矿集团、邢矿集团、山西矿业集团、机械装备集团、国际物流公司11个子公司，并拥有冀中能源、华北制药和金牛化工3家上市公司及河北省唯一的一家企业财务公司。

二、金融危机促转变

冀中能源集团重组之后便经历了国际金融危机带来的阵痛，也正是这场危机促使冀中能源集团加快了转变发展方式的步伐，并快速成长为一家以煤炭为主体，医药、航空为两翼的“一体两翼、多元发展”的特大型企业集团。

2008年国际金融危机爆发，煤炭行业遭遇了近10年来从未有过的发展低谷，煤炭市场由之前的兴盛转而走向疲软和低迷，市场需求大幅减少，煤炭价格直线下跌，国内众多的煤炭企业都不同程度地遇到了发展困境。冀中能源集团也不例外，刚刚组建就赶上了这场危机，经历了煤炭市场低迷的阵痛。这场金融危机促使冀中能源人对煤炭企业的发展进行重新认识和思考，他们认识到：一方面，煤炭企业会受到市场低迷的威胁；另一方面，新能源的蓬勃发展和低碳经济的发展也对传统煤炭产业产生了巨大冲击和挑战。企业要想增强抵御市场风险能力，迅速做大做强，就要在坚持以煤为主，低成本扩张的基础上，实施多元化战略，转变企业的发展方式。为此，随着对转变发展方式认识的不断深化，冀中能源集团通过积极探索和实践，走出了一条跨越式的多元发展道路。

金融危机之后，冀中能源集团深刻地认识到，必须加快转变发展方式，实现从粗放经营到集约发展，从单一产能到循环利用，从单纯增长到全面进步的历史性转变，适应行业发展趋势，增强企业抵御市场风险的能力。

三、优化经济布局，构建“一体两翼”现代产业格局

按照“力举主业，助推多元，集成优化，科学发展”的总体战略，根据产业和资源状况，经过两年多的调整完善，初步确立了“一体两翼”的产业布局。“一体”就是煤炭主业和煤基关联产业，“两翼”主要是指制药和航空。围绕这一布局，冀中能源集团大力实施结构调整，着力推进各个板块的协同发展。

（1）着眼安全高效、集约发展，做大做强煤炭产业。冀中能源集团组建之初，便以迅速提高煤炭产能，强化安全生产保障为主攻方向，着力对煤炭这一传统优势产业实施现代化改

造。一方面，投资12亿元，对17对骨干矿井实施技改，两年内先后建成年产500万吨矿井1个、400万吨矿井2个、300万吨矿井3个，产能提高近千万吨、百万吨以上矿井占到矿井总数的45%，开采机械化程度达到95%，东庞矿6.5米煤层实现了一次采全高，黄沙矿1.3米以下薄煤层实现了综合机械化开采，生产效率成倍提高；另一方面，瞄准国内外同行业先进水平，加快建设大型现代化矿井，先后开工建设了内蒙古鄂尔多斯、查干诺尔两个千万吨级矿井，山西文水300万吨级矿井等一批大型煤矿，发展后劲显著增强。2010年，冀中能源集团的煤炭产量实现了7022万吨的跨越，相当于组建前的两倍多。

（2）着眼循环利用、规模发展，延伸拓展产业链条。对冀中能源来说，调结构的重点就是由煤炭采选这一偏粗、偏重的上游产业，向电力、化工、装备制造、现代物流等下游高端产业延伸，使有限的资源创造更大的效益。目前，冀中能源正在着力打造石家庄矿山机械装备研发制造基地，沧州、邢台两个化工基地，以及邯郸煤电化、内蒙古鄂尔多斯和锡盟煤电化路以及山西文水煤电焦化建四个循环经济园区。特别是物流产业方面，冀中能源以煤炭物流为重点，全力推进石家庄内陆港物流中心、黄骅港国家应急煤炭战略储备基地、煤炭仓储物流基地、邯郸综合物流中心等项目建设，积极拓展物流领域，形成了内部物流、煤炭物流、非煤一体化综合物流、国际业务物流和增值物流服务五大业务板块。2010年，集团非煤产业强势崛起，物流销售收入达到550亿元水平，机械装备制造突破了年销售收入34亿元大关，实现了多元发展的跨越。

（3）着眼转型升级、精延扩张，积极发展朝阳产业。冀中能源集团发展非煤产业的另一个重要方面是，没有停留在煤基关联产业上，而是通过有选择地精延扩张和跨行业经营，发展以低碳经济为代表的朝阳产业，逐步摆脱对煤炭这一不可再生资源的过度依赖，实现在“多个篮子放鸡蛋”的良性发展。为此，凭借雄厚的资金实力、丰富的企业联合重组经验以及人才、管理、文化等方面的优势，冀中能源集团重组了华北制药集团，组建了河北航空集团，涉足制药和航空产业，成功实现了“黑到白”的产业延伸和“地对空”的空间腾跃。到目前为止，两者在冀中能源集团的领导下，发展态势良好，并将在“十二五”期间成为集团新的经济增长点。重组华北制药集团、组建河北航空集团，是冀中能源集团进军现代产业，构建现代产业体系的重大战略抉择。同时，制药和航空产业的开拓，使冀中能源集团告别了传统煤炭企业形象，逐步树立起现代化高科技企业新形象，“一体两翼，多元发展”的态势更加强劲。

四、发挥自身优势，实施精品战略，打造适应市场需求的多元产品体系

冀中能源集团始终密切跟踪市场变化，不断调整产品结构，实施精品战略，形成了一系列适应市场需求的高质量、高附加值的产品，满足了不同层次的用户需求，形成了强大的市场竞争优势，并也因此在金融危机期间成功实现了逆势而上，产业规模、经济总量、企业效益连年大幅攀升。

（1）煤炭主业实施精煤战略，走深度加工之路。投入巨资进行洗煤厂改造，本部矿区的

焦煤、无烟煤实现了全部入洗。两年来，冀中能源的精煤产量以每年两位数的幅度递增，实现了由以销售原煤为主向以销售精煤为主的历史跨越，成为全国第二大焦煤生产基地。峰峰的主焦煤，邢台的1/3焦煤，邯矿的无烟煤以及高炉喷吹煤、烧结煤、块煤等产品，成为用户中叫得响、过得硬的产品品牌。特别是在邯矿和邢台的南部三矿（章村、显得汪、葛泉），通过实施精煤战略，大量的民用煤变成冶金、焦化、电力用煤，带动了产品竞争力的大幅提升。2009年，在全国煤炭价格普遍下滑的形势下，邯矿吨煤售价逆势上扬，同比提高30多元/吨，远远高出全国无烟煤的平均价格。2010年，冀中能源精煤产量达到2400万吨，同比增长800多万吨，增幅33%。

（2）医药产业瞄准市场高端，走提档升级之路。根据华药实际，集团确立了面向生物医药、中药产业化、抗生素原创产品等高端领域，加速培育具有自主知识产权的替代产品。2010年以来，华药集团面向终端用户的制剂产品产销量实现了大幅增长，其中胶囊剂的总产量同比翻了一番。2010年10月，新园区投产后，华药具备了全系列、多品种头孢的生产能力，进一步了扩大在行业内的话语权和影响力。

（3）装备产业细分专业市场，走特色发展之路。近几年，冀中能源集团的装备制造产业不断向大型化、智能化和配套化方向发展。通过明确产业定位，主攻专业市场，培育了煤专设备、工业泵、钻探设备和随车吊四大板块的系列产品，形成了独具特色的装备制造产品体系。目前，冀中能源的瓦斯抽采装备、智能掘进装备以及工业泵、随车起重机等，已经牢牢确立了行业领先地位，为装备制造产业的健康发展提供了重要支撑。

五、依靠科技进步，强化自主创新，培育支撑企业发展的核心竞争力

在冀中能源集团做大做强的过程中，各个产业板块发展壮大，其最大的动力来自科技创新。这几年，冀中能源有80多项科技成果通过了省（部）级技术鉴定，在2009年表彰的全国煤炭工业24个科技一等奖中，冀中能源占了6个。

围绕加快发展方式转变，冀中能源集团突出了科技创新三大应用领域：

（1）突出制约主导产业发展的关键和共性技术。针对省内矿区地质条件复杂的实际，集团因地制宜，集中研发推广充填开采、急倾斜煤层开采、沿空留巷、薄煤综采等一系列新技术、新工艺，资源回收率得到大幅提高。特别是充填开采技术，属于自主研发、全国首创，不仅解决了矸石堆放问题，还能置换出大量难采资源，经济效益和社会效益非常显著。在冀中能源，约有10亿吨资源属于“三下”压煤（建筑物下、铁路下、水体下），过去都属于开采禁区。通过采用这一技术，至少有40%的资源可以得到开采利用。目前，冀中能源采区回收率已经达到98.85%，比国家规定指标高出16.8个百分点。下一步，集团还将积极探索运用远程控制技术，力争在5年时间内，建成全国首个“无人开采”工作面，大幅度减轻工人劳动强度，提升生产效率和安全管理水平。

（2）突出提升产品市场竞争力的创新研发环节。制药产业方面，2010年以来，先后有16

个品种42项技术指标创出近三年最好水平，其中青V钾、维生素B_{12}发酵单位创出历史新高。华药金坦公司，是符合国际GMP标准、国内规模最大、水平最高的现代化生物技术基地，是国内拥有生物制药品种最多的企业之一。其中重组人源抗狂犬病毒抗体和重组人血白蛋白，是国家一类新药，即将进入产业化阶段，正式投放市场后，将成为引爆业界新一轮竞争的“重磅炸弹”。装备制造产业方面，集团承担的国家863项目——煤矿井下采掘装备遥控关键技术，填补了国内掘进机智能技术的空白，首次试用就创造了年进尺超万米的全国纪录。目前，冀中能源机械装备公司已经成为国家863重大科技攻关的核心项目研发单位。

（3）突出节能减排最新科技成果的集成和推广。在这一领域，冀中能源拥有充填采煤、瓦斯发电、保水采煤、风源热泵等诸多成熟的技术工艺。通过这些成果的推广应用，有些矿井实现了“采煤不见煤、出煤不烧煤、用水不排水、排矸不提矸”。2010年初，又在国内首次提出了“建设低碳运行生态矿山”的新型发展模式，得到了业内专家的高度评价和充分肯定，被认为是高科技、全方位、长时效的系统工程，对煤炭行业重构工业系统，实现高碳产业低碳运行具有重大意义。截至2010年底，冀中能源有6个矿井率先达到这一标准，成为煤炭行业资源节约型、环境友好型矿井的样板和典范。

六、“十二五”发展规划概要

“十二五”期间，冀中能源集团将紧紧抓住国家实施煤炭大基地、大集团战略和培育新兴产业的重大机遇，以“调结构、扩规模、强管理、增效益”为主线，加快转变发展方式。进一步解放思想、更新观念，坚持多元发展、循环发展、安全发展、资源节约、环境友好。继续推动“一体两翼”战略布局，推进科技创新、品牌带动、资本运营、文化引领，提升质量效益，形成多元化、规模化、集约化、开放式产业发展格局。到“十二五”末，煤炭产量、销售收入实现再翻番，把冀中能源集团建设成为具有国际竞争力的紧密型、高效能、可持续发展的特大型现代企业集团，进入中国煤炭第一集团军行列，成为世界500强企业。

第十五节　皖北煤电集团：夹缝中谋生存，多元化聚优势

一、集团概况

皖北煤电集团有限责任公司（以下简称“皖北煤电集团”），在2011年中国能源集团500强中位列第69位，是以采掘业为基础，以煤电化、煤炭物流、非金属材料开发为支撑的大型国有能源企业。前身为1984年成立的皖北矿务局，1998年改制为国有独资公司，总部位于宿州市，是安徽省省属12户重点企业集团之一。

目前，集团拥有17个子公司，产业地跨三省区八地市。其中控股的恒源煤电股份有限公司于2004年8月在A股上市（股票代码600971），成为安徽煤炭第一股，2009年底实现了集团煤业资产整体上市，总股本3.94亿股。

集团现拥有16对矿井（含在建3对），煤炭产能3000万吨，煤化工产能100万吨，其中浓硝酸产销量连续多年保持亚洲第一，资产总额250亿元，员工总数近40000人。2009年，集团生产原煤1400万吨，煤炭交易量2000万吨以上，煤化工产量79.3万吨，实现营业收入135亿元，上缴税费13.15亿元，利润总额6.61亿元。曾先后荣获"全国五一劳动奖状"、"中华环境友好煤炭企业"等称号，连续多年被评为全国"安康杯"竞赛优胜企业、全国安全质量标准化企业。

二、危机促转变

皖北煤电集团由安徽皖北矿务局改制而成，2003年，皖北煤电集团煤炭产能越过1000万吨后，遇到了后备资源匮乏、自身规模较小、安全生产形势严峻的危机。形势逼迫，企业到了非改革不能生存的地步。同年底，皖北煤电集团结合当时国内煤炭行业的形势，立足企业自身特点和实际，对集团的战略规划做出了重要的调整，迈出了转变发展方式的重要一步。

当时，皖北煤电由于发展历史较短、规模相对较小、经济实力不强、产业结构单一、后备资源匮乏、竞争力较弱，企业面临多方面生存危机和发展压力。概括来说，主要体现在两个方面：

第一，煤炭行业的产业集中化进程明显加快，兼并重组现象成为业界的一大时尚。企业只有深度发掘自身比较优势，改变发展思路、创新发展理念，不断提升核心竞争力，尽快做大做强，实现跨越式发展，才能避免被吞并的命运。这是皖北煤电转变发展方式的外在压力。

第二，企业低水平、低效率的发展现状，制约了集团的健康持续发展。自1998年的改制完成的5年时间，皖北煤电集团虽然逐步引入了现代企业制度，管理水平有较大幅度的提高，但是整体上来看，管理方式仍偏粗放，体制僵化、机制不灵，用人多，效率低，成本高，严重制约着企业发展，迫切需要通过管理创新，提升企业管理水平和竞争力。这是皖北煤电集团转变发展方式的内在动力。

三、创新谋出路

皖北煤电集团转变发展方式的基本思路是坚持战略创新、管理创新、科技创新"三轮驱动"，以产业结构、经营方式、发展布局、管理方式和发展理念"五个转变"为根本，推动产业结构由单一的煤炭转变为煤、煤化工一体化，实现了优化升级；通过大力发展煤炭物流业，经营模式由生产型转变为"生产+物流"型，创造了更大的市场空间；通过在全省率先实施"走出去"战略，发展空间由区域经营转变为跨区域经营，增强了发展后劲；通过将管理方式由粗放转变为精细，提高组织机构运转效率；通过把发展理念由单纯追求经济效益转变为坚持以人为本，推动和谐企业建设。借助“五个转变”，打造集团管控下恒源股份、淮化集团、北方能化“三大板块”为主的产业格局，形成煤、煤化工、煤炭物流“三极增长”的发展态势。

皖北煤电集团转变发展方式思路属于典型的创新引领型转变发展模式，其核心内容是坚持战略创新、管理创新、科技创新“三轮驱动”，这也是集团落实转变举措的着眼点和突破口。

（一）战略创新

皖北煤电集团深刻地认识到，战略是方向，只有通过战略创新明确发展路径，才能抓住结构调整和产业升级带来的巨大机遇。经过8年多的探索实施，皖北煤电集团将企业发展战略逐步调整更新为“整合上下游资源，做大企业，延伸煤炭产业链，做强企业”。这样一个“以煤为基、同心多元”的全新发展战略，更加契合国内煤炭行业的当前形势，更加符合企业自身的特点，更加有利于充分发挥企业的比较优势，为皖北煤电集团成功实现跨行业、跨区域、跨所有制发展的“三大跨越”指明了方向，有力推动了发展方式转变进程的不断深化。

（二）管理创新

煤炭行业内日趋激烈的竞争，要求必须按照现代企业管理制度的要求，创新自身管理体制，不断提升管理水平，这样才能在竞争中站稳脚跟，在竞争中求得发展。皖北煤电集团在加速战略扩张之际，引进日本丰田等世界知名企业的先进理念，借助“三大举措”，强力推进管理创新，实现了经营模式的根本性转变，使企业的管理体制和运行机制更加规范合理，人、财、物等资源的配置更加高效。这三大举措分别是：

1. 抓好班组建设，锻造安全生产优势

皖北煤电集团根据大型国有煤炭企业的特点和本企业发展战略的需要，贯彻以人为本方针，确立员工主体地位，运用现代管理理论和方法，历经6年，探索建立了可以复制的班组管理体系和模式，夯实了根基，保证了战略的顺利落地，推动了跨越式发展。

班组是煤矿最基层生产单位，班组长是现场管理的核心，皖北煤电集团建立了班组长选拔任用、职责权益、绩效考核、成长激励、交流共享五项机制。班组长的选拔都通过公开形式进行。

2. 构建煤矿管理新模式，锻造效率效益优势

积极推进管理创新，一套决策灵活、流程顺畅、管理精细的管控模式，形成了精细化管理、企业文化建塑、人力资源开发“三位一体”的管理新模式，培育出独具特色的核心竞争力，为集团战略的快速推进提供了可靠保障。

其中，精细化管理方面，强调“彻底杜绝浪费，永远追求效率”，尊崇“持续改进，不断创新”。精细化管理的实现主要通过三项举措：第一，业务流程优化。集团以实现流程增值为目标，在全国煤炭行业率先开展流程优化设计。将传统矿井的组织机构，由业内平均的40个左右削减到17个，管理岗位由原来约110个精简到67个。第二，内部运营市场化。旨在建立以岗位作业核算为中心的内部市场化运行机制，在内部划分三类市场经营主体，构建三大管理体系，采取三级市场运作方式，控制作业成本，达到降耗提效的目的。集团下属的任楼

矿成功开发了一套查询系统，有效实现了内部市场的日清日结和信息及时有效共享，为经营管理决策提供可靠的数据支撑。第三，安全生产精细化。皖北煤电将“安全生产精细化”当做精细化管理模式的第三大模块加以打造，积极推进“三项建设”、“五个优化”和精细化标准队伍建设，确保井下安全高效。

管理上的创新，使集团（含子公司）在3年多的时间里，先后精简机构、部门90多个，精减管理人员600多人，分流冗余工作人员7000多名，实现了“快速瘦身”，有效改观了机构、人员冗余的局面。集团的生产效率明显提升、效益稳步向好。

3. 实施集团管控新模式，锻造战略管理优势

随着战略布局实施到位，皖北煤电集团已由过去单纯的煤炭生产型企业，发展成跨地区、跨行业、跨所有制的大型企业集团。为了快速推进企业发展战略，打破现行的组织与管控模式的束缚，迫切需要构建新型集团管控模式。建立新型的集团管控模式，方能充分发挥各产业自身发展活力，促进各板块快速成长，形成独立的市场主体，提升竞争能力。

集团管控模式对集团与各业务板块的功能进行重新定位，明确了“集团、子（分）公司、生产经营单位”三级组织架构，清晰界定了管控集分权与职责，激发了企业内在活力，形成了各板块竞相发展的局面。

2008年8月，集团启动了集团管控模式设计——《集团管控与流程优化项目》，这是皖北煤电集团公司积极借助“外脑”，与ATM公司合作是对企业进行现代管理模式改革的一项重要举措。项目组由集团公司与ATM公司双方人员共同组成，将在充分理解集团公司发展现状和战略、了解业务运转和管理水平的基础与前提下，提出适合集团公司实际的管控和组织结构优化解决方案，形成既符合当前现状又具有前瞻性、富有操作性的管控体系和形成针对性较强的流程管理体系，进而推动企业快速发展。2009年6月，《集团管控与流程优化方案》设计完成，当年8月，新的集团管控模式实施到位。

（三）科技创新

皖北煤电集团在转变发展方式过程中，以科技创新为主要驱动，加大新技术、新工艺、新材料的推广应用，抢占行业的制高点，有效提升了集团的核心竞争力。

2007年以来，皖北煤电集团坚持“以科技促生产、以科技保安全、以科技增效益”的工作宗旨，以健全科技工作机制为动力，以提升科技创新水平为主线，以解决制约煤矿安全生产的重大技术难题和煤化工发展上遇到的技术“瓶颈”为突破口，大力实施科技兴企战略，积极开展以煤矿安全生产新技术等为主要内容的科技攻关活动，推进技术进步和管理创新，不断优化科技资源配置，强化科技人才队伍建设，技术创新能力大幅度提升，取得了一大批高水平的创新成果，全面提高了企业核心竞争力。

集团先后修改完善了《技术开发、科技创新工作管理办法》等一系列文件，规范了技术创新活动管理，明确了科技创新的方向和任务。集团注重培植自己的研发机构。以公司省级技术中心和淮化省级技术研发中心为平台，不断加大经费投入，稳步进行科技研发机构建设。

在煤业技术研究应用上，皖北煤电集团以解决制约煤矿安全生产的重大技术难题为突破口，以新技术推广应用为主要内容，开展了“薄基岩浅埋煤层安全开采关键技术研究”、“螺

旋钻采煤技术研究与应用”、“深厚表土层凿井关键技术研究”、“矿井瓦斯综合治理技术研究”、“矿区围岩治理技术研究”、“集团公司矿井水害预警系统研究”及“皖北矿区深部开采矿压综合治理技术研究”等一批涉及煤矿安全生产的重大科研项目，有效促进了安全生产和高产高效型矿井建设。

在煤化工技术的研发上，以关键技术、核心技术突破为切入点，煤制烯烃技术取得了重大突破，对高效清洁利用煤炭资源、传统煤化工产业的结构调整和产业升级，以及我国能源的综合利用将发挥重要作用。关键技术的突破为皖北煤电集团引来实力雄厚的战略投资者以及“走出去”战略创造了技术条件。

同时，开展形式多样、内容丰富的产学研合作，逐步建立以企业为中心，高等学校和科研院所广泛参与、利益共享、风险共担的产学研联合机制，与矿业大学等10余个产学研单位建立了合作协作关系，共实施产学研合作项目80余项。2007年以来，集团共实施产学研合作项目115项，总投入7342万元，涵盖了煤炭安全生产、非金属材料深加工和企业信息化等多个领域。此外，该集团积极实施“百、千、万”人才工程，形成育才、引才、聚才和用才的良好环境，为加速传统产业的技术升级和新兴产业高起点、跨越式发展奠定了基础。

（四）产业结构调整

从煤炭开采加工“一条腿走路”，到生产加工与物流服务“两条腿并行”，转变经营方式，积极推进多元化战略，打造以煤业、煤化工、煤炭物流“三极增长”为核心、多元发展的综合型企业集团。

煤业：恒源股份是皖北煤电集团控股的安徽省第一家煤炭上市公司，煤炭年生产能力1500万吨以上、年洗选能力1000万吨，采掘机械化程度分别达到91%和97.5%。预计到“十二五”末，公司煤炭产量力将突破2200万吨。

煤化工：淮化集团是皖北煤电集团控股的安徽省最大的煤化工企业，致力于煤的清洁高效利用，现有合成氨及氨加工、甲醇及醇加工、浓硝酸及硝盐、焦化及化产回收、精细化工五大系列30余种产品，合成氨产能36万吨，主导产品尿素、浓硝酸产能均为50万吨，其中浓硝酸产销量连续多年保持亚洲第一。煤化工模块主要有这样三大亮点：一是流化床甲醇制丙烯（FMTP）工业技术的开发成功，开拓了不以石油为原料的石油化工技术路径，实现了丙烯转化原料多样化和“对石油的部分替代”，实现了煤制烯烃技术的突破，对高效清洁利用煤炭资源，对传统煤化工产业的结构调整和产业升级以及我国能源的综合利用将发挥重要作用。二是具有世界一流水平的合成油催化剂项目落户淮化，现已投产。三是开展了高灰熔点淮南煤直接气化技术研究，在淮化水煤浆加压气化炉上进行了示范性试验，取得了阶段性成功。

煤炭物流：煤炭物流是皖北煤电集团“三极增长”产业之一。2003年底以来，先后成立了皖煤运销、长江能源两家煤炭物流公司，购买了自备列车和海轮，组建了华江航运公司，构建起铁运、海运、江运共同发展的营销网络，业务涉及全国18个省、市、区，年交易商品煤1000万吨以上。现正积极建设港口码头，构建煤炭物流基地。

非金属材料：非金属材料产业主体是恒泰、雪纳公司。恒泰公司主要有硬石膏原矿、新型建筑材料、化工材料和土壤改良剂四大类10余种产品。雪纳公司主要有年产1万吨的超细煅烧高岭土、碳酸钙、PVC母粒、改性粉体四大类产品。

循环经济：皖北煤电集团是国家第二批、安徽省第一批循环经济试点企业。近年来，集团提出“要把循环经济当作重点产业来谋划和发展”的思路，在抓好煤炭生产的同时，认真做好矿井产生的废渣、废气、废水等废弃物的循环利用、回收利用，建起了煤泥煤矸石电厂、瓦斯电厂、煤矸石砖厂、矿井水处理厂、矿伴生高岭土加工厂等一批循环经济项目，形成了以祁东煤矿为代表的煤矿循环经济发展模式，实现了更大的经济效益、更少的资源消耗、更低的环境污染。此外，集团十分重视土地复垦工作，积极尝试并采用生态复垦技术，提出了国内领先的“以复代征”和“以地换地”的土地复垦模式，产生了显著的经济、社会和生态效益。

（五）积极实施“走出去”战略

为了突破后备资源不足的发展瓶颈，皖北煤电集团从2004年起在推进企业创新发展、转型发展中，着眼于大力实施“走出去”战略，走出安徽，走向全国，并在山西、内蒙古站稳了脚跟，取得后备资源37亿吨。皖北煤电集团此次与中煤地质工程总公司携手合作，勘查开发澳大利亚煤炭资源，是“走出去”战略的延伸和深化，并开启了资源开发国际化发展的大门，标志着皖北煤电集团具备了配置全球煤炭资源的能力，迈上了更宽广的发展平台。

高效的内部管理，为近年来皖北煤电集团积极实施“走出去”发展战略以及进行快节奏外部扩张提供了坚实支撑。

四、转变之成效

自2003年底推动以“三轮驱动”为核心内容的转变调整以来，皖北煤电的经营业绩蒸蒸日上，取得了显著的成效：

经营业绩跨越式发展。走出了一条倍增式的增长道路。集团销售收入由2003年的19.5亿元增长到2009年的135.2亿元，6年内增长了6倍。总资产增长了4.5倍。

产业结构日趋合理。煤炭、煤化工、煤炭物流三极增长的格局基本形成。非煤产业比重逐年上升。2009年，煤化工与煤炭物流两大板块所实现的销售收入已经占据了近50%的份额。

管理优势初步形成。人员精简成效显著，冗员现象明显减少；机构运转更加顺畅、高效。

“走出去”成果丰富。皖北煤电集团通过积极参与山西、内蒙古的煤炭资源配置，成立了北方能化公司。按照规划，该公司在内蒙古将具备年产3000万吨的煤炭生产能力，在山西具备年产2000万吨的煤炭生产能力和年产500万吨的焦化能力。同时，北方能化公司在新疆、青海等地进行资源储备也已经开始。

安全生产始终保持稳定。“十一五”期间，原煤生产百万吨死亡率由0.5左右下降为0.06，安全生产形势持续改善。

五、转型之经验

皖北煤电的成功经验表明，“外扩”、“规模化”不是煤炭企业转变发展方式的唯一出路，内部挖潜、向科技和管理要效益也是一个不错的选择。“皖北煤电模式”代表了一种质量效益型集约发展，真正契合了科学发展观和新型工业化道路的精神内涵。

“皖北煤电模式”，这个以创新为主要特征，以战略、管理、科技为重要突破口和主战场的新型发展模式，也为那些规模相对较小、实力较弱、财力不足的中小型煤炭企业转型发展提供了借鉴。这有助于这些企业及时调整发展战略，突出自身特色，以差异性谋生存、谋发展；有助于增强这些企业管理体系的科学化、精细化水平，提升企业内部机构运转效率；有助于营造适合科技创新的环境，增强企业发展的后劲。

第十六节　淮南矿业集团：从“百里煤城”到“皖电龙头”

一、集团概况

淮南矿业（集团）有限责任公司（以下简称“淮南矿业集团”），在2011年中国能源集团500强中位列第35位，是1998年3月经原煤炭部批准，由淮南矿务局改制而成的国有独资公司，1903年建矿，迄今已有100多年的煤炭开采历史。目前，集团已发展成为集煤炭、电力、房地产、物流、金融产业等多元产业于一体的现代化大型企业集团。

集团所属的淮南煤田是中国东南部资源条件最好、资源量最大、最具开发潜力的一块整装煤田，国家批准此煤田的总体煤炭资源量为285亿吨，占安徽省的75%、华东地区的50%。整个矿区具有水、气候、电力等各种资源优化配置的优势。

2002年以来，淮南矿业集团确立了“一切为了发展，一切为了职工”的企业宗旨，实施“建大矿、办大电、做资本”的发展战略，煤炭产量从1000多万吨递增至6700多万吨，电力权益规模从7.5万千瓦增加到1100万千瓦，企业生产规模、科技创新、经济效益、生态环境保护、和谐资本运作、房地产业开发和职工收入等位居行业前列。同时，淮南矿业集团凭借其丰富的资源优势和良好的发展潜力，成为国家规划建设的13个亿吨级煤炭生产基地和6个煤电基地之一，并于2008年12月建成国内第一个亿吨级煤电生产基地。此外，集团还是中国首批循环经济试点企业之一，中华环境友好煤炭企业，全国煤矿瓦斯治理工作先进单位，安徽省高新技术企业。

二、破解困局，大力转型

新中国成立以来，作为一个历史悠久的百年老矿，淮南矿业集团累计生产原煤数亿吨，上缴利税数百亿元，为我国国民经济和社会的发展做出了巨大贡献。淮南矿业在20世纪五六十年代成为中国的五大煤矿之一，素有“华东煤都”、“动力之乡”的美誉。然而，20世纪末期，特别是90年代以来，淮南矿业遇到了发展的“瓶颈”，企业发展乏力，步履维艰，一度成为全国煤炭行业的“老大难”。淮南矿业集团面临的主要困难包括以下四个方面：

第一，产业结构不合理，抵御市场风险的能力差。长期以来，淮南矿业走的是大量开采、粗放经营之路，产业结构单一，产业链条短，产品附加值低，矿区煤种“优质劣用”的问题突出。这种产业结构不尽合理的状况制约了企业进一步的发展壮大，同时使得企业缺乏抵御市场风险的能力，不利于企业的健康持续发展。

第二，瓦斯问题突出，安全生产形势严峻。淮南煤矿是典型的高瓦斯煤田，是全行业瓦斯治理任务最重、难度最大的矿区之一，矿区所有的生产矿井都是煤与瓦斯突出矿井或高瓦斯矿井，1吨煤中的瓦斯含量有8~26立方米，矿区瓦斯绝对涌出量高，且每年以100立方米/分钟递增。由于矿区的高瓦斯特性和瓦斯的难治理问题，淮南矿业历史上曾发生过多起瓦斯爆炸事故，安全生产形势极其严峻，严重影响了企业的健康发展。特别是在1997年的11月，半月之内连续发生两起特大瓦斯爆炸事故，133名矿工遇难，给企业的安全生产蒙上了一层阴影。

第三，环境污染严重，生态环境恶化。经过多年的煤炭开采，淮南矿区产生了数千万吨的煤矸石和矿井水，形成了大面积的塌陷土地，同时每年还会排放出大量的瓦斯。大量“三废”的排放和土地沉陷，造成了环境的严重污染，破坏了周边生态系统的平衡，给企业的发展带来巨大压力。

第四，历史包袱沉重，企业发展乏力。受计划经济的影响，淮南矿业集团在生产经营之外承担了中小学校、医院诊所、社区服务机构等许多非经营性职能，人员多、负债高、历史包袱沉重，制约了企业主业的发展。特别是从1998年开始，集团陷入了经济低谷，出现了大量的库存和巨额亏损，连续19个月出现现金流量赤字，不得不靠增加银行贷款和职工缴纳风险抵押金勉强维持生产经营，企业的生存和发展遇到了前所未有的困难。

现实的困难把淮南矿业集团逼到了发展的悬崖边，集团领导层意识到，必须大力实施转型发展，以改革创新的精神引领企业各项事业的发展。进入21世纪，特别是2002年以来，淮南矿业集团进入了转型发展的加速期，大力进行改革创新，企业实现了跨越式发展，由行业中最困难企业变成发展最快的企业之一。

三、转型举措与成效

自2002年以来，在充分认识自身面临的现实困难和把握自身比较优势的基础上，淮南矿业集团抢抓“天时、地利、人和”的有利条件，抓住历史机遇，顺势而为，以改革创新的精神引领了企业各项事业的发展。确立了“一切为了发展，一切为了职工”的企业宗旨，以建设“全面小康、绿色环保、科学管理、文明和谐”的新型能源基地为目标，大力实施“建大矿、办大电、做资本”的发展战略，坚持“一先进、三保护”的发展理念（即发展先进生产力、保护生命、保护资源、保护环境），大力推进管理创新、技术创新，体制创新，加快煤电一体化基地建设，加大瓦斯综合治理力度，适时调整优化产业结构，有力地推动了企业发展方式的转变。

（一）推动“煤电一体化”体制创新

“煤电一体化”是一种体制创新，不同于坑口电厂和煤电联营。它是煤炭企业与电力企业以资本为纽带，打破行业界限，发挥各自优势，在煤电基地合资建电厂和煤矿，实行产业融合，成为真正意义上的“煤电一体化”。

2003年，淮南矿业集团提出“皖电东送”的构想，并上升为安徽省能源发展政策，在全行业率先启动了“煤电一体化”进程，与上海电力公司均股合资成立了淮沪煤电公司，下辖丁集煤矿和田集电厂；后又与浙江能源集团均股合资成立了淮浙煤电公司，下辖顾北煤矿和凤台电厂。两个公司的矿井生产规模与电厂年需煤量匹配，电厂和煤矿作为生产车间，所发的电力全部输往上海和浙江。2008年以来，淮南矿业集团按照“选大不选小、选新不选老、选好不选差”的原则，在安徽及江西、湖北、湖南等多地参股电厂，其战略意义在于锁定了煤炭市场、铁路运力市场、电力市场。2010年，集团公司权益发电规模已达1192万千瓦，成为省内权益规模最大的电力企业和黄河以南地区最大的煤电企业。

以淮沪煤电公司为例，公司下辖田集电厂和丁集煤矿，建设规模是一座4台60万千瓦机组的电厂和一对配套建设的年产600万吨煤炭的矿井。电厂和煤矿之间的距离仅30公里，煤矿所开采的煤通过铁路专线专供电厂，电厂所发电量全部通过华东电网直送上海。充足的煤源、廉价的运输成本、稳定的消费市场、行业技术和管理经验互补的经营团队，使这个项目构建了一条完整且良性运转的产业链。2007年7月26日，田集电厂第一台60万千瓦机组正式投入商业运营；10月15日，第二台60万千瓦机组投入商业运营。至此，田集电厂一期工程全部建成，成为我国煤电行业首个真正的“煤电一体化”项目。田集电厂自投产以来始终保持着盈利状态，在近几年频频亏损的火电行业中可谓是一枝奇葩。

通过“煤电一体化”发展，淮南矿业集团可以不受煤炭市场及价格波动的影响和煤炭运输能力的限制，从上海、浙江等地获得长期稳定的电力市场和收益；同时，延长了煤炭产业链，增强了抵御市场风险的能力。

（二）把安全和生产的矛盾统一于先进生产力

淮南煤矿是典型的高瓦斯煤田，是全行业瓦斯治理任务最重、难度最大的矿区之一，在

20世纪80年代和90年代，曾发生过多起瓦斯爆炸事故，夺去了近300条生命。严峻的现实让淮南矿业集团意识到：瓦斯不治，矿无宁日。被瓦斯“老虎”逼得无路可走的淮南矿业，下定决心要遏制住这只“老虎”。于是，集团提出了“把安全和生产的矛盾统一于先进生产力”的理念，大力发展先进生产力以保护生命，采取了“高投入、高素质、强技术、严管理、重利用”的全面治理瓦斯的综合措施，“可保尽保，应抽尽抽”，有效遏制住了瓦斯事故的发生，保障了集团的安全生产。

从2002年以来，集团总计安全投入58亿元，其中治理瓦斯投入35亿元。集团培养了7000名技校生充实井下一线，引进的3000多名大学生中，煤矿专业占到85%以上。集团取得了一批技术创新成果，基本找到了解决煤矿瓦斯治理难题的方法和征途。2007年，淮南矿业集团成功研发出有自主知识产权的“低透气性煤层群无煤柱煤与瓦斯共采关键技术”，同年7月，该技术在瓦斯绝对涌出量为我国第二位的新庄孜矿正式应用。几个月后，工作面安全顺利回采完毕，回采期间瓦斯抽采率最高达85%，平均为75%，工作面瓦斯威胁彻底消除，实现了安全开采。后经中国工程院的专家鉴定，该项技术达到国际领先水平。该项技术的成功应用，使淮南矿业的矿井开采向本质安全型迈出了一大步，集团连续10年杜绝了瓦斯爆炸事故，百万吨死亡率由4.01下降到0.1左右，下降了40倍。

（三）推进技术经济一体化，建设先进煤炭产能

淮南矿业集团在行业内率先提出建设先进煤炭产能的理念，致力于推动技术经济一体化和建设现代化大型矿井，通过技术优势提高单个矿井的产出效益。

集团针对现有矿井，通过实施高定位技改，用先进生产力替代落后生产力，简化生产系统，装备升级换代，生产能力由3000万吨提高到4000万吨。对于新建矿井，采用国际先进、国内一流的技术，一步到位建设安全、高效的特大型矿井。2002年以来，企业共投资1012亿元，建设了26个大项目，建成6座现代化矿井和4座现代化电厂。

技术经济一体化的推进和先进煤炭产能的建设，极大地促进了集团煤炭生产效率的提高，煤炭产量也因此逐年大幅增加。2010年，集团煤炭产量为6619万吨，是2005年的2倍，是2001年的4倍，在兖州、开滦、阳泉等8家同一量级企业中排名第一，在全国煤炭企业（包括神华、中煤、大同等重组而成的煤炭企业在内）中排名第6。

（四）深化改革，实施管理创新

作为一个百年企业，淮南矿业集团在生产经营之外承担了中小学校、医院诊所、社区服务机构等许多非经营性职能，办社会职能的负担十分沉重，并一度成为困扰企业发展的最大现实难题，制约了企业主业的发展。

1998年，在由淮南矿务局改制为有限责任公司之后，淮南矿业集团紧紧抓住国有企业改革的历史机遇，坚持以改革为动力，以发展为目标，改革机关机构，构建母子公司框架，剥离中小学校、医院诊所和多经公司，有序推进主辅分离、辅业改制。特别是在2004年，分离移交了27所普通中小学校、8个供水系统单位和1座电视台，同时将68199名退休人员移交到了社区管理。另外，本着“用发展化解矛盾”的原则，在主辅分离、辅业改制中没有“甩包袱”，而是通过在市场、融资等方面给予辅业改制企业后续支持，鼓励这些企业引进先进的

生产技术与管理手段，让辅业企业重新焕发生机。通过深化改革，淮南矿业集团得以轻装前行，一改过去的老态龙钟形象，重新焕发出青春活力。

改革改制为企业的发展扫除了诸多障碍，而要想发展得顺畅，管理创新必不可少。淮南矿业集团在转型发展过程中，坚持以管理创新为重要手段，建立完善了总经理办公会、安全办公会、总工程师办公会等经理层决策运行机制；按照“管理体制一体化、管理方式自主化、管理工作科学化”的要求，以“下移、回归、提升”为主要环节，从2006年起，全面实施企业安全生产技术转型、经营管理转型、党建思想政治工作转型，形成了具有淮南煤矿自身特点、效率较高的管理模式；通过集团公司机关职能重新定位，逐步建立了专项工程资金、物资采购、煤炭销售、维简资金、资产、人力资源等内控制度，对要项工作通过经营调度会、现场会进行贯彻推动。坚持高目标引领、高标准要求，对认准的问题盯住不放，力求“抓一件成一件”，工作的节奏明显加快，企业内部的执行力、控制力和落实力有效提高。

2011年，根据过去的管理经验和不足，集团在管理创新思想的指导下，又提出了新的管理理念：健康、前瞻、集成、精细。管理健康，是指要树立良好的管理思想、管理作风，消除管理背后的消极因素，敢于负责，敢破难题，敢于得罪人；管理前瞻，是指要抓住矿井的战略布局等10件事，抓主要矛盾，工作要有“眼力头”；管理集成，是指要增强工作的整体性、协调性和系统性，推进安全生产技术一体化，推进产业集成；管理精细，是指要严、细、实，提高管理质量和效率。这一全新的管理理念，有助于推动企业管理大提升、上台阶、创水平。

（五）资源与资本一体化发展，由单一实体经济转向实体与虚拟经济协调发展

资本运作是指以利润最大化和资本增值为目的，以价值管理为特征，将本企业的各类资本不断地与其他企业、部门的资本进行流动与重组，实现生产要素的优化配置和产业结构的动态重组，以达到本企业自有资本不断增加这一最终目的的运作行为。

资本运作是资源型企业的腾飞之翼，通过资本运作，企业可以把资本优势转变为项目优势和发展优势，进而撬动其他产业跨越式发展。淮南矿业集团特别重视资本的作用，2002年就提出了“建大矿、办大电、做资本”的发展战略，将资本运作提升到战略的高度。近几年来，该集团的资本运作从无到有，快速发展，取得了历史性突破。成立了淮南矿业财务有限公司，使其成为安徽省内第一家工业企业下属的非银行金融机构；拥有芜湖扬子农村商业银行20%股权，是该银行第一大股东；以物流资产重组芜湖港，成为第一大股东；在上海成立了资产管理公司，介入股权投资、企业并购等资本运作前沿领域。目前，集团已形成了淮南矿业财务有限公司、上海淮矿资产管理公司、芜湖港上市公司、芜湖扬子农村商业银行四个资本运作平台，积累了经验，锻炼了队伍，创造了效益。2010年，财务公司全年代理融资152亿元，节约财务费用3.58亿元，实现利润1.4亿元，同时保障了集团生产建设和战略投资的资金供应。上海淮矿资产管理公司取得天津股权交易所保荐人资格，成功参股重庆信托，同时正在积极寻找资源、港口、物流、房地产以及其他相关实业的并购机会，适时适当地进行金融机构股权投资。通过实施资本运作，促进了集团产业资本和金融资本的集成，企业也因此实现了从单一的实体经济向实体经济与虚拟经济协调发展的新跨越，为企业下一步的发

展壮大开拓了更加广阔的空间。

（六）深入开展资源综合利用，实现节能减排增效益

淮南矿业集团坚持“利用是最大减排”、“一先进、三保护”（发展先进生产力，保护生命、保护资源、保护环境）和“三并重”（经济建设与节能减排并重、保护与开发并重、节约与利用并重）的理念，把资源综合利用作为调整产业结构、转变发展方式的重要手段，实现了节能减排增效益。

2003年以来，淮南矿业集团先后投入50亿元对废气、废水、废渣进行综合治理和利用。在瓦斯利用方面，坚持“可保尽保，应抽尽抽”的原则，矿区年抽采瓦斯4亿立方米，用于民用燃气、发电、锅炉改造、热电冷联产等，化害为利。目前，已建成12座民用燃气储配站和储气柜，储备能力达24万立方米，能满足10万户居民用气；建成瓦斯发电站9座，装机总规模26032千瓦；改造燃煤锅炉为燃瓦斯锅炉6台，年节约动力煤13200吨。在矿井水利用方面，建设了12座矿井水处理站，年利用矿井水约2000万立方米，选煤厂、电厂用水全部实现闭路循环和零排放。在矸石利用方面，没有发热量的矸石用于筑路和复垦，发热量500~700千卡的用于烧制新型墙体砖，年生产能力6亿块标准砖，发热量在2000千卡以上的用于发电，已建成和在建的煤矸石电厂规模达120万千瓦。目前，淮南矿区新建矿井的矸石综合利用率达95%以上，另外，历史上堆存的近4000万吨煤矸石已消化利用一半以上。通过开展资源综合利用，淮南矿业集团实现了变“废”为宝，变治理为利用，变环境成本为环境收益，变环境投入为环境产出，既节约了资源，又保护了环境。

2006~2009年，该集团共节约标准煤12.9249万吨，减少主要水污染物化学需氧量排放量4642吨，利用瓦斯1.12亿立方米，利用矿井水6631万吨。企业先后被授予“煤炭工业节能减排先进企业”、“循环经济突出贡献奖”等荣誉称号。

（七）地企统筹，开展资源枯竭矿区生态修复和利用

淮南矿业集团在全行业率先探索地企统筹新方式，通过统筹政府资源、社会资源和企业资源，本着“用发展化解矛盾”的原则，统筹解决因煤炭开采而造成的农民搬迁建镇问题，取得了良好的经济效益和社会效益，为其他煤炭企业提供了很好的经验借鉴。

1997年，位于颍上县迪沟镇的淮南矿业集团的谢桥煤矿投产，这个原计划年产400万吨的现代化矿井在大力开展生产建设的同时，也产生了大面积的采煤塌陷区，破坏了当地的生态环境。2002年，淮南矿业集团投入3.5亿元，与迪沟镇联手，率先启动地企统筹新村镇建设试点，将采煤塌陷搬迁与城镇化建设、生态环境治理“三合一”整体推进，采取迁村入镇、并村建镇、一次性城镇化建设方式，成功地将谢桥矿搬迁安置新镇——迪沟镇建成了集住宅、商贸、生态旅游于一体，以塌陷搬迁安置为主体的现代化新城镇。同时，积极利用原有塌陷地，发展农业生产，能种则种，能耕则耕；利用塌陷形成的水面发展养殖业；或者改造旧村庄、旧宅基、旧沟塘，种植经济林。由此便形成了采煤塌陷区统筹治理的“迪沟模式”，既维护了工农和谐，又实现了生态修复，为全国乃至世界的采煤塌陷区治理做出了表率。该模式已经引起国家高度重视，被誉为“中国地企统筹建设新村镇的缩影”，其成功经验正在向全行业推广。

在一系列举措的共同作用下，淮南矿业集团实现了跨越式发展，被同行刮目相看。2010年，除了煤炭产量和电力权益规模大幅提高外，集团销售收入完成512亿元，是2005年的4倍、2001年的16倍；上缴税费60亿元，是2005年的4.3倍、2001年的16倍；资产总额1001亿元，是2005年的5倍、2001年的7.3倍；在册在岗职工人均收入7.4万元，加上住房公积金和企业年金共计7.6万元，是2001年的9倍。同时，成功跻身2010年中国企业500强前200名，位居第183位，实现了连续3年进位的目标，短短三年内在500强位次中一举飙升了110位。目前，淮南矿业集团在安徽全省企业当中，煤炭产量规模、电力权益规模、房地产规模、资产规模、上缴税费和职工收入均处在第一位，被社会公认为是安徽省内最有发展潜力、可持续性最强的企业之一。

纵观淮南矿业集团近10年来的发展历程，我们发现，“创新”已成为这个“百年老字号”的鲜明个性，理念、机制、管理、技术等方方面面的创新，正加速推动企业由资源驱动型向内生增长、创新驱动型转变，“创新”已然成为淮南矿业集团全面转型、加速崛起的强大引擎。

四、“十二五”发展规划概要

“十二五”时期是煤炭企业转变发展方式的重大战略机遇期，淮南矿业集团将紧紧抓住这一机遇，坚持和深化“一切为了发展，一切为了职工”的企业宗旨，继续实施“建大矿、办大电、做资本”的发展战略，确立“健康、前瞻、集成、精细”的管理理念，重点培育形成西部煤炭、电力、房地产三个新的利润增长点，加快港口、物流、煤炭贸易等发展，推进金融资本运作；以科技创新为支撑，加快本质安全型企业建设步伐；把生态环境、社会民生工程等同于工业项目，主动经营，统筹建设，建成全行业生态环境最优美的矿区；调整好内部分配结构，促进干群和谐，真心实意帮扶弱者，让职工过上更加幸福的生活。

第十七节　龙源电力：龙源速度　打造一流

2011年，“龙源速度”在中国新能源发展历史上写下了辉煌的一笔。2011年底，龙源电力总装机容量达到1057.3万千瓦，其中风电控股装机容量达到859.8万千瓦，稳居亚洲和中国第一、世界第二位。2001~2011年，龙源资产总额增长了70倍，净资产增长了28倍，利润总额增长了80倍。这闪耀的成绩背后隐藏的是龙源人20年的开拓创新与艰苦奋斗。

一、发展历程：审时度势，迅速成长

1993年1月27日，龙源电力技术开发公司（以下简称“龙源”）在国家工商行政管理局

正式登记注册。注册资金8500万元，一家日后改变世界风电格局的明星企业就此诞生了。

最初，龙源还是忠于自己的老本行。龙源的第一批员工在电力司工作时最常接触的便是电力技术改造。恰巧在公司筹建期间，电力司在同美国西屋公司就20万千瓦火电机组的技术改造进行合作，龙源成立后将这个业务接了过来，电力系统及电气设备的技术改造随之成为龙源早期的核心业务。在"边走边看"的摸索之中，20世纪90年代，龙源先后成立了6家以电力技术改造为基础的子公司。

1993年，刚刚由"官"转"商"的龙源第一次接触到"融资"就被它独特的魅力所吸引，接下来与摩根士丹利的不期而遇，则让龙源人萌生了"吃螃蟹"的冲动。经过数月准备，龙源海外融资的战略基本确定。首先在海外建立一个专门的全资子公司，作为融资窗口，然后通过这家海外公司直接在国际资本市场发行债券，募集资金投资于国内的电站项目。1993年12月3日，龙源公司与摩根士丹利公司的合作协议书最终敲定。

龙源一边忙着海外融资，一边不忘拓展国内业务。1994年8月正式签署了合资成立南通天生港发电有限公司的合作协议。龙源海外发债的资金注入天生港项目后，"手里有粮，心中不慌"的天电人仅用655天的时间，就圆满完成了两台12.5万千瓦机组的扩建任务，创下全国同类型机组建设速度快、质量好、造价低的新纪录。

1998年，龙源资产总值已由初创时的2.41亿元增至14亿元，5年来累积盈利3.3亿元。但志存高远且极具开拓精神的龙源人并未就此满足，这些阶段性成就为公司的未来发展创造了动力，也制造了压力，完成了原始积累的龙源开始思索如何在现有基础上更快更好地发展，如何尽快实现将公司建成一流现代化国际大型企业集团的目标。

1999年，按照国家电力公司的安排，龙源与另外两家同宗的兄弟公司中能电力科技开发公司、中国福霖风能开发公司合并重组，这个在当时看来有些突兀的结构调整最终开创了三赢的理想局面。通过资源的优化配置，重组后的新龙源将成为一个以电力工业技术改造、科技开发、节能环保和新能源为主业的现代化专业公司。

重组完成后，新起航的龙源开始寻找新的航向。20世纪90年代中期，受国外风电快速发展的影响，中国也开始重视这种在当时看来非常新颖的能源，一些支持风电发展的产业政策也陆续出现，全面吸收了福霖风电业务的龙源也逐渐将业务重心向新能源转移。

龙源人一直在等待机遇出现，在此之前就做好了准备。2000年前后，龙源先后开展了湖北九宫山（13.6兆瓦）、福建莆田（10兆瓦）和内蒙古辉腾锡勒三个风电项目的前期论证工作，为后来的规模发展埋下了伏笔。

2001年7月27日，龙源新一届领导班子成立，龙源的逐风之路由此开启。

总经理谢长军上任后，结合公司的经营方向提出了"稳定基础，两翼齐飞"的发展战略，即稳定龙源在江苏投建的两座火电厂，以火电的收益和现金流促进风电的发展；"两翼齐飞"一个是风电，另一个是科技，科技主要是以风电为主的科技产业，包括风机制造技术、风电厂的勘测规划等。

龙源集团一边经营和建设常规电站投资项目，保持公司收益来源稳定，一边摸索风电的发展之路，准备储备资源。幸运的是，一个摸清风资源分布的机会很快出现了。2002年，联合国开发计划署“中国风电场资源调查与评估项目”在中国展开，龙源人得到这个消息后都大为振奋，因为终于有机会大规模摸清风资源家底。此次测风结果，龙源领导层萌生了一种大胆的想法，而这个想法最终使龙源集团坐上了国家顶级风电运营商的宝座，那就是“加快开发绿色能源，建设大型风电基地”的战略构想。

2002年，成为“全国最大的风电专业开发投资公司”是龙源第一个风电发展目标。成立8年有余，经历技改划归、三家重组，龙源中也有不少人眉头紧锁，心里嘀咕着：这全国最大我们能做到吗？2002年龙源实现利润4588万元，超额完成了国家电力公司下达的4550万元的考核利润指标，从而打消了所有人的顾虑，龙源人的风电之路渐入佳境。

2003年，围绕国电集团“两型两化国际一流”和“走出去”的战略，龙源人经过几番头脑风暴，提出了自己的战略目标：建成一个“国内领先、国际知名”的风力发电集团公司。这一战略虽只有简简单单的一句话，却实实在在地为龙源未来的发展指明了方向。

2005年，龙源集团基本确定国内各主要大型风电场风能资源的可开发程度及开发经济性，通过市场分析和科学论证，明确在新疆、甘肃、内蒙古、河北、东北以及东南沿海建设六大风电基地，并依此辐射全国推进风电项目前期开发工作。那时候，龙源技术开发部包括主任在内，满打满算才8个人，为了完成测风，在接下来的一年里他们跑遍了大江南北，黑龙江、吉林、辽宁、内蒙古东部、河北、江苏等地，按照龙源人的说法，就是只要有风的地方都跑遍了，标题可以总结为“那些年，我们一起追过的风”。凭借六大基地的建设，龙源风电发展顺风顺水。2006年，创建“国内领先、国际知名”的新能源发电企业集团成为龙源人新的战略目标。

至此，龙源以遥遥领先的姿态领跑中国风电，在积极布局风电的同时，龙源电力也是目前中国“品类最齐全”的新能源公司。龙源要实现“领航中国绿色能源革命”的目标，仅发展风电还不够。因此，在谢长军提出的“全力打造国际一流新能源上市公司”战略的推动下，龙源电力在太阳能、潮汐能、地热、生物质等方向也积极开展多元化战略布局，打造了全方位的可再生能源发展体系。

在抢占这些有限的新能源储备过程中，没有资金，后续发展就无从谈起。2009年12月10日，在全体龙源人的努力下，龙源电力在香港成功上市，创下了中国电力企业境外首次公开发行融资最大、市盈力最高等多项第一，在国内资本市场、国内电力行业和国电集团系统引起了强烈反响。在香港H股成功上市，意味着龙源电力首次站在了国际舞台上，意味着中国清洁能源概念得到国际资本市场的认可，意味着龙源电力获得了腾飞的引擎。

成功上市后的龙源，上下都荡漾着激情，开始朝着“国际一流的新能源上市公司”的目标进发。龙源人把对现有状态的不满足与危机感化作不竭的动力，创造了中国新能源行业的“龙源速度”。

值得一提的是，从企业发展之初，龙源电力就意识到了技术的决定性作用，那时，风电技术服务支持系统已成形，随着经验、技术的积累，龙源电力逐步形成了“风电十大技术服务支持系统”。包括风电前期开发技术服务、风电工程及设备采购管理、风电工程咨询设计、风电场运行监控、风电场检修及技术服务、风电场备品备件管理、清洁能源机制开发服务、风电职业技术培训、风电行业公共服务平台、可再生能源发展研究。该系统涵盖了风电产业链的所有环节，确保了龙源电力在风电发展的道路上又快又稳。2012 年 11 月 24 日，龙源风电十大支持系统荣获“2012 中国企业自主创新成果奖”，这是对龙源最好的肯定。

2010 年 9 月，龙源电力荣获“亚洲品牌 500 强”，成为前 100 强中唯一一家新能源企业，第 89 位排名让龙源人激动与骄傲。2012 年，龙源电力排名再度上升，由第 89 位上升至第 47 位，同时斩获“中国品牌价值冠军”的桂冠。

在龙源人看来，龙源 20 年一路走来，战略虽然不断调整，但方向却始终坚定不移，调整中求发展，步步为营，逐步建立起良好的品牌形象。

二、转型发展：新龙蓄源，整装重启

历经 20 年的大发展，龙源电力“国际风电运营商”的身份特征愈发清晰，它的表演舞台也在不断扩大。截至 2012 年 6 月 30 日，龙源电力风电控股装机容量 8994 兆瓦，位居世界第二。

全球第二的风头之下，居安思危的忧患意识开始在龙源人心中蔓延。如今，龙源电力已经进入一个崭新的发展阶段。风电的飞速增长期已过，在国内外既有的复杂形势里，心存“鸿鹄之志”的龙源电力如何继续辉煌下去？谢长军的规划，是“寻找符合形势变化的发展方式，深入推进企业转型”。

这次转型，是龙源领导层的一次重要决策，也是龙源电力发展史上的又一件大事。它成为龙源电力继境外融资、登陆香港 H 股之后的“第三次创业”。

然而，企业转型是一场关乎长远、影响全局的深刻变革，不仅要有高瞻远瞩的目标设定，更需要科学务实的战略管理。

龙源经过多次商讨后提出，“十二五”时期集团公司转型发展的战略方向为：以龙源电力第三次大创业为切入点，以提高发展质量、提升管理水平为抓手，坚持效益优先原则，向生产要效益、向管理要效益、向创新要效益，实现发展方式从规模质量并重向以效益为主的转变，加快建设国际一流新能源上市公司；要优化风电开发布局，加快发展光伏发电产业，兼顾火电和其他新能源发展，不断巩固企业核心竞争优势，确保全国风电行业领跑地位；要强化专业管理和技术创新，完善十大技术服务支持系统，打造龙源工程技术服务品牌，积极开拓业务，为集团公司稳健经营提供坚实保障；要量力而行，协调发展，合理压缩投资规模，持续优化投资结构，切实防范各类风险，努力实现可持续发展。

（一）加强战略管理

一是要转变思想观念，形成战略共识。广大干部员工应该充分认识到，转型发展战略是集团公司面临新形势的必然选择，不转型就没有出路。

二是要深化改革创新，完善管理体系。围绕转型战略目标，构建上下贯通、过程监控和闭环管理的战略支撑体系。以改革的思路建立适应转型的激励约束机制，充分激发各单位的发展活力。

三是要抢抓战略机遇，拓展新兴领域。紧密跟踪新能源产业政策，积极发展国家支持的新兴产品和服务。追踪和掌握产业前沿技术，开拓新的产业领域。结合企业生产实际，充分发挥可再生能源技术优势，探索和储备一批中长期战略项目。坚定不移地实施“走出去”战略，敢于承担风险，大胆开拓创新，努力取得重大突破。

（二）加强投资管控

一是优化投资结构，保证投资收益。风电投资重点要转向中东部、内陆等地区，兼顾“三北”地区大项目核准和资源储备，加快江苏、福建、广东等省的海上风电开发，稳妥推进加拿大、南非等海外项目建设，扩大光伏发电装机规模，探索开发与微电网、储能相结合的新型太阳能发电项目，做好前期项目测算论证，确保项目投资回报率。

二是加强专业管理，提升投资管控能力。加大集团公司本部对计划、项目、资金的监控和协调力度，维护投资计划的科学性、完整性和严肃性。严格执行投资计划和财务预算，认真履行决策程序，坚决杜绝计划外项目、预算外资金和工资外收入。严格项目开工审批程序，强化对项目建设和资金使用的过程管理，科学合理控制投资节奏。

三是坚持正确导向，完善考评体系。要鼓励推动企业转型，兼顾规模与效益，建立与市场接轨、导向正确、标准科学的激励机制。

（三）加强生产经营管理

一是以管理提升活动为契机，强化内部管理，有效提升管理的标准化、制度化、规范化水平。对标国内外先进企业，务求管理水平有实质性提升。

二是强化安全生产管理，加强生产现场管理和班组建设，通过安全生产运营监控中心加强对设备运行的监控管理，综合运用政策、技术、管理等手段减少限电损失，努力增发电量。

三是发挥火电企业经营管理优势，继续推行火电配煤掺烧，加强燃料经营和智能化管理，努力降本增效。

四是加大生物质发电治亏力度，加强燃料的收购和管理，通过精细化管理、设备改造等途径提高设备发电水平，尽早扭亏为盈。

五是提高光伏发电专业化管理水平，高标准建设好新疆吐鲁番、西藏阿里、北京延庆等示范项目，为后续规模化发展光伏发电产业打好基础。

六是加强市场营销工作，千方百计争取电量和电价政策，努力实现发电量、发电利用小时数、电价在同区域可比领先水平。

（四）加强风险控制

新能源发展形势变化及相关技术更新换代都很快，要注意防范政策风险、投资风险和技术风险；要重点关注国家产业政策支持的发展方向，以及政策鼓励的新领域、新产业，避免投资失误或错失重大发展机遇；要关注宏观经济形势和市场变化，准确判断电力需求走势，跟踪国内外碳交易市场动态，及时调整营销策略；要注意项目前期工作的深度和质量，充分考虑电网接入、限电、施工建设、项目融资等外部条件，海外项目还要考虑政治风险和汇率风险，确保项目盈利水平；要关注新能源技术发展趋势，如果仅关注少数已有技术，一旦更为先进和更具成本优势的新产品推出，原有产业和产品就面临被市场淘汰的风险。

（五）加强企业软实力建设

要实现公司健康可持续发展，必须建设创新型企业，培育先进的企业文化，不断增强企业发展软实力。

一是要深化五个“强化”，通过强化经营管理创新、体制机制创新、科技创新、人才开发创新、思想政治工作创新，构建运转高效的组织结构、科学完备的管理制度、顺畅有序的管理流程，营造鼓励创新、宽容失败的干事创业氛围，使公司战略决策力、战略执行力和集团管控力显著提高。

二是要弘扬企业文化，认真总结企业奋斗历史和企业精神内核，鼓舞广大员工更加奋发有为。着眼未来，要赢得更高层次竞争，实现更高层次发展，就必须把文化优势转化为转型发展的强大支撑，转化为挖潜增效的不竭动力，转化为促进和谐的精神力量，以先进的文化引领前进方向，凝聚力量，实现基业常青。

（六）探索开拓新的产业领域

企业面对的形势错综复杂，风险挑战层出不穷，各种机遇稍纵即逝，只有做到早预见、早研判、早决策，勇于开辟新的产业领域，不断培育新的经济增长点，才能保持企业发展的动力和活力。

一是加大资本运作力度，利用龙源良好的市场形象和香港雄亚（维尔京）的资源，借力国内和国际资本市场，构建境内外投资并购平台、孵化平台。

二是探索开发建设条件较好的中小型水电、分布式天然气发电等项目，密切关注国内外页岩气开发应用情况，跟踪国家产业政策和技术发展水平，重点研究未来页岩气发电的可行性和经济性，可以作为集团公司多元化新能源发展战略的重要选择。

三是加强储能相关信息的跟踪和技术储备，着手研究储能装置的应用控制技术，一旦条件成熟可以推广应用，进一步提高风电场的经济效益和社会效益。

四是研究推进产融结合，结合集团公司主业发展、整体规划产融布局，形成集团公司内产业资源、金融资源和信息资源的整合协调，不断提升企业核心竞争力。

五是依托新能源主业提供的地理优势条件，因地制宜探索发展生态农业、海洋养殖业等相关产业，培养新的利润增长点。

效益优先，深化转型，考验龙源的不仅是智慧能力，还有决心勇气。在企业转型这场事关经营发展全局的转变中，在第三次创业这场全系统参与的战斗中，龙源如何保持住既有的优势？答案很明确：“只有更好地化解风险、解决问题、办好实事，扎扎实实地稳中求进，取得各项工作的新进展、新突破、新成效，才能更好地增进活力、促进发展、推进事业。”

第十八节　远东控股集团：五次改制，飞跃发展

一、集团概况

1990年2月，蒋锡培自筹资金180万元，征了3亩地，在江苏宜兴范道开发区创办了“范道电工塑料厂”，即远东控股集团（以下简称“远东”）的前身，当时公司员工总数只有28人，公司成立当年实现销售收入462万元，第二年达到1800万元，成为一家初具规模的企业。经过20多年的经营，远东如今已经发展成为以电线电缆、医药、房地产、投资为核心业务的大型民营股份制企业集团。集团目前拥有员工9000余名，资产200多亿元，远东品牌价值评估123.03亿元，年销售收入超过200亿元。

远东以“创造价值，服务社会”为使命，以“成为现代化、国际化、绿色化、规模化的企业，成为备受员工热爱、备受社会尊敬的企业”为美好愿景，以“和谐共赢，灵活创新”为经营理念，以“让客户满意、让员工满意、让股东满意、让政府满意、让社会满意”，为检验、衡量企业发展的标准。

二、五次改制，树立典范

20多年来，为了适应市场发展环境，远东控股集团紧紧抓住“创新”这条主线，对企业的机制先后成功实施了五次改制，成为中国企业改制典范。

（一）第一次改制：转换经营机制，依托人才拓展市场

20世纪90年代，正值供不应求的卖方市场时代，远东产品供不应求。但是民营企业的发展在当时条件下受到很大的限制，企业招人不容易，高层次的人才对民营企业心存疑虑，不愿意来；银行也不愿意提供贷款，企业融资非常困难。

1992年初，邓小平在南方谈话中指出，乡镇企业是建设有中国特色社会主义的三大优势之一，应进一步大力发展，并对乡镇企业给予了一系列的优惠政策。于是，远东接受范道乡党委书记张伯宏的建议，于1992年2月与乡政府达成了改制经营协议，把企业改制为乡办企业，把积累了约500万元的资产划归乡集体所有。

这次改制为企业发展取得了良好的资金支持，也争取到了税收等方面的优惠政策，并解决了深层次的人才引进问题，公司取得了快速发展。1992年改制当年，企业的销售额便突破了5000万元，到1994年底，销售额更是一举超过了1.5亿元，企业的总资产达到了5000万元，是改制前的10倍。这期间，公司也三改厂名，正式注册名称为“无锡远东（集团）股份有限公司”，实现滚动式发展。

（二）第二次改制：推行股份制，实现资本有效运营

从企业改制为乡镇企业后3年的企业运行实际情况来看，乡镇企业也存在着产权不清晰、职责不明确、员工积极性不高等弊端，而股份制能够很好地解决这些问题，于是公司从1994年下半年开始组织人员南下广东、东赴浙江、北上山东等地考察股份制企业的成功经验，并着手对企业的资产、产权进行全面审计、评估和确认。

通过广泛地宣传发动和耐心细致的思想工作，公司于1995年初成功实施了股份制改革，把乡办企业改制为股份制企业，采取定额认购和自愿认购的方式，成功地募集了1350万元内部员工股以及100万元集体股。1996年，内部员工股增资扩股到4500万元，广大员工成了公司的股东，既是生产者又是公司财产所有者，充分调动了员工的积极性，把每个员工都捆绑到了“目标共识、责任共负、风险共担、效益共享”的企业利益共同体之中，使员工的主人翁地位真正落到了实处，他们在生产经营中降耗节能和产品质量意识显著增强，在各个岗位上涌现了一大批奋力拼搏、勇争先进的积极分子。

另外，随着股本金的扩大，公司也有效解决了资金运作方面存在的问题，开始加大对技术改造的投入，引进先进的生产设备。1995~1996年，公司从芬兰、美国、德国等国家引进了国际及国内先进的生产、检测设备100多台（套），进行技改扩能，组织开发生产中高压交流电缆等技术含量高、市场潜力大的产品，使高附加值的产品在整个销售中的比例迅速增长。

（三）第三次改制：探索混合型经济模式，走规模效益之路

市场竞争的形势瞬息万变，到1996年，仅在宜兴官林镇就冒出上百家电缆制造企业，同质化产品竞争愈演愈烈，远东面临着产品结构升级的挑战，也亟待开发稳固的市场。这需要大笔的资金投入，于是公司考虑吸引战略投资者介入，进行强强联合，推进产品的升级，加快市场拓展。

1996年初，蒋锡培在一次活动中意外得知华能、国家电力公司等国有大型电力企业有意在国内寻找配套的电缆电线生产企业，随后他立即行动，先后9次上北京，开展合资攻关行动，进行了长达1年多、共16次的谈判，终于与国电、华能等国企达成合作意向，远东的发展速度、独特的管理模式、适应市场经济的运行机制、高科技含量的名牌产品、汇聚的人才优势以及务实过硬的领导班子，对正在探索国有企业改革的老总们产生了很强的吸引力。1997年4月19日，中国华能集团公司、中国华电电站装备工程（集团）总公司、国家电网建设有限公司、江苏省电力公司四大国企与远东正式签订协议，共同投资成立江苏新远东电缆有限公司，建立了中国第一家混合所有制企业。在股权结构中，四大国企的国有股占68%，老远东职工股占24%，而宜兴范道发展总公司占集体股7%，其中，华能相对控股新远东，占31%。

此次合作实现了合作各方的双赢。1997~2001年，华能等四大国企每年都能从新远东获得丰厚的分红回报，增加了国企资产活力。同时，远东也实现了快速发展壮大，借四大国企的入股，远东获得了发展急需的资金和稳定、庞大的市场，产销迅速实现同行业第一。

（四）第四次改制：明晰企业产权制度，完善法人治理结构

2001年，中国国有经济体制改革开始全面推进，混合所有制企业改制受到了质疑，随即，电力行业强力推行主辅分离改革，华能等国企开始考虑从诸多的投资项目中收缩退出，希望转让这部分股份。另外，从5年的经验来看，混合所有制存在着决策效率低等弊端，远东要实现进一步的发展，打造百年品牌，需要明晰产权、完善公司治理结构。于是，远东抓住电力行业主辅分离改革的机会，与四家国企进行谈判，准备回购他们手中的国有股份。经过1年多时间的谈判，2002年初，远东终于与华能等国有股、集体股股东签订协议，回购68%的国有股和7%的集体股，远东再度民营化。接着，公司进一步明晰了产权制度，健全了董事会、监事会，成立了新的江苏远东集团有限公司，成为了真正的民营企业集团。

（五）第五次改制：融入上市平台，实现跨越发展

2010年7月23日，远东又通过旗下上市公司三普药业，以定向增发的形式，将集团电缆业务全部注入上市公司，成功实施第五次改制，为公司提供了全新的发展平台，推动企业实现新的跨越式发展，加快实现国际一流企业的目标。

三普药业向特定对象发行股份购买资产暨重大资产重组（关联交易）的申请获得有条件通过，本次非公开发行股份购买资产暨关联交易事项系三普药业向控股股东远东控股定向发行股份，收购其拥有的电线电缆业务优质资产，具体包括远东电缆100%股权、复合技术100%股权以及新远东100%股权。本次交易发行价7.19元/股，拟发行的股份数量为30743.2684万股。至此，远东控股集团旗下的电缆业务优质资产全部注入上市公司，实现整体上市。

远东这五次改制正好顺应了中国经济改革的五次浪潮：温州模式、苏南模式、国有大中型企业改革、完善法人治理结构和企业资本运作，五次改制也让远东的整体实力和市场竞争力得到了大幅增强，在国内电线电缆行业创下了多项第一：第一家获得全国用户满意企业；第一个进入中国电工行业销售100强；科技投入和新产品开发数量名列全国行业第一；电线电缆产销量连续15年位居第一；名列世界电线电缆业中国入选企业第一名；等等。

远东控股集团每一次改制都找准了激发企业活力、增强企业竞争力的关键点，实现了企业的跨越式发展。

三、积实力底蕴，铸高端品牌

2012年6月28日，世界品牌实验室（World Brand Lab）在北京发布了2012（第九届）《中国500最具价值品牌》排行榜。在这份基于财务分析、消费者行为分析和品牌强度分析而获得的中国品牌国家队阵容中，远东控股集团的“远东”品牌以121.27亿元的品牌价值位居排行榜第107位，再次荣列中国电线电缆行业榜首，在业内成功摘得“四连冠”。这些成果的取得正是远东技术实力的积累和对高端品牌的不懈追求的完美体现。

（一）先进生产方式，保障产品高品质

走进电缆企业集中的宜兴市，一路望去，不时见到如灯塔般矗立的立塔式超高压电缆生

产线（简称立塔），这就是电缆企业的象征。然而在远东，笔者却没有发现这个所谓的象征。其实，这正是远东的特别之处，远东采用的是全套德国进口的、具有世界先进水平的悬链式生产线。同立塔相比，悬链式生产线可能不那么“显眼”，却有着高出一筹的生产技术。

其实，这只是远东采用新式装备的一个缩影。“工欲善其事，必先利其器”，先进精良的设备是生产高品质产品的前提，因此远东在设备引进方面舍得投入，生产和检测设备居国际一流水平。先后从德国、瑞士、芬兰、美国等国家引进国际最先进的设备，如从德国TROESTER公司引进500千伏全干式交联生产线，从瑞士Maillefer公司引进中低压交联生产线，从芬兰诺基亚公司引进具有国际先进水平的中高压交联电缆生产线，从德国西科拉公司及瑞士仲巴赫公司引进在线测径测偏自动控制系统等。远东重视工艺的改进与消化，每年投入大量的费用进行大规模技术工艺改造，目前每年在这方面投入的资金超过1亿元。

比照高标准才能成就高品质。本着对客户高度负责的态度，远东还坚持按照国内、国际先进标准组织生产，不偷工减料、不以次充好，按照标准生产每一批电缆产品。除了采用GB、JB、MT、SB、GY等国家标准和行业标准组织生产，还采用了IEC、美国UL标准、德国VDE标准、英国BS标准、日本JIS标准等国际标准，严格把守质量关，坚持为客户提供高品质的电缆产品，使远东电缆20余年来供不应求、备受青睐。

（二）研发新技术，引领行业发展方向

远东对新技术研发可谓不遗余力，公司建立了先进的材料工艺研究室，拥有省级企业技术中心、架空导线与电力电缆工程技术研究中心和产品质量监督检验分中心，科研领域成果不断。公司平均每年开发新产品10个以上，申报专利6项以上，推出了数十项国际国内领先的技术产品。

2012年上半年，远东新产品开发继续喜报频传。

年初，远东成功开发风电电缆用耐寒环保护套橡皮，实现我国风力发电技术水平的又一提升。

2月22日，远东2010年度申请的发明专利《橡套电缆绝缘、护套连续硫化阻水方法》这一项新技术通过国家知识产权局审查，获得授权。

3月9日，远东SYWV同轴电缆顺利通过国家广电总局再认证。

4月，远东电缆研发部已完成薄壁绝缘轨道交通车辆用电缆的试制。远东经过一系列的研发检测试验后，在满足耐火性能的前提下，选用了一种可以使用在频繁弯曲、移动的场合的材料——瓷化硅橡胶，成功研发出了新型高效的耐火电缆。与此同时，远东正着力研究一种柔韧型的高灵敏度水听器电缆。该水听器电缆将解决由于海洋干扰和传输距离长导致的普通同轴型电缆传输信号微弱的技术难题。

2012年6月2日，中国电力企业联合会主办的“远东复合技术有限公司纤维增强树脂基复合芯棒及复合导线技术鉴定会”在宜兴召开，会上通过了“F18-8.13纤维增强树脂基复合材料芯棒”和“JL-RX1/F1B-450/50-260纤维增强树脂基复合芯软性铝型线绞线”两种产品的技术鉴定。与会专家认为，远东复合技术有限公司研制的两种产品综合性能均达到国际先进水平，其中“JL-RX1/F1B-450/50-260纤维增强树脂基复合芯软铝型线绞线”产品及其技

术填补了国内空白。

这个鉴定结果标志着远东复合技术有限公司成为国内首家通过复合芯及复合导线鉴定的电缆企业，奠定了远东复合技术在碳纤维复合芯导线技术领域的领军地位，有效解决了输变电线路节能降耗、大容量大跨越传输、高温运行、安全防腐及长寿命等电力传输系统性的问题，促进了中国输配电事业节能、环保、安全、经济的发展要求，引发了输变电领域的一场革命。

（三）梧桐树上揽凤凰，引进培养高端人才

一流企业必定有一流的人才作为后盾。自远东成立之日起，对人才的追求就未曾止歇。2008年11月8日，江苏省首家院士专家工作站——远东控股集团院士专家工作站隆重揭牌，11月17日，远东控股集团博士后科研工作站正式挂牌成立。远东已经邀请到黄崇祺、孙晋良、姚熹、牛文元等两院院士以及北京、上海两地的20余位相关领域的博士后科研专家，这些高端平台为远东的持续发展创造了新的契机，为远东跻身世界一流企业奠定了坚实的基础。

为了激发科技人才的创造力和积极性，远东推行《技术、管理创新奖励实施办法》，在行业中率先对有突出贡献的科技人员实施奖励制度，通过设立新产品开发奖、高新技术产品奖、星火火炬奖、专利项目奖、科技攻关项目奖等众多奖项，对在科技创新方面有突出贡献的员工进行重奖，每年远东用于奖励的金额高达数百万元，有效地调动了技术研发人员的积极性。

作为宜兴地区发展最大的电缆企业，远东为宜兴电缆行业输送了大批人才，被业内戏称为电缆行业的“黄埔军校”。远东的两名高管司机竟然被两家电缆公司挖去担任副总裁，这一时成为远东成就人才的佳话。

（四）荣获客户青睐，铸就优质品牌

20多年来，远东以可靠的质量和完善的服务，赢得了包括国家电网、南方电网、西门子等国内外知名企业的信赖。

远东自主研发生产、拥有多项专利技术和知识产权的“碳纤维复合芯导线”在北京、上海、江苏、浙江、辽宁、安徽、山东、湖北、四川、云南、广西、广东、湖南、陕西、甘肃、宁夏、新疆、天津等省（市、自治区）150余条输电线路广泛应用，实现了良好的经济效益、环境效益和社会效益。2012年，远东碳纤维复合芯导线再次中标浙江、陕西等地输变电工程项目，获得了市场的认可与追捧。

2012年1月6日，远东电缆有限公司在南方电网溪洛渡超高压直流输配电工程上获得1.13亿元订单。

全球知名跨国公司TE Connectivity电力事业部与远东于2012年2月22日宣布正式确立长期战略合作关系。

2012年5月31日，西门子风电电缆全球招标考察团莅临远东参观考察，旨在为西门子风电2012年7月风电电缆全球招标新投标商作资格考察。

2012年6月14日，全球500强企业德国林德集团考察团莅临远东，寻求合作项目。

（五）继往开来，打造千亿级企业

作为目前国内电缆行业的领军企业，远东打造全球领军企业的路径在哪里？远东控股集团提出，转变发展模式是必由之路。集团正在努力实现发展模式的“六个转变”：从产品经营转向资本经营；从业务管理转向市值管理；从集中管理转向目标管理；从行业领先转向产业领导者；从业务引导发展转向人才与文化引导发展；从国内发展转向国际化发展。

翻开《远东控股集团发展战略》蓝本，上面赫然标示着远东的行业地位目标：电缆业务规模成为世界第一；医药、地产、生化业务进入国内第一方阵；投资业务形成远东风格，具有社会影响力。其中，电缆业务定位在“全球领军的电缆企业”。2020年，集团销售额要超1500亿元，集团控股的上市公司市值超2300亿元。其中，投资管理资金规模超300亿元；集团净利润超100亿元，员工数量超过20000人。

远东控股集团董事局主席蒋锡培说：“我们一直在考虑什么样的企业才能引领未来？答案是‘有战略的企业’。有战略就有信心，有信心才能攻无不克、战无不胜。远东控股集团的战略目标是成为现代化、国际化、绿色化、规模化的企业；成为备受员工热爱、备受社会尊敬的千亿级企业。”

第十九节　明阳风电：创新推动跨越式发展

一、集团概况

广东明阳风电产业集团（以下简称“明阳”）2006年创建于中山火炬区，致力于兆瓦级风机的设计、制造、销售及服务，现有员工3000余人，其中研发人员600余人（含24名德籍人士）。

2010年10月，明阳在美国纽约证券交易所上市，不到5年时间，明阳风电就从最初的注册资本3000万元，发展到产值、市值、投资能力过百亿元的规模，成为行业国内排名前三、国际前十位的风机制造商。

明阳已经在广东中山、天津、吉林、内蒙古、江苏建立了五大产业基地，正在筹建贵州、甘肃、广东阳江基地，风机产品遍布国内150多个风电场。

明阳设有欧洲丹麦风能研发中心、美国北卡研发中心、上海海上工程中心、博士后科研工作站、广东风力发电装备制造研究院，先后承担了包括863计划在内的众多国家和广东省重大科技专项、火炬项目及科技攻关项目，5项填补国内空白。

明阳以独具特色的“能动文化”为动力，借助在电力电子领域的技术积累，整合上游供应链和客户资源，通过产业结构、资本运作、技术开发、经营模式的调整、变革和创新，实现了非常规的跨越式发展。

二、风电产业历程

进入21世纪，国家在大力开发风资源等新能源的前提下，提出了大力发展新能源装备制造业的战略部署。2005年，新政策明确规定风电设备的国产化水平要达到70%。当时，外资风机制造企业在中国的市场份额超过七成。

快速、持续的经济发展推动了中国能源需求的几何式增长，传统能源供给危机更加凸显。与此对应的是，国内大量的优质风能、太阳能等新兴能源处在闲置之中。

明阳集团董事长兼CEO张传卫敏锐地意识到，明阳拥有12年的电力电子领域从业经验，在核心技术积累和人才队伍建设方面具有较强的竞争力，广东作为中国第一经济大省，对新能源装备制造工业的政策扶持力度较大，进军风电制造具备了天时、地利、人和的先决条件。

当张传卫在高管会上把自己的想法和盘托出时，公司创业元老和高管基于风电业投资风险巨大、技术攻关难度高的理由，对张传卫的提议几乎一致表示反对。

面对这个意想不到的局面，张传卫没有妥协和灰心，而是开导大家："风电是我们介入大产业的唯一机会，火电进不去了，核电需要的门槛更高，水电日趋饱和，如果错失良机，将是一生中无法承受之痛。我们都40多岁了，如果用5年时间打造一个百亿元产值的企业，就有了问鼎千亿元级企业的基础，这是多么了不起的一件事。更重要的，风电清洁、环保、可再生，是一个为子孙后代积德、为社会大众造福的新能源事业，其现实价值和历史意义，怎么高估都不过分。"

雄心勃勃的张传卫没能说服他的创业伙伴，他做出一个更让人不可思议的决定：不带走一个人、不带走一分钱，把明阳电气托付给高管团队去打理，只身一人带着打造"风电三峡"的梦想，毅然进军风电，开始新的创业征程。

明阳以敢为天下先的创新精神和卓越的创新能力，成就了中国风电行业的"明阳速度"和"明阳模式"。

三、风电产业升级

1993年，在邓小平南方谈话、中国改革开放事业迎来了全新发展格局的时代背景下，张传卫毅然辞职"下海"，以借来的20000元，创建了广东中山市明阳电器有限公司。

经过原始的资本和技术积累，1999年，明阳电器从简单的配电箱制造，发展成为国内第一个开发出中置式真空开关柜产品的企业，迅速从行业竞争的追赶者转变成行业发展的引领者。

随后几年，明阳电器以产、学、研的方式持续投入研发费用7000多万元，实现了单个产品的价值从1000元、1万元、10万元到100万元的跨越，企业规模和整体实力持续壮大。

连续几轮的产业升级，使明阳完成了从输变电设备到大型节能和电力电子装备核心技术的第一步转型。

2004年，明阳更崛起成为国内高压变频调速的领军企业，为进军风电产业积聚了技术优势，储备了客户资源，奠定了现代企业的管理基础和格局视野。

四、研发模式创新夯实发展基础

2006年6月，广东明阳风电技术有限公司正式成立，主营兆瓦级风力发电机组、风电工程技术及风力发电相关技术咨询、技术进出口业务。

明阳虽然有电控系统的研发生产基础，但风机核心技术仍处于空白，这将是一个从无到有的创造过程。专家分析，要进入风机核心技术领域，不是三年、五年能够做到的，而国内通常的委托开发、以市场换技术的方式，又将长期受制于人。

经过长时间的思考，张传卫意识到，得到风电制造的核心技术，只有走技术合作的道路，而且不能走委托开发、以市场换技术的老路。

经过多方沟通和接触，明阳决定与欧洲著名风机设计公司——AERODYN进行技术合作。AERODYN是一家德国公司，专业技术实力强，但公司规模不大，当时与多家国内主要风电企业在谈，但没有一个项目执行，这个信息让张传卫看到了合作机会。经咨询专家，求证了这家公司的技术实力，张传卫决定加快谈判步伐，在他看来，机会是稍纵即逝的。

核心技术掌握在人家手里，技术联合开发的谈判并不顺利，德国人强调联合开发的特殊性，实际上就是委托开发，这样明阳买来了技术最后还得找人来消化。

经过多轮谈判，明阳跟德国公司摊牌："第一，明阳更了解中国的气候，根据不同的环境量身定制产品，我们更有发言权；第二，在电控和电器技术上明阳更专业；第三，这是一种自主知识产权的合作研发，分工、概念设计、技术路线共同决定，概念初步设计在德国那边，详细设计在明阳这里；第四，联合研发的科技成果知识产权归明阳所有。"

明阳人的坦诚和精明，赢得了德国合作者的认同。

2007年8月，明阳风电推出了第一批符合中国风资源环境的定制化产品，从联合研发合同签订到第一台整机投入商业运行和小批量生产，仅用了15个月。

5年内，明阳风电创造了多个行业纪录：2007年成功研制世界上第一台抗台风型兆瓦级风机；2009年成功投运我国首批潮间带兆瓦级风机；2010年研发生产出全球首台3兆瓦超紧凑型风机，先后成功开发了抗台风型、抗低温型、高原型、潮间带型1.5兆瓦风机和国际领先的超紧凑型风电机组，形成从陆上到海上，从1.5兆瓦级到6兆瓦级的系列产品。

为了加快核心技术领域的创新与突破，明阳风电成立了产学研联盟，联合北京航空航天大学、清华大学、华南理工大学、西安理工大学等国内著名高校就变频系统、控制系统、变桨系统、偏航系统进行技术攻关，确保技术创新"生产一代、储备一代、预研一代"的战略目标。2010年，明阳风电被广东省、教育部、科技部授予产、学、研结合示范基地。

2011年6月，明阳建立了海外研发平台，与世界顶级风能实验室——丹麦里索风能实验室合作成立明阳欧洲风能研发中心；2012年3月，明阳在美国设立北卡研发中心，并正在积极筹办上海海上工程中心，及时了解国际最前沿的风机技术，吸引国际顶级科研人才，不断提高产品的技术含量，夯实企业发展基础。

五、资本模式创新铸就“造血”功能

金融是企业的血液。明阳的跨越式发展，得益于成功的资本化运作。

明阳风电创立之初，由于没有得到明阳电气高管层的支持，张传卫只能把属于自己的股权部分作为质押贷款拿到一块地，并把这块价值3000万元的地作为资本金注册成立公司。

当时股权融资的概念在国内还未流行，张传卫是第一批吃螃蟹的民营企业家，为此他先后访问了150多家国际投资者，包括高盛、美林等国际知名投资银行。

张传卫从容自信地为当时只有3000万元资产的明阳风电素描了一幅发展蓝图：“我们有可靠的技术和庞大的市场前景，到明年底，明阳将达到10亿元以上产值，利润1亿元。按10倍PE值计算也正常，但考虑风机刚下线，有风险，就按6倍PE值计算。”

在6亿元估值的时候，美林作为第一批投资者进入，明阳风电事业这颗种子终于迎来了一场资本的及时雨，各种设想和规划也像发芽的种子一样迅速展开。

随着第一批风机下线运行，明阳的估值一路看涨，接着就是十几亿元的订单接踵而至。距美林投资仅仅3个月，国家开发银行进入，此时明阳风电的估值已经飙升到12亿元。

三年内，明阳风电以股权融资方式先后引进国际、国内资本近20亿元，并获得150亿元的银行授信，为企业技术转型升级及产能扩张提供了可靠的资金保障。

2010年10月，明阳风电在纽约证券交易所成功上市，募集资金3.5亿美元，创下当年中国公司赴美IPO募集资金的最高纪录，从国内强势崛起的风机制造企业成为全球瞩目的国际化公众公司。

明阳通过一系列资本创新的组合拳，铸造了强大的“造血”功能，促成了规模的跨越式成长，树立了强大的品牌影响力和号召力，为企业快速、持续发展保驾护航。

六、商业模式创新构筑发展动力

2010年底，明阳集团产值已过100亿元。

踏上百亿元台阶后，明阳又开始了新的转型，提出用5年时间进行商业模式的创新，从单一的风机制造迈向清洁能源整体解决方案提供商，实现从生产型制造向服务型制造转型，规划3年之后，技术服务的产值占比大于风电设备制造。

接着，明阳风电在国内首推风电业融资租赁和经营性租赁：投资风电产业的客户不需要想太多的事，没钱明阳帮忙找到钱，并且提供整体解决方案，包括提供金融解决方案，提供风电开发的风场，提供技术、产品和工程服务。

这样，利益关系发生了根本性的变化。过去和客户单纯的买卖关系变成了战略合作关系，从而形成“你中有我、我中有你”的捆绑式发展，实现了客户资源价值的最大化。

2010年，明阳启动了包括风资源分析、微观选址、工程技术服务、运行维护等整体解决方案，在我国首推风电 EPC 项下的金融租赁和运营维护总包项目，以客户利益为导向，从提供设备向提高风场运营效率转变，从生产型制造向服务型制造转变。

明阳已不满足做行业的单品冠军，而是着力培养企业的综合竞争实力，用生产、技术、融资、服务、管理、品牌的整体优势去赢得最终的市场竞争。

七、人才机制创新储备发展能量

人才资源是明阳事业发展的最大资源，明阳风电从一张白纸到企业创建、发展与壮大，是以董事长张传卫为首的 3000 多人的团队共同奋斗的结果。正是在“人尽其用，用尽其能”的人才理念号召下，一大批业内专家和社会精英聚集明阳，开始了铸造“负责任、重诚信、有尊严、受尊敬”的国际知名品牌的创业之旅。

明阳建立的利益共享和激励机制，有效地为广大员工构筑了发挥才能的工作平台和发展环境，使更多的人才融入明阳事业的持续发展之中。

明阳建立了公平、公正、公开的岗位晋升和竞聘制度，鼓励职员自我提升，帮助员工制订科学、合理的职业生涯规划，并在人才储备、人才培育和人才评估等多方面制定了一套全面、完备的方案，形成了一套系统化、科学化和人性化的机制，为优秀人才的脱颖而出创造了良好的环境。

明阳设立了伯乐奖，对引入人才有功者给予一定的奖励，并设立了创新奖励基金、培训基金。通过校企合作，在西安交大设立风电专业的工程硕士班，定向培养风电专业的工程硕士人才；在中山职业技术学院，由明阳提供专业师资和编撰教材，学校负责全日制招生、教育，定向培养中基层技术骨干。

通过几年的努力，明阳已组建了结构合理的人才梯队，复合型、专业骨干人才比例逐年增加，成为中山市第一家拥有博士后工作站的企业，并组建了风能研究院。现有教授 2 人，副教授及高工 4 人，博士 15 人，硕士 78 人，中高级研发人员 600 余人。

八、文化理念创新推动可持续发展

明阳在创业和经营过程中，根据行业特点和企业自身发展情况，创建了以“地蕴天成、能动无限”为精髓，以物质文化、制度文化和精神文化为基础的企业文化体系，并衍生出“能动服务、感动客户”的服务理念、“一个螺丝钉决定一个公司的价值”的质量理念，在“能动理念”、“能动精神”的凝聚、碰撞、融合下，汇集成独具明阳特色的“能动文化”，持续创造和推动了能动不息的明阳事业。

“发展绿色能源，造福人类社会”及“打造全球顶级的风机制造商和清洁能源整体解决方案的提供商”是明阳人的使命愿景。

明阳事业的社会价值和现实意义，恰如其分地对“能动文化”和“生存哲学”进行了诠释：明阳每出品投运 500 台 1.5 兆瓦风机 75 万千瓦装机容量，将满足一个中等城市一年的用电量，节约6亿元的标准煤，减少150万吨二氧化碳排放，相当于再造了1800平方公里的森林。

作为快速发展中的民营企业，明阳在治理机制上的改革与创新，最大限度地释放了民企的活力与能量，从股权结构、管理体制、决策方式、智库建设等各方面进行了大胆尝试和探索。

明阳管理模式赢得了社会广泛好评。2009年，董事长张传卫获全国第三届优秀中国特色社会主义事业建设者称号，并连续两届担任中山市工商联主席、广东省工商联常委。

明阳的发展，是时代所赋予的历史机遇，受惠于国家新能源产业发展战略，有赖于省、市、区各级政府的大力支持，得益于社会各界、尤其是投资者和客户的信任与厚爱。明阳人深知，把握中国从世界风电产业大国到风电产业强国过渡的战略契机，做大做强民族风电品牌，是明阳对社会、对祖国最好的回报。

2011年初，明阳制订了2015~2020年中长期发展规划。为了实现这个战略目标，明阳相继确立了“创新研发”、“海上风电”、“海外战略”、“高端产业链”、“整体解决方案”五大战略。

明阳风电的发展还处在进行时，或者说刚刚起步，要在风云际会的中国和世界新能源事业占据一席之地，是一个持续而漫长的过程，创新、变革、与时俱进将是明阳发展的根本动力。

转变发展方式，调整产业结构，用技术和资本不断创新的理念，开拓了明阳风电的发展路径，让明阳风电事业具有了新的高度和新的内涵。

第二十节　同煤集团：转型成典范，未来更给力

一、集团概况

大同煤矿集团公司（以下简称“同煤集团”），在2011年中国能源集团500强中位列第29位，是中国第三大煤矿国有企业，原煤产量连续5年突破亿吨。公司总部位于中国煤炭重地山西省大同市。煤矿跨越大同、朔州、忻州三市，拥有煤田面积6157平方公里，总储量892亿吨，总资产405亿元，47对矿井，70万名职工家属。

同煤集团的前身是成立于1949年的大同矿务局。2000年，公司改制成大同煤矿集团有限责任公司。2003年，山西省煤炭企业进行重组，成立了新的大同煤矿集团有限责任公司。2005年实施股改后，公司改为由七家股东共同出资经营。目前，集团已形成以煤炭为主，电力、化工、冶金、机械制造等多业并举的产业格局。

企业成立58年来，为国家经济建设和社会发展做出了巨大的贡献，累计为国家生产优质煤炭14亿吨，上缴利税近193亿元，是国家投资的3.9倍。在三个文明建设中荣获国家企业管理最高奖“金马奖”、“中国煤炭采选大王”、全国“五一”劳动奖状、全国职工思想政治工

作优秀企业等多项荣誉。

二、转型战略与举措

同煤集团深切感受到煤炭工业传统发展的路子越走越窄，不能再走下去了。所以逐步确立了走现代化、集团化、洁净化、多元化、国际化道路和“绿色同煤、科技同煤、诚信同煤、小康同煤、和谐同煤”的发展目标。

为了顺利实现以及集团“十二五”发展目标，做强做优五大产业、实现五个跨越，集团必须对传统的发展战略和发展方式做出调整。在这样一个背景下，同煤集团确立了“树立新思想，实施新战略，建设新同煤”的总体发展思路。以该思路为指引，逐渐摸索出一条高效可行的实现路径：走现代化、集团化、洁净化、多元化、国际化道路，通过建设商品煤基地、出口煤基地、煤炭深加工基地，打造市场投资主体，大力推动产业结构调整，形成以煤炭、电力、煤化工、冶金、煤机制造五大产业为主导，集工程建设、建材、物业、旅游等多业并举，全面发展的具有核心竞争力的特大型煤电化能源集团。

此外，集团在转变发展方式的过程中，强调要大力推动管理创新。这是因为转变发展方式是一个系统工程，人才、技术、体制、机制等要素的及时调整和跟进缺一不可。由于企业调整力度大，项目规模大，牵涉的因素多，不确定、不安定因素也多。只有借助管理创新，不断提升集团的管理水平，增强对全局的掌控和把握能力，增强集团对协调各种因素的水平，才能有效保证转变过程的顺利推进。

概括来说，同煤集团转变发展方式的举措主要体现在以下四个方面。

（一）大力发展循环经济，树立塔山发展模式

在同煤集团未来的发展目标和战略规划中，洁净化发展是十分重要的一环。经过长期不懈地积极探索，集团发现循环式发展不仅能够有效实现生产的清洁化，而且还提高了资源的利用效率，有效增加单位煤炭资源的产出。为此，集团大力扶持循环经济发展，最终摸索出依托产业园区大力推进循环式发展的转型道路，并且通过不断深化认识、完善举措，逐步形成了一个体系完整、内涵丰富的“塔山模式”。

“塔山模式”的核心内容是，以循环经济、园区经济、规模经济三大理论为指导，以“黑色煤炭、绿色开采；循环经济、吃干榨净；高碳产业、低碳技术”为战略目标，以“减量化、再利用、资源化”为原则，以拉长产业链为手段，形成闭合的产业链条。在条件优越的区域内，精心营造一个小环境，建成一个相对独立完整的产业群，实现“资源—产品—废弃物—再生资源”反馈式循环以及项目、资金、人才、技术的聚焦效应，达到产业链条完整化、布局专业化和资源的综合利用化。塔山模式体现的是发展观念由提高资源回收率、清洁生产为核心的小循环，向资源循环利用、企业循环生产、产业循环组合的大循环跨越。

塔山循环经济工业园2003年开工建设，2009年正式建成，总投资204亿元，由两矿、十厂、一条铁路13个项目构成，分别是：①年产1500万吨的塔山煤矿；②年产1000万吨的同忻煤矿；③洗选1500万吨的洗煤厂；④选煤厂；⑤4×5万千瓦综合利用电厂；⑥2×60万

千瓦坑口电厂；⑦甲醇厂；⑧粉煤灰制砖厂；⑨煤矸石烧结砖厂；⑩高岭岩煅烧厂；⑪新型干法水泥熟料生产线；⑫污水处理厂；⑬铁路专用线。

通过上述13大重点工程，构建起了“煤—电—建材”和“煤—化工”两条完整的产业链条。

两条产业链在运行上可以分成五个环节：

（1）塔山煤矿生产的原煤供给2×60万千瓦电厂，电厂产生的脱硫石膏、粉煤灰及炉渣等废料再进入新型水泥熟料厂、粉煤灰蒸压砖厂作为原料。

（2）塔山煤矿生产的原煤进入洗煤厂进行洗选，洗选生产的精煤销往国内外市场，洗选后产生的中煤尾煤供应4×5万千瓦热电厂发电，电厂产生脱硫石膏、粉煤灰及炉渣等废料进入粉煤灰蒸压砖厂作为原料。

（3）原煤洗选后产生的煤矸石作为烧结砖厂的原料，制成建筑用砖。

（4）原煤中有伴生的高岭岩，经过洗选后进入高岭岩煅烧厂，生产出不同品质的产品，供应国内外市场。

（5）以上工艺的工业用废水，全部进入污水处理厂进行处理，100%进行循环利用。

依托这两条产业链，塔山循环工业园区有效实现了一个循环式生产过程：原煤洗选精煤外运，洗中煤、末煤用于发电或生产甲醇，电厂余热用于居民取暖，煤矸石、粉煤灰成为水泥和墙体原料，水泥厂废渣制成新型建材，煤炭伴生高岭岩成为化妆品、造纸行业的原材料，矿井废水和生活污水进入污水处理厂，净化后用作电厂冷却水和园区浇灌用水。

上述五个生产环节，首尾相接、环环相扣，逐层减量利用，上一个生产单位的废料恰好是下一个生产单位的原料，并且把废弃物的排放和对环境的污染降到了最低，形成了“资源—产品—废弃物—再生资源”的闭路循环，实现了单项直线式经济发展模式向反馈式经济发展模式的转变。该模式对煤矸石、粉煤灰等固体废弃物实现了就地消化，变废为宝，园区工业固体废弃物综合利用率达到100%。有效实现了资源的“吃干榨净”。通过多级循环、综合利用，使产值增加了3倍。

与传统煤炭生产方式相比，塔山循环经济工业园具有的特点：

（1）科技层次高。塔山矿井和选煤厂等项目都采用国际、国内最先进的技术设备和技术工艺，产业链条完整。

（2）资源回收率高。

（3）变废为宝。煤矿伴生资源和各个产业的废弃物得到了充分利用。

（4）改善了区域环境质量。把传统开发模式中的环境污染问题作为企业开发的重点进行综合利用，加强了生态修复和环境建设。

（二）产业结构调整

同煤集团在转变发展方式的过程中，其产业结构经历了由“一煤独大”的单一经济阶段，向多元化经济阶段的转变。

集团自成立之初到1990年的40多年时间里，长期延续着挖原煤、卖原煤的单一发展路子。始终处于开采高强度、生产高消耗、环境高污染、低综合利用“三高一低”的传统发展方式之下，发展速度缓慢，而且积累的社会、环境问题越来越多。

自20世纪90年代初开始，伴随着改革开放的深入发展，同煤集团逐步走上了由单一经济发展向多元化发展战略转变的道路。这样的转变，经历了两个阶段。

第一阶段，也就是转变发展方式的初级阶段。这一阶段的产业结构调整最突出特点就是“多元而不关联”。20世纪90年代初，社会主义市场经济体制目标的确立，为企业转变经济增长方式和实施多元发展战略提供了最初的思想指导。当时的大同矿务局大力发展多种经营、发展第三产业，陆续上马了淀粉糖厂、金属镁厂、玛钢厂、铁厂、钢丝绳厂、服装厂、食品加工厂、养殖场等一大批非煤项目。但是，随后受亚洲金融危机的影响，非煤产业的产品滞销，生产萎缩，大多数非煤企业陆续下马，员工收入急剧下降。这一阶段的转变发展步入一个低潮期。分析认为，这一阶段转变发展方式失败的原因主要是：首先，多元而不关联。各产业模块之间布局松散，未能形成相互支撑。其次，规模较小。小打小闹，抗风险能力弱。再次，人力资源不足。缺乏专业化的高水平人才，难以形成技术方面的优势。最后，管理创新不到位。体制机制的不合理，阻碍了企业的顺畅运转。

第二阶段，转变发展方式的高级阶段。这个阶段的最显著特征是“多元关联”，是以煤炭为中心延长产业链。集团在回顾50多年发展历程的基础上，深入总结转变发展方式初级阶段10年来的经验、教训，深刻认识到，企业转变发展方式不能脱离自身的实际，必须立足企业基本情况，直面开采半个多世纪所形成的345平方公里的沉陷区、60多座共计8000万吨经常冒烟的矸石山等难题，保持优势，克服劣势，逐步扭转企业发展中的不利因素，清除集团前进道路上的障碍，形成企业自身的比较优势，才能真正实现集团发展方式向健康科学的方向转变，从而保持其强劲的市场竞争力和活力，实现集团发展的协调性、可持续性。为此，集团立足于煤炭作文章，制定了打造具有核心竞争力的特大型煤电能源企业的战略目标。

“十一五”以来，同煤集团加快了产业结构调整的步伐，在煤炭产量逐年增长的同时，延伸煤炭产业链，建设大型坑口电厂，实现煤电并举，多元发展。以电力为龙头，大力发展坑口型电站，变输煤为输电，实现资源的高效利用与就地转化。规划和开工建设了电厂，构建大型煤电化能源基地。相继建成了4×50兆瓦综合利用热电厂、塔山2×600兆瓦坑口电厂、轩岗2×660兆瓦坑口电厂等总装机容量为2720万千瓦的4个大型坑口电厂，资产超过了130亿元。电力产业逐渐成为企业第二经济支柱产业。此外，资源综合利用电厂的投产解决了集团公司550万平方米的集中供热。

与此同时，以煤炭深加工和综合利用为目的，不断提高产品附加值，向新兴产业要效益，煤化工、冶金、煤机制造等产业得到了蓬勃发展。全国规模最大的5万吨煤系煅烧高岭土、年产2.4亿块煤矸石烧结砖项目已投产运行；已有的化工厂新上了乳化炸药生产线；王坪煤矸石电厂烟囱、锅炉基础出零米；60万吨甲醇项目完成烟囱桩基；日产4500吨新型干法水泥项目投产在即；100万吨氧化铝项目正在积极申报核准；钢铁公司高炉改造竣工投运；煤机制造业蓬勃兴起，自主研发、自主生产的采煤机已广泛应用到生产一线并外销创效。

2009年，企业非煤销售收入达到65亿元，创历史最好水平，占全公司销售总收入的16.5%。

"十二五"时期，同煤集团继续深入推进产业结构调整，做强煤炭、电力、煤化工、多晶硅及光伏五大产业，建设东马潘、朔南等五大循环经济园区，建设开发临汾基地、蒙疆基地等四大煤炭主业基地，实施煤基天然气等三大标志性转型工程，建成东周窑、梵王寺、色连等七个千万吨级矿井，建设热电二期、轩岗电厂二期等八个电力项目。

（三）管理创新

同煤集团传统的管理方式已经无法适应集团新的发展方式，尤其是多元化战略下产业结构的大规模调整。因此，同煤集团果断地对自身的管理做出调整，着力打造现代企业管理体制。

2003年，组建大集团后，同煤集团进一步完善了母子公司框架，建立了两级公司、三级管理、下管一级、适度延伸的母子公司管理体制，即构建三个中心：公司定位为决策中心，主要任务是决策重大的人、财、物、事，集中精力抓好发展战略、重大项目规划建设，抓好煤炭、电力、煤化工、冶金、煤机制造五大支柱产业项目的运作和资本运作；子公司定位为效益中心，主要任务是分类强化管理，拥有充分的自主权，最大限度地获取经济效益和社会效益；子公司下属的生产矿、厂、处定位为成本控制中心，不直接面对市场，主要任务是增产量、保质量、降成本，追求利润的最大化。有效地推动了集团管理模式由传统企业管理向现代企业管理的转变。

在建立现代企业管理体制的同时，同煤集团选取了企业文化的管理模式，充分利用这一模式的三个显著特征：一是以人为本；二是动态的精细管理；三是闭合的考核运行机制，从而有效实现了由粗放型管理向精细化管理的转变，促进了管理水平的提升。

在打造具有同煤特色的企业文化建设中，同煤集团突出抓住了四个重要环节。

（1）理念渗透。将集团的发展理念不断灌输给企业员工，使其逐渐演变成员工个人的意志和行为准则，以为集团的精细化管理做好思想上的准备。

（2）行为养成。同煤集团选取了整理、准时、标准、服务、素养、安全等最基本的工作要素，制定出了6S行为规范，通过强制执行和持续培训，逐步让其成为员工自觉行动，以提升管理水平。

（3）精细管理。精细化管理是企业文化建设的重点，是全面提升企业管理水平的关键。一方面，建立了覆盖全员的4E（每个人everyone、每件事everything、每一天everyday、每一处everywhere）岗位精细管理标准；另一方面，建立了严密闭合的考核体系。每个考核期进行全员绩效排序，产生出优秀员工、合格员工、待培训员工，通过自上而下的标准考核，将考核结果公布于看板，实施考核兑现。凡考核期间不达标者要离开工作岗位，进入员工培训中心，经过针对性的培训合格后重新进入岗位工作。这种对全体员工公开、公平、民主的考核机制，对全面提升企业安全、生产、质量等各项管理水平，提高工作效率和效益以及质量起到了极大的促进作用。

（4）流程再造。指企业组织构架内的系统，如物流、资金流等，流程再造是指对企业流程的创新或修正。流程再造贯穿于企业文化建设的每一阶段，也贯穿了企业发展的全过程。通过持续改善组织结构、优化流程，使企业的流程始终保持活力。

（四）人才队伍建设

为从根本上扭转缺乏运营管理和技术管理人才的局面，同煤集团强化对人才队伍的培养，逐步建立长效的人才培养体制，争取在“十二五”实现体系完整的人才运营管理体系。

以电力方向为例，同煤集团争取在“十二五”实现所有电力项目都由同煤集团自己培养的电力人才运营管理。同时，对于外部的电力高级管理、技术人才，通过设立吸引人才基金为其支付合适的报酬而招聘到同煤集团，迅速提升集团公司电力管理、技术水平，并带动相关的人员快速进入电力管理领域。流程再造是指对企业组织构架内的系统，如物流、资金流等的创新或修正。通过持续改善组织结构、优化流程，可以使企业的流程始终保持活力。

“十二五”期间，电力能源公司将积极实施电力专业管理队伍建设“双渠道”工程，坚持用事业聚才育才，使各类人才创业有机会、干事有舞台、发展有空间，形成适合电力能源公司长远发展的人才培养、人才激励、人才储备、人才管理的用人机制，建设一支有“创业精神、精通管理、专业过硬、爱岗敬业”的800~1000人的电力专业管理队伍，塑造一支高素质的电力新军。

三、转型发展取得的主要成效

（1）循环经济健康发展。“塔山模式”指导下的工业园发展，取得了较好的经济、社会和生态效益。统计显示，2009年，塔山循环经济园区营业收入达到68亿元，实现利税26亿元。园区能源产出率为0.49万元/吨标准煤，生产总值取水量4.57立方米/万元，原煤生产能耗为0.002吨标准煤/吨，工业固体废物处置量为629万吨，二氧化硫排放量1923吨，COD排放量0吨，达到了资源利用的“低污染、低消耗、低排放”的理想目标，真正实现了发展方式由“粗放型”向“集约型”的转变。

（2）煤炭资源储量稳步上升。通过切实加快煤炭资源扩张步伐，资源储量由过去的67.7亿吨扩张到了2012年的320.4亿吨。

（3）煤炭生产取得新突破。2009年，同煤集团煤炭产量增长10%，利润增长10%，员工收入增长10%，资产增值10%。全年煤炭产销量完成1.1亿吨，连续第五年突破亿吨，实现利润11亿元。2010年，煤炭产量更是达到1.5亿吨，创建企业61年来最高纪录。

（4）产业结构调整取得新突破。

（5）企业文化建设取得新进展。在企业文化建设的过程中，同煤集团树立了“制度管企，文化管人”的企业管理思路，建立了精细化、人性化的企业管理模式，形成了“树立新思想，实施新战略，建设新同煤”的目标引领体系和“勇于奉献、争创一流，爱企敬业、创新发展”为核心内容的理念引领体系；培育和树立起了与时代发展相适应，与企业发展相统一的新的企业核心价值观；建立了精细化管理制度、4E6S岗位标准考评等五大支撑体系。2009年，同煤集团被授予“全国企业文化示范基地”称号。

（6）员工生活得到明显改善。2009年，在金融危机背景下，员工工资收入不仅没降低，反而提高了10.9%。并且员工的住房问题进一步得到解决，40000户员工家庭喜迁“两区”

新居，启动了平旺地区荣福街、安全路等12处旧区改造工程，员工居住环境极大改善，生活水平有了大提高、大变化。

(7) 安全生产情况进一步好转。集团确立了“安全工作比天还大、瓦斯治理重中更重”的安全理念，形成了以“人人都是通风员”为核心的安全管理体系，安全实现了低控目标，百万吨死亡率为0.054。

四、转型发展经验

同煤集团转变发展方式的思路和举措具有浓重的企业自身特色。但是，剥离掉企业自身比较优势之后，我们仍然不难发现，同煤集团转变发展方式的思路对国内的煤炭生产型企业，以及其他资源生产型企业，具有较好的指导价值和借鉴意义，尤其是该集团发展循环经济的“塔山模式”。

“塔山模式”，具有鲜明的“循环经济”的特点，体现了“减量化、再利用、资源化”的要求，使煤炭企业发展的资源环境代价降到了最低，有效实现了“黑色资源绿色开采”和“高碳产业低碳发展”。这种模式体现了资源价值和环境价值、经济利益与环境利益的统一，体现了新的环保理念。这一模式，已经逐渐成为同煤集团的一个标志，为国内的煤炭企业，特别是大型综合能源集团转变发展方式探索出了一条新思路，具有较强的指导和引领带动作用。“塔山模式”给予国内煤炭企业和其他资源型企业在转变发展方式、发展循环经济方面的启示。

发展循环经济必须坚持循环与经济的统一。循环必须建立在经济的基础上。“循环不经济”，则循环缺乏持续的动力，终究难以为继。因此，循环经济的发展必须符合市场化的要求，在循环级数的增加，经济效益递减的趋势中，寻求经济利益和社会效益最大化的结合点，实现二者的双赢。

转变经济发展方式必须坚持内容和形式的辩证统一。转变发展方式是一个系统工程，内容和形式缺一不可，内容改变了而形式不变，会阻碍内容发展；只变形式没有内容，同样是“穿新鞋走老路”，完不成转变经济发展方式的历史使命。企业转变发展方式，不仅要在内容上明确向什么方向转变，而且还要明确转变什么，以及建立什么样的配套体制和机制。

循环经济必须更新对废物认识。企业应当意识到废料是放错位置的资源。如煤矿开采排出的矸石，煤矿通风后排出风流中的低浓度瓦斯等。

循环经济在产业布局上必须坚持“就近”原则。就地转化有利于生产的集约化，从而降低成本、提高效益。工业经济集聚式发展是国际国内的一种大趋势。它有利于降低生产成本、节约用地、改善投资环境、促进企业间合作及产业链条延伸，形成规模效益；有利于工业污染集中治理、发展循环经济，更好地体现新型工业化的环保内涵。

五、“十二五”发展规划与目标

同煤集团地处晋北地区，是我国《煤炭产业政策》规划建设的 13 个大型煤炭基地之一。在“十二五”期间，同煤集团将把改造提升传统产业、发展壮大新兴产业作为主要目标，并以大项目拉动大产业，不断延伸煤炭产业链，建立“煤—电”、“煤—化工”、“煤—建材”的新型产业链条，同时加快以“循环、低碳、绿色、和谐”为特征的世界一流综合能源大集团建设。

在未来的 5 年中，同煤集团将瞄准投资、销售、总资产、利润和工资五大经济指标，做强做优煤炭、电力、化工、冶金、煤机制造五大产业，实现“五大跨越”——实施大转型战略向建设综合能源示范基地跨越；实施大科技战略向世界一流高新前沿技术跨越；实施大融资战略向产融结合现代集团跨越；实施大品牌战略向一流示范行业集团跨越；实施大和谐战略向员工幸福指数大提升跨越。与此同时实现项目投资 1500 亿元、销售收入 2000 亿元和总资产达到 2500 亿元的“三个千亿”计划，并争取经营利润突破 120 亿元，达到“十一五”末的 8 倍；另外，同煤集团还要让员工的年人均收入在“十一五”末的基础上翻一番，达到 8 万~10 万元。

第二十一节　抚顺矿业集团：破解资源发展困境，实现华丽转身

一、集团概况

抚顺矿业集团有限责任公司（以下简称“抚矿集团”），在 2011 年中国能源集团 500 强中位列第 169 位，组建于 2001 年 9 月，是一个具有较久发展历史的老牌煤炭企业，其最早的采煤活动可以追溯到 1901 年。现有所属单位 41 个，员工 30000 多人，资产总额 110 亿元。

集团主要生产煤炭、页岩原油、矿用机械、煤层气等产品。其中，煤炭产品中精煤主要供给钢铁企业，动力煤主要供给电厂、水泥厂及供暖企业；页岩原油用于船用柴油机和工业加热炉；制造和大修电动挖掘机、电机车、准轨车辆、专用设备，加工生产机械配件、火工产品、木材，承揽大型工民建筑施工，经营电铁运输、供电通信、医疗卫生等，同时承担着部分地区居民的转供水、转供电及供暖等社会职能。

企业先后获得多项重要荣誉：被中华全国总工会授予“全国五一劳动奖状”，被中国煤炭工业协会命名为“全国煤炭优秀企业”，被中国产品质量协会评定为“质量信誉 AAA 等级”，被中国企业联合会命名为“中国优秀企业”，被辽宁省工商局命名为“连续 20 年守合同重信用企业”。

二、发展面临的困境

悠久的发展历史，留下的不单单是种种的荣誉，还有累累的伤痕和重重的包袱。有限资源的长时期消耗，逐步缩减了抚矿集团的生存空间。目前，该集团已经成为国内资源枯竭型企业的典型代表。作为一个资源枯竭型的企业，抚矿集团面临着重重压力，如接替资源不足、社会和历史包袱沉重、经济实力不济、资金不足等，极大地制约了企业的健康、持续发展。

第一，煤炭资源濒临枯竭。最新数据显示，在经历了110年的发展历程之后，抚矿基本上已经走到了资源枯竭的边缘，可采煤炭资源量尚不足1.4亿吨。特别是从1975年开始，国家先后三次对抚顺煤矿实行大规模“保城限采”政策，使集团旗下原有的四个大型煤矿西露天矿、老虎台矿、龙凤矿、胜利矿，只剩下西露天矿和老虎台矿。而且按照国家计划，到2016年西露天矿也将闭坑。“保城限采”政策，使抚顺煤炭可采储量锐减，集团所面临的资源困境更加突出。

第二，历史欠账多。一是安全工程欠账。该更换的安全设备、该采取的安全措施得不到落实，历史欠账有2.6亿元。二是职工生活设施欠账多。三是欠失业保险金。四是集团还要承担很大一笔历史挂账。

第三，社会和历史包袱沉重。集团拥有30000多名员工，职工加家属42万人。资源危机，客观上造成了就业岗位的减少，下岗职工越来越多。集团职工及家属的就业、生计和福利是集团不得不面对的又一沉重负担。此外，企业办社会的负担仍然很重，老矿区就是个小社会，供水、供电、采暖、环卫，甚至包括区内小学的教育经费都需要企业自身承担。

第四，经济实力不济，资金不足。繁多的历史欠账、沉重的社会负担，以及不断恶化的经营状况，造成了集团资金流转的困难，使其无法抽出充足的资金去改善及扭转集团的发展现状。

三、转变发展方式，明晰转型发展战略

残酷的现实，重重的压力，要求抚矿集团必须大力推进发展方式转变以谋生存。并且，经济实力的不足、资金的缺乏给抚矿集团增加了额外的困难，即必须用最少的成本去启动并实现企业发展方式的转变。

面对困难，抚矿人穷且益坚，迸发出昂扬的斗志和不屈的精神，在黑暗中摸索出了一条独具特色、可行、有效的转变道路，开创了“抚矿模式”，为国内资源枯竭型企业发展方式的转变提供了一条崭新的思路。

立足资源枯竭的实际，抚矿集团确立了新的发展战略——“四大转变”，即从传统的资源型向资源深加工型转变，从劳动密集型向技术密集型转变，从分散的不合理的产业结构向同心多元产业结构转变，从资源枯竭型向资源占有型转变。在这样一个战略指引下，集团结合

自身实际，充分发掘自身比较优势，重新明确了自身定位：以油母页岩和煤炭开发为中心，上下游相关产业为重点，其他产业为辅的同心多元化能源企业。希望以油页岩为新的支点，逐步发展成为技术一流、管理一流、装备一流、规模一流的世界级油母页岩综合利用企业。大力发展循环经济，不断做强煤炭、煤炭深加工、油母页岩炼油、油母页岩及矸石发电、页岩油深加工、机械制造、建筑建材等产业，逐步发展成为以油母页岩和煤炭开发为中心，上下游产业为重点的世界级现代化集团公司。

按照上面的战略部署和自身定位，抚顺矿业集团逐步理清了自身的发展思路：巩固提高煤炭产业的基础地位，丰富扩大油母页岩产业的发展空间，通过技术创新、制度创新、资源扩张、资本经营等，不断做强煤炭和油母页岩开采产业，不断做强油母页岩炼油产业，不断做强煤矸石和油母页岩发电产业，发展煤炭低温干馏化工产业，发展页岩油化工深加工产业，发展剥离物、油页岩及灰渣综合利用产业，发展低温干馏成套技术装备产业，最终发展成为以油母页岩和煤炭开发为中心，以相关产业为重点的同心多元化能源企业。

集团战略目标：大力发展循环经济，大力推进科技进步，大力开展资本和资源扩张，大力推进与市场经济和企业发展不相适应的各项改革；争取用五到十年的时间完成战略转型，把集团公司建成一流的以油母页岩和煤炭开发为中心、上下游相关产业为重点、其他产业为辅的同心多元化能源企业。到2015年，经营总收入翻三番，页岩油产量过百万吨，煤炭产量上千万吨，油母页岩及煤矸石电厂装机容量达到千兆瓦，页岩油深加工能力超过百万吨；到2020年，经营总收入翻五番，页岩油产量过千万吨，煤炭产量达到两千万吨，油母页岩及煤矸石电厂装机容量达到万兆瓦，页岩油深加工能力超过千万吨。

集团产业规划如图6–1所示。

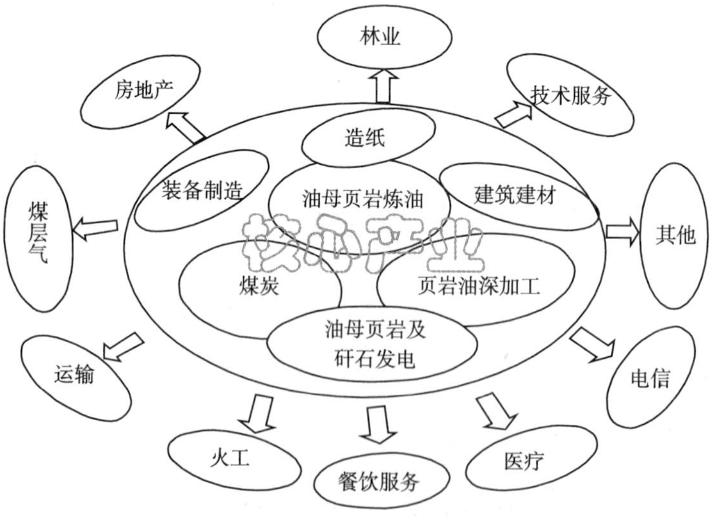

图6–1 集团产业规划

四、战略与举措

“抚矿模式”，形象一点说是一种“嫁接式”的发展模式，实现了“梨树上开桃花”的效果。这种模式，核心内容是以开发煤炭资源的伴生矿产（油页岩、黏土矿物、金属矿产等）为突破口，充分利用现有的技术、人力、基础设施、机械设备等资源，培植新的利益增长点，实现企业基础产业由煤炭向非煤的渐进式过渡。这种模式的实质和优势，就是充分利用煤炭资源的伴生矿产，在煤炭产业体系内部发展非煤产业。

资源保有量的急剧下降和转型资金的不足，是抚矿集团将新的发展方向锁定在伴生资源开发上的直接原因，而丰富的油页岩这一资源优势，是选择这一发展方向、大力推进油页岩综合利用的现实基础。勘探结果显示，抚顺煤田油页岩储量达35亿吨，其中可采储量11.7亿吨。按每年开发1100万~1200万吨计算，服务年限可达97年。

（一）产业结构调整

抚矿集团公司在牢固树立、努力落实科学发展观的基础上，通过深化内部改革，强化企业管理，建设和谐矿区，精心打造同心多元化循环经济资源型企业集团，使百年矿区焕发了勃勃生机，企业步入了可持续发展的快车道。2005年10月27日，国家发改委、国家环保总局等六委部局联合下发了发改环资〔2005〕2199号文件，将抚矿集团公司列为国家循环经济第一批试点单位。

为了成功打造同心多元化循环经济企业，抚矿集团围绕油母页岩资源综合利用，形成了特色鲜明的产业体系：

龙头项目——恢复20世纪60年代停采的东露天矿，逐步接替因可采储量枯竭而停采的西露天矿，在开采煤炭的同时，提供足够的油母页岩富矿作为页岩炼油厂原料和页岩热电厂燃料。

核心项目——扩建页岩炼油厂、新建页岩热电厂、新建造纸厂、新建页岩油化工深加工示范厂，成为矿区新的主要产业支柱。

综合利用项目——以页岩干馏剩余瓦斯为燃料，建设发电、供热项目；以页岩废渣为原料，建设新型建材产业，并拉动建筑产业。

科技支撑项目——建设以油母页岩综合开发利用为主要研究方向的国家能源页岩油研发（实验）中心。形成具有国际先进水平的油页岩成套技术及其装备。

合理开发和利用油母页岩资源，大力发展循环经济，体现了科学发展观的要求，符合国家产业政策，具有良好的经济效益、社会效益和广阔的发展前景。为此集团确立了以煤炭产业为依托，充分利用现有资源，大力发展循环经济的总体思路，使油母页岩综合开发利用产业，成为替代煤炭生产新的支柱产业。

（二）已完工工程项目

（1）东露天矿恢复工程。东露天矿恢复工程是促进抚矿集团公司向以煤、电、页岩油、建材等为主体的多元化产业结构转化的龙头项目。东露天矿作为西露天矿的接续生产矿，主要开采煤炭同时剥离油母页岩，在出产优质煤炭的同时，长期稳定地为集团的页岩炼油厂和油母页岩热电厂提供油母页岩作为优质廉价的原料和燃料。建设规模：年产原煤 60 万~70 万吨，剥离油母页岩 1190 万吨。生产工艺：采用单斗—铁道工艺。项目总投资 61349 万元。项目已于 2009 年 9 月竣工投产，年销售收入 64816.4 万元，税后利润 6655.28 万元，内部收益率 10.83%，投资回收期 9.55 年。

（2）油母页岩炼油厂。页岩炼油厂是集团公司资源综合利用核心项目，以露天矿剥离舍弃的油母页岩为原料，采用中国抚顺式干馏工艺，生产页岩油。现有 11 部干馏炉，年处理油母页岩 1100 万吨，生产页岩油 33 万吨。目前已成为世界最大的油母页岩加工利用企业。页岩油产品被抚顺市政府命名为市名牌产品，被辽宁省资源综合利用认定委员会认定为国家鼓励的资源综合利用产品。

为充分利用页岩干馏生产过程中产生的低热值剩余瓦斯，2005~2009 年，在页岩炼油厂建设了剩余瓦斯发电站，共有发电机组 82 台，装机总容量 4.1 万千瓦，全年发电 7500 万度。这些电力不但用于本厂生产，而且还有发电余量供煤矿生产使用。为回收利用剩余瓦斯发电后的余热，又配套安装了瓦斯发电余热回收装置，用来为企业生产供热和办公、生活和冬季供热。瓦斯发电和供热每年回收利用节能量折合标准煤 5.7 万吨，创造经济效益 4000 多万元，减少污染物排放 300 多吨。

（3）页岩水泥厂。为使油母页岩干馏后的废渣得到有效利用，集团公司于 2002 年建成了页岩水泥厂，在生产水泥的原料中混兑页岩废渣，采用 RSP 分解炉新型干法回转窑技术，生产出高强度的硅酸盐水泥，设计年产 30 万吨。

（三）在建工程项目

油母页岩炼油厂扩建工程（ATP）。在页岩炼油厂现有页岩干馏装置基础上，引进加拿大 UMATAC 公司开发的 ATP 干馏技术，新建 2 部 ATP 干馏装置，增加页岩油生产能力 20 万吨/年，该项目分两期建设。

一期工程于 2007 年 8 月份开始建设，建设一套 ATP 装置，年处理油母页岩 170 万吨，年产油页岩 10 万吨。总投资 8.45 亿元，到 2009 年 11 月末，累计完成投资 7 亿元，完成的主要工程量为土建工程的缓冲仓、破碎站、变电所等；安装工程主要是 ATP 炉，预热器、烟气、烃气系统、工艺管线等；公用工程基本完成。2010 年 10 月竣工投产。项目建成后年产值约 6 亿元，利润 1.2 亿元，安置人员 600 人。

（四）拟建工程项目

1. 页岩油化工深加工示范项目

将页岩油进行化工深加工，生产高附加值的化工产品和清洁油品，使经济效益得到进一步提升。特别是随着油母页岩产业的不断发展，页岩油产量不断增加。原油深加工是今后油母页岩产业发展的必经之路，因此该项目也具有重要的示范意义。

项目建设规模为 40 万吨/年，主要产品是丙烯 6.81 万吨/年、液化气 9.22 万吨/年、芳烃原料 7.73 万吨/年和低凝点柴油 2.47 万吨/年。该项目预处理装置工艺采用成熟的加氢精制技术，催化裂解装置采用北京石科院的催化裂解（DCC）技术。

项目总投资12.6亿元。年均销售收入16.6亿元，利润2.2亿元，内部收益率22.63%，静态投资回收期5.9年。

2. 4×300兆瓦煤矸石（油母页岩）热电厂项目

利用煤矿生产中产生、舍弃的煤矸石、低品位油母页岩、煤泥等低热值资源发电供热，是一个变废为宝的综合利用项目，具有非常高的社会效益和经济效益。

项目分二期建设，其中一期建设2×300兆瓦，年发电量33亿千瓦时，采用2台300兆瓦亚临界双抽汽凝汽式汽轮机配2×1025吨/小时亚临界中间再热循环流化床锅炉。可满足抚顺市区及周边1800万平方米区域的供热和每小时400吨工业用汽，投资约30亿元。一期建成后每年可实现销售收入12.5亿元，利润1.6亿元，税金1.5亿元，内部收益率9.22%，10年左右即可收回投资。

3. 200万吨造纸厂项目

利用废纸再生造纸，是国家鼓励的再生资源回收利用项目。该项目与煤矸石热电厂项目有机结合，建设循环经济产业园，相互之间消耗废弃物、排放物，能够实现园区内的零排放，是一个经济效益、环保效益都非常好的循环经济项目。

项目分两期建设，其中一期建设规模为年造纸110万吨造纸厂，主要产品包括箱纸板30万吨、瓦楞芯纸30万吨、白纸板30万吨、生活用纸10万吨、文化纸10万吨。项目一期投资64亿元，建设期为三年（2010~2012年），2010年10月正式建设，2012年竣工投产。一期建成后年可实现销售收入52亿元，利润9.1亿元，税金5.7亿元，内部收益率16.4%，投资回收期8年。

（五）科技创新

为了更加科学、环保、高效地开发油母页岩资源，抚矿集团强调企业自身创新能力的提升，将传统上以量取胜的粗放型发展，转变为依靠科技进步和科技创新来提高效益的集约化发展模式上来。通过引进先进技术，并不断进行消化、吸收、再创新，以提高产品的自主研发能力。

在创新思想的带领下，抚矿集团公司经过几年的努力，投资11000万元，于2006年10月，经辽宁省科技厅批准，成立了省级科研机构——工程技术研究中心，其职能是开发高效环保油母页岩资源炼油技术及装备。几年来，采取了自主开发与产学研相结合的创新路线，与北京科技大学、中国重型机械研究院等院所开展了广泛的合作，取得了丰硕的成果。掌握了国际先进、国内领先的油母页岩资源综合利用核心技术，具备了自主研发能力，提出相关行业标准，推动油母页岩行业健康快速发展。先后完成了高效环保型油页岩干馏工艺的开发与应用、干馏瓦斯回收新工艺的集成创新、抚顺式干馏炉放料探料自动化系统改造试验、油页岩干馏装置节能减排技术改造项目研究等19项研究成果，并进行了工业化推广。其中，取得国家专利20项，申报国家专利31项，取得省级以上科技成果奖4项，市级科技成果奖3项。近两年通过高新技术（抚顺式页岩干馏工艺）生产的页岩油产品年均收入10亿元，占当年总销售收入的16%以上。

抚矿近年来所获国家专利如表6–1所示。

表 6-1　抚矿近年来所获国家专利情况

序号	已取得授权的专利名称	专利号	类型	授权公告日
1	内热立式干馏炉	ZL200520091107.8	实用新型	2006.07.05
2	发电机组对开式隔声屏	ZL200820010574.7	实用新型	2008.12.17
3	干馏炉沙封探料装置	ZL200820011337.2	实用新型	2009.02.25
4	干馏炉排渣设备单机调速驱动装置	ZL200820011471.2	实用新型	2009.02.25
5	干馏炉双闸板放料装置	ZL200820011566.4	实用新型	2009.02.25
6	油母页岩干馏凉水系统间接冷却装置	ZL200820011963.1	实用新型	2009.07.15
7	发电机组消声百叶窗	ZL200820231933.1	实用新型	2009.10.28
8	油母页岩干馏炉自动探料仪	ZL200820231932.7	实用新型	2009.11.18
9	一种从油母页岩废渣中提取氧化铝及白炭黑的方法	ZL200810010684.8	发明	2009.11.18
10	洗涤饱和塔	Zl200920012512.4	实用新型	2010.01.27
11	外热式干馏炉	Zl200920012710.0	实用新型	2010.01.27
12	蓄热式加热炉	Zl200920013101.7	实用新型	2010.02.24

2010 年 7 月，国家能源局正式命名抚矿集团公司“国家能源页岩油研发（实验）中心”称号，现正制定全国页岩油行业标准工作。该中心现有从事研发专业技术人员 112 人。其中，博士 2 人，硕士 9 人，本科 34 人，其他学历 67 人。设置了 7 个职能部门，开展干馏技术、页岩油深加工、环保技术、安全技术等研究。

研发中心现有场地 60000 平方米，其中实验室 2000 平方米。包括油母页岩理化实验室、油母页岩干馏理论研究室、综合利用试验室、环保研究室以及土壤肥料试验室等几个专门性研究部门。

五、主要成效

“抚矿模式”，催生了一个特色鲜明的油页岩综合开发利用产业体系，使抚矿集团成为世界上最大规模的油页岩综合利用企业。该产业体系以油页岩开发为中心，包括了油页岩炼油、油页岩（煤矸石）热电厂、页岩油化工深加工、油页岩废渣建材、油页岩机械等几个产业模块。数据显示，2009 年，集团生产页岩油 33 万吨，页岩油生产能力达到 40 万吨/年，油页岩废渣水泥生产能力 30 万吨/年、页岩烧结砖生产能力 1.2 亿块/年。集团成为世界最大规模的油母页岩综合利用企业，油页岩综合开发利用产业，已经成为替代煤炭生产的新的支柱产业。企业经济效益逐年提高，2009 年经营总收入突破 60 亿元，实现利润 2.47 亿元。

六、转型经验

“抚矿模式”，成功开启了对煤炭伴生资源的大规模开发利用，使企业找到了新的利润增长点，形成了独具特色的产业模块。这不仅给抚矿集团带来了较好的经济效益，使其逐步摆脱资源枯竭的发展困境，重获市场竞争力和生机，而且，为集团下一步在更广空间上、更高层次上转变企业发展方式积累了资金，带来了良好的社会效益，有效保障了区内民生、维护了社会稳定。

抚矿集团成功的转型经验表明，“抚矿模式”是一种节约、高效、可行的全新转变模式。“梨树上开桃花”这种嫁接式发展的思路，对那些经营状况不善、社会包袱较重、转型资金不足的煤炭企业，尤其是资源枯竭型企业转变发展方式，最为直接有效。

第二十二节　兖矿集团：弯道超车，转型发展

一、集团概况

兖矿集团，在2011年中国能源集团500强中位列第32位，是以煤炭、煤化工、煤电铝及机电成套装备制造为主导产业的国有特大型企业。矿区开发建设始于1966年，1976年成立兖州矿务局，1996年整体改制为国有独资公司，1999年成立兖矿集团，总部设在山东省邹城市，是华东地区煤炭生产、出口、深加工重要基地和山东省三大化工产业基地之一。

兖矿集团是全国100家现代企业制度试点、120家企业集团试点单位之一。曾先后获得“全国优秀企业（金马奖）”、“全国质量效益型先进企业特别奖”、“全国先进基层党组织”、“第二届中国工业大奖”、全国企业文化优秀成果奖、“全国质量、服务、信誉AAA级企业”、“中国企业形象AAA级单位”、山东省管理创新十佳企业等荣誉；兖矿集团是全国“重合同守信用先进企业”；企业资信被大公国际评定为“AAA”级；被国家质量检验检疫总局评为“全国质量管理先进单位”；集团公司连续7年被国家煤炭工业技术委员会评为“科技进步十佳企业”。

二、发展现状

目前，集团已经形成“43335”的发展格局，即以科学发展、安全发展、有效发展、和谐发展为总“抓手”，以建设责任型、创新型、和谐型企业为目标，发展煤炭、煤化工、煤电铝及机电成套装备制造“三大主业”，建设本部鲁南、兖州、邹城“三大园区”，外部贵州、榆林、新疆、鄂尔多斯、澳洲“五大基地”。截至2010年末，企业总资产1173亿元，在册职工93500万人。列2010年中国企业500强第115位，列2010年中国企业效益200佳第39位。2010年，实现销售收入603.25亿元，利润总额98.85亿元。截至2011年7月15日，兖矿集团公司实现安全生产5周年，产煤2.2亿吨，创全国同类型矿业集团安全生产最好水平。

三、发展困境及转变动力

在技术提升、产量激增的同时，兖矿集团同世界上所有的资源型企业一样，不得不面临一个残酷的现实——接替资源的开拓速度跟不上资源的消耗。尤其是当时代的脚步迈进21世纪以后，中国经济进入快车道，煤炭市场的需求更加旺盛，兖矿集团面临的接替资源危机和矿山生态问题益发严重，尤其对“煤枯城衰”的担忧深深困扰着集团管理层。为此，集团管理层逐渐转变观念，提出2003~2008年总部的煤炭产量逐年以10%的幅度主动限产。在这样一种形势下，在煤炭产量逐年减少前提下，如何保持并提升集团的经营业绩，实现集团的协调、可持续发展，是企业面临的首要困境。为此，集团管理层创新思维，做出了大力调整发展方式的重要工作部署，以创新促发展、以转变求发展。将集团业务由“一煤独大”逐步调整为多元发展，将集团视野由华东一隅，调整为全国乃至全世界。

四、转变发展战略及举措

从公司的基本情况出发，借助大量的实践探索，以及在此基础上的总结、反思，兖矿集团逐步明确了新时期的发展方向，理清了日后的发展思路，确定了未来的发展战略：按照发展战略国际化、产品调整高端化、体制机制科学化、管理手段信息化、技术先进适用化、矿区环境生态化“六化”发展思路，建设主业突出、核心竞争力强的国际化企业集团。本部作为发展的基础和依托，以集约化、现代化、精细化、示范化为方向，确立“三大主业”发展基地，为外部发展提供技术研发、产业孵化、人才培育重要支撑。外部作为可持续发展的资源储备和供应基地，以占有资源、综合开发为目的，发挥技术、管理、人才、资金、品牌等优势，提高有效发展能力，反哺和助推本部发展。

通过上面的战略思路，可以看出，兖矿集团作为一家大型综合型煤炭企业，面对新时期、新形势、新挑战，在转变发展方式的过程中，走出了一条以国际化运作为特色的独特道路，形成了“兖矿模式”。

“兖矿模式”，可以将其称为“以国际化为重要驱动的转变”，是一个完整的发展方略，其核心内容和根本出发点就是树立全球视野，积极实施“走出去”战略，充分利用国内国际两个市场，推动企业的“国际化”。这种模式，体现的是企业核心竞争力在国际舞台的彰显，是建立在坚实的经济基础、强大的自主创新能力、突出的技术优势、强势的企业文化和广泛的品牌知名度等基础之上的。

尽管“走出去”战略是兖矿集团宏观长期发展战略的核心内容，但并不代表全部。“走出去”战略，只是给集团的发展营造一个更为广阔的空间。但是，转变发展方式的根本目的是要以科学发展观为指导，实现走“科技含量高、安全有保障、经济效益好、资源消耗低、环境污染少”的新型煤炭工业化道路。因此，可以说“走出去”战略（或者说国际化运作），只是兖矿集团为实现转变发展方式这一目的的突破点。除此之外，“产业结构调整”、“科技创新”、“管理创新”、“改善民生”等一系列举措都是兖矿集团转变发展方式的重要内容。

(一)“走出去”和国际化运作

近年来，兖矿集团把国际化作为转变发展方式的主要内容来抓，努力走出国门，积极开拓国外资源，逐渐打开了国际市场，增强了统筹利用国内、国际两种资源的能力，实现了两个市场的有效联动。

谋定而动。兖矿集团深刻分析国际国内形势，在“十五”和“十一五”战略规划中，把“国际化”集团作为自己的战略目标。通过对两个市场进行科学分析、详细对比，集团充分意识到，缺乏核心技术优势是国内煤炭企业走向国际舞台的最大障碍。兖矿集团以技术创新为突破口，以“综采放顶煤技术”的实验成功为契机，利用“领先世界先进水平三到五年”的技术推动集团的整体升级，使矿井产量、安全水平、职工素质等各方面都发生了质的飞跃，也为兖矿集团扫平了进军国际舞台的最大障碍。1998 年 3 月 31 日、4 月 7 日和 7 月 1 日，兖矿集团子公司兖州煤业公司分别在纽约证券交易所、香港联合交易所和上海证券交易所三地上市，以此为标志，兖矿集团正式踏上“国际化”道路。

但是，起步于国际化的兖矿集团并没有满足单一的上市融资，而是通过承包海外工程、合资办厂、收购海外企业等方式，使自己在国际化道路上走的路更宽，迈的步伐更大。兖矿集团不断创新对外投资和合作方式，以资本国际化、产业国际化、市场国际化、人才国际化等内容为突破口，积极推动集团的国际化进程，快速向大型跨国公司和国际知名品牌迈进。

目前，兖矿集团推进国际化进程，主要的着眼点和立足点有：

（1）海外融资。借力海外融资，推进资本管理国际化。兖州煤业是在我国煤炭行业第一家实现中国香港、上海和纽约三地同时上市，上市后以良好的业绩和市场形象累计 5 次融资发行股票，实施 10 次战略性收购。承揽我国在南美地区最大的委内瑞拉铁路工程项目，实现产值 1.65 亿美元。贵州能化公司引入中国煤矿（海外）集团外资 20.26 亿元。

（2）海外并购。实施兼并收购，突破本部煤炭资源与发展空间限制，利用海外并购，推进资本运作国际化，使兖矿集团逐渐成长为一个现代化跨国煤炭企业。2004 年，在澳大利亚独资设立兖煤澳洲有限公司，通过竞标收购澳大利亚澳思达煤矿，收购以来累计生产原煤 671 万吨，实现利润 8.03 亿元，连续 3 年被评为新南威尔士州北区煤矿安全最好矿井。依托兖煤澳洲公司平台，2009 年，采取内保外贷方式投资 33.33 亿澳元成功收购菲利克斯公司 100%股权，完成澳洲米诺华煤矿 51%股权转让，收购艾诗顿煤矿 30%股权和新泰克项目获澳大利亚政府批准，与美国博地能源公司签署合作开发备忘录。推进铝土资源开发，与澳大利亚铝土矿资源公司签署《进一步合作框架协议》，完成 BRL 公司 8.5%股权收购，参与西澳 2.2 万平方公里合作范围铝土资源开发。

（3）人力资源培植。立足本土，推动人力资源国际化。收购菲利克斯公司后，保留原董事会成员和管理团队，吸收澳方专业技术人才 1400 人。累计引进高层次国际化人才 31 人，选派 100 余人赴兖煤澳洲公司、委内瑞拉铁路项目、德国 APT 公司等开展业务交流和管理培训。

在兖矿集团国际化进程中，基于自身的体会，兖矿人意识到，除核心技术之外，企业诚信和责任也是集团“国际化”进程的重要因素。因此，兖矿人在全公司全面开展以“零杂质、零缺陷、零投诉”为主要内容的诚信工程、以“天地人和”为核心的责任文化以及以“忠信仁爱”为灵魂的企业经营准则，用良好的企业信誉和形象打动众多国际合作者，迅速提升了集团的品牌美誉度。

此外，在集团国际化进程中，兖矿集团注重对员工素质的提升。通过打造一支符合“国际化”趋势的高素质人才，更加充分地发挥人的能动性和创造力，为国际化进程注入更大的动力。

（二）产业结构调整

按照集团“三大主业”（煤炭、煤化工、煤电铝及机电成套设备制造）的战略部署，大力发展以煤化工、煤电铝、机电成套设备制造为代表的非煤产业，推动集团产业结构调整。

（1）延伸煤炭产业链，加快煤化工核心技术研发。充分发挥三个园区（鲁南化工园区、邹城化工园区、兖州化工园区）、三大基地（贵州开阳、陕西榆林、山西天浩）在产业技术研发、人才培养和产品深加工方面的带动作用，以煤炭气化、液化等关键技术研发为重点，培育具有自主知识产权的煤化工核心技术，完成煤炭间接液化等3项“十五”国家863课题研发任务。

（2）推进循环经济建设，提高能源综合利用水平。集团循环经济建设的重点集中在三个方面：一是煤泥、粉煤灰、煤矸石循环利用。建成9座综合利用电厂，总装机容量527兆瓦，利用煤矸石、煤泥发电8亿千瓦时/年，综合利用煤泥550万吨/年，粉煤灰10.5万吨/年，每年可创经济效益2.9亿元；建设5家煤矸石建筑材料厂、3座煤矸石制砖厂，设计规模年产2.4亿标块矸石砖，利用煤矸石修筑公路、充填塌陷地、生产水泥建材。二是工业“三废”循环利用。推广可燃排空气体回收制甲醇和发电等技术，利用焦炉煤气建设山西天浩10万吨甲醇、国际焦化200万吨焦炭配套工程20万吨甲醇项目；投资5000万元，建成8套矿井水、9套生活污水、13套工业医疗废水和4套其他工业废水处理设施，污水处理率达到100%，重复利用率75%以上。三是共伴生矿产资源循环利用。落实国家《煤矿瓦斯治理与利用总体方案》，开展瓦斯抽采与综合利用，建设贵州青龙煤矿瓦斯电厂，设计规模6×500千瓦，建成后年减排瓦斯288万立方米。

（三）科技创新

兖矿集团在转变发展方式的过程中，充分认识到科技创新的支撑作用，不断调整创新思路，使其真正符合科学发展观的要求。以科技创新为依托，拉长煤炭产业链，积极创建科技创新型、本质安全型、现代管理型、资源节约型和环境友好型“五型”企业，推动集团发展方式的深刻转变。

首先，搭建“三位一体”的科技创新平台。成立以主要领导为组长的科技创新领导小组，健全以技术委员会为决策层，以煤炭、煤化工、电解铝和电力三个专业专家委员会为咨询层，以技术中心为管理层，以水煤浆气化及煤化工国家工程中心、上海兖矿能源科技研发中心、博士后科研工作站、10个专业技术研究所和7个校企共建研究机构为研发层的科技创新体系。

其次，营造“追求创新、勇于创新”和“创新得实惠、创新受重用、创新有作为”的创新氛围。

最后，强化人才强企战略，树立“人才资源是第一资源”观念。通过加强人才队伍建设，增强科技创新的活力和后劲。

（1）加快培养专业技术人才。一是发挥“一站两中心”作用，结合科研项目和技术攻关，带动和培养高级专业技术人才。二是提升现有专业技术人才素质。定期举办采煤技术新工艺、矿压与支护等专题培训班，外出研修交流120人次，聘请专家讲课30余次。三是加快培养紧缺专业技术人才。“十五”以来，培养采矿工程、地质测量等大专以上专业技术人才522人。四是通过到科研院所招聘、项目合作等形式，培养煤化工、煤电铝等专业急需人才。成立上海兖矿能源科技研发公司，引进13名高级研发人才。

（2）加快培养高技能人才。一是开展创建学习型组织、争做知识型职工活动，培育工作学习型、生产智慧型、知识创新型职工队伍。二是开展岗位练兵和技术比武活动，培育技术明星、岗位能手和安全标兵，多次在全国和省市技术比武中取得优异成绩。三是开展职业技能鉴定工作，4179人获得山东省高级工、中级工职业资格证书。四是强化职工学历教育。目前，兖矿集团拥有大学以上学历人员6074人；高技能人才6787人，占技术工人的10.4%。

此外，兖矿集团还加强了对自主知识产权的保护，积极推动专利技术转让，进一步增加创新动力。一是积极做好技术专利申请。“十五”以来，申请专利165项，获国家专利120项。二是推动专利技术有偿转让。与英美资源公司签订输出放顶煤技术意向书。14项专利技术对外转让，技术收益总额2.37亿元。三是依法保护知识产权。集团先后被评为全国专利工作先进单位、山东省企业专利工作先进单位，被国家知识产权局确定为全国企事业专利工作试点单位和国内煤炭行业唯一一家“全国企事业知识产权示范单位”。

（四）管理创新

注重改革改制推动，《完善公司治理结构和加强兖矿集团管控体系建设工作总体设计》通过专家评审，兖矿集团所属企业调整重组方案已编制完成。

（1）着力推进经营管理体系建设。制定实施10多项经营管理办法。分考核、目标、力争三个层次确定经营指标，强化考核激励。实行工资分配“分类调整、分段调控”，实施煤化公司、电铝公司工资分配与成本、效益联挂考核。以现金流量管理为重点，强化资金管理。升级网上资金集中管理系统，强化资金归集机制，节约财务费用1.38亿元。发行14亿元三年中期票据和25亿元五年期票据，年节约筹资成本4808万元。财务公司挂牌运营，建立了实现集团整体价值最大化的金融平台。研发应用对标管理信息系统，实现标杆数据资源共享、集中统一管理。深化风险管理。开展2010年风险辨识评估，落实401条风险事件应对措施。

（2）强化管理人才队伍建设。一是“走出去”学习。组织11批次256人到清华大学、复旦大学等高校脱产学习，110名领导干部取得博士、硕士学位；组织科研人员参加中高层培训60人次；每年选派30余人到美国、澳大利亚等国家考察学习。二是“请进来”培育。聘请南开大学、中国矿大等院校专家教授到公司授课，与南开大学联合举办兖矿EMBA班，37

人获得高级工商管理硕士学位；委托华东理工大学举办79人参加的化工专业硕士班。三是不定期地开展短期教育培训。“十五”以来，培训副处级以上领导干部1634人次。

（五）改善民生

转变发展方式，走新型工业化道路，兖矿集团把改善民生作为一项重要的配套举措，将改善民生作为推进和谐企业建设的核心内容，认真解决职工群众最关心、最直接、最现实的利益问题。

（1）关心弱势群体，做好扶贫帮困工作。健全扶贫帮困长效机制、完善困难职工档案，认真落实城镇居民最低生活保障制度和职工最低工资标准，充分发挥扶贫送温暖基金、大病补充保险基金的作用，提高救助标准，保障助医、助学、助困、助难工作扎实有效。积极开展走访慰问离退休、工亡、工残、困难劳模、患大病职工等活动；及时帮扶单亲职工子女、患大病、残疾儿童家庭。

（2）改善劳动环境，强化生产安全。以人为本，最关键的是要以职工的生命安全为本。这是兖矿集团各级管理部门共同的工作指针。2009年，兖矿集团坚持“五个从严”强化安全责任，加大“落实责任、执行标准、监督考核、追究问责、警示教育”的力度，实行党政工团齐抓共管，完善安全生产主体责任、业务保安责任和监督检查责任54项规章制度。落实安全预控、应急管理、技术保障三项措施，严格“三位一体”、“手指口述安全确认”制度，推行“三为六预”、安全诚信积分等管理方式。同时，狠抓隐患管理、灾害防治、建设项目和地面单位四项安全重点。落实冲击地压（矿震）、瓦斯、水害、煤层自燃发火等重大灾害防治措施。

集团还通过组织开展安全亲情教育、“安全生产月”活动，增强员工安全意识。先后建成了7个专业实训基地，实施四五级联动安全培训8.98万人次。

五、转变发展成效

兖矿集团在推动企业发展方式转变的过程中，以国际化运作为主要抓手，坚持产业发展与资本运营相结合，充分利用国际国内两个市场、两种资源，积极实施“走出去”战略，公司国际化程度明显提高。现在的兖矿集团，经营状况更良好，发展更加稳健、更具活力，已经成为我国在国际资本市场和能源产业界具有较大影响的煤炭企业，实现了资本与资源的共舞。

（1）经济规模和效益创造新纪录。扭转了原煤产量逐年下降的趋势，并取得了较快的增长（见图6–2）。“十一五”累计完成煤炭产量2.28亿吨，销售收入2169亿元，利润总额277亿元，经济总量比“十五”翻一番。连续4年保持省管企业业绩考核A级水平。2010年，集团煤炭产量6008万吨，销售收入由264.2亿元增长至603.25亿元，利润总额上升到98.85亿元，资产总额1173亿元。

兖矿集团近年原煤产量如图6–2所示。

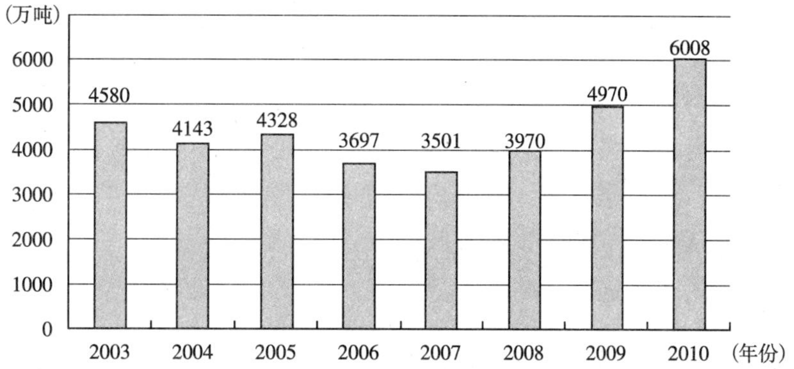

图 6-2　2003~2010 年原煤产量

（2）国际化建设迈出重要步伐。资本运营和国际化水平明显提升。2009 年，成功收购澳大利亚菲利克斯公司，获得煤炭资源 16 亿吨；与澳大利亚铝土矿资源公司（BRL 公司）签署《项目合作框架协议》，完成了该公司 8.5%的股权收购，参与西澳优质铝土资源开发；截至 2010 年上半年，兖矿集团已经获得 20 家银行和金融机构的综合授信 1909 亿元，为集团公司建设提供了资金保障。

（3）产业结构调整成效显著。多元化发展战略稳步推进，产业结构由单一煤炭产业向“三大主业”协同发展转变，产品结构实现由煤炭开采向煤炭、煤化工、铝型材、机电装备制造等产品转变，非煤产业发展较快，销售收入整体上稳步增长（见图 6-3）。非煤产业的稳步发展，有效降低了集团对资源的依赖程度，增强了集团发展的可持续性。

兖矿集团近年销售收入情况如图 6-3 所示。

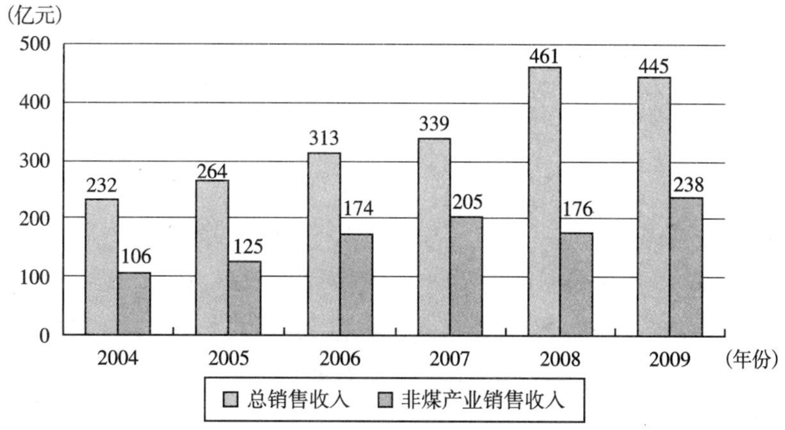

图 6-3　2004~2009 年销售收入情况

安全生产取得新突破。截至 2010 年 7 月 15 日，兖矿集团实现安全生产 5 周年，安全产煤 2.2 亿吨。2005~2010 年，千人重伤率由 0.08 降到 0.03，原煤百万吨死亡率由 0.108 降到 0。澳洲公司连续 4 年被评为当地安全最好矿井。连续 5 年被评为全国“安康杯”竞赛优胜企业。

职工的生活明显改善。在岗职工人均收入由 2005 年的 28918 元增长到 56989 元，增长 97%，矿区医疗、卫生、文化等生活环境明显改善。积极履行社会责任，“十一五”为职工子女提供就业岗位9680个，社会贡献总额891亿元。

技术研发取得硕果。承担6项国家863研发课题，获5项国家科技进步二等奖和197项省部级以上科技成果。节能减排工作提前一年完成省政府下达的“十一五”指标。

企业品牌形象提升较快。“兖矿煤”入选首届中国品牌500强第68位。

六、发展经验

实践证明，推动煤炭企业转变发展方式的“兖矿模式”符合国内外煤炭行业发展的现状和当前形势，可操作性较强，成效显著，具有较强的借鉴意义。这一模式很适合具有一定资本、技术优势的国内煤炭企业，尤其是规模较大、综合实力较强的企业。

“兖矿模式”的显著成效表明，加大国际能源合作，充分利用国内、国际两个市场，能够为煤炭企业转变发展方式提供一个广阔的空间。国内的煤炭企业，尤其是具有一定实力的企业，面临接替资源不足、国内资源开拓乏力等困境，应当扩大视野，将战略眼光置于整个世界，大胆走出去，积极开拓国际资源、开发国际市场，为企业的发展营造更加广阔的空间。同时，创新科技、创新管理，并积极推动产业结构调整，促进结构的高级化和合理化，走科技含量高、经济效益好、资源消耗低、环境污染少、人力资源优势得到充分发挥的新型工业化道路。同时，兼顾民生，不断提升职工的生活水平，改善工作环境，推动和谐企业建设。

第二十三节　山西煤炭运销集团：资源资本双轮驱动促转变

一、集团概况

山西煤炭运销集团有限公司（以下简称“山西煤销集团”），在2011年中国能源集团500强中位列第16位，是2007年7月经山西省人民政府批准，由省国资委和11个市国资委出资，在原山西省煤炭运销总公司的基础上重组改制并组建的以煤炭生产、煤炭物流为主业，辅之以煤炭加工转化、煤化工、房地产、旅游酒店等多元产业为一体的现代大型煤炭产业集团。

集团前身山西省煤炭运销总公司是经山西省人民政府批准于1983年10月25日成立的国有大型一类企业，主营煤炭及煤制品运销，产品行销全国20多个省市及国外主要煤炭消费市场，是我国最大的煤炭运销专业企业。

集团公司现下设11个市级子公司，98个县级子公司，25个控股企业，165座煤矿，144个铁路发运站，53个出省煤焦管理站，284个煤焦销售营业站，378个储配煤场，69个煤炭交易大厅，1家上市公司（太工天成，控股20%）。2010年，全集团生产原煤2800万吨，煤炭贸易量完成2.5亿吨，实现销售收入1158亿元，利税100亿元。

二、转型发展背景

山西煤炭运销集团有限公司是在我国最大的煤炭运销专业企业——山西省煤炭运销总公司的基础上于2007年重组改制而成的。从20世纪80年代成立之初，山西省煤炭运销总公司就按照半行政半企业职能体制运行，担负着对地方煤炭实行统一销售和能源基金收取等任务，靠“放杆收费”盈利。随着国有企业改革的深入和市场经济的不断完善，这种非市场化的盈利模式越来越不适应市场要求，越来越不利于企业的长远发展，其弊端不断地显现。特别是在2007年，山西省成为全国煤炭工业可持续发展试点省份，并停止征收能源基金，企业突然之间被推向市场，面临巨大的发展压力。2009年，山西省加快推进煤炭资源整合，山西煤销集团成为山西省七大煤炭资源整合主体之一，从此走上了资源整合重组扩张的快车道，集团的煤炭资源量和煤炭产量得以迅速增加，为集团加快转变发展方式奠定了坚实的基础。截至2010年12月底，山西煤销集团共整合兼并煤矿448座，整合后保留矿井163座，煤炭储量达110亿吨。2011年，整合山西焦炭集团，涉足煤化工行业。从此确定山西煤销集团现代化的煤炭生产业、专业化的物流业、多元化的非煤业三大支柱产业的发展思路。

在这一背景下，山西煤炭运销集团吹响了加快转变发展方式的号角。

三、战略举措

（一）调整产业结构，从以煤炭运销为主转到以煤炭生产为主，从“放杆收费”到靠实体经济赚钱

相对于原有的主营业务来说，煤炭生产是山西煤炭运销集团的“短板”，为解决发展困境，做实做强企业，实现从收费管理型向生产经营型的跨越转变，该集团把煤炭生产作为企业转型的主攻方向，积极向煤炭生产领域挺进，加快资源整合，扩大资源储备。

由于山西煤销集团原来一直以煤炭运销为主业，煤炭资源占有量极其有限，而煤炭产业的大力发展需要煤炭资源的有力支撑，因此山西煤销集团大力发展煤炭生产的愿景与煤炭资源占有量的有限性构成了矛盾。幸运的是，集团抓住了2009年山西省加快推进煤炭资源整合重组的机遇，并成为山西省七大煤炭资源整合主体之一，从此走上了资源整合重组扩张的快车道，集团的煤炭资源量和煤炭产量得以迅速增加，为集团加快转变发展方式奠定了坚实的基础。截至2011年6月底，山西煤销集团共整合兼并煤矿448座，整合后保留矿井165座，煤炭保有储量110亿吨。根据实际情况，集团重点建设了60~70座煤矿，2010年全年生产原煤2800万吨，煤销集团整体销售收入1158亿元，实现了历史性跨越，成为山西省继五大煤炭生产集团之后最大的煤炭生产企业。

目前，山西煤销集团正加快调整产业结构，全力打造以现代化的煤炭生产为主体，专业化的物流业和多元化的非煤业为两翼的现代化企业集团。全力推进煤炭生产板块的快速健康发展，真正把煤销集团打造成为以煤炭生产为主业的现代化的大型煤炭生产企业，并结合煤

炭物流业、多元产业形成产业链。

（二）发挥自身优势，打造“煤炭超市”，全面建设煤炭物流体系

煤炭销售是山西煤炭运销集团的传统强项。集团下设11个市级子公司，98个县级子公司，163座煤矿，拥有丰富的通道资源，即铁路和公路的煤炭运输通道。在铁路运销方面，集团拥有144个铁路发运站，其中大列发煤站22个，产品辐射到全国26个省市，电力、建材、冶金、化工、出口用煤行业5000多个用户。在公路运销方面，集团拥有53个出省煤焦管理站，284个煤焦销售营业站，378个储配煤场，另外还有几十个大型汽车运输队。可以说，山西煤销集团几乎在山西全省各县市都有自己的资源，这种优势是其他企业所不能比的。

山西煤销集团一直强调要掌握资源，并认为资源不仅包括煤炭以及其他的一些矿产资源，还包括通道资源，铁路和公路的煤炭运输通道就是通道资源。而山西煤销集团正好拥有这样的丰富的通道资源。基于自身优势，并考虑到当前国内煤炭的高运输成本，山西煤销集团决定打造“煤炭超市”，并依托“煤炭超市”建立现代化的煤炭物流体系，提高集团煤炭物流业的竞争力，进而带动集团乃至全国、全省的煤炭运输成本的降低。

煤炭超市的建立，将为山西煤销集团建立现代物流体系打下坚实的基础。晋城兰煜煤炭物流公司在建设大型“煤炭超市”的道路上率先垂范，为集团煤炭物流业的发展迈出了坚实的一步。2011年，集团加快物流节点建设，公路煤炭运销建立了三大类煤炭超市，创新建设物流体系和运营模式。第一类是沿黄线煤炭集散超市的建设，在朔州、忻州、吕梁、临汾、运城等地建设煤炭加工储配型超市9个，重点服务于陕蒙煤炭与山西煤炭的加工、储配及销售。第二类是省际间煤炭集散超市建设，在晋冀、晋豫省际间的大同、忻州、阳泉、晋中、长治、晋城，河北井陉、武安、陟县，河南沁阳、济源、信阳等主要交通干线上及山东茌平等地建设煤炭集散型超市12个，主要服务和方便周边及辐射区域内小散用户。第三类是省内煤炭集散超市的建设，在省内主要产煤区和重点电厂周边建设煤炭储配加工超市18个，主要服务于省内重点电煤企业和省内工业企业用煤。

这些“煤炭超市”的建立，将为用户提供标准化、多样化的煤炭产品和就近、便捷的服务，使用户节约采购成本，同时还可助推山西煤炭运销集团形成产品集约化、多样化的优势，打通全省煤炭物流配送大通道，形成辐射周边省市的煤炭物流供应链，为建设煤炭物流强企创造了平台。

（三）切入地方经济，发展多元产业

在企业逐步实现由收费管理型向生产经营型、由单纯的煤炭经销型向煤炭产运销相结合的转变过程中，山西煤炭运销集团审时度势，着眼长远，适时地提出了“立足煤、延伸煤、超越煤”的指导思想，并在这一思想的指导下，大力发展非煤产业，注重培育装备制造、IT科技、煤化工等高端技术产品，逐步确立了煤炭生产、煤炭物流、多元非煤“三大支柱”产业协同发展的布局。

山西煤销集团发展多元非煤产业的特点就是“切入地方经济”——依靠地方政府的支持来发展，赚了钱再投到地方经济上去，实现地企互动。在发展多元非煤产业上，山西煤销有得天独厚的优势，在山西12个地市及98个县都有矿井。山西的水资源、铝镁合金、多晶硅、旅游资源等非常丰富，这为山西煤销集团发展多元非煤产业提供了资源保障。有如此丰富的资源做保障，带动了山西煤销集团以煤为基，发展以焦化为主的煤化工，以煤层气、煤变气为主的清洁能源，以高端技术引进、消化为主的煤机装备制造业，以LNG、CNG为主的洁净燃料管网建设，以煤矸石、粉煤灰为主的伴生资源综合利用，突出山西特色的文化旅游业，实现了传统产业新型化，新兴产业规模化，促进了集团非煤产业的发展。

为保障多元非煤产业的健康发展，山西煤销集团还加强了对多元非煤产业板块的管理，成立了多元产业管理局，完善多元产业管理体制，并依托重大优势项目，推动非煤产业发展。煤机制造、银冶炼加工、压缩天然气、生物制品、IT、房地产、现代农业等产业的多个优势项目全面推进。艾尔吉（中国）矿业装备制造项目和山西美佳矿业装备制造项目已开工建设。压缩天然气公司在建项目部分管线实现通气试运行，首批运煤通道CNG加气站项目，前期申报的69个加气站已获得山西省发改委的批复，具体实施工作已全面展开。长治公司海森生物疫苗、华富秸秆发电项目，阳泉公司金属粉末材料、煤层气加工利用项目，晋城兰煜房地产项目，孝义市煤气化总厂技改项目等进展顺利。如此众多的重大优势项目，为山西煤销集团多元非煤产业的进一步发展奠定了较好的基础。

（四）多措并举，着力保障安全生产

山西煤炭运销集团在实施资源整合、推进产业转型的过程中，努力夯实安全基础，加强安全管理，实现了安全工作持续稳步健康发展，保持了良好的安全生产形势，2010年实现百万吨死亡率为零的目标。具体体现在以下几个方面：

1. 建设标准化矿井

集团致力于建设标准化矿井，要求达标投产矿井、重点建设矿井必须本着现代化的标准来规划、设计、建设、达标，根据集团的实际情况和山西的条件在2011年全力推广“六大阶段性目标”：一矿一井一面；装备技术现代化；治理专业化；质量标准化动态达标；每个矿井人数控制在300~500人；组织正规循环作业、严禁超能力生产，集团将其细化后作为解决煤矿安全生产问题的关键。2010年全年建成一级标准化矿井9座，二级标准化矿井6座，建成安全高效矿井5座，其中国家特级1座，一级3座，二级1座。

三元煤业公司作为集团标准化建设的试点单位，用数字化监控技术和物联网技术打造现代化、数字化的矿井，促进了企业的集约化管理，大大提高了安全生产水平。其主要做法包括：以5个矿井为一组，建立一个调度指挥中心，配备高素质的专业技术团队，建立全集团调度指挥中心（前台——生产一线，中台——专家组，后台——决策层），运用数字化监控技术和物联网技术，对矿井掘进和开采、工作面顶板压力情况、矿井通风、井下瓦斯浓度、煤尘含量以及井下供电、排水、运输采掘设备运转情况进行实时监控，并把数据实时反映到矿、中心、集团调度指挥中心。矿井出现的一般问题由各煤矿自行处理；比较严重的问题由中台专家作出处理意见；重大问题由集团公司高层做出决策，分级下达处理。

2011年，集团规划建设达标矿井30座，其中国家特级3座，一级14座，二级13座。规划建设安全高效矿井10座，其中国家特级1座，一级5座，二级4座。重点开工建设3个数字化矿井，实行集约化管理。

2. 加快煤矿安全六大系统建设

集团所属亨元煤业是一座高瓦斯矿井，也是内因火灾易发的矿井，安全管理异常复杂、难度极大。2010年以来，针对矿井的安全现状，亨元煤业全方位加大安全整治力度，先后投入数千万元，实施了主提升系统改造、新建了瓦斯抽放系统和防灭火系统等一系列安保工程。为全面提升煤矿安全保障能力，有效降低事故危害程度，亨元煤业成立了井下安全避险“六大系统”建设领导组，严格按照“六大系统”标准规范，不折不扣地推进实施，确保“六大系统”建设的资金所需，并按上级要求、时间、节点、统筹安排，强力推进。现已建立完善监测监控系统、井下人员定位系统、压风自救系统、供水施救系统、通信联络系统“五大系统”，并得到山西省安监部门的肯定。

3. 加快安全体系建设

集团加快了安全体系建设步伐，建立了“集团公司监管、二级公司直管、煤矿全面负责”的安全责任体制，形成了“统一管理、分级负责”的安全工作运行机制。制定了130多个安全管理制度，初步建立了安全管理制度体系、安全责任体系和以总工程师为核心的技术管理体系，为集团安全工作的顺利开展提供了有效的制度保障。

4. 加强安全文化建设

安全文化建设是巩固安全基础的一项长期性、战略性的任务，山西煤销集团以文化来推动安全生产、安全发展，实现安全管理“无为而治”。通过加强安全文化建设，加强安全教育、培训和宣传，使每一个职工从思想上增强了安全意识，在企业里形成了良好的安全文化氛围。

集团所属的山西三元煤业股份有限公司，从2005年开始建设安全文化，编制了《安全文化手册》，定期组织班组班前会，全方位创建安全文化环境；不断强化教育和培训，注重职工的安全思想意识教育，逐步解决一些职工根深蒂固的安全意识淡薄问题，同时加强职工的安全技能培训；积极开展各种安全活动，如百日安全活动、青年监督岗活动、技术比武活动等。通过努力创建安全文化，三元煤业公司安全文化的核心理念逐步得以体现，安全价值观逐步形成，对公司实现连续多年百万吨死亡率为零的目标起到了重要的作用。

（五）“两个轮子一块转”，“一手抓资源，一手抓资本运作”

山西煤炭运销集团一方面重视矿产、通道、水资源等的开发利用，另一方面十分重视资本的运作，提出了“两个轮子一起转”，“一手抓资源，一手抓资本运作”的思想理念，增强资本运作能力，扩大企业融资渠道，为企业主业的快速发展增添了动力。

2010年，完成了70亿元的五年期信托融资和10亿元的五年期并购贷款融资；顺利完成两期共20亿元的中票发行；租赁融资、发行企业债券工作正在积极推进。全年共计融资150亿元，实现了多元化、多品种、多渠道融资，优化了融资结构，改变了过去单一、狭窄的融资渠道，保障了企业快速发展过程中对资金的需求，并初步形成了金融和实体经济相互促进的良性发展局面，有效促进了企业发展方式的转变。

发展方式的转变，让山西煤炭运销集团保持了良好的发展势头，2010年各主要经济指标创历史最好水平，位列中国企业500强第85位，中国煤炭工业100强第5位，成功入选世界著名品牌500强，并初步形成了煤炭产运销和多元非煤产业协调发展的格局。

四、“十二五”规划概要

“十二五”期间，山西煤炭运销集团将继续深入贯彻落实科学发展观，以转变发展方式为主线，紧紧抓住山西作为国家资源型经济综合配套改革试验区的难得机遇，继续坚持“1234”发展思路和“三步走”战略步骤，坚持以煤为基、多元发展，坚持经销带物流、物流促经销，实现煤炭产业资源利用的循环化、煤炭物流产业的专业化、多元产业的新型化。力争到“十二五”末，将集团公司建设成为以煤炭生产为主体，以煤炭物流为中心，以多元非煤产业为支撑，集煤炭生产、煤炭物流、多元非煤产业于一体，相互支撑、协调发展的现代化大型煤炭生产和物流企业集团。力争实现煤炭产量超亿吨、煤炭贸易量超2亿吨、销售收入超2000亿元、利税超200亿元、员工人均收入超10万元，企业跻身世界500强。

第二十四节　辽宁铁法能源公司：煤“机车”绿色轨道全线提速

一、公司概况

辽宁铁法能源有限责任公司（以下简称“铁能公司”），在2011年中国能源集团500强中位列第99位。公司注册成立于2009年，总部位于辽宁省北部调兵山市，是一家以煤炭生产为主，集煤层气开发利用、建筑安装、机械制造加工、建材、电力等于一体，多元发展的省属大型国有重点煤炭企业。

铁能公司是一家相对年轻的公司，但是因为依托原铁煤集团组建成立，公司很好地继承了铁煤集团“实事求是、无私奉献、艰苦奋斗、改革创新”的企业精神和优良传统。原铁煤集团成立于1999年10月，其前身为铁法矿务局，建设历史可以追溯到50多年前。先后获得国家科技进步三等奖，全国煤炭工业科技进步一、二、三等奖等奖项，从1996年起连续12年被中国煤炭工业技术委员会授予“煤炭工业科技进步十佳企业”称号，采掘机械化装备水平位于全国同行业先进行列，薄煤层全自动化开采等技术达到了国内乃至世界领先水平；多次获中国煤炭工业“金石奖”、全国“五一”劳动奖状、中国煤炭工业优秀企业等称号；获2005年度中国煤炭工业科技创新先进企业；连续5年被评为全国重合同、守信用企业，企业信誉等级为AAA级。

二、转变背景及发展困境

在铁能公司成立之前，由于原铁煤集团快速扩张，煤炭产量一直以百万吨以上的速度增长，在相继闯过千万吨和2000万吨大关后，成为辽宁省产量最大的煤炭企业。但是，集团在高速发展的同时，也遭遇到了许多新的矛盾和困难。近几年，随着开采时间的延续，尤其是产量的跨越式增长，可采资源量快速减少（个别矿井资源枯竭），接替资源危机日渐凸显。此外，科技含量低、技术落后、设备陈旧、资源回收及利用率低、管理不到位、能源浪费观念及思想观念落后、科技创新能力较低、竞争激烈等方面存在较大的问题，严重制约了企业的发展和进步；并且，随着规模的迅速扩张，企业在节能减排、生态环境保护方面的进步有些滞后，节能减排意识淡薄、管理手段落后、节能减排技术落后、资金匮乏等问题突出，集团无法有效应对矿区生态治理等环境问题。

为了有效应对上述问题，集团在2009年进行了重组，成立了铁能公司。铁能公司成立后，积极探索新的发展路径，以加快转变发展方式为主线，以降低资源消耗、减少废物排放和提高资源产出效率为目标，通过大力发展循环经济，提升节能减排效果，加快转变工业发展方式，推进产业结构调整，逐步扭转环境状况难以改善、持续发展缺少后劲等困境，实现建立资源节约型、环境友好型社会的目标。

三、战略思路

面对复杂多变的行业背景和发展中的重重困境，“铁能人”没有退缩、没有消沉，而是继续发扬“艰苦奋斗、改革创新”的企业精神，紧紧抓住东北老工业基地振兴的战略机遇期，深入分析企业自身比较优势，积极调整发展战略，以科学发展观为指导，以和谐矿区为目标，以发展为主题、安全为中心、效益为重点，转变发展方式。坚持管理创新、体制创新和科技创新，不断拓展、延伸产业链，走多元化发展道路，并且以循环经济为切入点，以废弃物综合利用为工作重点，充分利用资源、管理和技术装备优势，开创了一条依托煤、延伸煤、超越煤的发展之路。

结合当前国内经济形势和煤炭行业发展态势，铁能公司进一步明确了转变发展方式的思路：坚持安全发展、可持续发展、绿色发展、和谐发展，加快建设以煤、电、油、气为主的跨行业、跨区域、跨所有制的特大型能源企业。这一思路的核心内容是“做强做久煤炭主业、做优做大非煤产业”，目标是增强企业发展的协调性和可持续性，把铁能公司打造成为“核心竞争力强、综合实力雄厚、多元发展”的大型煤炭企业集团。

铁能公司按照这一新的思路，提出了“力争进入全国煤炭行业第二集团军”和“53456”的“十二五”发展目标。所谓“53456”，即煤炭生产规模达到5000万吨，销售收入达到300亿元，企业资产规模达到400亿元，控制煤炭资源量达到50亿吨，员工年人均收入达到6万元。

四、战略举措

过去几年，铁能公司坚持安全发展、可持续发展、绿色发展、和谐发展，努力打造平安铁能、富裕铁能、和谐铁能、绿色铁能、长久铁能。实施了科技兴企、人才强企、域外开发等一系列发展战略，重要的举措有以下几方面。

（一）构建“铁能式”循环经济体系

铁能集团（原铁法煤业集团）是国家循环经济试点单位（第二批），大力发展循环经济既是铁能集团转变发展方式的一项重要举措，也是一大亮点。

铁能集团按照减量化、再利用、再循环的原则，利用产业主链生产过程中产生的煤矸石、煤泥、粉煤灰、炉渣、废水等废弃物，发展煤矸石电厂、粉煤灰造纸、建材，形成了与产业链相衔接的若干补链，如煤矸石—建材—建筑、煤层气—发电、煤矸石—热电等，构建起了以“矿井三废”综合利用为核心的循环经济产业体系。

1.“铁能”式循环经济产业体系的主要特色

与其他煤炭企业的思路不同，铁能公司从企业、矿区、社会三个层面稳步推进循环经济产业体系建设。分层次推进，这是铁能公司的一大创新。这不仅有利于突出不同层面上的工作重点，增强了举措的针对性，而且，分层规划，有利于将任务分解，增强了循环经济体系构建的可操作性。

企业小循环：在煤炭生产型公司内部，从生产和洗选开始，采用先进工艺、技术，提高煤炭资源回采率和精煤回收率，努力减少生产过程中的能源资源消耗。同时实施污染治理环保项目，保证污染物达标排放。在发电和建材企业内部，采用先进技术，如循环流化床锅炉发电、空冷技术和新型干法水泥熟料生产技术等，减少生产过程中的能耗和污染物排放。

矿区中循环层次：以建设煤化工、煤矸石发电和煤矸石—灰渣建材项目及煤矿瓦斯开发利用项目为核心，提高煤炭的附加经济效益和固体废弃物的综合利用水平，同时加强塌陷区综合治理、沉陷土地复垦利用和矸石山绿化工程，改善矿区生态环境。

社会大循环层次：矿区的生活垃圾、生活污水通过城市处理系统加以解决。

概括来说，“铁能”式循环经济体系是以生态矿区建设为重点的一种立体式循环经济模式，这种模式通过拓展延伸产业链，建立上下游衔接关系，打造一体化的产业链，从而实现资源开采、基础产品、高端产品和功能性产品多层次发展，“煤—电—建材”、“煤—化”两条产业链横向扩展，资源深加工纵向延伸，副产品和废弃物资源化利用的立体式循环。

2. 构建“循环经济产业体系”的工作重点

（1）煤矸石综合利用。为减少矸石的排放量，公司于2008年提出了“井下矸石不升井”的目标，研制应用了井下矸石充填装置，煤矸石充填煤巷置换煤炭、煤矸石充填采空区和废弃巷道、过火矸石粉碎巷道喷浆、沉陷区矸石充填等技术得以应用，减少矸石排放220万吨。除了矸石井下充填之外，公司新上马了年产2.2亿块煤矸石烧结空心砖生产线，“制砖不用土，烧砖不用煤”，年利用煤矸石55万吨，减少了矸石的堆存和矸石山的进一步产生，保护耕地390亩，节约标准煤2.42万吨。

“十一五”期间，铁能公司在原有空心砖厂的基础上，又建成了年产1.6亿块煤矸石烧结空心砖（折标）生产线。“十一五”末，铁能公司煤矸石空心砖的产能达到了8.62亿块，较“十五”末的1.37亿块增加了7.25亿块，提高了529.2%。2010年，铁能公司又利用康平煤田油页岩（煤矸石）储量丰富的优势，兴建了铁康油页岩公司和以油页岩下游产品页岩半焦为原料的空心砖厂。油页岩项目投产后，年可利用油页岩（煤矸石）60万吨，产页岩油2万吨、页岩半焦50万吨，实现产值9000万，空心砖的产能也将再增6000万块。

（2）煤层气综合利用。铁能公司矿井属高瓦斯矿井，煤层气探明储量293.9亿立方米。“十一五”期间，公司加大了煤层气资源综合利用力度，到“十一五”末，矿区煤层气罐区由“十五”末的4座增加到7座，总储气能力由“十五”末的18.8万立方米增加到22.3万立方米。地面输、储、配管路由“十五”末的140千米增加到230千米。煤层气工业、商业和民用用户由“十五”末的13.2万户增加到17.3万户。煤气销量由“十五”末的2656万立方米增加到9657万立方米；销售收入由“十五”末的2317万元增加到1.35亿元。为拓展煤层气利用空间，铁能公司还采用原始煤层压裂法，抽取高浓度的煤层气销售给沈阳燃气总公司，截至“十一五”末，已抽采高浓度瓦斯2448万立方米，实现销售收入为2584万元。上马的17台低浓度瓦斯发电机组，截至“十一五”末，发电6687万千瓦时，实现创收2808万元。

（3）工业废水综合利用。铁能公司每年产生矿井水和生活废水近757万立方米，既污染环境又浪费资源。2006年，公司提出“废水零排放”目标，各单位通过增设矿井水收集系统、建污水处理厂对矿井水和生产生活废水进行净化再利用，所有洗煤厂洗煤用水均达到一级闭路循环，洗煤水重复利用率达到98%以上。井下除尘、消火注浆、选煤厂洗煤、地面绿化浇灌等方面使用经过处理的再生水，减少了新水的投入使用。

此外，为治理洗选洗煤工艺产生工业废水，公司先后投资3000万元，完善了各矿井煤泥水处理系统，使全公司各矿井煤泥水处理系统全部实现了一级闭路循环，杜绝了煤泥水外排。在生产过程中，只需补充少量产品带走的水分，即可实现用水平衡，年节水400万立方米，节省资金1400万元。

（4）油页岩综合利用。2011年6月21日，铁能公司60万吨/年油页岩综合利用项目竣工投产剪彩仪式在铁康油页岩有限责任公司隆重举行。该项目是铁能公司发展循环经济、拉长加粗煤炭产业链、实现企业可持续发展的一项重要举措。

（5）煤化工产业。“十一五”期间，铁能公司煤化工产业的发展重点是煤制二甲醚，设计产能100万吨/年。

（6）矿区环境保护。铁能公司采取土地复垦、矿区绿化和地表沉陷治理等措施，实现治理矿区生态环境。以绿化、设立隔离墩或隔离墙、挖导流渠等措施，整治13座矸石山。矿区绿化率2008年达到31.09%，复垦利用率达75%以上。

（二）调整产业结构

铁能公司坚持走“依托煤、延伸煤、超越煤”的发展道路，以煤为主，多元发展，不断拉长、加粗煤炭产业链，提高了资源利用率和产品附加值。“十一五”期间，公司非煤产业销售收入以每年16%的速度增长，已占公司经济总量的近半壁江山。

1. 房产建筑产业

“十一五”期间，建设公司走建设施工与房地产开发并举之路，提升了整体竞争力。“铁煤建设”品牌叫响沈阳、铁岭等地，并成功开发了调兵山市宇泰花园、昌图新城区房地产等项目。施工产值由“十五”期间的16.8亿元增加到“十一五”期间的48.9亿元，增长了65.5%，综合实力位列2009年度全国煤炭施工企业第8位。房地产开发公司通过加强管理，成为辽北地区首家具有国家一级资质的房地产开发企业，先后开发了调兵山格林小城、铁岭盛峰嘉苑等房地产项目。

2. 机械制造产业

机械制造公司“十一五”期间也实现了华丽转身，变单一维修设备为主向设备加工制造转型，形成了以支护、运输、电气、起重机四大类产品为骨干的制造产品格局，制造产品销售收入从2005年的1.1亿元增加到2010年的3亿元，增长了3倍。公司于2008年在内蒙古合资组建了伊东煤机公司，拓展了域外市场。铁路运输部也在机车制造方面进行了成功尝试，共制造了267辆K18货运机车，实现销售收入9486万元。

3. 蒸汽机车旅游产业

“十一五”期间，铁能公司还开发了蒸汽机车旅游及影视剧拍摄产业。共接待中外游客4万多人次，成为非煤产业新增长点。截至2010年末，蒸汽机车产业累计实现收入400万元，比“十一五”计划翻了一番。

（三）狠抓节能减排

铁能公司坚持清洁生产、绿色发展，通过管理创新和技术革新，大力推动“资源节约型、环境友好型”企业建设。全面推广煤矸石井下充填、工业废水处理、低浓度瓦斯发电等技术，将煤矸石、矿井水、煤层气等变废为宝，有效降低了矿井“三废”排放，使企业真正步入绿色发展轨道。公司在节能减排方面所采取的较有特色和卓有成效的举措主要有：

1. 加强组织领导，建立科学的节能减排考评体系

铁能公司成立了董事长、总经理任组长的资源节约管理工作小组；成立专职机构即资源节约办公室，各基层用能单位也成立了以行政正职为组长的资源节约工作领导小组，从而明确了责任，形成了有力、可靠的组织保证。

同时，铁能公司还建立了资源节约工作量化考评体系，编制并下发了《铁法能源公司资源节约工作评分标准及评比办法》，对各基层单位每两个月按标准进行一次检查；基层单位每月进行一次自检。实施奖罚激励机制，制订并下达各单位能源消耗计划并严格进行考核，完成情况与领导年薪挂钩，执行按节约费用60%奖励、按超耗费用的20%削减工资总额的重奖重罚制度。实行用能定额指标分解到人的责任制度，缩小独立考核单元，将用能指标层层分解，落实到区队、到班组、到岗位，强化目标管理，将用能完成情况与岗位价值精细化管理相结合，对能独立考核的基层单位及岗位进行电量模拟市场化运作，直接支付电费购买电量，极大地促进了节能工作“纵向到底、横向到边”的全面深入开展。

2. 高耗能设备技术改造

2007年，公司安排资源节约工程32项、投资18098万元；2008年，公司安排资源节约工程36项、投资8837万元；2009年，公司安排资源节约工程27项、投资5737万元；2010年，公司安排资源节约工程33项、投资7817万元。

（四）推动科技创新

铁能公司科技创新和技术改造作为转变发展方式的重要支撑。紧紧瞄准国内外煤炭行业科技发展前沿，跟踪和掌握煤炭行业核心技术，科学安排资金投入，积极引进对煤炭发展具有战略性、关键性作用的大功率、高性能装备和新技术、新工艺、新材料，先后创新了“薄煤层刨煤机自动化开采技术”和“资源枯竭矿井残留复采技术”，实现了废弃薄煤层煤炭资源、残留煤炭资源的安全高效开采，提高了资源回收率。

公司大力推广沿空留巷、水体下开采、膏体充填开采等新技术，变不可采为可采；利用三维地震勘探技术开展生产补充勘探，在大兴矿下煤组勘探出新的可采煤层；应用深部钻孔技术，对大强矿深部进行找煤研究，获得9257万吨的气煤资源。引进应用全自动化刨煤机、大采高综采成套设备和硬岩掘进机等采掘装备，2010年，综采机械化程度达到99.40%，掘进装载机械化程度达到99.93%，综掘机械化程度达到74.50%。

（五）“走出去”整合资源

铁能集团深刻把握煤炭企业“资源依赖性强”这一特点，充分认识到煤炭资源对自身发展的决定性影响，意识到充足的煤炭资源是保持规模生产和稳定生产的重要基础，也是实现良好经济效益的重要前提。对于煤炭企业，谁拥有资源，谁就拥有明天。煤炭企业必须“立足现在，着眼未来”，增强忧患意识，不断寻找接替资源、增加资源储备，以增强企业发展的可持续性，避免“坐吃山空”，避免企业走向衰亡。为此，铁能集团在转变发展方式的过程中，大力实施“走出去”战略，积极整合域外资源。强调在立足本埠资源的基础上，“以内带外、以内促外、以外补内，合理控制本埠煤炭生产规模，加快开发域外资源”，增强集团发展的可持续性，为打造百年铁能，奠定了坚实的发展基础。

铁能集团从2006年开始，稳步推进“走出去”战略，挥师内蒙古，进军山西，先后控股经营了内蒙古的东辰公司、长滩公司、东新公司，山西的东义公司，实际控制煤炭资源总量达到36亿吨。

2007年9月，铁能公司与内蒙古东源煤电集团签订合作协议，共同组建东辰公司开发建设唐公塔煤矿，标志着铁能公司域外资源开发工作迈出了实质性步伐。2009年，东辰公司生产原煤335万吨，实现盈利1.35亿元。到2013年，二期改扩建工程竣工后，东辰公司将实现年产1000万吨的目标。

2008年5月，铁能公司、北方通和公司、瑞德煤化公司和三一集团签订协议，合资合作开发内蒙古长滩西煤田。该煤田已获得矿权的可采储量为3.6亿吨，拟开发区域可采储量为10.7亿吨，拟建设年产1500万吨的煤矿。

2008年7月，铁能公司与山西东义集团签订协议，合作开发东义集团所属的鑫岩煤矿。鑫岩煤矿可采储量1.48亿吨，煤种属市场非常抢手的焦煤和肥煤，该矿井拟建成初期为年产

240万吨，最终达到300万吨的生产规模，年可创造效益30亿元。

2010年8月，公司与鄂尔多斯市伊金霍洛旗新庙镇敬老院煤矿签约合作，彼此分别以70%和30%出资比例组建铁煤集团内蒙古东新煤炭有限责任公司，共同开发建设敬老院煤矿。煤矿地质储量7000万吨，原设计能力为年产60万吨，改扩建后年产可达200万吨，远期可达300万吨。

上述4对矿井正式投产后，将形成年产3100万吨煤炭的生产规模，到“十二五”末，铁法能源公司域内、域外原煤生产规模将达到5000万吨/年，为做强做久煤炭主业，打造百年铁能，奠定了坚实的发展基础。同时，从“偏安一隅”到“走向全国”，集团的影响力得到迅速提升。

（六）大力改善民生

过去几年，铁能公司坚持安全发展、和谐发展，按照“人企合一、矿区和谐”的思路，努力打造平安铁能、富裕铁能、和谐铁能，矿区员工及家属安居乐业，人民幸福指数逐年攀升。

1. 改善员工居住环境

“十一五”期间，铁能公司累计投资11.65亿元，先后对南岭、红房、大明、调兵山、铁道东等棚户区进行拆迁改造和房地产开发，其中用于危旧房拆迁改造的投资超过半数，新建了8个住宅小区，总建筑面积72.1万平方米，改善了9800多户职工的住房条件，矿区结束了棚户区历史。投资3亿多元进行老住宅区标准化建设，新建了12个小区文化广场，大修小区道路和硬覆盖，统一安装对讲门3068樘，安装塑钢窗10101扇，粉刷楼梯间67万平方米，员工居住环境明显改善。

2. 稳步提高员工福利

铁能集团在转变发展方式的过程中，把稳步提高员工福利作为一项重要工作来抓，坚持以人为本，扎实践行“企业发展依靠员工，企业发展为了员工”的理念，努力实现好、维护好、发展好广大员工的根本利益，为员工办实事、解忧难，把发展成果体现在员工及家属生活水平、生活质量提高上。在已参加养老保险、工伤保险、失业保险及企业年金的基础上，为员工建立了医疗保险和生育保险，实现了社会保险“五险一金”目标。为员工缴纳企业年金总额累计达到44150万元。提高了伤残津贴、护理费、遗属抚恤金标准，离退休职工各项待遇做到了足额及时发放。2010年，员工年人均收入达到43000元，比“十五”末期的24744元增加近2万元。

3. 扎实推动扶贫济困活动

铁能公司始终强调给予弱势群体更多的关注与关爱。每年春节前夕的送温暖、金秋时节的扶贫助学、特殊情况下的捐衣捐物、平日里的党员干部走进困难职工家庭实践活动，让和煦的暖风吹进困难职工家庭。整个“十一五”期间，公司累计救济困难职工176277人次，累计支出温暖工程基金5643.28万元。矿区“爱心超市”蓬勃发展，目前已达到18家，总面积1537平方米，累计发放衣物20385件，有7561人次受益。

4. 大力提升安全生产水平

铁能公司把安全生产作为最大的民生工程来抓，系统推进安全文化建设，确立了公司安全愿景、目标、理念，建立了安全文化长廊等阵地，推行了以安全为重点的人本精细管理，完善了标准体系、绩效考核、四项管理技术等5项要素，形成了规范化管理、程序化运作、闭环式控制的精细管理模式。同时，完善走动管理系统，开展安全诚信建设、强力推行“三项制度”、岗位描述、隐患“四预”等13种安全行为养成，实行了安全隐患编码管理，并在主要生产岗位和采煤机、绞车、电机车、皮带机等大型设备推广应用岗位作业指导书，促进了企业安全发展。

五、转型成效

铁能公司准确把握煤炭行业形势，不断更新观念，积极探索符合企业实际的发展道路，锐意创新，勇于开拓，做强做久煤炭主业，做优做大非煤产业，探索出了一条科学发展、跨越发展之路，取得了令人瞩目的成绩，企业发展规模不断扩大，发展质量逐步提高，安全管理、经营管理、节能减排等各项工作创出新水平，矿区员工及家属安居乐业，人民幸福指数逐年攀升。

1. 经济指标实现历史突破

转变经济发展方式以来，集团各项经济指标不断实现历史性突破。相对于2005年，2010年企业总收入由76.4亿元增加到140亿元，提高了83.3%；企业利润由3亿元增加到11亿元，提高了266.5%；上缴税金由6亿元增加到20亿元，提高了234.9%；企业资产总额由93.5亿元增加到190亿元，提高了103.3%；原煤产量由2189万吨增加到2320万吨，提高了6%；商品煤销售收入由47.2亿元增加到75.6亿元，提高60.2%；非煤收入由29.2亿元增加到64.4亿元，提高120.7%。此外，企业总投资由“十五”期间的20.5亿元增加到“十一五”期间的82.4亿元，提高了302%。

2. 非煤产业实现快速发展

集团转变发展方式以来，按照“依托煤、延伸煤、超越煤”的发展路径，大力调整产业结构，发展循环经济，不断拉长加粗煤炭产业链。先后上马了煤矸石烧结空心砖、瓦斯发电、油母页岩炼油等一批新项目，2×300兆瓦煤矸石电厂等待国家发改委批准，初步形成了煤—建、煤—电、煤—气、煤—化、煤—油等主导产业群。非煤产业收入每年增幅5亿元以上，已占公司经济总量的近半壁江山。

3. 节能减排成效显著

发展方式的转变，有效实现了企业的清洁生产、绿色发展。循环经济的发展，尤其是煤矸石井下充填、工业废水处理、低浓度瓦斯发电等技术的应用，使“矿井三废”变废为宝，“井下矸石不升井、地面矸石不上山”和“工业废水零排放”成为现实。2006~2010年，万元工业产值综合能耗由2.41吨标煤/万元降至1.73吨标煤/万元，被辽宁省煤炭工业局评为“2009年度辽宁省煤炭工业节能先进企业”，被中国煤炭工业协会和中国煤炭加工利用协会授予“2009 年度煤炭工业节能减排先进企业”荣誉称号。

4. 科技创新成果丰富

整个“十一五”期间，集团科技投入累计 9.82 亿元，完成科技创新项目 1570 项，水库下开采、极软岩巷道失稳机理及互补控制技术等一批科研成果达到国际先进水平。16 项科技成果通过省部级鉴定；获得国家专利 11 项；获得中国煤炭工业科学技术奖 8 项；获得国家、省部级管理成果奖 17 项；荣获了首批“辽宁省技术创新示范企业”称号。

5. 安全生产取得新突破

坚持“党政工团齐抓共管，制度文化治标治本，多管齐下营造氛围，全员参与本质安全”，不断完善长效机制。投资近 41 亿元进行安全技术改造和装备升级。以“一通三防”为重点深入开展三项会战、隐患排查和专项整治，狠抓质量标准化和安全培训，安全管理水平不断提升。2008 年，全国煤矿瓦斯治理现场会推广了铁法能源公司经验。“十一五”期间百万吨死亡率比“十五”下降 63.7%。2006 年、2007 年矿井百万吨死亡率均在 0.2 以下，2008 年、2009 年实现了“零亡人”。

6. 员工生活显著改善

“十一五”期间，投资 11.65 亿元对危旧房进行拆迁改造和房地产开发，为 9800 多户员工解决了住房困难，矿区结束了棚户区历史。投资 3 亿多元加强老住宅区标准化建设，员工居住环境明显改善。在原有养老保险、工伤保险、失业保险、住房公积金和企业年金的基础上，还为员工建立了医疗保险、生育保险、补充医疗保险，为员工缴纳企业年金总额为 44150 万元，比“十五”期间翻了两番。医疗卫生、教育、文化等投入逐年增加，员工生活质量不断提高。员工人均收入由 2005 年的 24744 元增加到 2010 年的 43000 元，提高 73.8%。

六、转型经验

铁能集团按照“安全发展、可持续发展、绿色发展、和谐发展”的思路，加快建设以煤、电、油、气等业务，以循环经济为切入点，以废弃物综合利用为工作重点，着力构建了企业、矿区、社会三层次的循环经济体系，开创了一条依托煤、延伸煤、超越煤的“立体式”循环经济发展之路，有效增强了企业发展的协调性和可持续性。

调研认为，铁能公司在转变发展方式的过程中，摸索出了一条以“立体式”循环经济为重点的新型道路。这是一条将科学发展观的本质要求真正落到实处的发展道路，对国内煤炭企业具有很强的借鉴意义。

铁能公司转变发展方式的实践经验证明，“守旧没有出路，转型大有前途”。传统煤炭企业必须及时、大力推动发展方式转变，摒弃“以量取胜”的粗放式发展模式，积极探索符合科学发展观要求的新型道路，构建集约化发展的新型发展模式，才能不断提升企业的效益、增强企业发展的后劲，使企业发展更具协调性和可持续性。

第二十五节　徐州矿务集团：破解资源难题，百年徐矿华丽转身

一、集团概况

徐州矿务集团（以下简称“徐矿集团”），在 2011 年中国能源集团 500 强中位列第 65 位，是 1998 年 5 月经江苏省人民政府批准，由原徐州矿务局改制而成的国有独资公司，是江苏省政府授权的国有资产投资主体，至今已有 129 年的煤炭开采历史。集团作为中国井工开采时间最长的煤炭企业之一，是江苏省和华东地区重要的煤炭生产基地，为华东地区特别是江苏的经济建设做出了巨大的贡献，创造了无数辉煌。

目前，徐州矿务集团已构建形成了新疆、陕甘、贵州及徐州本部四大煤炭生产基地框架，保障了集团煤炭主业的发展。初步形成了以煤炭、电力、煤化工为三大主体产业，以煤矿装备、矿业工程、地产置业为三大关联产业的“3+3”产业格局，多元化发展稳步推进。2010 年，徐矿集团完成营业总收入 210 亿元、实现利税 29.25 亿元，分别比 2005 年增加 102 亿元和 17.54 亿元，增幅分别为 94%和 150%；生产原煤 1883 万吨，其中异地原煤产量 903 万吨，异地与本部产量为 1∶1。截至 2010 年末，全集团总资产达 302 亿元。集团入选全国 500 家大企业集团和中国煤炭百强企业，并先后荣获“全国五一劳动奖状”、“中国优秀企业文化奖”、“全国煤矿安全质量标准化公司”、“全国煤炭工业科技创新先进单位”、“全国煤炭工业安全生产先进单位”、“全国煤炭工业科技管理先进单位”、“全国精神文明建设先进单位”等荣誉和称号。

二、资源枯竭“逼”转变

始建于 1882 年的徐矿集团，是中国井工开采时间最长的煤炭企业之一，曾创造了无数辉煌，为共和国的建设做出了巨大贡献。但是，随着开采时间的不断延长，徐矿集团也面临着越来越多的困难和问题。特别是 20 世纪末期以来，由于长期超强度开采地下煤炭资源，优质煤炭资源日趋减少，煤炭赋存条件和煤质越来越差，矿井衰老、资源衰竭问题日益严重，企业面临后续资源接替不足的危机，维持现有生产经营能力的难度越来越大。2001~2010 年，由于矿井衰老和资源衰竭，集团本部关闭了 10 对生产矿井。另外，徐矿集团过去传统优势局限于煤炭开采和销售，产业结构较为单一，非煤产业发展缓慢，非煤企业高度依附煤业生存，企业抵御市场风险的能力较弱，严重制约了企业的发展壮大和经济效益的提高。此外，徐矿集团作为国有企业，由于历史原因，在生产经营之外还承担了很多理应由社会负担的非经营

性职能，如办学校、医院、社区服务机构等，这些给企业带来了沉重的社会负担，影响了企业的发展。面对资源匮乏、产业结构单一、负担沉重等多重困难，徐矿集团逐渐步入了发展的衰退期。徐矿集团该向何处去？这是摆在徐矿集团领导班子面前的一个重大问题。

徐矿集团毕竟是一个有着悠久历史的大企业，经过100多年的历史积淀，形成了许多优势，这些优势成为了企业的宝贵资源。

(1) 技术和管理优势。长期以来，徐矿集团在极为复杂的煤炭赋存条件下开采，对各种地质条件，各种采煤方法、工艺和安全管理比较熟悉，积累了丰富的技术和管理经验。

(2) 区位和交通优势。徐矿集团总部地处苏鲁豫皖四省接壤地区，处于东部沿海开放和中西部开发的连接带、长江三角洲与环渤海湾两大经济板块的结合部，具有显著的连贯南北、承东启西的战略区位特征。专用铁路与京沪、陇海两大干线接轨，京杭大运河和京福、京沪、连霍等5条高速公路以及京沪高铁、5条国道、20条省道贯穿其间；近郊观音机场已开通的15条航线与北京、上海、杭州、广州、深圳、成都等国内15个大城市相连，交通运输极为便利。

(3) 人才资源优势。集团培养了一大批各类专业技术人员，拥有特别顾大局、特别重信义、特别能吃苦、特别能战斗的产业队伍。人才队伍规模大，专业人才创新能力强，后备人才储备充足，为集团的进一步发展提供了人才保证。

(4) 存量资源优势。作为百年老矿，徐矿集团积淀了丰富的存量资源。拥有3.4万亩土地，分散在徐州东部、北部和西部的2094平方公里的范围内，闲置房产、闲置设备、自营铁路等存量资源也相当丰富。

困难面前不低头，徐矿集团领导班子在深刻剖析企业面临的困境和自身比较优势的基础上，在全集团范围内发起新一轮解放思想大讨论，坚决破除“以现有资源规划未来”、“固守家门看摊守业”等传统观念，紧紧抓住国家实施结构调整的有利时机，带领全集团员工走上了探索企业转型发展的新道路。集团提出，在企业新的发展时期，以创业发展为主题，以结构调整为主线，以改革创新为动力，依靠科技进步，依靠管理变革，走煤与非煤并重，产品经营与资本运营并举，国有经济与民营经济并存，实体经济与虚拟经济共同发展之路，形成煤电一体、多业并进的多元发展格局。自此，徐矿集团在发展道路上迎来了新的春天。

三、“走出去”创业，推动主业转移

近年来，徐矿集团凭借丰富的技术和管理经验以及人才资源优势，在境内外积极进行异地办矿、劳务输出，大力实施“走出去”战略，进一步拓展了生存空间。

2002年，徐矿集团第一次完整地提出了“走出去”创业的发展战略思路。广大干部职工逐步树立起“哪怕是沙漠也要把它变成绿洲”的创业理念，义无反顾地背起行囊、告别亲人，奔赴天山南北、渭水河畔、云贵高原，唱响了百年徐矿外出创业的动人旋律。

按照“振兴徐州、主攻陕甘、加快新疆、推进贵州、进军国外”的总体思路，几年来，徐矿集团积极参与西部富煤省区煤炭资源开发整合。在陕西宝鸡，经过10个月的拉锯式谈判，徐矿人用实际行动赢得了宝鸡市政府及市属戚家坡矿的信任，成立了秦源煤业公司。2004年2月29日，徐矿发展史上第一个“走出去创业”动员大会召开，激起了全员创业的热情。之后，新疆塔城地区铁煤集团重组成立，贵州桐梓矿区规划开发，新疆天山公司俄霍布拉克煤矿400万吨技改成功……目前，徐矿集团已初步构建起了陕甘、新疆、贵州三大异地煤炭生产基地，共获取异地煤炭资源60多亿吨，建成和在建矿井17对，全集团产能达3175万吨，其中异地产能1745万吨，占比超过了50%。截至2012年，全集团煤炭产能将达到4200万吨，其中异地3200万吨、徐州本部1000万吨，届时将有三个“新徐矿”在外部诞生。另外还有国外板块，徐矿集团从2005年起承包经营年产量90万吨左右的孟加拉国巴拉普库利亚煤矿。该矿是该国第一个也是唯一的大型现代化矿井。

此外，徐矿集团还通过矿井整体托管、承包生产、劳务技术输出等方式，积极开发异地技术服务和劳务项目，异地劳务创业人员6800多人，异地劳务年产量4000多万吨。2007年以来创收31.5亿元，创利4.1亿元。

通过实施“走出去”战略，一是构建了异地新型能源基地框架，为徐矿集团加快转移转型提供了坚实的资源保障；二是创造了新岗位，腾出了老岗位，分流了富余人员，锻炼了队伍，提高了闯市场能力；三是提升了集团公司的整体经济规模和总体实力，虽然2001~2010年，集团本部关闭了10对生产矿井，但集团产能、营业收入、总资产等都大幅提高，这与集团实施的异地办矿、“走出去”创业的战略是分不开的。“走出去”战略的实施，使过去最担忧的资源在哪里接替、人员往哪里转移的问题得到了初步解决，走出了煤炭企业资源枯竭而关井走人的宿命。

四、多元化发展，促进业态转型

徐矿集团结合自身实际，果断改变“一煤独大”的单一产业结构，变“单一煤炭生产”为“煤与非煤并重”，本着有进有退的方针，按照主业突出和产业链延伸原则，重组整合现有生产要素资源，以煤炭为基础，以产业链条延伸为方向，发展煤、转化煤、拓展煤，重点发展煤炭转化和关联产业，实现产业格局由以煤为主向煤基多元化及产业高级化转型。

为此，徐矿集团先后投资了100多亿元用于非煤产业项目的建设，极大地推动了集团非煤产业的发展，促进了产业结构的优化升级。华美坑口环保热电厂2×55兆瓦机组项目2006年初建成投产；垞城电厂2×135兆瓦扩容工程顺利完成；2台200兆瓦阿克苏热电厂项目2009年8月获国家发改委核准，如今已建成投运；徐矿综合利用电厂一期2×300兆瓦机组项目并网发电，二期项目已由江苏省发改委报国家能源局审批；投资近20亿元的煤矿装备研发制造基地主要厂房基本完工；宝通物流中心一期项目已经完工，海尔日日顺物流公司正式进驻；年产150万吨煤制甲醇及延伸项目、太阳能组件和光伏电站项目奠基开工，装机容量300万千瓦机组的“陕电苏送”项目已经启动，新疆年产40亿立方米煤制气项目正在规划实施……徐矿集团非煤产业蓬勃发展，百年老矿焕发出了新的生机。

至此，徐矿集团初步形成了以煤炭、电力、煤化工为主体，煤矿装备制造、矿业工程、地产置业为支持的“3+3”产业格局，同时放开搞活商贸宾服、休闲旅游、医药保健等其他产业，实现了煤基产业高级化、产权结构多元化，促进了集团新的经济增长点的形成，增强了集团抵御市场风险的能力。2010年，徐矿集团在本部两对主力矿井停产减少300万吨的情况下，完成营业总收入210亿元，非煤产业营业收入为106.34亿元，占比超过了50%。

五、循环发展，实现资源再生

为推动企业与社会、经济、环境的协调发展，徐矿集团循着“优质煤销往市场，劣质煤、煤矸石发电，粉煤灰制作建材产品”的发展思路，围绕着加强电力、建材的循环经济建设及煤泥、煤矸石、矿井水的综合利用，大力发展矿区循环经济，着力打造了以庞庄矿为中心的西部循环经济园区、以张双楼矿为中心的北部循环经济园区以及以徐矿电厂为中心的东部循环经济园区。其中，西部和北部两大循环经济园区已基本建成，东部循环经济园区正在建设中。徐矿集团发展循环经济，做到了将废渣、煤灰、余热等“吃干榨净”，实现了资源的综合利用，而且还减少了污染，保护了环境。

西部循环经济园区以庞庄矿、华美坑口环保热电厂、华美斯达建材厂为依托，大力实施“煤矸石、煤泥—热电厂—热电”，“灰渣、矸石—粉煤灰—建材厂—建材产品”，“矿井水—水处理厂—供水”等循环产业链，积极推进资源梯级利用。华美坑口环保热电厂年可消耗低热值煤100余万吨，电厂排出的烟尘、二氧化硫被电除尘、脱硫系统捕捉回收，排放量降到最低。同时，热电厂的运转可延长周边矿井寿命约20年，具备年供热50万吨的能力。利用热电厂排放的粉煤灰配套建设的年产量20万立方米的华美斯达现代建材厂，年消耗粉煤灰、渣16万吨，减少灰渣占地120亩和灰渣处理费用320万元。庞庄矿矿井水经过处理，供华美电厂作为冷却水，部分冷却水被送到井下作为防尘水利用，不仅解决了矿区缺水的问题，而且充分利用了矿井水资源，节省了地下水资源，具有明显的经济、环境和社会效益。据统计，该循环工业园矿井水循环利用后，每年可节约水资源109.5万吨，减少COD排放量127.02吨，减少悬浮物212.97吨，产生经济效益134.56万元。

徐矿集团通过建设循环经济园区，积极推动资源综合利用，每年可消耗低热值煤500万吨、煤矸石和粉煤灰100万吨、矿井水800万吨，最大限度地把资源“吃干榨净”、循环提升，提高了能源利用效率，节约了能源，有效延长了徐矿徐州本部矿井服务年限，促进了集团经济效益的提升。据统计，“十一五”期间，徐矿集团借助发展循环经济、实施节能减排，累计节能42.2万吨标准煤，精煤销售比重由2008年的15.74%提高到2011年的57.65%，万元产值能耗（万吨标准煤/万元）从2006年的1.31下降到期末的0.69。目前，徐矿集团初步实现了产业在循环中提升，资源在循环中增值，排放在循环中减量，环境在循环中改善。

六、盘活存量资源，实现生态再造

作为百年老矿，徐矿集团积淀了丰富的存量资源，包括大量闲置土地（主要是采煤塌陷地）、闲置房产、闲置设备等。由于先前的粗放式经营和管理，这些存量资源没有被很好地利用起来，反倒成了企业的包袱，同时也影响了周边的生态环境。

近年来，徐矿集团按照“宜林则林、宜水则水、宜居则居”的思路，采取产业培植、土地置换、内涵扩展、加强管理、有效合作等综合措施，加快实施采煤塌陷地治理，推进生态修复，最大限度地盘活衰老矿区的土地、房产、自营铁路、闲置设备等存量资源，真正实现了变“包袱”为资源，既改善了生态环境，又提升了经济效益。

把生态修复与发展新项目结合起来，徐矿集团配合徐州市政府在市北郊的采煤塌陷地上，建设了一座2平方公里的九里湖生态湿地公园，公园里水域开阔澄澈、亭台廊榭依水而建，风光秀丽、景色宜人，正日益成为市民休闲娱乐的好去处。集团与地方政府合作，以权台矿1600多亩采煤塌陷地为中心建设集休闲、娱乐、商务、餐饮于一体的功能性生态度假村——潘安湖万亩生态运动区，2010年该项目已开工建设。在已关井停产的韩桥煤矿780亩土地上，不仅将选址建设矿山主题公园——江苏煤矿公园（该公园可充分利用有着百年开采历史的韩桥煤矿工业遗存，展现煤矿发展、变革和历代矿工艰苦创业的历程），同时还将建设夏桥义乌小商品市场和矿工集中居住区，真正实现废弃矿井的再利用。利用义安矿的600多亩闲置土地，徐矿集团承接徐州华裕焦化项目入驻，项目即将投产，将年供煤气3.03亿立方米、焦炭135万吨，实现收入32亿元；利用关闭的大黄山矿工业广场1600多亩土地，集团正建设宝通物流中心，一期项目已经完工。近几年，徐矿集团已累计开发利用废弃土地数千亩，极大地改善了周边的生态环境，实现了生态效益和经济效益的“双赢”。

七、科技创新支撑，增强发展动力

在转变发展方式的过程中，徐矿集团特别重视科技创新的作用，把科技创新作为加快转变发展方式的重要支撑，有力地促进了集团各方面的转型发展。

近年来，徐矿集团加快了科技创新步伐，建成了江苏省企业院士工作站，专业研究所增至8个、试验基地增至4个，科研力量进一步增强。徐矿集团积极推进自主创新和科技攻关，研究应用了薄煤层螺旋钻采煤、薄煤层高档普采、薄煤层综采等工艺，其中薄煤层螺旋钻采煤工艺实现了在薄煤层采煤工作面内无支护、无人作业的目标，获煤炭工业协会科技进步二等奖。研究应用了大采深回采工作面煤壁、顶板固化技术，有效地控制了深部回采工作面构造地段、局部高应力地段和松软煤壁的片帮现象，防止了顶板的冒落，提高了回采工艺对顶板控制能力。大倾角综采综放工艺技术进一步完善，自行研制的走向液压挡矸板取代了挡矸帘、倾斜液压挡矸装置代替尼龙网等，达到国际先进水平，目前已经安全开采结束的综采（放）工作面最大倾角达40度。“十一五”期间，该集团共完成各类科研成果308项、技术创新成果158项，获得省部级科技进步奖34项次、授权专利57项，其中5项达国际先进水平，并荣获“全国煤炭工业科技创新先进单位”荣誉称号。

科技创新工作的推进，提高了集团的煤炭回采率和能源利用效率，提升了产品附加值，促进了节能减排，保障了安全生产。科技创新正日益成为促进徐矿集团发展方式转变的一个强有力的引擎。

八、多管齐下，保障安全生产

安全生产是煤炭企业的第一要务，也是煤炭企业长期发展的瓶颈所在。徐矿集团在转变发展方式的过程中，牢固树立“安全第一，生产第二”的理念，以创建本质安全型企业为主线，扎实推进安全诚信企业建设。

一是构建了具有徐矿特色的安全生产长效机制。徐矿集团以创建本质安全型企业为主线，致力于“人、物、系统、制度”四大要素的和谐统一，并扎实推进安全诚信企业建设，有力地促进了企业安全形势的持续稳定发展，全集团连续24年杜绝通防人身伤亡事故，达行业先进水平。二是通过科技进步推动“安全高效矿井”建设。徐矿集团建立了高效的科技创新基地和研究所，采取产学研相结合的方法，围绕深部开采、地温热害、瓦斯治理、水害防治等问题，积极推进自主创新和科技攻关，提升了矿井安全生产水平。三是提高装备保安水平。坚持“发展综采、减少高档和炮采”的采煤生产思路，因地、因矿制宜发展采掘机械化，2010年，集团机械化程度达92%，其中掘进装备机械化程度达99.81%，有力地保障了安全生产。

在安全机制、科技进步、装备升级等共同保障下，徐矿集团保持了良好的安全生产形势，“十一五”期间，原煤百万吨死亡率平均为0.399，保持行业先进水平。

九、积极改善民生，促进矿区和谐

近年来，随着转变发展方式的持续推进，在企业经济效益持续向好的同时，徐矿集团坚持把改善民生作为转变发展方式的落脚点，把发展依靠职工、发展为职工、发展造福职工的理念落实到工作的各个方面，带着深厚感情办好民生大事、实事，改善了职工的生活、工作环境和各项福利水平，最大程度地让职工共享了企业发展成果，促进了矿区和谐。

徐矿集团曾拥有沉重的“历史包袱”，光棚户区就有58.3万平方米。这些棚户区大多建于20世纪五六十年代，使用年限久、配套设施不齐全、居住环境差。为此，该集团投入18.5亿元启动实施了五大集中区100万平方米棚改工程，同时打造了百万平方米徐矿城，自建经济适用房、团购商品房近30万平方米，累计为职工解决住房215万平方米，并为职工和离退休人员发放购房补贴共计16865万元，极大地改善了职工的居住生活条件。同时，不断提高员工工资收入，“十一五”期间，在岗职工收入年均增长14.3%，2010年达5.25万元。此外，集团还高度关注职工职业健康，关心困难职工家庭，持续开展了扶贫济困、大病互助、金秋助学等活动。这一系列活动的开展和民生措施的实施，有效地促进了矿区的和谐稳定。

第二十六节　天能集团：科技创新　驱动发展

一、集团概况

天能集团成立于1986年，地处长三角腹地——“中国绿色动力能源中心”浙江长兴，主要以电动车环保动力电池制造为主，集新能源镍氢、锂离子电池，风能、太阳能储能电池以及再生铅资源回收、循环利用等新能源的研发、生产、销售为一体，是目前国内首屈一指的绿色动力能源制造商。

天能集团于2007年6月11日，以中国动力电池第一股，在香港主板成功上市（00819.HK）。目前，已发展成为拥有20家国内全资子公司、3家境外公司、销售收入突破150亿元、员工15000余名的大型国际化集团公司。拥有浙江长兴、江苏沭阳、安徽芜湖、安徽界首、河南濮阳五大生产基地，总资产近60亿元。公司主导产品电动车动力电池的产销量连续15年位居全国同行业首位。

天能集团是国家重点扶持高新技术企业、国家火炬计划重点高新技术企业，全国轻工行业先进集体、浙江省工业行业龙头骨干企业、国家蓄电池标准化委员会副主任委员单位。集团经营规模位居中国能源集团500强、中国制造业企业500强、中国民营企业500强、中国电池行业10强、浙江省百强企业、浙江省民营企业100强。拥有国家级博士后工作站、院士专家工作站、省级企业技术中心、省级高新技术研究开发中心。近年来，先后开发国家级重点新产品9项，创新国家专利近400项、省级新产品和高新技术产品100余项，同时承担国家火炬计划和星火计划项目9项。

“天能”牌电池先后被评为国家重点新产品、浙江省名牌产品、浙江省高新技术产品；“天能”商标先后荣获驰名商标、浙江省著名商标；天能品牌荣获2008年中国动力电池最佳品牌、中国最具价值品牌500强、亚洲品牌500强。

二、科技创新引领转型发展

在中国动力电池行业，天能集团之所以一路领先，成为行业翘楚，科技创新是其中一个显著成功亮点。

2012年11月16日，中共十八大胜利闭幕，国家发改委、科技部等五部委公布了“2012年国家认定企业技术中心”评定结果，天能集团获“国家认定企业技术中心”殊荣，这是对天能集团科技创新综合实力的充分肯定和认可。

天能集团党委书记、董事长张天任说，科技创新是促进天能集团实现历史跨越发展的催化剂，20多年来，天能集团之所以能够从一家村办小厂发展到今天的规模，其根本经验就是科技创新这个催化剂不断产生裂变反应，使企业转型升级的步伐越迈越坚实。

（一）提升传统产业：从“数字增长”到“技术集成”的跨越

走进天能集团，花红柳绿，生机盎然，一座现代化的集团企业让人叹为观止，信步其间，可以感受到“科学技术是第一生产力”这句话在天能集团既经受住了时间的考验，也得到了事实的验证。

起步于铅蓄电池，但不能止步于铅蓄电池。为了淘汰铅蓄电池已经落后的工艺技术和产能，天能集团早在“十一五”期间投入的技术改造资金就达到10多亿元，其中3亿多元用于进行环保设备技术改造和工艺革新，可见企业决策层对科技创新“提档升级”的决心。

大力改造提升铅蓄电池传统产业，就必须坚持科学发展理念，以提升发展质量、效益为出发点和落脚点。近年来，天能集团紧紧围绕制造水平提升、科技含量提升、产品附加值提升、节能减排水平提升、综合竞争力提升“五个提升”的要求，运用高新技术、先进设备和先进工艺改造提升传统铅酸蓄电池产业，努力向产业链、价值链高端攀升，使铅酸蓄电池成为传统产业中的新兴产业，完成了从产品低附加值向产品高附加值转变、从传统产品向高技术产品的转变，牢牢掌握了企业发展的核心竞争力。

通过科技创新，天能集团集中力量对电动车铅酸动力电池进行技术攻关，提高产品的比功率、比容量和各项性能，推动传统电动车铅酸电池产业向价值链高端攀升；进行环保设备技术改造和工艺革新，建立全自动的电子监控和烟尘净化循环利用系统，将传统蓄电池产业打造成“绿色企业”和行业“环境友好型企业”的标杆，荣获“浙江省转型升级骨干企业典型样板”。

在2010年上海世博会召开前夕，新能源汽车再度成为人们关注的焦点。而新能源汽车动力电池的技术路线，一直是行业争论的焦点。在不少新能源汽车专家看来，铅蓄电池已经是落后产品。但是天能一直在呼吁应重视发展铅蓄电池。天能集团以其20多年动力电池技术的积累，在动力电池研发方面取得了突破性的进展，成功开发出新一代稀土硅胶电池，一举成为上海世博会电动汽车首选的动力电池，在行业里掀起了一场新的“动力革命”。天能集团以其不断创新的精神，将铅蓄电池这棵老树催开了新花，解决了制约电动汽车发展的电池技术难题。正如业内专家评价天能，称赞天能电池推动中国电动车发展是功不可没的。

（二）建设研发平台，从“制造”到“智造”的转身

人才决定企业发展的成败。从天能集团董事长张天任敏锐地决定专攻电动车用电池的研发和生产开始，天能集团就决定走出人才缺乏的“低谷”，积极搭建人才聚集的“高地”，依靠人才来支撑企业的创新发展。

管理“筑巢”，制度“搭桥”，平台“提速”。天能集团在企业构筑了“战略层、研发层、执行层、基础层”四级技术管理体系，并完善各种创新制度，保障科研经费投入、科研成果奖励、激励进步形成了制度化和规范化。

在我国铅蓄电池行业里，天能集团最早建立了企业技术中心、实验室，先后建立行业首家国家级博士后科研工作站、省级企业研究院、省级院士专家工作站等科研创新载体，拥有最强大的研发实力。天能集团依托科研技术平台建设，不仅使得天能科技创新格外出色，还培养了一大批重点技术人才和骨干力量，产生了人才效应，从而为企业发展战略进行了人才“智库”的储备。

天能集团的人才机制，广泛地吸引优秀科技和经营管理人才到天能集团工作，形成了由国务院特殊津贴专家、院士、博士后、教授级高工、高级工程师、注册工程师为骨干组成的技术研发团队；天能集团开展产、学、研合作，广泛与国内外著名科研院校合作，与浙江工业大学、浙江理工大学、中国科学院、哈尔滨工业大学建立产学研联合体，聘请中国工程院院士为天能集团学科带头人。目前，天能拥有中高级经营管理人才600多人，专业技术人才500多人，其中院士3人，专家教授20多人，为推动企业转型升级奠定了坚实的人才基础。据统计，天能集团获国家专利600余项，已获得国家授权专利341项，开发国家重点新产品10项，承担国家政策引导类科技计划及专项10余项，省级重大项目10余项，省级新产品计划100余项，其中有30多项填补了国内空白。

在科技创新动力的引领下，天能集团还主动向外“引智”，目前天能集团与哈尔滨工业大学合作的“Pb-C超级电池”和“延长动力电池寿命”项目也已成功立项。超级电池既有锂电池高能量密度的优点，又有铅酸电池低成本与性能稳定的优势，同时它的用铅量比现有铅酸电池大为减少，使用寿命延长又能减轻再生的工作量，这些都直接有利于减轻铅的污染，有利于保护环境。

（三）培育新兴产业：从“动力电池”到“循环经济”的领跑

机遇永远属于有准备的人。

当同行业还在忙着开发同类产品时，始终处于行业领先地位的天能集团已经在思考着新兴产业的发展，并再次敏锐地认识到：只有转型发展，才能做大做强实业，才是培育新的经济增长点和未来核心竞争力的重要支撑。

转型发展如何转？天能集团决策层决定：把培育壮大战略性新兴产业作为转型发展的重要方向，积极推进节能环保动力电池、新能源电池和低速电动汽车电池的研发和生产。

瞄准国际电池先进制造技术，才能研发创新具有国际先进水平的新电池产品。从最早的可维护电池到免维护电池，再到如今的稀土硅胶电池，天能集团每年都会向市场推出10个以上专利新品。有了产品的最优化，才有市场的最大化，当天能集团开发生产的镍氢和锂离子电池、电动汽车电池、风能太阳能储能电池、新材料等五大系列上千种具有自主知识产权的新产品进入流通环节时，这些产品立即畅销欧美、非洲、中东、东南亚等国家和地区。

天能集团电动汽车用（EV）高性能动力型磷酸铁锂离子电池产业化项目被列为2010年国家火炬计划项目。天能汽车电池与奇瑞、上汽等100多家大客户结成战略合作伙伴关系，并成为上海世博会服务车辆首选供应电池。天能胶体动力电池在国内首次用到了飞机牵引车和纯电动公交大型车辆上。此外，天能集团自主研发的风能太阳能储能电池，拥有提高充电接受能力等多项国家专利，多项技术指标超过国家标准，在国内外一些风电、光伏、风光互补等多项大型工程中，特别是在西藏那曲、新疆、四川、云南、青海、宁夏、内蒙古等地的电网盲区得到广泛应用。

随着铅蓄电池行业的快速发展，显现问题也日益严重。作为行业领军企业的天能集团，一直以来呼吁和维护行业规范、健康发展，积极致力于推进行业技术进步。针对行业铅污染防治重心已由生产环节转移到再生铅环节，天能义无反顾做出选择：攻克技术难关，发展循环经济，力求经济效益和生态效益的双赢。

2009年6月，天能集团投入巨资分两期在长兴吴山工业园区滚动式建设天能集团循环经济产业园，主要强化废旧电池再生循环利用。项目建成后每年可规模化、无害化年回收处理15万吨废铅酸蓄电池，将成为国内最大的内化成全自动铅蓄电池生产厂家和最大的环保无污染可再生铅回收厂家。

为确保生产设备的领先性，天能产业园动力能源项目设备引进日本动力储能用密封铅酸蓄电池项目规模化进口密闭式生产线；再生铅回收处理项目引进世界最先进的意大利全自动化智能设备。两大项目的技术水平基本代表了国内外蓄电池资源利用技术的最先进水平。项目建成后，污水完全达到零排放，铅回收率达到98%以上，全部优于国家标准，与世界先进水平同步。尤其是再生铅项目建设建成后，将成为国内乃至国际先进的废电池无害化回收基地、循环经济生产基地和再生铅示范工程，真正实现经济、环境和社会效益的协调统一。目前，天能循环经济产业园一期工程已建成投产，二期工程正在紧锣密鼓建设中。同时，天能集团（濮阳）循环经济产业园也正在紧锣密鼓地建设之中。

三、寄语

志存高远，信念如山。尽管行业经受国内外宏观经济和洗牌的大环境影响，市场竞争加剧，但是，掌控了科技创新发展“金钥匙”的天能集团，将秉承中共十八大精神，积极实施创新驱动发展战略，向着更高、更远的目标迈出更坚实的步伐。

第二十七节　江苏上上电缆集团：华丽转身，转变发展方式

一、集团概况

江苏上上电缆集团（以下简称“上上电缆”或“上上”），在2011年中国能源集团500强中位列第147位，创建于1967年，是一家集科、工、贸为一体的国家重点高新技术企业，拥有国家博士后科研工作站、国家级企业技术中心和江苏省特种电线电缆工程技术研究中心。产品涵盖500千伏及以下超高压、高压、中压、低压电缆及塑料、橡胶等特种电缆，产品覆盖了中国首艘航空母舰、中南海、天安门城楼改造、首都地铁、机场、北京奥运工程、上海

世博工程、航天测控船、核电建设、国防建设等重点项目，并出口美国、意大利、古巴、新加坡、澳大利亚、马来西亚、中国香港等50多个国家和地区。

“上上牌”电线电缆产品先后被认定为“国家免检产品”、“中国名牌产品”。“上上”商标被评为“中国驰名商标”。“上上”品牌被评为“中国机械行业最具影响力品牌”，“中国电器工业最具影响力品牌”。

二、转型背景

上上电缆最早起步于20世纪60年代建立的溧阳县砂轮厂，初始产品是金刚砂制品，后来转产电线，从1971年开始，正式步入电线、电缆设计制造行业。因为电线、电缆行业属于传统工业，“饭”比较好吃，所以大家都来抢，一直以来，都处于过度无序竞争状态，电缆企业遍地开花。直到现在，我国都是世界上最大的电线电缆生产国，年销售能力2000万元以上的规模企业就有3800余家。所以，创业之初的很长一段时间，囿于产品单一、缺乏自主创新能力、劳动效率低下等因素制约，上上都淹没在众多同类企业之中，产值、销售一直在低水平上徘徊。

20世纪80年代末90年代初，电缆行业遭遇前所未有的困境，很多企业都难以为继。进入21世纪后，接连不断的金融、经济危机，也都冲击着电缆企业的发展，质量好、有特色、高端产品成为电缆企业得以生存并不断发展的唯一选择，企业的竞争直接体现于产品内涵的竞争。

这其中，上上电缆经历了从计划经济到市场经济的转变，经历了股份制改革，也经历了经济危机的洗礼，但每一次经济拐点，上上电缆总能找准目标，并实现新一轮的跨越。上上电缆之所以在短短的45年间，从名不见经传的小厂发展成为装备中国功勋企业、全国机械行业百强企业、中国电器工业最具影响力企业、中国民营企业综合竞争力50强，靠的是综合实力，靠的是面对瞬息万变的市场竞争，沉着应对，敢于创新，不断调整产品结构，推动企业转型升级的魄力和能力。

从他们一路走来的足迹，我们不难看出，调整结构，转型升级，坚持“精、专、特、外”发展战略，一直是上上关注的重点，也是贯穿于企业发展始终的一条主线。用集团董事长丁山华的话说就是：“我们改变不了形势，支配不了市场，能改变的只有我们自己。不断地审时度势、转型升级是企业发展的不二法则。”

三、措施与成效

（一）致力于质量提升，着力打造“上上精品”

在进入电线、电缆制造行业的初期，从丁山华董事长到一线员工，就从市场的起伏中逐步意识到产品质量的重要性，而通过产品质量的不断提升，也拉动了市场对上上产品的需求。为更好地适应市场，上上不断对产品结构进行调整、优化，主产品逐步从以民用、农用、一般性建筑机械配套电线为主，调整为以能源、电力、冶金用电缆为主，电压等级则从1千伏上升到35千伏，产品发展方向也逐步调整为电缆为主、电线为辅。核电、风能、光伏、军用、矿用、港口机械、轨道交通、机场、海上石油平台等一大批高技术含量、高附加值的产品逐步成为中流砥柱。

2001年9月，上上集团完成了企业产权变革、股份制改造。这是上上发展史上又一个里程碑。完全市场理念让上上更注重市场的需求和客户的需要。丁山华在企业推行精品工程计划和质量提升工程，以提高产品实物质量为突破口，选择国际、国内同行最好产品进行质量比对，确立质量标杆，实施质量赶超，使产品质量始终保持行业领先，与国际最先进水平相当。“在上上，我们会百分之百地满足用户需求，甚至超越最苛刻的用户需求。”香港电灯有限公司是世界上历史最悠久的电力公司之一，港灯供电的可靠程度是全球最佳纪录之一，自1997年以来一直维持在99.9999%，因此，港灯寻找合作伙伴的条件非常高，哪怕质量发现很小的偏差，港灯也说不可以。但就是这样近乎苛刻的条件，上上依然通过了他们的考核，成为港灯公司最大的电缆供应商之一。

2006年，新加坡电网公司组织国际招标，上上中压交联电缆一标中了3亿元，占总标额的75%，是当时国内企业所中的最大一笔国外中压交联电缆订单。2008年，上上又与中广核签订了中国核电发展史上最大的单笔核电缆合同，总价值高达5.1亿元。目前，上上产品广泛应用于电力输送、核电、石化、铁路、船舶、机场、港口、煤矿等领域，并成为中国第一艘航母、中南海、天安门城楼改造、首都地铁、航天测控船等国家级重点工程的首选产品，国内所有已经运营的和在建的核电站都有上上电缆，并出口到美国、意大利、古巴、澳大利亚等50多个国家和地区。

（二）打造产业基地，实现“专业生产”

市场经济的发展，为上上集团提供了宽广的平台，同时也带来了源源不断的压力，尤其是处在竞争激烈的电缆行业。“七五”初期，全国每10天就新建一家电缆厂。为让自己立于不败之地，上上一方面提升产品档次，提高产品竞争力；另一方面，着力于规模化、专业化生产，做精做专做批量，在生产效率上形成独特优势。尤其是集团完成股份制改革以后，不断加大投入，建设专业生产线。目前，已拥有世界先进的13条中压化学交联生产线，不仅在中国绝无仅有，在亚洲也是唯一的。

2008年，公司大手笔投资23亿元建设西厂区项目，项目初始便遭遇了国际金融危机，面对一波一波的金融海啸，很多人都替上上捏了一把汗，认为这么大的投资风险太大，搞不好就会血本无归。但上上未改初衷，冷静地坚持了下来。2010年5月，一期工程特种电缆项目全面投产，2011年9月，二期工程超高压电缆项目全面投产，关键装备全部进口，还引进了世界最先进的超高压电缆立塔生产线，并建成世界首个应用于电缆行业的现代集成制造系统CIMS，110千伏超高压电缆产品达到国内领先水平，投入批量生产，并形成良好的供货业绩。目前，集团三大厂区已形成特色鲜明的低压、中压、超高压、特种等四种电缆产品生产基地，基本做到了一个生产车间只做一个品种产品，遥遥领先于国内同行。港机电缆、矿用电缆、舰船用电缆、石油平台用电缆等一大批国内领先的新产品全部形成规模化、专业化生产。

2011年4月，上上分别与国核工程有限公司、上海核工程研究设计院、美国Qualtech公司签订了AP1000自主化依托项目壳内电缆采购合同，至此，上上成为世界首座三代AP1000安全型核电站的唯一电缆供应商。但在这一项目合同签订之前，国外设计方并没有“看上”上上，他们认为上上并不具备研发、制造这种核电缆的能力。为了让他们放心将订单下给上上，丁山华董事长专门邀请他们来上上参观考察，当他们走进上上现代化的厂区，看到先进的设备，尤其是专业化的生产线时，他们才打消了疑虑，并纷纷惊叹：“想不到上上的专业化已经做到了这个程度。”

截至目前，上上完全自主研发制造的世界首批三代核电AP1000核电缆已于2011年12月圆满交付三门核电站使用。

（三）开发特种产品，实现“高端制胜”

丁山华董事长清楚地记得，早在计划经济时代，国内电缆行业的两家排头兵南在上海、北在沈阳，当时，技术含量高、附加值大的产品几乎都由这两家企业承担生产。但随着计划经济退出历史舞台，这两家排头兵企业优势逐步褪色。企业解体了，但电缆还是要用。于是，上上担下了这副重担，瞄准高端产品市场，不断开发、生产特种电缆。

早在20世纪90年代中期，全国电缆行业生死搏杀就已经到了“血流成河，尸横遍野”的地步，一批批电缆企业倒下去，一批批新企业踏着“血迹”踉跄前行。而电缆行业从发达国家向发展中国家转移的趋势更进一步加剧了竞争。

“与其这样拼杀，不如另辟蹊径。”丁山华看中了核电作为高效清洁能源背后的发展前景，但当时国家政策对核电持不支持不鼓励态度，要把大量资金投入核电电缆的研发上是要冒风险的。上，还是不上？全厂上下的目光都在盯着当家人，丁山华也感受到了自己肩上的千钧分量。经多番深思熟虑，丁山华毅然拍板定锤。1996年，上上电缆开始对核电站用电缆进行研究开发，K3类核电缆于1998年通过原机械工业部重大装备司组织的鉴定，并取得良好的市场应用业绩。2006年，K1类核电缆通过国防科工委组织的鉴定，填补了国内空白，达到国际同类产品先进水平。2007年，国内首批K1类核电缆由上上交付秦山核电站，标志着中国K1类核电缆一直依赖进口的局面全面结束。2008年6月，上上电缆集团承担的巴基斯坦恰希玛二期项目安全壳内1E级K1类电缆包括动力、仪表、控制等三大类产品共计35个规格制造完成，总长度27.22公里，从上海港启运发往巴基斯坦。

进入21世纪后，上上电缆全面进入按市场需求开发产品的新时代，只要市场需要、有难度的，上上就去做，而且一定要做好。

世界上最大的港机企业振华港机占有国际港机市场80%的份额，但是港机上使用的卷筒电缆却受制于国外电缆企业。振华港机在国内找了多家电缆企业试制卷筒电缆。由于卷筒电缆使用条件十分苛刻，很多企业虽有雄心壮志，但做成的卷筒电缆使用几天就皱，最长也只有两个月。最后，振华港机找到了上上。上上技术团队用5年时间试验了上千次，终于研发成功12千伏、20千伏及以下光纤复合卷筒电缆，填补了国内空白，成为世界上少数掌握这一产品材料及产品技术的制造企业之一。

更值得一提的是，军用电缆在上上电缆产品系列中占了不小的份额，到目前为止，已开发生产出深水电缆、消磁电缆、舰船用系列电缆等军用电缆20多个品种，其中，10多项产品填补了国内空白或达到国内领先水平。2012年，上上承担了3项轻型化特种舰用电缆的研发任务，目前已取得阶段性成果。中压直流乙丙舰用电缆年已投入实际演示认证，上上将成为国内唯一一家具备这种军用电缆生产能力的企业。

目前，“上上牌”电线电缆产品涵盖500千伏及以下超高压、高压、中压、低压电缆及塑料、橡胶等特种电缆。几乎囊括了国内所有的电缆市场准入证，核电、矿用、船用等特种领域真正实现了无禁区，并获得了机场助航灯光电缆许可证、国内乃至世界首张船用产品无石棉认可证书，包括中、法、美、德、英、韩、日等船级社认证证书。特种电缆总体生产规模及生产品种在国内独占鳌头，核电缆占全国市场份额的70%以上，稳居国内第一供应商位置。

（四）以人为本，持续发展

上上始终把“人”作为企业最宝贵的资源和财富，企业改制后，致力于营造尊重知识、尊重人才、竞争上岗、优胜劣汰、能上能下、不拘一格的用人机制，为人才成长创造良好环境。同时，上上在报酬、住房、福利等各个方面加大了力度。如今员工工资比改制前都翻了好几倍，有的甚至翻了十几倍。为解决企业人才住房问题，上上又斥资千万元建造住宿楼，并购买数十套商品房，到一定时间就将产权赠给员工。大学生宿舍可与三星级公寓媲美，空调、宽带、液晶电视、热水器一应俱全，同时还为员工设立文体活动场所，乒乓球馆、台球馆、篮球场等都已逐步到位。

公司培训学习不断，经常把员工送外进行电缆培训（如上海交通大学、西安交通大学、哈尔滨理工大学、郑州技工学校）。在电缆行业率先启动开办了“网上大学”，员工通过互联网可以足不出户聆听各类专家的讲课，几千门功课供大家选择。上上在用人上已经形成“公正、公平、公开”的竞争机制，全年销售员、管理岗位、中层干部招聘接连不断。有自信的、有能力的，处处可以找到合适的位置。想到市场闯一闯的可以竞聘销售员，想学点技术的可以做模头工、挡班工，想搞管理工作的可以毛遂自荐应聘管理岗位，只要有本事，厂长、部门经理随你挑，即使只想做一名操作工仍可凭实力争取免检员工、中级工、高级工甚至技师。评到技术职称可按等级享受500~5000元的月津贴。

上上多年来坚持关心人、爱护人、培养人，由此得到了丰厚的回报。现在的上上电缆真正是“人才辈出”，有的已成为行业的技术专家、管理专家，有的成为“全国电线电缆操作技术能手”。现有享受国务院津贴专家2名，江苏省333工程培养对象2名，江苏省有突出贡献中青年专家2名，江苏省六大高峰人才2名，常州市中青年专业技术拔尖人才3名，常州市831工程培养对象10名，另外还培养了全国劳动模范1名，江苏省劳动模范2名以及创新能手、岗位能手等。这些人才的成功培养为企业健康快速发展奠定了良好的基础。

目前，“企业强、职工富”的企业目标已初现端倪，企业发展节节上升，员工积极性日益高涨。2012年，在全球经济形势极度不利的情况下，上上完成销售、产值稳中增长，员工收入大幅提高。

四、未来之路

“十二五”期间，上上将继续实施“精、专、特、外”发展战略，坚持技术进步，坚持技术改造，产品逐步走向“高、新、尖”。“精”就是把所有产品做成精品，精品立企；“专”就是走专业化生产道路，三大厂区形成特色鲜明的四种电缆产品生产基地，即低压、中压、超高压、特种电缆；“特”就是开发特种类的高端市场，要以高端制胜；“外”就是大力推行外贸出口。

在“十二五”规划中，上上集团的发展目标为“集团年销售达150亿元、利税10亿元；综合素质国内行业领先，并与国际水平接轨”，同时将从“量的扩张”转向“质的提升”。目前，上上正致力于产品、管理全方位创新，打造企业新形象，以领航民族电缆行业的复兴大业，成为中国电缆制造业的坚强脊梁。

第二十八节　浙江正泰太阳能科技有限公司：让世界共享太阳的光芒

一、集团概况

浙江正泰太阳能科技有限公司（以下简称“正泰太阳能”）是正泰集团的子公司，成立于2006年10月，是一家专注于光伏产品和光伏发电系统的研发与生产的高新技术企业，可以同时为客户提供单晶电池组件、多晶电池组件和高效薄膜电池组件，是中国光伏企业中产品线最全的企业之一。经过5年的发展，正泰太阳能已形成了全球化品牌营销与电站建设能力的优势，成为民营企业中电站投资、开发、建设的领先者，并已率先成为光伏系统解决方案提供商，可为客户提供全套的硬件产品和光伏系统建设服务。公司投资建设的项目涵盖了大型发电站、商用屋顶、民用屋顶系统，以及最能体现未来薄膜技术应用优势的光伏建筑一体化。

正泰太阳能不仅通过了ISO9001、ISO14000及UL、TUV、CE认证，还先后荣获“中国太阳能十大影响力企业”和“福布斯最具潜力企业”，2012年，公司在太阳能权威咨询机构PHOTON的综合竞争力排名中名列全球第五。

二、突出科技创新，增强企业核心竞争力

面对日益严峻的能源危机和由此导致的环境危机，正泰集团希望能在可持续发展领域提出自己的解决方案。为此，正泰集团将焦点集中在新能源这个全球性的问题上，进军光伏发

电领域。在正泰集团的产品系列中，有包括与光伏发电系统有关的配电设备、仪表、逆变器、稳压电源等。在光伏发电的配套电器领域，公司具备丰富的建设及运营经验。正泰立足高起点，始终坚持创新创效，不断优化产业、产品结构，突出科技创新，使公司的设备、技术水平更进一步，极大地提高了公司整体的规模和创新水平。

科技推动社会进步，创新推动科技发展。对于光伏产业而言，只有通过不断创新，积极掌握行业前沿尖端科技，才能像太阳一样始终闪耀辉煌的光芒。正泰太阳能成立伊始，就注重产学研有机结合，在省、市两级政府及有关部门的指导和帮助下，不断加强生产工艺技术创新。公司以自身强大的科研力量为基础，与浙江大学、南开大学、中国科学院微电子所、长沙48研究所等国内著名高校及科研院所开展合作，充分发挥高校、科研院所的科研优势和正泰太阳能的资金、装备和产业化优势，不断拓宽科研开发和企业专业技术人才培养的路子，加速科研成果向生产力转化。同时，持续开展与国际一流科研机构的战略合作，包括斯坦福大学能源与材料研究所，美国宾州州立大学Wronski教授研究组等，进行第二代高转换效率硅基薄膜太阳能电池关键技术的研发。公司目前晶硅电池及组件产能900兆瓦，高效薄膜太阳能电池组件产能80兆瓦。晶硅产品单晶转换率19.5%，多晶转换效率17.8%，达到国内一流水平；高效薄膜电池转换效率获得新的突破，稳定转换效率达到10.5%，保持国际领先水平。

面对成绩，正泰人将持续加快提升全球光伏行业最尖端的科研技术及产业化工艺水平，持续推进材料、装备的自主研发与集成。在高速成长的产业浪潮中，凝聚团队的智慧，着眼于光伏技术革新，推动产业的科技进步和创新发展，将正泰太阳能打造成为世界级的光伏企业。在正泰的发展道路上，正泰人希望与整个光伏产业的合作伙伴一起，使太阳能成为中国经济持续腾飞的重要动力，推动一个全新时代的到来，使来自太阳的清洁能源走进千家万户！

三、拓展发电业务，加快企业转型升级

近年来，为响应国家转变经济发展方式的号召和企业自身发展的需要，正泰集团围绕“电”的主轴有选择地发展新业务，进行产业突围，将太阳能光伏产业作为公司转型升级的重要方向，在做好“电力搬运工”的同时，还立志要当“能源制造者”。

凭借正泰集团28年专业化制造形成的优势，正泰太阳能充分发挥民营企业的灵活机制，强化技术创新，全面布局新能源和智能电网产业链，成功实现了由单一元器件生产和成套设备制造向提供全面解决方案转型、由单一产品销售向系统集成服务转型、由主要以国内为主向全面国际化转型、由传统电器制造业向新能源产业转型，并取得了明显的成效。目前，公司产品在欧美等国际市场已树立了良好的品牌形象，市场份额也在逐渐扩大。正泰太阳能先后在美国、德国、西班牙、韩国、荷兰等地设立了分公司，直接在海外投资建设了多座光伏电站，并已取得境外承包工程管理资质。

公司积极探索一条先进制造业向现代服务业发展的路子，实现了盈利模式由单纯“卖产品”向工程总包、交钥匙的“卖服务”和建电站“收电费”转型，走出了一条先进制造业向

现代服务业转型的道路。公司在国内投资建设光伏发电站及光电建筑一体化应用项目，已建成并网发电的电站包括敦煌项目50兆瓦、金塔项目40兆瓦、阿克赛项目10兆瓦、金昌项目100兆瓦、青海项目40兆瓦、宁夏项目30兆瓦等；在建项目包括甘肃和浙江等地约300兆瓦。同时，海外电站项目建设也取得了突破性进展，已建成70兆瓦，在建130兆瓦，包括保加利亚、美国、意大利、韩国、泰国等地。公司以营建宁夏与韩国的光伏电站、柬埔寨的水电站相继并网运行为标志，实现了由单纯制造业向工程承包、电站运营和长期增值服务的方向转型。如今的正泰太阳能已经成长为国内最大的民营光伏电站投资商和运营商。

正泰太阳能将抓住光伏产业及全球经济新一轮发展的历史机遇，确立并不断提升薄膜电池、国产设备、系统电气配套等技术、成本和产业链整体竞争优势，为3~5年内达到1千兆瓦产能，实现百亿光伏产业链的第一步战略目标打下坚实基础。同时，结合正泰其他产业群，开发正泰太阳能发电系统配套产品，为发电系统提供从系统设计到设备集成、到安装营运的系统集成服务，形成产业链整体的高端竞争优势，实现企业的成功转型升级。

四、强化清洁生产，履行社会责任，引领绿色发展

在追求卓越发展的同时，正泰集团一直以承担社会责任作为企业经营的理念。作为绿色环保能源的提供商，正泰太阳能致力于从传统的“末端治理”向全过程控制的“清洁生产”转变，以保证企业经济效益同社会效益和环境效益的持续协调发展。正泰所提供的产品和服务将“节能环保”理念贯穿在能源使用的各个环节，将“环保低碳”理念贯穿于生产的每个环节，公司通过采用清洁工艺，提高资源和能源的利用率，减少使用有毒、有害原材料和有效的污染防治措施，尽量少排或不排废弃物，积极履行社会责任，引领绿色发展。

为加强企业清洁生产工作的组织开展，公司专门设立了能源管理办公室，作为能源管理的常设机构，指导、监督、考核、管理公司的节能降耗工作。公司一方面持续引进先进节能技术，另一方面大力实施节能降耗技术项目改造，先后实施了干式盘管节能、MAU+FFU节能、滴下浸透气化加湿、空气源热泵、双冷凝器热回收等多个技术应用项目确保清洁生产，同时采用ISO14064-1标准构建温室气体盘查体系，盘查和控制温室气体的排放。3年来，正泰共投入节能技术改造资金高达1230多万元，降低能耗带来的经济效益高达960多万元。

公司大力推进废水处理站和废气处理等环保设施建设。按照废水和废气的性质不同，分别建立了各种相应处理设备，在经过相关设备处理后，再经由有资质的专业环保公司进行回收处置。2011年，正泰太阳能加入了国际光伏组织PV CYCLE，与其他成员一起制定回收及再利用组件总量目标完善PV CYCLE的运营模式和发展战略，最大限度地减少废弃组件造成的环境问题，以确保公司能够继续引领行业绿色发展。

同时，正泰集团始终积极参与社会公益活动，通过捐赠、公益基金资助等相关活动，积极回报社会，推动公司与社会的和谐发展：2011年，为支持正泰公益基金会在低碳行动、爱心护源头等保护绿色地球的活动中为其捐赠834万元；为支持杭州市农村公益金在杭州市周边农村进行的环保事业捐赠了18万元；为推广环保理念，推行绿色能源方案共为社会各

界（包括多个学生团体）提供了3000多人次的学习、参观、考察的机会；为培养更多的人才加入绿色能源保卫家园的事业中，为国内外各大高校在读学生提供了近500个岗位的实习机会。

正泰太阳能成立以来，一直以“让太阳的光芒走进千家万户”为己任，通过不断推动光伏新能源技术的创新和研发，通过不断试验、引入最先进的生产技术和工艺，以使绿色能源的成本以更快的速度达到或低于传统能源，为全球人民能够更快的以更低的成本使用上节能环保的绿色能源做出着积极有效的贡献。未来，正泰将继续致力于科技创新、推行更环保低耗的生产工艺，为自然更和谐、社会更富饶承担更多的责任！正泰太阳能也期待以更多的创新科技，推动光伏产业的快速发展，“让世界共享太阳的光芒”！

附　录：2011年中国能源集团500强排行榜

单位：万元

排名	公司名称	营业收入
1	中国石油化工集团公司	196904221
2	中国石油天然气集团公司	172088519
3	国家电网公司	152880849
4	中国南方电网有限责任公司	36857369
5	中国海洋石油总公司	35476183
6	中国中化集团公司	33532680
7	中国华能集团公司	22799419
8	神华集团有限责任公司	21963390
9	中国大唐集团公司	17542649
10	中国国电集团公司	16242588
11	中国航空油料集团公司	15318726
12	河南煤业化工集团有限责任公司	14699085
13	冀中能源集团有限责任公司	14385863
14	中国华电集团公司	13015252
15	中国电力投资集团公司	12704010
16	山西煤炭运销集团有限公司	11588080
17	中国平煤神马能源化工集团有限责任公司	10662320
18	山东能源集团有限公司	10598960
19	山西焦煤集团有限责任公司	10572891
20	陕西延长石油（集团）有限责任公司	10207104
21	中国水利水电建设集团公司	10148156
22	上海电气（集团）总公司	9942011
23	中国中煤能源集团有限公司	9601682
24	开滦（集团）有限责任公司	9326836
25	山西潞安矿业（集团）有限责任公司	8500830
26	阳泉煤业（集团）有限责任公司	7555878
27	山西晋城无烟煤矿业集团有限责任公司	6854486
28	新疆广汇实业投资（集团）有限责任公司	6475589
29	大同煤矿集团有限责任公司	6180000
30	国家开发投资公司	6143153
31	珠海振戎公司	6098492
32	兖矿集团有限公司	6032548
33	福建联合石油化工有限公司	5857077
34	陕西煤业化工集团有限责任公司	5156645
35	淮南矿业（集团）有限责任公司	5150679
36	中电控股有限公司	5010994

续表

排名	公司名称	营业收入
37	内蒙古电力（集团）有限责任公司	4774013
38	浙江省能源集团有限公司	4702046
39	中国核工业集团公司	4454545
40	中国东方电气集团有限公司	4441745
41	广东省粤电集团有限公司	4299980
42	华润电力控股有限公司	4167533
43	山西煤炭进出口集团有限公司	4062147
44	中国葛洲坝集团公司	3704335
45	天津百利机电控股集团有限公司	3582315
46	大连西太平洋石油化工有限公司	3570378
47	黑龙江龙煤矿业控股集团有限责任公司	3563681
48	内蒙古伊泰集团有限公司	3525971
49	哈尔滨电气集团公司	3225505
50	淮北矿业（集团）有限责任公司	3223792
51	中国长江三峡集团公司	2910700
52	晶龙实业集团有限公司	2672924
53	上海绿地能源（集团）有限公司	2625838
54	新奥集团股份有限公司	2600000
55	申能（集团）有限公司	2534147
56	正泰集团股份有限公司	2488000
57	中国节能环保集团公司	2440000
58	福佳集团有限公司	2301336
59	中国煤炭科工集团有限公司	2236925
60	广西投资集团有限公司	2221897
61	上海人民企业（集团）有限公司	2207688
62	义马煤业集团股份有限公司	2196755
63	万基控股集团有限公司	2190828
64	河南神火集团有限公司	2175477
65	徐州矿务集团有限公司	2109802
66	山东金诚石化集团有限公司	2082155
67	云南煤化工集团有限公司	2082031
68	德力西集团有限公司	2069467
69	皖北煤电集团有限责任公司	2062864
70	新疆特变电工集团有限公司	2053899
71	旭阳控股有限公司	2033958
72	华锐风电科技（集团）股份有限公司	2032487
73	郑州煤炭工业（集团）有限责任公司	2032412
74	沈阳煤业（集团）有限责任公司	2009407
75	天正集团有限公司	2003138
76	重庆市能源投资集团公司	1980039
77	河南豫联能源集团有限责任公司	1962774
78	尚德电力控股有限公司	1933697
79	中国广东核电集团有限公司	1906885
80	保定天威集团有限公司	1887300
81	伊川电力集团总公司	1853812

续表

排名	公司名称	营业收入
82	亿利资源集团有限公司	1763255
83	新疆金风科技股份有限公司	1759552
84	内蒙古鄂尔多斯投资控股集团有限责任公司	1716680
85	北京能源投资（集团）有限公司	1714195
86	利华益集团股份有限公司	1681632
87	江西赛维LDK太阳能高科技有限公司	1672153
88	香港中华煤气有限公司	1662216
89	山东东明石化集团有限公司	1654831
90	中国西电集团公司	1588152
91	保利协鑫能源控股有限公司	1584706
92	山西省国新能源发展集团有限公司	1557374
93	浙江物产燃料集团有限公司	1538000
94	福建省能源集团有限责任公司	1528110
95	天津市津能投资公司	1514162
96	许继集团有限公司	1469260
97	长城电器集团有限公司	1463280
98	远东控股集团有限公司	1453368
99	辽宁铁法能源有限责任公司	1428348
100	宝胜集团有限公司	1392940
101	阜新矿业（集团）有限责任公司	1364057
102	富海集团有限公司	1361940
103	深圳能源集团股份有限公司	1305481
104	环宇集团有限公司	1298659
105	中国电力工程顾问集团公司	1250950
106	英利集团有限公司	1249999
107	天合光能有限公司	1237882
108	内蒙古伊东煤炭集团有限责任公司	1222448
109	登封电厂集团有限公司	1220055
110	北京市燃气集团有限责任公司	1211355
111	山东垦利石化有限责任公司	1192470
112	山东汇丰石化集团有限公司	1170000
113	北京京煤集团有限责任公司	1167170
114	山东海科化工集团有限公司	1159820
115	正和集团股份有限公司	1151925
116	广州发展集团有限公司	1146446
117	湖北能源集团股份有限公司	1132660
118	中电电气集团有限公司	1094802
119	湘电集团有限公司	1084172
120	内蒙古汇能煤电集团有限公司	1079203
121	天能电池集团有限公司	1065609
122	山东昌邑石化有限公司	1061500
123	山东华星石油化工集团有限公司	1055106
124	四川省煤炭产业集团有限责任公司	1053745
125	江西省煤炭集团公司	1027343
126	中煤矿山建设集团有限责任公司	1025706

续表

排名	公司名称	营业收入
127	大全集团有限公司	1021856
128	上海胜华电缆（集团）有限公司	1013966
129	杭州锦江集团有限公司	1000290
130	阿特斯阳光电力科技有限公司	996541
131	华通机电集团有限公司	981004
132	兴乐集团有限公司	968306
133	山西兰花煤炭实业集团有限公司	957861
134	内蒙古蒙泰煤电集团有限公司	955638
135	内蒙古源通煤化集团有限责任公司	949467
136	吉林省煤业集团有限公司	907940
137	电能实业有限公司	889728
138	浙江富春江通信集团有限公司	877823
139	中国燃气控股有限公司	876084
140	美锦能源集团有限公司	870797
141	天津塑力线缆集团有限公司	863752
142	中国第一重型机械集团公司	862115
143	内蒙古满世煤炭集团有限责任公司	861500
144	安徽省能源集团有限公司	856188
145	贵州盘江投资控股（集团）有限公司	853870
146	上海浦东电线电缆（集团）有限公司	844837
147	江苏上上电缆集团有限公司	819782
148	晶科能源有限公司	818000
149	中球冠集团有限公司	816549
150	山东神驰化工有限公司	810571
151	宁夏宝塔石化集团有限公司	806959
152	鄂尔多斯乌兰煤炭集团有限责任公司	803977
153	浙江昱辉阳光能源有限公司	803358
154	无锡江南电缆有限公司	800258
155	山东万通石油化工集团有限公司	757353
156	韩华新能源有限公司	752699
157	大庆中蓝石化有限公司	750283
158	超威电源有限公司	740440
159	中国高速传动设备集团有限公司	739265
160	湖南省煤业集团有限公司	723317
161	华润燃气控股有限公司	714352
162	力诺集团股份有限公司	705140
163	贵州水城矿业（集团）有限责任公司	702235
164	景德镇市焦化工业集团有限责任公司	692748
165	江苏综艺集团	689599
166	国家核电技术有限公司	680000
167	郑州煤矿机械集团股份有限公司	675210
168	广东蓝粤能源发展有限公司	674306
169	辽宁抚顺矿业集团有限责任公司	659976
170	深圳市燃气集团股份有限公司	655889
171	中国秦发集团有限公司	645581

续表

排名	公司名称	营业收入
172	中盛光电集团	643478
173	广西水利电业集团有限公司	622963
174	陕西黄河矿业（集团）有限责任公司	622600
175	虎牌控股集团有限公司	613500
176	山西国际能源集团有限公司	613236
177	胜利油田高原石油装备有限责任公司	601416
178	中粮生物化学（安徽）股份有限公司	596719
179	山西沁新能源集团股份有限公司	595100
180	江苏新海石化有限公司	584400
181	内蒙古太西煤集团股份有限公司	582012
182	中利科技集团股份有限公司	578667
183	内蒙古庆华集团有限公司	574549
184	山东润峰集团有限公司	571847
185	山西潞宝集团	565000
186	河南蓝天集团有限公司	562651
187	太原市梗阳实业集团有限公司	561698
188	山东泰丰矿业集团有限公司	559872
189	弘业国际投资集团股份有限公司	554117
190	中国明阳风电集团有限公司	551784
191	山东墨龙石油机械股份有限公司	544737
192	重庆市涪陵水利电力投资集团有限责任公司	543360
193	河北建投能源投资股份有限公司	541046
194	辽宁宝来石油化工集团有限公司	540162
195	上海亚龙投资（集团）有限公司	538055
196	温州开元集团有限公司	535860
197	淮南东辰集团有限责任公司	530740
198	九星控股集团有限公司	518846
199	内蒙古德晟实业集团有限公司	516544
200	太原煤炭气化（集团）有限责任公司	515274
201	山东潍焦集团有限公司	514800
202	金澳科技（湖北）化工有限公司	512900
203	广州大优煤炭销售有限公司	511006
204	华仪电器集团有限公司	506470
205	山西国际电力集团有限公司	503838
206	河南天冠企业集团有限公司	503118
207	山西襄矿能源投资管理集团有限公司	502737
208	上海焦化有限公司	494669
209	山西安泰集团股份有限公司	493402
210	天津市燃气集团有限公司	483192
211	青海省投资集团有限公司	481162
212	恒鼎实业（中国）集团有限公司	479945
213	迁安市九江煤炭储运有限公司	466502
214	青岛变压器集团有限公司	461774
215	陕西彬县煤炭有限责任公司	461360
216	比亚迪股份有限公司	458532

续表

排名	公司名称	营业收入
217	上海龙宇燃油股份有限公司	457094
218	山西阳光焦化集团股份有限公司	456118
219	中国电子科技集团公司第48研究所	454200
220	山东济宁能源发展集团有限公司	444824
221	建滔（河北）焦化、化工有限公司	444598
222	哈尔滨光宇集团股份有限公司	442675
223	耀华电器集团有限公司	441326
224	内蒙古西蒙集团有限公司	437100
225	甘肃靖远煤业集团有限责任公司	434597
226	山东铁雄冶金科技有限公司	433106
227	中国长江航运集团南京油运股份有限公司	429328
228	内蒙古特弘煤电集团有限责任公司	423865
229	河南豫能控股股份有限公司	423834
230	青岛汉河集团股份有限公司	418878
231	江苏双登集团有限公司	413600
232	青海庆华矿冶煤化集团有限公司	411368
233	河北五兴能源集团有限公司	410315
234	江苏华朋集团有限公司	409721
235	桂林国际电线电缆集团有限责任公司	402794
236	无锡市佳诚太阳能科技有限公司	394090
237	广东水电二局股份有限公司	393016
238	山东阳谷电缆集团有限公司	392197
239	通威集团有限公司	390927
240	中亚石油有限公司	388887
241	上海久隆电力（集团）有限公司	387612
242	四川省鑫福矿业股份有限公司	376043
243	佛山佛塑科技集团股份有限公司	375186
244	河北华丰煤化电力有限公司	372665
245	内蒙古黄河工贸集团有限责任公司	371377
246	南京汽轮电机（集团）有限责任公司	370423
247	山东中海化工集团有限公司	369267
248	济源市金马焦化有限公司	364342
249	常州亿晶光电科技有限公司	361157
250	茂名石化实华股份有限公司	358947
251	江苏顺大半导体发展有限公司	357033
252	佛山市公用事业控股有限公司	350066
253	山东丰源煤电股份有限公司	349247
254	唐山达丰焦化有限公司	336135
255	江苏圣安电缆有限公司	336026
256	武汉凯迪电力股份有限公司	335896
257	辽宁德营石油化工集团有限公司	332804
258	河南鑫磊集团	329926
259	海润光伏科技股份有限公司	327000
260	风帆股份有限公司	325500
261	安徽天大石油管材股份有限公司	318172

续表

排名	公司名称	营业收入
262	无锡华光锅炉股份有限公司	315575
263	上海华东电器（集团）有限公司	315137
264	WSP控股有限公司	313494
265	陕西榆林市榆神煤炭有限责任公司	312869
266	太原化工股份有限公司	311016
267	兰州兰石集团有限公司	307832
268	广东宝丽华新能源股份有限公司	307766
269	广州恒运企业集团股份有限公司	301509
270	临沂恒昌煤业有限公司	300000
270	太原重型机械集团煤机有限公司	300000
272	内蒙古铁鑫煤化集团有限公司	299880
273	泰豪科技股份有限公司	297244
274	铂阳太阳能技术控股有限公司	295518
275	潮州华丰集团股份有限公司	293337
276	青岛安邦炼化有限公司	291880
277	青岛泰能燃气集团有限公司	290669
278	三一重型装备有限公司	290564
279	卧龙电气集团股份有限公司	290392
280	四川省威远建业集团有限公司	287954
281	内蒙古君正能源化工股份有限公司	280012
282	东营光伏太阳能有限公司	280000
283	永泰能源股份有限公司	279479
284	山东新能泰山发电股份有限公司	275609
285	上海超日太阳能科技股份有限公司	268665
286	山西蒲县宏源煤业集团有限公司	267250
287	中粮生化能源（肇东）有限公司	265415
288	陆海集团有限公司	263319
289	河北新宝丰电线电缆有限公司	261422
290	山东长星风电科技有限公司	260000
291	中材科技股份有限公司	257350
292	青岛捷能汽轮机集团股份有限公司	255856
293	河北省磁县六合工业有限公司	255406
294	吉林电力股份有限公司	253659
295	陕西省天然气股份有限公司	247993
296	武汉市燃气热力集团有限公司	238396
297	东方日升新能源股份有限公司	237486
298	中油广西田东石油化工总厂有限公司	236972
299	准格尔旗弓家塔宝平湾煤炭有限责任公司	236427
300	内蒙古蒙发能源投资集团有限责任公司	234671
301	福建南平太阳电缆股份有限公司	233697
302	内蒙古远兴能源股份有限公司	233336
303	浙江向日葵光能科技股份有限公司	232854
304	沁和能源集团有限公司	230000
304	中船重工（重庆）海装风电设备有限公司	230000
306	七台河宝泰隆煤化工股份有限公司	228956

续表

排名	公司名称	营业收入
307	龙威石油投资控股有限公司	228726
308	山东裕隆矿业集团有限公司	227805
309	中国南玻集团股份有限公司	226040
310	东华能源股份有限公司	226024
311	内蒙古星光煤炭集团有限责任公司	225831
312	广州市虎头电池集团有限公司	225310
313	新天绿色能源股份有限公司	224276
314	长春天然气有限责任公司	222030
315	贵州六枝工矿（集团）有限责任公司	221131
316	安徽国华投资集团有限公司	218728
317	山西乡宁焦煤集团有限责任公司	218013
318	江苏中江能源有限公司	217933
319	广东省水利水电第三工程局	216460
320	山西普大集团	216446
321	浙江万马电缆股份有限公司	214442
322	广东韶能集团股份有限公司	212137
323	甘肃窑街煤电集团有限公司	206031
324	江西赣能股份有限公司	205691
325	河南省顺成集团煤焦有限公司	204597
326	嘉峪关宏晟电热有限责任公司	204521
327	江苏艾德太阳能科技有限公司	200000
328	广西桂东电力股份有限公司	199642
329	江苏吉鑫风能科技股份有限公司	196474
330	国际煤机集团	194260
331	山西怀仁联顺玺达能源有限公司	194006
332	金杯电工股份有限公司	192977
333	平顶山煤矿机械有限责任公司	192091
334	上海爱使股份有限公司	191553
335	山西亚鑫煤焦化有限公司	190536
336	皇明太阳能集团有限公司	188720
337	新疆天富热电股份有限公司	187996
338	思源电气股份有限公司	187723
339	湘投控股集团有限公司	185705
340	广东南洋电缆集团股份有限公司	185664
341	阳光能源控股有限公司	185477
342	鄂尔多斯市瑞德投资集团有限公司	184489
343	MI能源控股公司	180498
344	黑龙江辰能投资集团有限公司	180042
345	长春燃气股份有限公司	178400
346	中国兴业太阳能技术控股有限公司	178245
347	乐山电力股份有限公司	177910
348	湖南安石企业集团有限公司	175070
349	胜利油田胜利动力机械集团有限公司	175000
350	深圳市奔达康实业有限公司	174202
351	牡丹江首控石油化工有限公司	173734

续表

排名	公司名称	营业收入
352	河南利源煤焦集团有限公司	171803
353	云南省小龙潭矿务局	171292
354	山东宏河矿业集团有限公司	170740
355	海南石油太平洋有限责任公司	170670
356	四川巴蜀电力开发有限责任公司	169148
357	湖南郴电国际发展股份有限公司	168656
358	山西离柳焦煤集团有限公司	168568
359	欧贝黎新能源科技股份有限公司	167478
360	创益太阳能控股有限公司	166475
361	西安隆基硅材料股份有限公司	165226
362	安徽江淮电缆集团有限公司	164511
363	甘肃省电力投资集团公司	161594
364	深圳南山热电股份有限公司	160173
365	楚雄德胜煤化工有限公司	157428
366	云南滇东雨汪能源有限公司	157178
367	山西义棠煤业有限责任公司	155886
368	湖南科力远新能源股份有限公司	155521
369	华西能源工业股份有限公司	154842
370	河北省磁县申家庄煤矿	153686
371	山西华顿实业有限公司	152515
372	兰州长城电工股份有限公司	152015
373	上海汇通能源股份有限公司	151726
374	上海置信电气股份有限公司	151641
375	浙江永达实业集团有限公司	151300
376	三一电气有限责任公司	150000
376	山东滕州辰龙能源集团有限公司	150000
376	河南环宇集团有限公司	150000
376	杭州市燃气（集团）有限公司	150000
380	青岛中能集团有限公司	149717
381	昆明电缆集团股份公司	147822
382	浙江海越股份有限公司	147596
383	上海航天汽车机电股份有限公司	147475
384	亿达信煤焦化能源有限公司	146237
385	七台河市隆鹏煤炭发展有限责任公司	146073
386	浙江南都电源动力股份有限公司	145312
387	山东天晟煤矿装备有限公司	144999
388	贵州黔源电力股份有限公司	144566
389	山西银焱能源发展集团有限公司	144000
390	顺特电气有限公司	143835
391	深圳市比克电池有限公司	143133
392	浙江长江能源发展有限公司	142951
393	沈阳金山能源股份有限公司	141827
394	海南太平洋石油实业股份有限公司	138195
395	深圳市广聚能源股份有限公司	138000
396	大庆联谊石化股份有限公司	136738

续表

排名	公司名称	营业收入
397	海隆石油工业集团有限公司	135646
398	云南文山电力股份有限公司	135022
399	北京四方继保自动化股份有限公司	134772
400	青岛热电集团有限公司	133903
401	石家庄东方热电股份有限公司	132733
402	山东矿机集团股份有限公司	131731
403	山东省岱庄生建煤矿	131661
404	深圳市德赛电池科技股份有限公司	131600
405	淄博鑫能能源集团有限公司	130600
406	广西百色电力有限责任公司	127903
407	郑州市磴槽集团有限公司	127756
408	大连星源船舶燃料有限公司	127387
409	广西登高集团有限公司	126742
410	江苏爱康太阳能科技股份有限公司	124795
411	云南富源德鑫集团有限公司	124743
412	蒙东能源控股有限责任公司	121968
413	青岛华光电缆有限公司	121612
414	云南罗平锌电股份有限公司	120989
415	浙江运达风电股份有限公司	120000
416	迁安市宏奥工贸有限公司	117702
417	曲靖市盛凯集团有限责任公司	117576
418	云南煤业能源股份有限公司	116957
419	佳木斯东兴煤化工有限公司	116278
420	四川明星电缆股份有限公司	116043
421	海南国盛石油有限公司	114769
422	北京京运通科技股份有限公司	113873
423	百力达太阳能股份有限公司	110000
424	武汉港迪电气集团有限公司	109900
425	四川圣达实业股份有限公司	109774
426	四川川投能源股份有限公司	109478
427	苏州盛隆光电科技有限公司	108000
428	成都市鑫牛线缆有限公司	106694
429	云南通变电器有限公司	106424
430	中国风电集团有限公司	106038
431	山东省微山湖矿业集团有限公司	105800
432	武汉双利电线电缆有限责任公司	105447
433	山东高唐热电集团有限公司	105006
434	中航惠腾风电设备股份有限公司	103554
435	山西玉和泰煤业有限公司	103347
436	东方电子股份有限公司	102718
437	宁夏银星能源股份有限公司	102380
438	内蒙古源源能源集团有限责任公司	102300
439	卡姆丹克太阳能系统集团有限公司	102137
440	巨力新能源股份有限公司	101800
441	浙江长广（集团）有限责任公司	101343

续表

排名	公司名称	营业收入
442	山西煤矿机械制造有限责任公司	101043
443	兰州兰电电机有限公司	100107
444	安阳市凤凰光伏科技有限公司	100000
445	海南金盘电气有限公司	99970
446	云南省保山电力股份有限公司	99899
447	北海银河高科技产业股份有限公司	97670
448	浙江尖山光电股份有限公司	97593
449	达力普石油专用管有限公司	95475
450	海南威特电气集团有限公司	94460
451	烟台杰瑞石油服务集团股份有限公司	94398
452	武汉祥龙电业股份有限公司	92986
453	深圳市科陆电子科技股份有限公司	92979
454	内蒙古宇生能源有限责任公司	92500
455	浙江富春江水电设备股份有限公司	92390
456	山东中凯风电设备制造有限公司	92200
457	辽宁北票煤业有限责任公司	92022
458	镇海石化海达发展有限责任公司	91956
459	川开电气股份有限公司	91866
460	新疆焦煤（集团）有限责任公司	91555
461	甘肃蓝科石化高新装备股份有限公司	90587
462	宏威科技有限公司	90426
463	山东新方集团股份有限公司	90000
464	常州华盛恒能光电有限公司	88028
465	兰州众邦电线电缆集团有限公司	87616
466	兰州燃气化工集团公司	87337
467	三变科技股份有限公司	87296
468	金山能源集团有限公司	86454
469	三安光电股份有限公司	86261
470	宁波热电股份有限公司	85909
471	上海交大泰阳绿色能源有限公司	85900
472	林州重机集团股份有限公司	85008
473	四川明星电力股份有限公司	84144
474	太原东山煤矿有限责任公司	82599
475	山东省七五生建煤矿	80671
476	中国瑞风银河新能源控股有限公司	80418
477	哈尔滨哈投投资股份有限公司	79014
478	欣旺达电子股份有限公司	77571
479	北京动力源科技股份有限公司	77131
480	四川广安爱众股份有限公司	75703
481	新疆国际实业股份有限公司	74693
482	重庆三峡水利电力（集团）股份有限公司	73452
483	山西华美奥能源集团有限公司	72435
484	贵州燃气（集团）有限责任公司	72199
485	淄博宝塔焦化股份有限公司	71834
486	中国清洁能源股份有限公司	70814

续表

排名	公司名称	营业收入
487	太原市东盛焦化煤气有限公司	70561
488	豪鹏国际公司	69871
489	齐鲁电缆有限公司	69835
490	天津滨海能源发展股份有限公司	67344
491	朔州紫晨能源实业有限公司	66888
492	有研半导体材料股份有限公司	66850
493	大连热电股份有限公司	66723
494	厦门科华恒盛股份有限公司	66189
495	江苏金智科技股份有限公司	65965
496	广东梅雁水电股份有限公司	65583
497	中强能源科技有限公司	64723
498	河北邢台电缆有限责任公司	63855
499	顺风光电国际有限公司	62292
500	山西观音堂煤炭运销有限公司	62110

参考文献

[1] 财经网，http：//www.caijing.com.cn/2011-02-23/110648321.html.

[2] 财新网，http：//companies.caixin.com/2011-01-13/100216563.html.

[3] 陈伟，杨烨，熊金超. 电煤价格涨势已定 煤电联动极有可能 [N]. 经济参考报，2010-1-18（2）.

[4] 赵旭. 国际油价劲升"破百" 高走之势初露端倪 [J]. 中国石化，2011（3）.

[5] 胡萍. 电价改革有助于建立市场机制 [N]. 金融时报，2009-10-21（5）.

[6] 李宝仁，王振蓉. 我国上市公司盈利能力与资本结构的实证分析 [J]. 数量经济技术经济研究，2003（4）.

[7] 侯昌恕. 在运用杜邦分析法时对产权比率指标的效用分析及应注意的问题探讨 [J]. 消费导刊，2008（24）.

[8] 欧阳斌. 企业偿债能力分析方法探讨 [J]. 财会通讯. 2009（11）：102-103.

[9] 李东，闵云鹤，陈洪. 上市公司财务危机预警指标体系解析 [J]. 商场现代化，2011（1）：169-171.

[10] 牛国强. 如何评价企业资产质量 [J]. 理论学习与探索，2007（4）：38-40.

[11] 周向红. 如何分析企业营运能力 [J]. 中国农垦经济，2003（10）：44-45.

[12] 杨春瑜. 基于功效系数法的医药上市公司的融资风险比较 [J]. 财经界，2010（12）：368-369.

[13] 赵新刚. 浅谈企业财务综合评价指标体系 [J]. 北方经济，2007（20）：64-65.

[14] 甘国屏. 在中国特色社会主义伟大旗帜下不断发展的个体私营经济 [J]. 光彩，2011（11）.

[15] 张永昌. "非公经济新 36 条"为民营资本打开运营空间 [J]. 北方经贸，2010（8）.

[16] 国家能源局. 关于鼓励和引导民间资本进一步扩大能源领域投资的实施意见 [J]. 能源技术经济，2012（7）.

[17] 国家电力监管委员会. 加强电力监管支持民间资本投资电力的实施意见 [N]. 中国电力报，2012-06-19（3）.

[18] 吕苑鹃. 国土资源部与全国工商联联合出台《意见》 鼓励民间资本投资国土资源领域[J]. 西部资源，2012（4）.

[19] 鲍丹. 鼓励民企参与国家重点能源项目建设运营 [N]. 人民日报，2012-6-21（14）.

[20] 李荣融. 放宽民间资本市场准入领域 [J]. 政策瞭望，2003（3）.

[21] 程武. 民营企业成为科技创新中坚力量 [N]. 中华工商时报，2012-11-8 (1).

[22] 张学英. 新能源民企国际化探索 [J]. 今日中国（中文版），2012 (4).

[23] 朱国栋，吴正懿. 资本蜂拥而入 浙江半数光伏企业面临开工不足 [N]. 上海证券报，2009-5-7（B6).

[24] 可再生能源中长期发展规划 [J]. 可再生能源，2007 (5).

[25] 郭四代. 中国新能源消费与经济增长关系的实证研究 [D]. 中国地质大学（北京）. 2012.

[26] 徐良才，郭英海，公衍伟等. 浅谈中国主要能源利用现状及未来能源发展趋势. 能源技术与管理，2010，133 (3)：155-157.

[27] 全国电力工业统计快报 [N]. 2010.

[28] 国务院新闻办公室. 中国的能源政策（2012）白皮书 [M]. 2012，10.

[29] 赛迪顾问股份有限公司. 新能源产业：四大区域特色发展 [N]. 中国电子报，2011.

[30] 迟远英. 基于低碳经济视角的中国风电产业发展研究 [D]. 吉林大学，2008.

[31] 王鸿雁，霍国庆. 我国风电产业发展的瓶颈问题与解决思路 [A]. 第四届中国能源战略国际论坛 [C]，2009.

[32] 阎海燕，徐波，徐逸飞. 我国光伏产业发展问题探讨——兼论太阳能电池组件价格变动及其影响 [J]. 价格理论与实践，2010，313 (7)：75-76.

[33] 袁振宏，罗文，吕鹏梅等. 生物质能产业现状及发展前景 [J]. 化工进展，2009，217 (10)：1687-1692.

[34] 张福琴，边思颖，边钢月等. 燃料乙醇行业面临的形势及其技术展望 [J]. 石油科技论坛，2010 (3)：15-20.

[35] 于祥明. 生物质发电装机容量5年内倍增 [N]. 上海证券报，2011.

[36] 滕吉文，张永谦，阮小敏. 发展可再生能源和新能源与必须深层次思考的几个科学问题——非化石能源发展的必由之路 [A]. 中国科学院地质与地球物理研究所第十届（2010年度）学术年会 [C]，2011.

[37] 侯隽. 光伏四巨头聚首应对美国“双反”调查：“我们已做好最坏的打算”[J]. 中国经济周刊，2011，626（47)：46-47.

[38] 于南. 美“双反”调查发难中国风电 行业板块反弹行情遭狙击 [N]. 证券日报，2012.